権利対立の法と経済学

所有権
賃借権
抵当権の効率性

瀬下博之・山崎福寿［著］

東京大学出版会

本書は2006年度(財)全国銀行学術研究振興財団の助成を得て刊行された.

The Law and Economics of Property Rights, Leasing Contract and Mortgage

Hiroyuki SESHIMO and Fukuju YAMAZAKI
University of Tokyo Press, 2007
ISBN 978-4-13-046094-1

はしがき

　日本の社会は大きな構造改革の渦中にあり，これまで法や規制が支配していた分野に，自由な観念を導入しようとする考えが沸き起こっている．官僚が支配していた分野に，自由な市場取引を導入し，健全な自己責任に裏打ちされた市民社会の建設が希求されている．権利の調整を差配した官僚制度の代わりに，自立した個人が司法制度を通じて，権利と責任を分担する制度が，今日ほど必要とされているときはないように思われる．法科大学院の設立や裁判員制度の理念は，司法制度をより身近で健全なものに変革しようとする意図の表れである．

　これらを背景に，法律と経済の間の緊張関係は，さまざまな分野で生じている．制度を設計する際に，これまで以上に経済学の考え方が必要とされていることは，会社の合併・統合（M&A）や解雇規制の緩和といった事例だけでなくさまざまな社会的事件を観察するにつけ，気づかされる点である．

　市民的自由を享受し，かつ効率的で豊かな社会を築くために，まず排除しなければならない障害は，人々の経済的インセンティヴを阻害する社会的制度やそれらを望ましくないとする支配的通念である．この点に関して，人々の経済的インセンティヴを拝金主義と同列に扱うメディアの責任は重大である．

　市場制度には，個人のインセンティヴに従った行動が，社会を改善することに繋がるメカニズム（インセンティヴ・コンパティブルなメカニズム）が巧妙に内蔵されている．この点に多くの人が気づく必要がある．高度な技術的発明に限らず，便利さや豊かさを求める無数の人々の意志が，自由な社会を改善する方向へと向かわせる．

　これに対して，旧社会主義制度の国家が1990年代の初頭に次々と崩壊したのは，この制度が人々の経済的インセンティヴを充分に活用できなかったためである．社会主義制度の欠陥は，個人の自由な考えの発露や創意工夫を汲み取れ

ないことにあるといっても良い．

とりわけ，財産権等の所有権制度は，こうした経済的インセンティヴに重大な影響を及ぼす．所有権制度は，これが無ければ，誰も安全な暮らしやそれを向上させようとするインセンティヴを喪失してしまうほど，社会の根幹にかかわる重要な制度である．

本書の第1章から第3章で検討した法曹界の議論の多くは，マルクス経済学の影響を受けており，おそらく現在の法学者にとっても過去の学説となっているものであろう．しかし，21世紀に入るまで，これらの議論は法学者の中で根強い影響力を保持していた．なにより，本書でこれらの学説をとりあげたのは，過去における法学者と経済学者の対立が，およそ「正義と効率性」という高次の意見対立とはほど遠いもので，旧来の法学がその基礎をおいたマルクス経済学と近代経済学の方法論的な対立以外の何ものでもなかったことを明らかにしたかったからである．

東欧諸国や中国が資本主義化によって急速な発展を続けた1990年代においても，マルクス法学の影響を断ち切ることができず，不良債権問題で苦闘した日本経済の姿は，歴史上の皮肉としか言いようがない．

本書は，こうした観点から，日本の不動産に関連する法的な権利関係について経済学的視点から理論的かつ実証的に分析したものである．所有権，賃借権，抵当権の三つの主要な権利の機能とその限界について論じた上で，それぞれの権利間の対立関係とその調整のために，いかなる法制度が望ましいかについて検討したものである．従来の法曹界の議論が，とりわけ経済主体の事前の意思決定にどのような影響を及ぼすかについて理論的に整理し，こうした議論が法曹の意図を実現する上で有効かどうかについて批判的に検討した．

本書は，著者たちが，90年代以降の日本経済が直面した不良債権の蓄積とその処理に関して，疑問に感じていた点を議論しあうことから始まった．当時，住宅金融専門会社（住専）問題の処理などに絡んで，短期賃借権を利用した執行妨害が広範に行われていることは良く知られていた．債務者が，抵当資産を効率的に維持管理することを放棄しただけでなく，賃料をほとんど払わなかったり，抵当資産を破壊しかねない悪質な占有者に抵当資産を明け渡す事態が多発し，日本中の不動産の多大なる荒廃をもたらした．そして，なにより問題となっ

ていたのは，こうした悪意を排除しようとする抵当権者の試みが判例によって，無効にされてしまった点である．

著者たちの議論の過程で，短期賃借権や抵当権侵害が持つ権利侵害の効果よりも，それらが資金市場の効率性を歪めているのではないかという問題意識が持ち上がった．当時，中小企業への貸し渋りと呼ばれる問題もたびたび指摘されていた．しかし，そこでの議論の中心は自己資本比率規制に基づく早期是正措置だけで，貸出市場と抵当権との密接な関連性に言及しているものはほとんど見られなかった．

そこで，こうした法制度と貸出市場の関係を検討するという観点から，理論的な共同研究を開始した．著者2人はともに，法の経済学的分析には興味を持っていたので，この共同研究が資金市場だけでなく，不動産という資産の賃借権や抵当権，さらに所有権に関する法的問題に拡張していくのは，自然なことであった．従来の法律家の解釈や分析を批判的に検討したうえで，それらを再構築しようとすることは，とても刺激的な作業であった．

本書の内容を要約しておこう．まず第Ⅰ部(第1章から第3章)では，不動産の基本的な権利について法曹界の議論を批判的に検討した後で，経済学的な観点から，それらの権利の機能を説明する

第1章では，所有権の機能を議論し，外部性がない場合には，排他的な利用・収益・売却権が認められる所有権制度が，不動産の効率的な利用や投資を実現することを再確認する．第2章では，こうした排他的な利用・収益権を一定の賃料と引き換えに一定期間貸与する賃借権の機能とその限界について検討する．第3章では，資金の貸し手が占有せずに，所有者が利用を継続できる形の抵当権(非占有担保権)の経済的機能について検討する．

第Ⅱ部(第4章から第10章)では，これら三つの権利間の対立問題を扱っている．第4章と第5章では，所有権と賃借権の権利間の問題を議論している．第4章では，旧来の借地借家法による賃借権保護が，借り手の継続利用期間についての情報伝達を阻害したために，賃貸住宅の供給を制限したことを再確認する．

第5章では，賃貸不動産の借り手に特有な投資機会がある場合の法的保護のあり方について検討し，定期借地・借家権が，どのように効率的な投資水準を

達成しうるかを明らかにする．これらは「ホールド・アップ問題」や損害賠償等での「法的救済問題」と呼ばれる現象と深く関係していることが明らかにされる．

第6章と第7章では，賃借権と抵当権の法的対立関係について分析し，それが資金市場と住宅・オフィス市場にどのような影響を及ぼすかについて考察する．第6章では，短期賃借権と呼ばれる民法の例外規定が，資金貸借を制限したことを理論的に明らかにしている．この例外規定は，2003年の担保執行法制の改正によって原則廃止されたが，この廃止によって，賃借人が抵当権者との間で不利な立場に置かれることで，抵当権設定後に結ばれた賃貸借契約では，定期借地・借家契約であっても，効率的な投資を達成できなくなっている．第7章では，その場合にも，不動産の売買契約が賃貸借契約に代わって利用されることで，効率的な解決が図られる点が明らかになる．

第8章から第10章では，所有権者相互間の権利対立の問題を扱っている．この問題はいわば都市問題の法的側面とでも呼ぶべき問題である．第8章では，近年問題となっているマンション紛争問題を取り上げ，開発業者の開発権と既存住民の景観権との調整を図り，効率的な開発を実現する方法として，「プット・オプション履行義務付き開発許可制度」を提案する．第9章では，この手法を都市再開発に応用し，第10章では区分所有権の問題を検討しつつ，深刻なマンション建て替え問題の解決策に応用できることを明らかにする．

第III部の第11章から第13章では，所有権と抵当権の関係を，資金貸借に及ぼす影響という観点から捉え検討する．第11章では，抵当権などの担保権に対する優先弁済権が侵害されると，いわゆる「追い貸し」と「貸し渋り」という一見矛盾する銀行行動が同時に生じる点を理論的に明らかにする．この議論に基づいて，第12章では企業再生を容易にするために近年導入された民事再生法の機能と残された問題点について考察する．第13章では，第11章の理論的な含意を実証的に検証し，統計的にも理論の妥当性が高いことが示される．

本書のかなりの部分は，既に学術誌等に発表した論文に基づいている．このたび本書を刊行するにあたり，転載を快く許可いただいた学会や研究機関等にお礼の言葉を述べたい．また，本書の研究成果の一部（第13章）は著者たちと，

杉原茂(内閣府)，太田智之(みずほ総合研究所)両氏との共同研究に基づいている．両氏のおかげで研究成果は著しく改善された．

これまでの研究会や学会での報告・発表では，阿部泰隆(中央大学)，池尾和人(慶應義塾大学)，岩田規久男(学習院大学)，八田達夫(政策研究大学院大学)，金本良嗣(東京大学)，倉澤資成(横浜国立大学)，小宮隆太郎(東京大学名誉教授)，故鈴木禄彌(東北大学名誉教授)，佐々木百合(明治学院大学)，鈴村興太郎(一橋大学)，西村清彦(日本銀行)，浜田宏一(イェール大学)，花崎正晴(日本政策投資銀行)，福島隆司(政策研究大学院大学)，福田慎一(東京大学)，松村敏弘(東京大学)，三井清(学習院大学)，八代尚宏(国際基督教大学)，矢野誠(慶應義塾大学)，山本和彦(一橋大学)の各先生方から有益なコメントやご指導を頂いた．

また，著者のひとり(瀬下)は博士論文の審査の過程で，指導教授の吉野直行教授はじめ，塩澤修平，瀬古美喜，櫻川昌哉，前多康男(以上慶應義塾大学)の先生方から貴重なコメントをいただいた．また，森田修教授(東京大学)は，共同研究の過程でご指導いただけでなく，その一部を第3章で利用する点についてもご快諾いただいた．梅本吉彦教授(専修大学)からは多数の資料や文献をいただいた．こうした方々に，お礼を申し上げたい．

優先権侵害の事例等については，ここではお名前を出せない方も含めて，数名の方からヒアリングさせていただいた．とくに真野貴昭氏(日本政策投資銀行)をはじめ，日本政策投資銀行の方々からは，貴重なお話しをうかがうことができた．

また，本書の作成過程で，東京大学出版会の佐藤一絵さんから構成や内容について細部にわたって御意見を頂いた．本書が読みやすくなっているとすれば，彼女のおかげである．原稿の作成では，著者たちの読みづらい原稿を判読し，ワープロ入力して頂いた南部七重さんにお礼を申し上げたい．

最後に，本書の基礎となった研究は，文部科学省科学研究費(基盤研究(c)：課題番号17530190)，(財)全国銀行協会，(財)第一住宅建設協会，(財)民事紛争処理基金から資金の助成を受けている点を記して，感謝したい．

2007年5月

瀬下博之・山崎福寿

目　次

はしがき

第Ⅰ部　不動産の基本的な権利を考察する

第1章　所　有　権 ……………………………………………… 3
1. 所有権の経済的・社会的機能 ………………………………… 3
   1.1 所有権の定義　3／　1.2 所有権の機能——法学的説明　4
2. 所有権の機能——経済学的説明 ……………………………… 6
   2.1 土地の効率的利用　7／　2.2 投資の効率性　19
3. 処分権の意義と不動産の維持管理 …………………………… 20
   3.1 効率的な土地利用者への移転　20
   3.2 規模の経済性と割り当ての適正化　21
   3.3 維持管理の効率性　23
4. 外部性と所有権 ………………………………………………… 25
   4.1 外部性の内部化　25／　4.2 正の外部性と企業の役割　26
   4.3 正の外部性と政府の役割　28
5. 結　論 …………………………………………………………… 30
   補論：コースの定理　31

第2章　賃　借　権 ……………………………………………… 35
1. はじめに ………………………………………………………… 35
2. 法律家の見方 …………………………………………………… 36
3. 経済学の見方——賃借権の機能 ……………………………… 38
   3.1 賃借権の経済モデル　38／　3.2 賃貸借契約と努力水準　40

4. 賃貸借権機能の限界 ………………………………………… 43
   4.1 投資及びメインテナンス 43/ 4.2 所有権取引との比較 47
   4.3 賃貸契約とメインテナンス費用の負担 50
   4.4 賃貸契約における利用制限 51
5. 賃貸契約の意義 ……………………………………………… 52
6. 結 論 ………………………………………………………… 57

第3章 抵 当 権 ………………………………………………… 59

1. はじめに ……………………………………………………… 59
2. 法学における価値権とその帰結 …………………………… 60
   2.1 価値権と物上代位 61/ 2.2 価値権と滌除制度 63
   2.3 価値権と短期賃借権 63
3. 完全な貸付市場と担保の無関係性 ………………………… 65
   3.1 基本モデル 65/ 3.2 不完全な貸付市場と抵当権の機能 68
   3.3 土地が投資機会にとって不可欠な場合 72
4. 抵当権の理論的解釈 ………………………………………… 75
   4.1 買い戻し条件付き賃貸借契約 75/ 4.2 抵当権の効力 78
5. 抵当権と借り手の努力 ……………………………………… 81
   5.1 プロジェクトの成果が確実な場合 81
   5.2 プロジェクトの成果が不確実な場合 85
6. 決定権移動手段としての抵当権 …………………………… 88
   6.1 債務不履行と所有権の移転 89
   6.2 誰にいつ所有権を移転させるべきか 90
7. 結 論 ………………………………………………………… 92

第II部 権利間の対立を解きほぐす

第4章 賃借権の物権化と住宅供給抑制効果 ……………… 97
――所有権と賃借権の対立(1)

1. はじめに ……………………………………………………… 97
2. 賃借権の物権化 ……………………………………………… 99
   2.1 法制度と交渉 100/ 2.2 賃借権保護と所得分配 103

  2.3　物権化の価値　107
 3.　賃借権の物権化と不動産の賃貸借市場 ･･････････････････････････････････････ 110
  3.1　完全情報のケース: 中立性命題　110
  3.2　借地借家法の供給抑制効果　113/　3.3　賃借権保護と逆選択　114
  3.4　均衡の比較　116
 4.　情報の非対称性とスクリーニング ･･･ 119
  4.1　モデルの拡張　119/　4.2　借地借家法による保護がない場合　124
  4.3　借地借家法と住宅の規模　127
  4.4　借り手に流動性制約がある場合　130
 5.　定期借地・借家権と情報 ･･･ 131
  5.1　継続確率と期待継続利用期間　131/　5.2　情報の開示と均衡　133
 6.　結　論 ･･ 136
  補論: 中途解約権の是非　137

第5章　定期借地・借家契約の最適性 ･･････････････････････････････････････ 139
──所有権と賃借権の対立(2)

 1.　はじめに ･･･ 139
 2.　モ デ ル ･･･ 143
  2.1　基本モデルの説明　143/　2.2　第2期の賃料と補償　146
  2.3　社会的に最も効率的な建設投資　147
 3.　借地契約 ･･･ 148
  3.1　借地権の保護と建設投資　148/　3.2　最適な定期借地契約　151
 4.　借家契約 I: 借家人に投資機会が存在しない場合 ･･･････････････････････････ 156
  4.1　借家権が完全に保護される場合　157
  4.2　借家権が全く保護されない場合　157
 5.　借家契約 II: 借家人に投資機会が存在する場合 ･･････････････････････････ 160
  5.1　モデルの拡張　160/　5.2　社会的に最も効率的な建設投資　161
  5.3　借家権の保護と投資の非効率性　162
  5.4　最適な定期借家契約　165
 6.　結　論 ･･ 167

第 6 章　短期賃借権と資金貸出市場 …………………………… 169
　　　　　——賃借権と抵当権の対立(1)

1. はじめに …………………………………………………………………… 169
2. 短期賃借権制度とコースの定理 ………………………………………… 170
   - 2.1　順位確定の原則　170/　2.3　短期賃借権と家賃　172
   - 2.3　貸出市場に関するコースの定理　174
3. 情報の非対称性と短期賃借権 …………………………………………… 177
   - 3.1　モデル　177/　3.2　資金需要　179/　3.3　資金供給　180
   - 3.4　短期賃借権の強化　182
4. 短期賃借権規定の廃止 …………………………………………………… 185
   - 4.1　詐害的短期賃借権と動学的不整合性　185
   - 4.2　短期賃借権の廃止と賃借権保護　187
5. 結　論 ……………………………………………………………………… 189

第 7 章　定期借地・借家権と抵当権行使 …………………………… 195
　　　　　——賃借権と抵当権の対立(2)

1. はじめに …………………………………………………………………… 195
2. 抵当権に劣後する定期借地権の問題 …………………………………… 198
   - 2.1　投資の効率性　200/　2.2　土地所有者の選択　202
   - 2.3　借地人が競売市場に参加する場合　206
   - 2.4　借地権保護と所有権取引　206
3. 定期借家権と住宅投資の効率性 ………………………………………… 209
   - 3.1　借家人に投資機会が存在しない場合　209
   - 3.2　借家人に投資機会が存在する場合　211
   - 3.3　抵当権者同意型賃貸借契約　212
4. 結　論 ……………………………………………………………………… 215

第 8 章　マンション開発と住環境: プット・オプションの活用 …… 217
　　　　　——所有権者間の対立(1)

1. はじめに …………………………………………………………………… 217
2. 現行規制の問題点 ………………………………………………………… 218
3. プット・オプション履行義務付き開発許可制度 ……………………… 220

3.1　提案内容　220/　3.2　オプション契約の最適性　221
　4.　プット・オプション契約のメリット 225
　　4.1　基本的なメリット　225
　　4.2　開発許可権としてのプット・オプション　228
　5.　考慮すべき追加の問題 229
　　5.1　移転費用と税　229/　5.2　複数の開発がある場合　231
　　5.3　プット・オプションの履行と保険会社　231
　　5.4　プット・オプションの適用範囲　232
　　5.5　権利行使価格の決定　233
　6.　結　論 234

第9章　市街地再開発の新手法 237
　　　　　——所有権者間の対立(2)

　1.　はじめに 237
　2.　望ましい市街地再開発手続きのあり方 238
　　2.1　効率的な事業規模の達成　238
　　2.2　取引費用軽減手続きの必要性　239/　2.3　公平な分配　240
　3.　市街地再開発周辺地域における対応 240
　　3.1　負の外部性とプット・オプション　240
　　3.2　権利の市場化の意義　242
　4.　市街地再開発事業とプット・オプション 243
　　4.1　市街地再開発事業への適用方法　243
　　4.2　プット・オプションを用いる意義　244
　5.　その他の利点と論点 250
　　5.1　開発事業者の負担　250/　5.2　高齢の地権者等のメリット　251
　　5.3　事業の認可基準の問題点　252/　5.4　収用権の必要性　253
　　5.5　税制上の問題点　254/　5.6　多数決要件の廃止　254
　　5.7　所有権以外の権利者　255
　6.　結　論 256

第10章　区分所有権とマンション建て替え 257
　　　　　——所有権者間の対立(3)

　1.　はじめに 257

2. 集合住宅の合理性と区分所有権の非合理性 258
   2.1 集合住宅とクラブ財 258/ 2.2 区分所有建築物 259
   2.3 民法上の「共有」 260/ 2.4 「共有」の経済モデル 261
3. 集合住宅の建て替え問題——区分所有権と賃貸住宅 263
   3.1 区分所有建築物の建て替え問題 263
   3.2 賃貸アパート建て替えとの比較 265
4. 区分所有建築物の建て替え問題解決への新提案 267
   4.1 「定期借家権と不動産の証券化の組み合わせ」が十分に機能していない理由 267/ 4.2 プット・オプションによる解決方法 268
5. 結論 270

第 III 部 債権者と債務者の関係を考える

第 11 章 優先権侵害と銀行行動:「追い貸し」と「貸し渋り」 273

1. はじめに 273
2. 従来の「貸し渋り」の経済分析 277
   2.1 デット・オーバーハング 277
   2.2 コースの定理とデット・オーバーハング 278
   2.3 なぜ債権は放棄されないのか? 279
   2.4 従来の議論の問題点 281
3. 数値モデル 281
   3.1 新規投資 282/ 3.2 担保と優先債権 282
   3.3 非効率な追加投資機会 283
   3.4 優先弁済権と外部の投資家 283
4. 「追い貸し」の経済分析 285
   4.1 優先権の侵害と「追い貸し」 285/ 4.2 問題先送りの構造 288
   4.3 「追い貸し」と清算 291
   4.4 「貸し渋り」をもたらす「追い貸し」や優先権侵害 295
5. DIP ファイナンスと優先権 297
   5.1 法的な優先権侵害と自主的債権放棄 297
   5.2 プロジェクト・ファイナンスへの優先権付与と「適切な保護」 302
6. 結論 306

第12章　民事再生法の経済分析 ·· 309
──破綻処理法制における抵当権の処遇

1. はじめに ··· 309
2. 民事再生手続きの特徴と意義 ·· 310
   2.1 再生手続きの迅速化 310/　2.2 抵当権と民事再生法 311
   2.3 最安価損害回避者と債務者によるモラルハザード 313
3. 担保権消滅請求制度の意義と限界 ·· 316
   3.1 担保権消滅請求制度の意義 316/　3.2 現行制度の問題点 320
4. 民事再生法改正の提案 ·· 325
   4.1 担保権消滅請求制度の修正 325
   4.2 経営者情報の開示のための否認権強化 329
5. 結論 ··· 332
   補論：競売市場の意義とその整備の重要性 333

第13章　優先権侵害と銀行貸出の実証分析 ······························ 339

1. はじめに ··· 339
2. 銀行の貸出行動 ·· 341
   2.1 理論的含意 341/　2.2 実証分析の戦略 346
3. 貸出関数の推定と優先権侵害の検証──キャッシュ・フローに注目して 348
4. 優先権侵害と企業価値の検証 ·· 353
   4.1 企業経営の効率性と検定仮説 353/　4.2 推定式と推定方法 356
   4.3 推定結果 358
5. 結論 ··· 362

参考文献 ··· 365
索　引 ··· 377

第 I 部

不動産の基本的な権利を考察する

第1章
所有権

1. 所有権の経済的・社会的機能

1.1 所有権の定義

　民法206条は,「所有者は,法令の制限内において,自由にその所有物の使用,収益及び処分をする権利を有する」としている.標準的な民法の教科書によれば,この条文から,所有権には利用権・収益権・処分権の三権能が与えられていると解釈できる.そして,所有者はこれら三つの権能を,法令による制限内であれば自由に行使できるとしている.そのため法律家はこれを「所有権の絶対性」と呼んでいる.

　また,地上権や永小作権,不動産質権には存続期間の定めがあり,しかもすべての制限物権が消滅時効に制約されるのに対し,所有権には存続期間の定めがなく,消滅時効による制約にもかからないため,これを「所有権の恒久性」と呼んでいる[1].

　すなわち,所有権には排他的にその所有物を利用し,そこからの収益を独占的に収受し,一部または全部を自由に売却・処分する権利を含んでおり,対象物が物理的に消滅しない限り,その権利は永久に消滅しないということになる.ここで,売却や処分についての一部または全部とは,単に物的な意味だけでなく,時間や将来の状況による分類もあれば,権能自体をさらに細分化するという分類もある.

---

[1] 加藤 (2003) p. 266 を参照.

たとえば，賃貸借契約では時間によって利用権を分割し，賃料分以外の収益権を賃借人に分け与えると解釈することもできる．また，抵当権は債務不履行という特定条件の下で，処分権と収益権を債権者に付与するものと解することができる．逆に言えば，所有権はこれらのさまざまな権利の束として定義されたものということもできるだろう[2]．すなわち，利用権・収益権・処分権の三権能を自由に分割し，それを統合する物として所有権を定義することができる．

そのため，次章以降で，不動産にかかわる他のさまざまな権利と所有権の関係を検討するうえで，まず所有権の機能自体を理解しておく必要がある．この章では，法律家によって定義されているように，所有権を「利用権・収益権・処分権の三権能を内包し，所有者がそれを法令の制限内で自由に行使し，さらに，物理的に消滅しない限り永久に存続し続ける特性を持つ権利」と定義して，その経済的社会的機能を検討しよう．

そのために，第1節と第2節では，所有権の法学的定義と経済学的定義を明らかにしたうえで，所有権が内包する利用権と収益権に光をあててみよう．第3節では，処分権の重要な機能とそれが資産の維持管理に及ぼす影響について考えることにする．第4節では，所有権制度と外部性の関連において重要である企業や政府の存在意義についてふれることにしよう．

1.2 所有権の機能——法学的説明

法律家は不動産——特に土地——の所有権を，通常のモノの所有権とは異なる概念として捉えてきた．日本の法律学にとっての所有権は，対象物の利用に対する権利ではなく，価値という概念を保護する権利と考えられている[3]．そのうえで，土地は本質的にこのような価値を持たないと考えている．このような日本の法学者における所有権の議論は，我妻（1953）に始まり，川島（1987）によって拡張された議論に由来するとされる[4]．

---

[2] Stake (1999) の議論等を参照.
[3] 以下の法学的な議論の整理については，甲斐他（1979）や甲斐（1986）も参考にした．
[4] ただし，我妻（1953）の基礎になった論文自体は，1927年から29年に発表され，川島（1987）も，1942年から1944年に発表された論文に基づいている［大村（2001）p.110 参照］．

我妻は,「資本主義経済組織の下においては,所有権の最も重要な作用は,もはやその客体たる物を物質的に利用することではなく,これを資本として利用して利得を納めることである.即ち,この組織の下においては,所有権はその作用において物に対する支配ではなく,人に対する支配である」[我妻(1953) p. 9. 旧字体は引用者が修正]と述べている.

この議論を拡張する形で,川島(1987)は,近代的な私的所有権の特徴として,それが占有から切り離された存在として保護されている点を「所有権の観念性(p. 94)」と呼び,所有権がすべての人に対して主張される絶対的な権利である理由を説明しようと試みた.川島は,所有権の本質は「価値」であるとし,交換経済においてそれは「交換価値」であり,実際の利用や占有から切り離された観念的な基礎として保護せざるを得ないとしている.

これらの議論は時代的な背景もあって,マルクス経済学の影響を強くうけたものであり,主として「交換価値」を,労働価値説に基づいて解釈することとなった.そこでは,すべての商品は労働によって生産されるから,商品は労働価値の具現物であり,交換価値は労働価値によって規定されることになる.

この議論(労働価値説)に従うならば,不動産——特に土地——は労働を投下することなく存在した自然物であるから,それ自体は本質的に価値を持つモノではなく,それゆえ不動産の所有権は,その地代や賃料を収奪するための権利に過ぎないという議論へ発展せざるを得なくなる.

実際,水本(1966)や渡辺(1960)の議論はこの方向へ進み,たとえば渡辺は,「何もしないでただ自然物たる土地をたまたま支配しているというだけで,利益を受ける人がいると言うことは,資本主義経済にとってよけいなことである.土地所有権は資本投下のひきかえなしにえられる法律上の保障であり,資本主義的私有財産制度の体系の中に本来その正当な地位を占めるものではありえない(p. 4)」とし,土地所有権の自由は,土地用益権に対して制限されるべきであるとした.こうして,甲斐他(1979)によると,水本(1966)や渡辺(1960)の議論が,「わが国における近代的土地所有権論の支配的学説」(甲斐他 p. 204)になったとされている.

もっとも,以上の議論はかなり古めかしい議論であり,さすがにマルクス経済学に依拠する学説が,現在でも日本の法学界における「支配的学説」として,

法学者に受け入れられているというのは到底信じられない．実際，大村（2001）は，このような「マルクス主義法学」に対して，「1989年の社会主義国の崩壊以後，その影響力が大きく減殺されたことは否めない（p. 111）」と述べている．しかし，他方これ以降，所有権に対する明確な法学的理論が形成されているという印象がないのも事実である[5]．

確かに，土地の所有権の概念は，法学者が指摘するように，通常の「モノ」に対する所有権とは異なっている．さらに，それは実際に人々の労働によって生み出された「モノ」では必ずしもない．

しかし，このことだけをもって，土地の所有権による保護が，地代や賃料を収奪するための「寄生地主的段階を反映するもの」［水本（1966）p. 106］等の主張や，土地用益権に対して土地所有権の自由を法的に制限すべきという主張を正当化することはできない．むしろ，土地の所有権が果たす法的・経済的機能について詳細に検討したうえで，どこまでの保護が必要であるかについての合理的な議論が必要である．

それでは，土地に通常のモノとは異なる所有権が認められている理由はどこにあるのだろうか．この点について，標準的な経済学の分析道具を用いることによって，土地の所有権が果たす合理的な機能を説明しながら，検討していくことにしよう．

2. 所有権の機能——経済学的説明

経済学的に考えたとき，所有権は，その所有物の効率的な利用に資する役割と投資を促進するという二つの役割を果たしていると考えられる．すなわち所有権は，効率的な主体が，効率的な規模で，効率的な投資努力を，適当な時間軸で評価して効率的に実施する動機付け（インセンティブ）を与えるものであ

---

[5] 例外的に加藤（2001）は，法学における新しい土地所有権論の構築を試みている．ただし，加藤の議論はPosner（1977）の議論を引用していることからもわかるように，「法と経済学」の議論を援用したものであり，以下で説明する現在の経済学の基本的な議論に従ったものと考えることができる［Posner（1977）はPosner（1998）の2nd Editionである］．

る．以下では，この点を詳細に検討していこう[6]．

2.1 土地の効率的利用

① モデル

簡単なモデルを用いて，社会的に最適な(社会的利益の総和を最大にする)資源配分について説明していこう．いまある土地に N 人が生活している．説明の都合上，各個人には 1 から N までの番号 $i \in I \equiv \{1, 2, \cdots, N\}$ が付けられている．この土地全体から，各個人 i が e_i だけ努力すると，$V(\cdots, e_i, \cdots)$ の収穫が得られるとしよう．この V は貨幣的な価値によって計られている．ここで V は以下の特性を満たしている．すなわち，各個人 i の努力によって正の限界生産物(価値)が生まれ，それは逓減すると仮定する．すなわち，すべての $i \in I$ に対して，

$$\frac{\partial V}{\partial e_i} > 0, \quad \frac{\partial^2 V}{\partial e_i^2} < 0 \qquad (1\text{--}1)$$

が成立すると仮定する．

さらに，各主体は追加的に 1 単位の努力を払うことに対して，貨幣価値で換算して常に 1 単位の不効用が生じるものとする．このとき，すべての $i \in I$ について，各個人 i の社会的に最適な努力水準 e_i^* は以下のように定義される．

$$e_i^* \in \arg\max\{V(e_1^*, \cdots, e_i, \cdots, e_N^*) - (e_1^* + \cdots + e_i + \cdots + e_N^*)\} \quad (1\text{--}2)$$

すなわち，この土地の総生産物の価値から，各個人が努力することに伴う不効用を差し引いた余剰，あるいは残余価値が最大になるような努力水準が e_i^* となる．

このことは，各個人 i の社会的に最適な努力水準 e_i^* は，最適化のための一階条件を満たすことを意味している．このとき，すべての $i \in I$ に対して，

---

[6] 所有権の機能についての経済学的な分析としては以下で引用した文献の他に Posner (1998) chap. 3, Bouckaert (1999), Shavell (2004) part I 等も参考にした．特に，以下の議論の整理は Shavell (2004) に負うところが大きい．

$$\frac{\partial V(e_1^*, \cdots, e_i, \cdots, e_N^*)}{\partial e_i} - 1 = 0 \qquad (1\text{--}3)$$

が成立しなければならない．言葉でいうと，社会的に最適な(効率的)努力水準は，各個人 i の労働の限界生産物の価値が労働供給の限界不効用と一致するような努力水準である[7]．

② 所有権が全く存在しない場合

さて，土地の所有権を考えるにあたり，二つの所有権の概念を明確に区別して定義しておこう．一つは，「土地そのものに対する所有権」であり，もう一つは土地の成果物に対する所有権，すなわち「モノに対する所有権」である．

まず，どちらの所有権も存在しない状況を考えてみよう．この場合には，いま述べた社会的に最適な状態が個人の合理的な行動から導かれるだろうか．各経済主体が独立に行動している場合に，いま述べたような効率的な努力水準は一般には達成されない．

その理由は，土地の成果物に対して所有権がないとすると，誰にその成果物が帰属するかは明らかではないからである．このとき，生産物の一部または全部を，他の主体が勝手に奪ったり盗んだりすることで，その成果が他の主体に移転するという深刻な問題が生じる．

いま述べた問題は，「モノに対する所有権」が存在しないことによって生じている．それでは，「モノに対する所有権」だけを認める場合を考えてみよう．このことによって，この社会では他人が自己の所有物を「盗む」行為を禁じることができ，盗まれたものを取り返すことを認めることで[8]，成果物を生産者等に直接帰属させることができる．したがって，この問題は部分的には解決可能で

---

[7] 一般にこのような一階条件は，以下の式に包絡線定理が適用されることによって導かれていると見ることもできる．

$$\frac{\partial V}{\partial e_i} - 1 + \sum_{j \neq i}\left(\frac{\partial V}{\partial e_j} - 1\right)\frac{\partial e_j}{\partial e_i} = 0 \quad for\ all\ i$$

[8] 法律用語で，これを所有権の物権的請求権という[加藤(2003)等参照]．

ある[9].

　しかし，このような「モノに対する所有権」だけでは，十分に解決できない問題が存在する．それは，「モノに対する所有権」の帰属先を決めるルールが適切ではないことから生じる．所有権が定まっていないモノに権利を設定する基準は，一般に早い者勝ちのルールに従う．先にそのモノを見つけたり，占有したりすることで，そのモノに対する所有権を認めるというのが，このルールである[10]．このとき，まだ所有権が定まっていないモノに対しては「乱獲」の問題が生じる．

　いま述べた点をモデルを用いて説明していこう．まず，モノの所有権だけが認められている社会を考えることによって，「乱獲」が生じることを明らかにする．次に，このような「乱獲」が生じる理由が，所有権の配分が社会構成員の相対的な努力水準に依存する点にあることを考慮したうえで，その権利を固定的に配分する管理的な社会を考えてみよう．

　そこでは，むしろ配分が努力から独立になる結果，誰も努力しないという過小努力の問題が生じることを説明しよう．その上で，モノだけでなく土地にも所有権を認めることで，このような「乱獲」や「過小な努力」の問題を解決することができる点を明らかにしよう．

③　モノに対してのみ所有権が認められる場合

　いま，ある森林内のモノは誰のモノでもないとしよう．このとき，各主体には，他の主体より早く，森林内の価値ある動植物をできるだけ多く捕獲・採取しようとする誘因が働く．また，農作物等を生産する場合でも，その農作物がそもそも誰に帰属するのかが決まっていなければ，同様の問題が生じる．たとえ誰かが生産したモノであっても，まだ誰のモノか決まっていない場合，それを先に他者に占有されれば，生産者はそのモノを得ることはできなくなる．

---

9) もちろん，このための警備や裁判制度の費用が当然にかかるが，この問題は本書の対象を大きく離れてしまうので，ここでは深く立ち入らない．

10) このようなルールに対して，オークションによって所有権を決めるルールも実際には存在する．これに対して Leuck (1995) は，オークションは最も高い評価ができる主体に所有権を移転できるメリットがあるが，取引費用がかなり大きいために，多くの場合，早い者勝ちルールが一般に利用されると説明している．

いま，早い者勝ちのルールによって「モノに対する所有権」の帰属が決まる場合，土地の成果物の分配が，その社会全体の努力との相対的な大きさに比例して受け取れると仮定することができる[11]．このように仮定するのは，狩猟経済のような状況では，他の主体の努力が多いときには，それだけ相対的に多く努力しなければ，高い分配を得ることができないからである．

単純化のために，各個人の相対的な努力水準に比例して，各主体の分配が決定されると考えてみよう．この場合には e_i を発揮した主体は，以下の純利得を得ることができる．

$$\frac{e_i}{\sum_j e_j} V - e_i \qquad (1\text{--}4)$$

このとき，各主体がみずからの利得を最大にするように行動するならば，次の条件を満たさなければならない．すべての $i \in I$ に対して，努力水準に関する一階の条件は以下のようになる．

$$\frac{e_i}{\sum_j e_j} \frac{\partial V}{\partial e_i} + \left(1 - \frac{e_i}{\sum_j e_j}\right)\frac{V}{\sum_j e_j} - 1 = 0 \qquad (1\text{--}5)$$

社会全体の努力との相対的な大きさを $s(e)$ とすると，上式は以下のように書き換えることができる．すべての $i \in I$ に対して，

$$s(e_i)MP_i + (1 - s(e_i))AP - 1 = 0$$

ここで MP_i は主体 i の努力の限界生産性であり，AP は社会全体（各個人の努力の総計）の平均生産性を表している．このことは，自分の努力の限界生産性と社会の平均生産性の加重平均が，自分の発揮する努力の限界費用と一致するように，自分の努力水準を決めることが個人にとって，合理的であることを示している．

社会の構成員が多い世界では，$s(e_i) \to 0$ となるから，努力することの社会的な平均生産性と自らの努力の限界費用が一致する水準まで努力が発揮されるこ

---

11) 以下の説明は，Leuck (1995) のモデルと分析を参考にしている．

とになる．すなわち，すべての $i \in I$ に対して，

$$\frac{V}{\sum e_j} - 1 = 0$$

が得られる．

その結果，(1–3) 式と比較すると，早い者勝ちのルールによってモノに対する所有権を認めることで，効率的な土地利用が達成されるのは，すべての $i \in I$ に対して，

$$MP_i = AP$$

の場合だけである．すなわち，各人の努力に関して収穫一定 (constant return to scale) の場合には，土地の私的所有権は必ずしも必要ではなく，モノに対する所有権を認めるだけで効率的な土地利用が達成される．

もちろん，この結論は一般には成り立たない．たとえば，各個人の努力水準に対して規模の不経済が働くような多くのケースでは，社会の平均生産性 (AP) は各個人の労働の限界生産性 (MP) を上回るため，過大な努力が発揮される結果となる．このとき，モノに対する所有権だけを認める状況 (土地の所有権はない) は，過大な土地利用を誘発することになる．よく知られているように，これが「乱獲」の原因となる[12]．逆に，各個人の努力水準に対して規模の経済性が顕著な場合には，社会全体の平均生産性は各個人の労働の限界生産性を下回るため，過小な努力しか発揮されない．

④ 分配が固定的に管理される場合

ここで，効率的な土地利用が生じない理由の一つは，いま述べた社会では，分配が相対的な努力に依存するからである．そこで，資源の過大利用や過小利用を避けるために，分配を努力から独立に決めるケースを考えてみよう．ここで，社会全体で土地からの成果を管理し，単純に人数割りで成果を分配する経済を考える．このシステムは，狩猟経済よりも農業生産物を生産する社会で採用さ

---

12) この問題は「共有地（コモンズ）の悲劇」[Hardin (1968)] としてよく知られている．

れるかもしれない．

　このような社会を，以下では「管理された固定的分配経済」と呼ぼう[13]．先の場合と同様に，この場合にも各個人 i は，自分が得る生産物の価値から，自分が努力することに伴う不効用を差し引いた余剰，もしくは残余価値を最大にしようとするだろう．したがって，N 人が参加する固定的分配経済の下で，各人 i が実際に発揮する努力水準 e_i^{com} は，以下のような水準となる．

$$e_i^{com} \in \arg\max_{e_i} \left\{ \frac{1}{N} V(e_1, \cdots, e_i, \cdots, e_N) - e_i \right\}$$

　このことは，固定的分配経済の下での努力水準 e_i^{com} が，次の一階条件を満たす水準となることを意味する．すべての $i \in I$ に対して，

$$\frac{1}{N} \frac{\partial V}{\partial e_i} - 1 = 0$$

となる．すぐわかるように，この努力水準 e_i^{com} は，一般に，(1–3) 式で定義される社会的に最適な経済主体の努力水準 e_i^* を下回る．

　なぜなら，$N > 1$ に関して，$\frac{1}{N} \frac{\partial V}{\partial e_i} < \frac{\partial V}{\partial e_i}$ であり，自分が生産した生産物 1 単位が N 人の共同所有者間で分配される結果，自分が受け取れるのは $1/N$ 単位に過ぎず，（分配を考慮した）努力の限界生産性は，固定的分配ルールの下では，実際の労働の限界生産性よりも低く評価されるからである．

　これに対して，努力の限界不効用は共同所有の下でも，努力を発揮した本人にしか帰属しないため，経済主体 i の努力水準 e_i^{com} は，社会的に最適な各主体の努力水準 e_i^* を下回ることになる[14]．

　特に $N \to \infty$ となる場合には，$e_i \to 0$ となることに注意しよう．これは「フ

[13) この定義は，通常の「共有地」のように，分配が管理されていない共同所有地と区別するために用いた．ここで扱う管理された共同所有という状況は，共産主義的な経済を想定しているという方が適切かもしれない．

14) ここではモデルを簡単にするために，努力の限界不効用は一定で 1 としている．しかし，この結論は努力の限界不効用が逓増する限りにおいて同様に成立する．

リーライダー問題」と呼ばれる典型的なケースである．各個人は自分が努力しなくても，その成果にほとんど影響を及ぼさないと思えば，自分は努力せずに分配に与ろうとする結果，誰も努力しないという問題が生じる．

　こうした結果が得られるのは，成果を社会全体で固定的なルールにしたがって分配する点に由来していることは明らかである．ここで，「早い者勝ち」を認めず，成果の分配を社会的に管理するためには，成果が誰の努力によって得られたのかを明らかにしなければならない．しかし，それぞれが耕作したりする場所や時間は日々変化したり，他の人と重複したりする．一生懸命働いているか，あまり働いていないかは誰の目にも必ずしも明らかなわけではない．

　また，各人の能力や生産性はそれぞれ異なるので，努力の水準をそのまま成果への貢献と判断することはできない．一生懸命働いたからといって，それがどれだけ成果をあげることに貢献したかは個人によって異なっている．たとえば，ある人間が特殊な種を，社会全体で管理されている土地に蒔いたとしよう．種を蒔いた人間はその後何の努力もしなかったが，別の人間が一生懸命に手入れをした結果，収穫時には多くの実りがもたらされたとしよう．

　このとき，成果への貢献に応じて各人に収益を分配しようとしても，誰にどれだけ分配すべきかについての判断は容易ではない．収穫が，その種子がたまたまその土壌に適していたのか，その後の手入れによるものなのかは判然としない．また，そもそも種を蒔かなければ，作物そのものができなかったことを考えると，成果の分配を努力水準だけに依存させることが適当かどうかについても議論の余地が生じるだろう．

　種を蒔いただけで，多くの収穫が得られたかも明らかではない．また，何の努力もしなかった人に成果の多くを分配すれば，努力した人からは当然不満が生じるだろう．多くの人が同じ生産要素を利用して生産に相互に関わり合うシステムの下では，成果に対する努力や貢献に基づいて分配することには，しばしば，こうした困難な問題が伴うのである[15]．

---

15) この問題は，研究開発や新規プロジェクトの評価の場面でもよく発生する．アイデアを出した人がその後あまり努力しなくても，多くの助手や他の従業員たちの努力によって，すばらしい発明や発見，成果につながることが多い．そのとき，その成果はアイデアを出した人と，それを実現した人のどちらに与えられるべきかは，状況に応じて，かなり異なっ

⑤ 土地に対して所有権を認める場合：限界生産性による分配

これまで述べてきたように，一般にモノの所有権だけでは，効率的な努力水準は達成されない．早い者勝ちに基づいて「モノ」の所有権を割り当てる分配ルールでは，乱獲などを引き起こす可能性が高い．また，また土地の成果物を管理して分配する場合にも，非効率性に伴う問題を解決することは難しい．

誰にどれだけ分配するかを決めるルールは，多くの場合，恣意的にならざるを得ない．固定的な分配ルールでは，フリーライダー問題によって生産意欲は大きくそがれることになる．努力を適切に反映させる分配ルールが仮に可能であるとしても，そのルールに基づいた分配の実現には，多大な監視費用が必要とされるだろう．

しかし，ひとたび，土地の私的所有権を認めてしまえば，このような問題は，驚くほど簡単に解決できてしまう[16]．生産要素である土地を個人用に分割すれば，そこからの成果物は土地の所有者の貢献によるものと容易に認めることができる．このとき，土地の所有権には，そこからの成果物である「モノ」に対する所有権が同時に含まれることを意味する[17]．

このようにすれば，その成果を社会全体で分配し合うのではなく，その土地の所有者だけに帰属させることができるようになる．このような場合には，さきほど議論したような所有権がモノにしか生じない場合の問題を容易に解決することができる．

た結果になる．
　青色発光ダイオードの発明が，1人の天才研究発明者によるものとして，その多くの利益を1人に帰属させるべきなのか，企業の研究部門全体の成果として，その研究発明者への成果を一定程度に抑えるべきなのかさえ，訴訟を通じて判断せざるを得なかった．しかも，その結果は，結局，地裁と高裁(実際には判決前に和解)で大きく異なる判断を示す結果となったことは記憶に新しい．こうした職務発明に関する判例が企業の開発投資に及ぼす影響については，山崎・井上(2006)を参照．

16) このとき，実はまだ所有権が確定していない土地の所有権をそもそもどのように決めるべきかという問題が存在することに注意しよう．民法は，通常のもの(動産)については，「早い者勝ちルール」を認める(民法239条①)一方で，土地の所有権にはこのようなルールを認めていない．「所有権のない不動産は，国庫に帰属する」(民法239条②)．

17) この点で，旧来の法学者が言うように，土地の所有権は，従来の「モノ」の所有権と明らかに異なる．Leuck (1995)は所有権をフローの所有権とストックの所有権に分けて考えることが，所有権制度を理解する上で重要であると指摘している．

この点をモデルで確認してみよう．社会全体の土地を分割して，各個人 i に配分するものとしよう．すなわち土地の私的所有を認めることにする．この状況は，各人に生産関数 V を分割して割り当てると解釈することによって分析することができる．すなわち，

$$\bigcup_{i=1}^{N} v_i = V \text{（ただし，すべての } i \neq j \text{ となる } i \text{ と } j \text{ に対して } v_i \cap v_j = \emptyset\text{）}$$

となるように，土地を N 人で分割し，各個人に，自分の番号のついた土地が分け与えられるとしよう．なお，しばらくの間，土地の分割と割り当ては，ランダムになされるとしよう（後で，所有権が市場取引を通じて最適な割り当てを達成することを説明する）．

ここで，ただ土地を分け，その土地を耕作するだけでは何の意味もない．成果が共有地同様にこの社会全体で分け与えられてしまうならば，共同所有の場合の分配ルールをそのまま残したことになるからである．そこで，土地を所有する所有者には，その土地に関する独占的な利用と排他的な収益享受が認められるとしよう[18]．

この私的所有制度の下で，土地の所有者 i は，その土地を用いて生産した成果 v_i から，自分の努力の不効用を差し引いた余剰（残余価値）を最大にするように，自分の努力水準 e_i^{priv} を決めるだろう．すなわち，各 $i \in \{1, 2, \cdots, N\}$ について

$$e_i^{priv} \in \arg\max_{e_i} \{v_i(e_i) - e_i\}$$

となる．

各土地所有者 $i \in \{1, 2, \cdots, N\}$ にとっての最適な努力水準は次式の条件を満たすように決定される．

$$v_i' - 1 = 0$$

---

[18] 実際に，この制度を作り出すためには，コストがかかることは明白である．相互に土地への不可侵を認め合い，これをエンフォース（履行担保）する仕組みが必要となり，そのため費用がかかる．ただし，これについては議論が複雑になるので，本書では議論しない［この議論について詳しくは Demsetz (1964), De Meza and Gould (1992) 等参照］．

ここで，土地が，すべての $i \neq j$ となる i と j に対して $\dfrac{\partial^2 V}{\partial e_i \partial e_j} = 0$ であるならば，各個人が発揮する努力水準は効率的な水準に一致することは簡単に示すことができる．なぜなら，

$$\frac{\partial v_i(e_i)}{\partial e_i} - 1 = \frac{\partial V(e_1^*, \cdots, e_i, \cdots, e_N^*)}{\partial e_i} - 1 = 0$$

だからである．

このように，私的所有制度が，すべての $i \neq j$ となる i と j に対して $\dfrac{\partial^2 V}{\partial e_i \partial e_j} = 0$ の下で，社会的に最も効率的な努力水準を達成することができる．すなわち，管理された固定的分配経済では，自らの努力の成果は社会全体で分配されるため，その真の限界生産性よりも低い限界的な分配しか受け取れないのに対し，私有財産制の下で，努力の成果はすべて所有者に帰属する．なぜなら，私有財産制下で所有権には，その対象物の排他的利用と独占的な収益の収受が認められているからである．

このため，所有者は，自らの限界生産性に基づいて努力水準を決めるようになり，社会的に効率的な努力水準を選択するようになる．さきのフリーライダー問題も，ここでは生じない．自分が努力しない限り，いかなる成果も受け取ることができないからである．

ところで，ある i と $j(i \neq j)$ に対して $\dfrac{\partial^2 V}{\partial e_i \partial e_j} < 0$ が成立する場合には，ある人の努力が，他の人の努力の限界生産性を下げてしまう[19]．たとえば，Coase (1960) の有名な例を使えば，ある共有地で人々が動物を飼育したり，植物を育

---

19) すでに説明したように，各人の努力に収穫逓減の法則が働くとき，「共有地の悲劇」と呼ばれる問題が生じるが，この状況(ある人の努力が他の人の努力の生産性を下げる状況)の下では，この問題を深刻化させることになる．社会の人々が早い者勝ちのために，木の実や植物などを採取してしまい，しかも，努力して植樹や手入れをしても，他の人にとられてしまうためその生産性も低下してしまう．その結果，共有地の維持管理のために努力するインセンティブが失われ，共有地は荒廃してしまう．

てたりしているケースが考えられる．動物を育てる人が努力を多くすればするほど，育てている植物がその動物の移動によって被害を受けるかもしれない．

その結果，植物を育てている人の努力の限界生産性は低下してしまうだろう．この場合は個人の努力が他人の努力を減殺してしまうという意味で，個人の努力が相互に代替的であるという．この場合にも，土地の私的所有権を認めると，社会的に効率的な努力水準が引き出せるのはどうしてだろうか．

この理由は，私的所有権制度は，このような各人の努力の代替性が引き起こす問題を直接的に解決することができるからである．すなわち，土地を分割して排他的利用と独占的な収益収受を認めることで，直接的に相互の努力が減殺し合う状況を排除することができる．いまの例でいえば，私有地に柵をめぐらすことによって，動物の侵入を妨ぐことができる．言いかえると，社会の人々の努力が相互に代替的である場合には，私的所有権制度によって，直接的に生産関数の形態自体を変更し，より高い成果を達成することが可能になる．

Demsetz（1967）は，このような労働の代替性の問題を労働者間の負の外部性として捉えており，この問題を解決する手段として，コストを内部化するために私的所有権制度が形成されると主張した[20]．労働の代替性（負の外部性）が問題となるのは，各人は自己の努力がもたらす成果だけを考慮して行動することに原因がある．その結果として，他の人々が被る生産性の低下というコストを認識しなくなる．

しかし，土地を分割してその範囲で生産する場合には，土地利用における過大な努力は，自分の生産性だけを低下させる結果となる．そのため土地の所有者はこのコストを内部化することができる．その結果効率的な生産が達成され

---

[20] Demsetz にしたがって，狩猟の世界を考えよう．商業経済が発展する以前の狩猟は，その地域に住む人々が，せいぜい衣食のためだけに狩りをすれば良かった．その利用量は，その地域の賦存量に比較してきわめて小さかったために，狩猟地域を分割するなどの私的所有を形成する必要はほとんどなく，共同所有でも問題はなかった．そこでは，他者の生産性（狩りの成功率や収穫量）に影響を与えることも考えられなかった．

しかし商業主義的な毛皮の取引のために狩猟が行われるようになると，狩猟の量は飛躍的に増加し，ある主体の獲得量の急速な増加をもたらし，他の主体の獲得量とそれゆえ生産性の減少を導く結果となった．Demsetz は，この負の外部性の問題を解決する手段として，アメリカ・インディアンの社会で私的所有権が形成されたとしている．

る[21]．もちろん人為的に土地を分割する限り，私的所有権制度の下でも近隣間の外部性が依然として存在する可能性がある．第3節で説明するように，この問題は，まず第1次的に，市場を通じた規模の調整を通じて解決される．また第2次的には交渉等を通じて解決できる余地が生じる．この場合にこそ，コースの定理（Coase 1960）が妥当しやすくなる（コースの定理については，補論を参照）．ここでは共有地と違い，意思決定する主体が少数で確定しているからである．

これに対して，ある主体 i と $j(i \neq j)$ に対して $\frac{\partial^2 V}{\partial e_i \partial e_j} > 0$ の場合，すなわち労働努力が補完的な場合を考えてみよう．たとえば，ある主体が農作物の成長を管理する能力は高いが，農地を耕すことは苦手であるとしよう．他方，別の主体は農地を耕すことには秀でているが，農作物の成長を管理するだけの十分な知識を有していないとしよう．このような場合には，互いに協力する方が高い成果を上げられる．ところが，私的所有権によって土地の排他的な利用を認めると，相互に協力する機会が消滅して生産性を下げてしまうと考えるかもしれない．

しかし，このような努力の補完性は，土地を分割して排他的な利用を認めても，ほとんど問題とはならない．なぜなら，土地の所有者が外部から人を雇うことで，この問題は簡単に解決されるからである．作物の成長管理についての能力の高い土地所有者は，土地を耕すことが得意な労働者を賃金を払って雇い入れればよい．雇われる主体は，その努力に見合う以上の分配が得られる場合に労働サービスを提供する．

労働が補完的な場合には，雇い入れる主体は，自分が単独で生産する場合よりも大きな成果が得られるから，自分への分配を高めつつ，雇われる主体が単独で努力した場合の成果以上の分配を支払うことができる．

もちろん，この雇われる主体に対してどのように効率的な努力水準を実現さ

---

[21] ここで私的所有権がなくても，私的な交渉を通じて，生産性の高い主体が低い主体に狩りを一定程度制限してもらうことで，効率的な利用を促進することは不可能ではないかもしれない．しかし，共有地に交渉相手が多数いる場合には，このような私的交渉は困難になりやすいし，その約束された同意を実現するための監視費用もかかる．

せるかという問題が別途発生するだろう[22]。しかし，所有権が分割されていることによって，所有者自身の努力水準は高まり，また雇用に伴う管理費用も大きく低下することが考えられる．したがって，土地の所有権が分割されることによって，分業はむしろ大きく進展するとも考えられる[23]．その結果，たとえ労働努力の補完性が問題になるとしても，その問題の程度は，土地所有権がない社会や管理された固定的分配ルールの社会などよりは，はるかに小さいと考えられる．

2.2 投資の効率性

経済主体が発揮する努力の問題と同様に，土地に投下された投資の成果についても，私的所有の方が共有よりも一般に効率的になる．共同所有の場合には投資の成果を社会のメンバー全体で分配しなければならないという意味で，平均生産性に基づいた分配がなされることになる．その結果，さきほどと同様の問題が資本についても発生する[24]．

これに対して，私的に所有されている土地に対しては，他人の土地に資本を投下することは禁止されているので，その投資の限界収益に基づいて，投資水準を決めることができる．このため，その土地での投資が他の土地に影響を与えない限りにおいて，すでに説明した，人的努力が他の土地の生産性に影響を及ぼさないという意味で separable なケースと同様の議論ができる．そのため，土地の私的所有権を認めることによって，効率的な投資水準が達成されることも容易にわかる[25]．

---

[22] この問題は経済学でエージェンシー問題と呼ばれている．
[23] 現代社会の中で，法人組織の存在は私的所有権と分業を抜きに考えることはできない．労働の補完性の問題は，現代社会の中で，まさにこの法人組織によって解決されていると考えることができる．言いかえると，補完的な資源を結びつけることにこそビジネス・チャンスがあり，それを実現する組織が企業である．
[24] この問題の深刻さはマンション建替えの困難さに表れている．これについては，第10章で区分所有の問題として議論する．
[25] しかし，現在のように土地が細分化されている一方で大規模な投資が可能になっている状況では，投資が実施された土地だけに常に影響を及ぼすと考えることはできない．この問題は投資の外部性の問題となって表れる．これについては以下の第4節で議論する．

3. 処分権の意義と不動産の維持管理

これまでの分析では，所有権にはとりわけ排他的な利用と独占的な成果の収受が保障されれば十分であるから，所有権に処分権が含まれる必要は必ずしもないように思われる．もしそれが正しいとすると，単に，占有権のような形態を認めれば十分ということになる．実際，近代以前には，土地は封建領主や国王のもので，彼らから許可を得て，排他的な利用と独占的な成果の収受を保障されていたと考えられる．荘園制度や封建領主のような制度は，この類のものと理解することができる．また，いくつかの社会主義国では土地は国家から割り当てられ，将来返還することが条件となっている[26]．

しかし，現在多くの国々の私的所有権制度の下では，処分，特に土地においては処分権(売却権)が所有者に与えられている．この理由は，誰が土地を管理するのが最適かという問題に密接に関係している．それでは，この点に注意を払って，これまでの説明のために導入した前提条件を緩和することによって，再度土地の効率的な利用について考えてみることにしよう．

3.1 効率的な土地利用者への移転

2.1項の議論では，私有地は，強制的に割り当てられると説明してきた．たしかに土地の売買が認められていない時代には，これは妥当な仮定である．しかし，割り当てられた土地が，その所有者にとって最も適した土地であるとは限らない．水稲栽培が得意な人に森林が割り当てられたり，狩猟が得意な人に農地が割り与えられたりするかもしれない．このとき，土地所有者の能力とその所有する土地が収益を最大化する上で，合理的に適合しているかどうかという問題が発生する．

もちろん，現在の所有権制度では，売買以外で土地を得ることができるのは，通常，相続や贈与であり，必ずしも強制や権力によるものではない．しかし，その場合でも所有者の能力と土地のミスマッチが生じる可能性は否定できない．

---

[26] 実際，現在の中国やベトナムで，どこまでこのような土地所有形態が実態を伴っているかという点については，著者たちは十分な知識を有していないが，中国については符(2006)等を参照．

ところが，ひとたび土地の処分権が所有権者に与えられると，こうした問題は容易に解決する．なぜなら，より効率的な利用が可能な主体は，そうでない主体がその土地を利用した場合に得られたであろう収益の現在価値を上回る価格を提示することができるからである．その結果，既存の土地所有者はその土地を自分で利用するのをやめて，高い価格を提示した人に売却することを選択するだろう．このような売買を通じて，より効率的な利用が可能な主体へ，そうでない主体から土地を移転させることができる．

　すなわち，土地の売買市場を通じて，需要価格の低い人から高い人へ土地の所有権が移転する結果，その土地の利用に適した土地所有者が社会的に選択されることになる．こうした処分権は，その土地の利用に関して，社会的に効率的な土地所有者を選択することを可能にするのである[27]．

3.2　規模の経済性と割り当ての適正化

　いま述べた点を異なる側面から説明することにしよう．これまでの説明では，土地は強制的に割り当てられるものとし，しかもそこで各個人が直面する努力の生産性自体も土地規模の大小によって変化しないという前提に立っている．しかし，この想定はかなり疑わしい．土地があまりに細分化された場合には，十分な努力を発揮しても広大な土地と同じような成果を期待できない場合があるだろう．1ヘクタールの土地を耕作するのと，1アールの土地を耕作する場合では，10時間働く成果が同じになるわけではない．土地の規模を広げるほど，努力によって生産性が高まる可能性がある．このような状況は生産技術（生産関数）が，規模の経済性を伴っていることを意味する．

　このとき，効率的な生産を達成するためには，所有する土地の面積を広げる必要がある．近代以前のように土地を開拓する余地がある場合は別として，利用可能な土地が有限であれば，現在の所有者から別の主体に土地を移転させる必要が生じる．このとき，この土地の移転自体が効率的にならなければならない．すなわち，土地利用の成果が相対的に低い人から，より多くの成果を上げられる人に，土地を移転させる必要がある．これを達成する一番コストのかか

---

27)　Demsetz（1967）の議論も参照．

らない普遍的な方法は，土地を売買することである．

　たとえば，いま A と B の 2 人の土地所有者がいるとしよう．土地所有者 A と B が自分の土地だけを効率的に利用する場合に得られる成果は，（努力の不効用を控除して）それぞれ 100 と 120 であるとしよう．ここで A が B から土地を買って生産すると，（努力の不効用を除いて）全体で 250 の成果が得られるとし，逆に B が A から土地を買って生産すると，240 になるとしよう．

　どちらの場合も当初の成果の合計（100 + 120 = 220）よりも大きくなっているので，規模の経済性が働くことになるが，社会的には A が B から土地を購入することが望ましい．なぜなら A が土地を購入することによる社会的な価値の増加は 30 であり，B が土地を購入することによる社会的な価値の増加分 20 を上回るからである．

　このとき，A は，B の土地を 141 の価格で購入することを申し出たとしよう．これに対する B の戦略は 1) 土地を売却する，2) 売却しない，3) 逆に A の土地を購入する，の三つである．B が売却に応じる場合の価格 141 は，B 単独で自分の土地から得られる成果 120 よりも大きい．したがって，1) の方が 2) よりも望ましい．

　さらに 1) と 3) を比較すると，売却値 141 は，A に 100 を支払って土地を A から買った場合に追加的に得られる利得 140（240 − 100）よりも大きい[28]．したがって，1) は 3) よりも望ましい．そのため，B は A から土地を購入することなく，A に土地を売却することを受け入れるだろう．

　他方，A は B の土地を買うことで全体で 250 の成果を得るから，141 を B の土地の購入に支払っても 109 の成果が残ることになる．これは A が自分の土地だけで生産した場合の成果 100 よりも大きくなるから，このような土地の購入を喜んで申し出るだろう．

　こうして，土地の価格が 140 と 150 の間に決まる限り，A も B も，自分の取り分を大きくすることができる．これに対して，B が土地を購入することでこのような状況を作り出すことはできるだろうか．すでに明らかなように，B が

---

28) このとき A に支払う価格 100 では A は納得しないかもしれない．100 以上の価値を支払う場合には，B の利得は 140 を下回る結果になるので結果は同じである．

A に 101 の価格を提示しても，B が得られる利得はせいぜい 139 にすぎない．すなわち両者が満足する分配は，A が B から購入する場合にのみ可能となる[29]．土地の売買を通じて，規模の経済性の大きな主体に土地が移転する．この結果，より効率的な土地利用者によって，効率的な努力水準での利用が可能となる．

3.3 維持管理の効率性

いままで述べてきたように，売買を通じて土地は，効率的な利用が可能な主体に，効率的な規模まで購入され，そして効率的に利用される．しかし，ここまでの議論は必ずしも，政府による強制的な割り当ての非効率性を否定するものではない．

たしかに，中央政府は情報が完全でなくても，土地の賃貸制度によって同じ結果を達成できるかもしれない．国家が借地人と契約する形態にすれば，最も高い賃貸料を払える主体が土地を借りるという意味で，効率的な利用者が効率的な規模まで土地を利用することになるからである．実際，土地が投機的に売買されることを懸念し，国家が土地を保有し，それを国民に賃貸させる制度が望ましいとする主張が古くから根強く存在する．

しかし，この種の議論は，現在世代が将来世代の利用者に及ぼす外部性の問題を十分に考慮していないという意味で，決定的な誤りがある．Demsetz (1967) は，土地の私有制度には，この外部性を内部化する機能がある点を指摘している．私的所有権制度の下では，土地の所有者は，将来土地を売却した場合に得られる価格(価値)をすべて享受することができる．

したがって，土地所有者は土地を将来売却する可能性を考慮して，土地利用から得られる利得を最大にしようとする．その結果，土地所有者は，将来の利用者に土地を高く買ってもらうために，適正に維持・管理するインセンティブ

[29) ここで規模の経済性の利益を B の機会費用として A が認識するかどうかは，市場の構造に依存する．B が A 以外から土地を購入できる機会があるならば，B は自分が規模の経済性を追求した場合の利益を，A から引き出すことができるだろう．これに対して A しか取引相手がいない場合には，B は 125 の価格でも満足するかもしれない．この問題は，交渉解の threat point がどこになるかという問題と関係している．

を持つようになる．しかし，このようなインセンティブは賃貸契約では働かない．賃借人は，自分の利用からの利益だけを最大化しようとするから賃貸期間の終了間際には，土地に対する維持管理のインセンティブが失われ，土地の荒廃が進行する．

これに対して，土地所有者が売却権によって，その売却価値の増加分をすべて自分のものにできるならば，土地を荒廃させてしまうコストを考慮して，維持管理の水準を決めることになる．このことは，寿命が有限の人間が，遠い将来の人々の効用まで考慮して行動することを意味する．この結果，将来世代まで考慮した効率的な維持管理が実現するようになる．

いま述べた点は，国家による土地所有と民間への賃貸という制度的組合せが，効率的な資源配分を実現できないことを示している．しかし，このことは民間による土地の所有権を認める制度の下で，賃貸借契約が非効率であることを必ずしも意味しない．

もちろん，もし借地人が土地利用から生じる直接的な利益（インカム・ゲイン）しか重視しないとしても，それが，将来の有利な土地利用の可能性を阻害させる結果，著しいキャピタル・ロスを土地所有者にもたらす可能性が高いのであれば，土地所有者は賃貸借契約のなかに，そうした不利益が生じる事項を禁止事項として，書き込むことで対処することができる．

それでは，国家が土地を所有（国有化）して，土地を民間に賃貸する場合にはどのようなことが生じるだろうか．賃借人が土地を荒廃させるような利用方法を選択するおそれがある場合には，それを防ぐために契約に罰則規定を盛り込めば，民間による土地所有と同じことが生じるように思われる．

しかし，それほど話は単純ではない．土地の最有効利用とは，長期にわたって土地を利用する際に，その生み出す価値を最大にする土地利用をいう．言い換えると，これは土地の現在価値を最大にする土地利用である．土地が国有化されずに，市場で取引されている限りは，地価という市場価格がこの代理変数として機能する．私有財産制の下では，地価を高くするような土地利用を選択するように，土地所有者を動機付けることができる．こうしたことは，投機の有効性を弁護することにもなる．

将来の土地利用から得られる収益が不確実なときには，特に用途が変更され

る可能性を含めて，もっとも収益を生む土地利用を選択することは容易ではない．しかし，地価を高めるような効率的な土地利用を実現することに成功すれば，無視できない金額を土地の売買から手にすることができる．もちろん，これに失敗すれば損失をもたらすことはいうまでもない．これが，土地所有者をして土地の効率的利用を「真剣に」考えさせることになる．

ところが，土地がひとたび国有化されると，いうまでもなく，こうした価格という重要な情報は使えなくなってしまう．こうすると，土地利用は官僚による知恵と支配に頼るほかはないのだが，これは信頼に足るものではない．官僚制は誰も責任を取らない制度ともいわれている．土地利用の成功や失敗から直接利害を受ける主体でない人間が，土地利用を考えると，効率的な利用からは大きく乖離した土地利用が出現するであろう．こうしたことはすでに，旧ソ連や東欧諸国での社会主義ですでに実験済みのことであり，いまさら強調することはないであろう．

したがって，土地の所有権制度と自由な賃貸借契約制度は，国家による土地所有制の下での賃貸借制度よりも，はるかに望ましいといえる．もちろん，現状の賃貸借契約には，情報面での問題や規制等によって多くの問題があることはいうまでもない．そうであっても，国家による土地所有よりはるかに効率的であるといえる[30]．

4. 外部性と所有権

4.1 外部性の内部化

土地を分割した結果，先の動学的な異時点間の外部性とは異なる外部性の問題が新たに発生する．これは，土地開発や土地利用から生じる外部性である．例えば，経済環境の変化に伴って，都市を再開発することが必要になる[31]．これは，細分化された土地を集約化して，そこに大規模な資本を投下することを意

---

30) 詳しくは第 2 章で議論する．
31) この点は脚注 39 を参照．

味する．再開発の対象地域とその近隣の非対象地域の間に，景観被害やビル風といった負の外部性や防災面での正の外部性が生じる可能性がある．

このような外部性は，もちろん，Demsetz（1967）も指摘するように，私的交渉によって解決できる余地がある．仮に，将来世代を交渉に含めることができないという点を考えても，将来世代の意見は土地の資産市場を通じて間接的に反映される結果，私的所有制度の存在を完全に否定するほどの問題にはならない．むしろ，私的所有制のメリットを維持しつつ，このような外部性に伴う問題をいかにして解決すべきかという点が重要な論点になってくる．

そもそも，この外部性の問題は，外部性をもたらす財やサーヴィスの市場が存在しないことに起因する．したがって，この問題を解決するためには，こうした財・サーヴィスについて市場を成立させる必要がある．しかし，市場を成立させるためには，当然のことながら，ある種の所有権を前提にしなければならない．これについては第7章以降で再び詳しく議論することにして，以下では正の外部性と企業や政府の役割について議論しておこう．

4.2 正の外部性と企業の役割

いま投資や開発に正の外部性がある場合を考えよう．この状況は投資や労力（努力）が相互に補完性を持つ状況を意味する．この場合，ある不動産に投下された資本が，他の不動産の利用を便利にしたり，その生産性を高めたりする．このような場合には，個別不動産の投資主体は，そのような外部性の結果得られる利益を十分に得ることができないから，過小な投資や過小な努力しか実施されない．したがって，確かに効率的でない事態が生じる可能性は存在する．

しかし，少なくとも不動産に関する限り，正の外部性があること自体はそれほど深刻な問題をもたらさないと考えられる．この理由は，このような正の外部性に関しては，投資主体は当然それを内部化しようとするインセンティブを持つからである．例えば，ある土地にショッピングセンターを建設することを考えている主体がいるとしよう．ショッピングセンターが建設されれば，その周辺の土地は便利になり，地価が顕著に上昇することが予想される．

この場合には，ショッピングセンターの開発者は，ショッピングセンターに必要な土地だけでなく，その周辺の土地も事前に購入しておこうとするだろう．

その周辺の地価がショッピングセンターの建設によって予想どおりに上昇するならば，開発者はキャピタル・ゲインという形で利益を得ることができる．

開発者の投資や努力によって，周辺に大きな外部性が及び，さらに地価に外部性の影響が十分に反映 (capitalize) されるのであれば，あらかじめその周辺の土地を購入しておくことによって，外部性を内部化することができる．正の外部性が大きければ大きいほど，このインセンティブは大きくなる．民間の鉄道事業者が周辺の広大な土地を同時に購入し，鉄道開業に合わせて大規模な分譲住宅地の開発をしたり，デパート等の大規模な商業施設を駅前に建設するのは，この典型的な例である[32]．

すなわち，正の外部性については，その効果が十分に大きい限り，それを内部化しようとするインセンティブが働く．規模の経済性についての説明と同様に，このとき開発者は最適な規模(外部性の及ぶ範囲)まで不動産を取得し，社会的に最適な水準の開発投資や努力を行使するようになる．

こうした正の外部性を内部化する自発的メカニズムの障害になるものとして，資金制約の問題がある．しかし，現代の社会では，この問題を解決するために，少なくとも二つの重要なメカニズムが準備されている．その第1は企業という組織形態であり，第2は政府である[33]．

企業という組織形態は，各個人の努力が相互に補完的に作用する状況において，株式や負債という資金調達手段を用いて，多額の資金を調達し不動産等を購入して大規模な企業資産を形成する[34]．こうして資金制約を緩和している．そのうえで，従業員を雇い入れ，適切なインセンティブを与えながら成果を上げようとする[35]．

言い換えると，労働や資本の補完性を効率的に発揮するためには，市場に代

---

[32] アメリカの郊外の宅地開発では，住宅と公園やゴルフ場がパッケージになっている例がよく見られる．

[33] より直接的には，抵当権のような不動産の非占有担保権もこの問題の解決に寄与しうる．これについては第3章で説明する．

[34] Demsetz (1967) 参照．

[35] こうした企業の本質について，取引費用という観点から分析したのも，Coase (1937) が最初である．

わってそれらをコーディネートする組織が必要である[36]．こうしたコーディネーションを適正な規模で運営するシステムとして，現代の企業組織を考えることができる[37]．また，この特性は企業の going concern value（一種のレント）の存在を示唆することにもなる．このことは，倒産法制を考える上でも重要な論点となる[38]．

4.3 正の外部性と政府の役割

現代の企業は，決して政府の資金調達能力に対して引けを取らないどころか，それをはるかに凌駕するものさえある．したがって，単に資金制約の観点だけから，政府の役割を議論することはできない．むしろ，政府の存在意義は，資金調達の能力以外の点に求められなければならない．先に説明したように，外部性のなかでも土地に capitalize される類のものは，周辺の土地を購入することで原理的には解決することができる[39]．

しかし，土地を購入することでは内部化できないか，内部化できるようになるまで十分に広大な土地を購入するために要する取引費用が，内部化できる利益を上回ってしまう可能性がある．この場合には，たとえ莫大な資金調達能力があっても，民間部門では，適切な投資は実現されないだろう．このような投資の問題は，典型的な公共財の問題となる．

公共財とは厳密には，「排除性」が成り立たず，「競合性」も成立しないものをいう．国防サーヴィスや警察サーヴィスがその典型的な例として挙げられる

---

36) 先の例でいえば，住宅と鉄道が消費面での補完性を有しているといえる．
37) 企業資産の補完性と企業統合のあり方や，会社の資産所有と人的資本の形成との関係の問題は，現代の企業組織に関する重要な論点である．これらについては Grossman and Hart（1986）や Hart and Moore（1990）等を参照．
38) 言うまでもなく，すべての企業が常に適正な規模で経営しているとは限らない．企業のリストラクチュアリングや破綻法制は，過大になった企業規模を適正水準に修正する手続きとして捉えることができる．
39) もちろん，実際的には各サーヴィスによって外部性が及ぶ地理的範囲が異なるので，すべての社会的インフラと宅地開発を同時に供給することは難しい．それでも各インフラのうちで最も地理的に広い範囲の土地を購入することで，この問題は理論的に解決可能である．この問題については，Henderson（1985），山崎（1983），Kanemoto and Kiyono（1995）を参照．

が，不動産に関するものとしては，道路や公園が考えられる．ただし，これらのサーヴィスは，利用料をとれば利用を排除することができるから，厳密には公共財ではなく，通常は準公共財と呼ばれる．

このような準公共財は，技術的には排除が可能なので，企業などの私的な主体によっても原理的には供給され得るが，その排除に要する費用が膨大になる場合には，その管理費用を考えると，私的な主体によっては十分に供給されない可能性がある．

仮に企業が料金徴収による排除をあきらめて，このサーヴィスを無料化したうえで，そのサーヴィスの利用できる地理的な範囲に居住する人々の土地を購入することが容易に可能であれば，理論的には，この企業は効率的なサーヴィスの供給に成功するであろう．しかしそのためには，莫大な交渉費用や取引費用を必要とするかもしれない．このとき，政府という主体がこうした財やサーヴィスを供給する必要性が生じてくる．

ここで，公共財や準公共財の供給にあたっては，土地などの不動産の収用も認められている．不動産の収用とは，政府等が強制的に土地や建物などを買い上げることをいう．このような土地収用が認められるのは，ゴネ得の問題を排除して取引費用を低下させることにある[40]．ゴネ得とは，都市開発などに伴う買い取り交渉において，最後まで売却することを強硬に拒否するなどの独占的行為によって，他の所有権者に比較して過大な補償や利得を得ることをいう．

不動産開発者はその土地を得られないと，開発そのものができないことによって多大な損害を被るような場合，たとえ開発利益の大部分を放棄しても，開発を進めざるを得ないことが多く，売り手はそれを予想して独占的利益（ゴネ得）を得ようとする．このようなゴネ得が可能な場合には，潜在的な開発者はそもそも効率的な開発であっても，最初から開発を断念してしまうという過小投資の問題が生じる．

政府によって公共財や準公共財が供給される必要があるのは，私的な取引（交渉）費用が投資の外部性の利益を上回ってしまうようなケースである点を考えると，公共財の供給に付随して，土地の収用が許されることは当然のことであろ

---

[40] 山崎（1999）参照．

う．これによって，ゴネ得を得ようとする行為を排除でき，交渉費用などの取引費用を軽減できる[41]．もしそのような権限が認められないならば，政府は企業以上のものには成り得ず，公共財供給主体としての存在意義自体が問われかねないであろう[42]．

5. 結論

「土地の所有権」が，通常の「モノの所有権」と異なるのは，「土地の所有権」が土地というストックに対する所有権であり，「モノの所有権」がフローの所有権であるという点においてである．「モノの所有権」を保護するだけでは，効率的な資源配分や利用は達成されない．所有権による保護は，すでに所有者が確定している場合にしか有効に機能しないからである．

このとき，まだ誰のモノであるか確定していない対象に対して，その帰属先，すなわち所有者を決める必要がある．一般に用いられるルールは早い者勝ちのルールである．しかし，このルールはモノに対する所有権を獲得するための努力に対する過大なインセンティブを与えてしまう．その結果，フローとしてモノやサーヴィスを生み出すストックとしての土地を荒廃させてしまう．ストックを適切に管理し，フローとしてのモノの生産能力を高める努力に対しても保護が与えられなければならない．このような保護を達成する手段が土地の私的所有権である．

土地や森林は決して単なる自然物としてそこに存在するのではない．土地や森林を経済的な観点から有効に利用し，さらに，環境的な意味でもその価値を高めるために，これらのストックに対しても所有権の設定が必要である．ストックに対する所有権は，そのストックの有効な利用と適切な維持管理を達成する．旧来の法学者の議論に従って言えば，所有権による保護は，対象物を「作り出すための労働価値」だけに与えられるのでなく，対象物を「利用するための労働価値」にも与えられなければならない．

---

41) 収用に伴う議論については，Miceli (1997) の chap.7 が詳しい．
42) こうした観点からすると，政府が課税権や徴税権を有しているのは，取引費用を軽減させつつ準公共財の供給に必要な投資資金を賄うためであると解することができる．

このように考えると1.2項で説明した我妻(1953)の議論が,旧来の法学的な所有権論に直接つながるものではないことがわかる.我妻の議論は,利用が所有者そのものから離れて営まれるときに,それを規定する手段として債権の有効性を説いたに過ぎない.また,川島の議論も,「モノ」そのものを保護することではなく「価値」を保護することを説いたという限りでは,必ずしも本節の議論と齟齬を生み出さない.なぜなら「価値」を保護することは,それを高めるインセンティブを所有者が持つことになるからである.問題はその「価値」をどう定義するかにある.

旧来の法学者の議論が誤った方向に進んだ理由は,いわゆる「利用と所有の分離」という権限の配分の議論を,いつのまにか「利用権と所有権価値(=生産物価値)の分離」と誤解してしまったことにあるように思われる.生産されたモノではない土地には,それ自体としての価値はないから,土地の所有権には価値はない.したがって利用権の賃借権は保護されるべきだが,土地の所有権は保護に値しないという奇妙な結論がこうして導かれることとなる.

〈第1章補論〉 コースの定理

コースの定理とは,もし交渉がコストを必要とせずに簡単に合意が得られ,さらに契約書もコストをかけずに作成できて,それを契約どおりに履行することが容易ならば,これらによって効率的な状態を実現できることをいう.Ronald Coase は,外部性の問題に対して,従来の課税や補助金といった政府に依存した方法以外の,分権的な解決方法があることを明らかにした.

それまでは,外部性の解決策として,最適な資源配分を実現するためには,課税当局が,外部性によって生じる被害額を正確に算定したうえで,課税によって外部性の発生者にその被害額を負担させる必要があると考えられてきた.しかし,課税当局が第三者に及ぼす被害額を正確な情報として収集するのは,容易なことではない.

こうした困難な問題に対して,より少ない情報で,あるいはより分権的なやり方で,最適な資源配分を実現する方法がないかと考えたのが,Coase である.Coase の考え方によれば,環境問題を初めとする外部性の問題については,権利関係を厳格に規定しておくだけでよい.事前に環境を含む財・サーヴィスについて誰がその権利を持っているかとい

う点を明らかにしておいて，それを自由な交渉によって取引可能な対象とすれば，問題は解決すると考えたのである．

いま，この点を理解するために，よく使われる図を用いて，説明してみよう．いま川の上流に工場がつくられ，その工場が廃液を流出し始めた場合を考えよう．下流には別の企業があって，川の水を用いて生産活動をしている．このとき，下流の企業は新たに浄化装置を設置しなければならなくなってしまった．

図1–1の横軸は上流の企業の生産量が，縦軸には両社の被害額や利益額が測られている．右下がりの直線ABは上流の企業の限界的な利益を示している．AB線の下の面積が利益を示しており，それが最大になるのはB点である．また，下流の企業の被る水質汚染の限界的な被害額は，右上がりの直線OCで示すことができる．上流の企業の生産量に比例して廃液の量が増加する結果，水質が悪化するので，浄化装置によって一定の水質の水を取り込むことの限界費用は高くなる．これが，OCが右上がりになる理由である．OCの下の面積が下流の企業の被害総額である．原点Oでは，水質汚染被害もゼロであるが，上流の企業の利潤もゼロである．他方，生産量がB点では，利潤も最大になっているが，被害も最大になっている．

したがって，上流の企業の利潤から下流の企業の被害額を差し引いた純利潤が社会的な利益を示しており，これはAB線とOC線に囲まれた部分の面積に等しい．したがって，社会的な利益が最大になるのは，この部分の面積が最大になる点である．この図の作り方から明らかなように，社会的に最適なQ^*の水準は，この2つの直線の交点Fによって求めることができる．このとき，△AOFが社会的な利益の大きさとなる[1]．

さて，この両直線の交点Fは，どのようにして達成することができるのであろうか．生産量が1単位増加することによって，上流の企業の利益は増加するが，同時に下流の企業は不利益を被る．したがって，両者が交渉のテーブルに着くことによって，両者の利益を最大にするような交渉が実現すると考えることは理論的に可能である．

お互いの交渉を通じて，利益を最大にしようと努力する結果，その利益の配分についての問題が生じることはあっても，利益の最大化について異論は生じないであろう．したがって，限界的な利益と限界的な被害額が一致する点，すなわち，この右上がりの直線OCと右下がりの直線ABの交点F，すなわち社会的な利益が最大になる点が実現する．この際に，環境を汚染する権利を上流の企業に与えたうえで，交渉に入る場合は，B点を出発点としている．これに対して，水の既得権を下流の企業に認める場合にはO点を出

---

[1] 点Fの右側は，川の下流の企業の被害額が上流の企業の利潤を上回るため，生産量が増えるほど下流の企業の被害額から上流企業の利潤額を引いた社会的な損失が増えることになる．そのため，AB線とOC線に囲まれた部分の面積を最大にできるのは点Fの生産量になる．

```
          A                          C
限界利益 ↗                      ↖ 限界被害額

                    F


          O         Q*          B   生産量
```

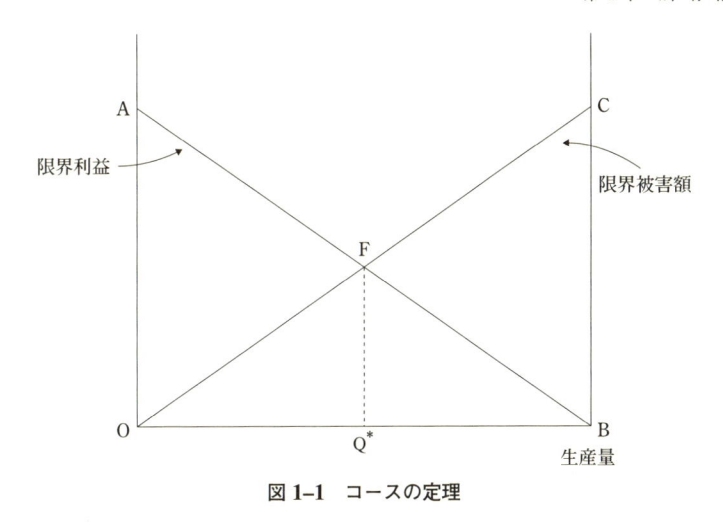

図 1–1　コースの定理

発点として，交渉に入ることになる．

　いずれの場合にも，交渉の結果，F 点が達成される．例えば，O 点のように，利潤も被害もゼロというのは，交渉で選択されないであろう．上流の企業は点 O において，生産量を 1 単位増加させて得られる追加的な利益は OA の高さで表されるのに対して，下流の企業の被害額はほぼゼロである．上流の企業は，下流の企業の被害を十分に補って余りある利益を生み出せる．このように適当な補償の可能性を考えると，下流の企業も被害をゼロにするよりは被害を受け入れて，補償を得たほうが有利である．生産量が Q^* に達するまでは，上流の企業の限界的な利潤の増加は下流の企業への限界的な被害の増加を上回るから，補償を支払って生産量を増やすことで両者の利益は増加する．その結果，生産量 Q^* が達成される．

　他方，水の既得権が上流の企業にある場合には，B 点のように，利潤も被害もともに最大になる点から交渉に入ることになる．この点では上流の企業の利潤を減らしても，それ以上に被害を減らせることが容易にわかる．上流の企業が生産量を 1 単位だけ減らす場合の機会損失はほぼゼロであるのに対して，下流の企業がそれによって減らせる被害額の大きさは BC の高さで示されている．下流の企業が上流の企業に対して，減少する利潤分を十分に補償することができる．これによって上流の企業の生産量の調整をすることができる．この場合も，生産量が Q^* に達するまでは，生産量を減らすことによって下流の企業に生じる限界的な被害額の減少分は，上流の企業に生じる限界的な利潤の減少（機会損失）分を上回る．しがたって，下流の企業から上流の企業への補償支払を通じて，生産量を減らす結果，両者の利益は増加し，生産量 Q^* が達成される．

このように，当初にお互いの権利関係を規定しておくことだけが必要であり，これを出発点にして，お互いの交渉によって，社会的な利益が最大になると考えたのが Coase である．

利害関係者（ステーク・ホルダー）の数が少ない場合には，Coase の考えたような世界を実現するのはそれほど困難ではない．しかし，多数の消費者や多数の企業ならびに多数の被害者が存在する場合には，Coase が考えたような交渉を実現することは，あまり現実的とはいえない．すべての加害者と被害者が同じテーブルに着き，最大の利益を実現するために交渉すると考えるのは，理論的には可能であるが，利害関係者が多数存在する場合には，多額の交渉上の費用や契約履行上の費用が発生すると考えられる．公害問題の交渉による解決がしばしば困難になるのは，この理由による．

この意味で，こうした交渉や契約にコストがかかる状況に焦点を当てた分析は，現実の社会・経済問題を理解する上で重要である．しかし，そうだからといって，コースの定理が成立する世界がまったく意味がないということではない．

先に述べたように，外部性のあるケースにおいて，国家による集権的な規制や税制によってしか社会的な最適化を図れないとする通念に対して，批判的な観点から Coase が分権的に問題の解決を図る手段や条件を提示したことの意義を強調しすぎることはないであろう．[2]

あるいは，現実の社会が Coase の描いた世界とどのくらい離れているかを理解するためにも重要である．そう考えるのは，政府の規制や介入だけでなく，判例や法解釈がコース的な解決を阻んでいる最大の障害であることがきわめて多いからである．

---

[2] コースの定理は，交渉からの利益が全体の交渉費用などの取引費用よりも大きければ成立することに注意しよう．この点で，コースの定理が成立せず，問題が深刻化するのは，実は相対的にみると外部性の問題がこれらの費用よりも小さい場合でもある．たとえば Klibanoff and Morduch（1995）は情報の非対称性がコース的交渉の妨げとなることを示すとともに，この点を指摘している．

第2章
賃借権

1. はじめに

　第1章では不動産を空間的に分割し，そこからの成果の独占的な把握が認められる権利として所有権を捉え，その機能を説明した．この章では，所有する不動産の利用・収益権を時間的に分割することを考えよう．このような所有権の時間的な分割を可能にする典型的な契約が賃貸借契約であり，それに基づく権利が賃借権である．これによって，所有者はその所有不動産を賃料をとって他の経済主体に貸すことができ，賃借人には契約期間についての利用権と収益権が付与される．

　この章では，この賃借権の機能を理論的に検討することによって，時間的な分割方法として所有権自体の売買と賃借権とをどのように分離すべきか，またその分割を決める要因は何かについて考察しよう．

　第2節では，法律家の従来の考え方を明らかにしたうえで，それらを批判的に検討する．第3節では，経済学のモデルを用いて，賃借権の機能を明らかにする．利用権を時間的に分割する方法として賃借権を理解すると，効率的な資源の利用をもたらすうえで，賃借権が重要な機能を果たしている点が明らかになる．

　第4節では，賃借人に投資機会が存在するときに，賃借権は効率的な投資を阻害しないかどうかについて検討する．所有権取引と比較することによって，動学的な効率性を考えると，賃借権の限界が明らかになる．第5節では，こうした限界があるにしても，賃借権には，所有権取引で生じる固定費用を節約する点があることが指摘される．

2. 法律家の見方

　賃借権は，所有権や抵当権のような物権ではなく，本来は債権である．しかし，日本の賃借権は，基本的に「借地法及び借家法」(旧借地借家法)と呼ばれる特別法によって規定され，その特徴は強力な賃借権保護にあったといえる．とりわけ，日本の賃借権保護は効率性の観点から整備されたというよりも，賃借人の居住権保護を目的として整備されてきたといわれている．そのため賃借権が設定された場合，所有権や抵当権に対して，それらの本来の権利を大幅に制約する結果となっていた．このような強い賃借権を法律家は，賃借権の物権化と呼んでいる．

　日本における強い賃借権を正当化する法学的な論拠の一つは，第1章で説明した近代的所有権論である．賃借権との関係の中で所有権を賃料収奪する封建的な権利として位置づけることで，賃借権保護を正当化できる．もっとも，この議論を借地について主張することはできても，借家について主張することはできない．なぜなら，家屋には明らかに労働価値が投下されているからである．

　そのため借家権保護に対しては，明確に別の理由付けが法学的にも必要とされた[1]．鈴木 (1981) は(旧)借家法による賃借権保護を「契約関係を媒介とする，家主の犠牲による住宅社会立法」(p. 35，ただし傍点は省略した)とし，これに基づく賃借権保護を「居住権」と呼んだ．そして，この「居住権」を，「財産権」よりも高次の概念に据えることで，所有権が制限されることを正当化しようとしたのである．

　しかし，鈴木の議論は，戦後の借家法——特に「正当事由」——をめぐる法解釈，判例整理のために利用することはできても，所有権を制限する借家法の立法論の論拠とはなりえない．

　その意味で鈴木の議論は，甲斐 (1986) が述べているように，「借家法本質論・解釈論」のみならず「借家法改正の立法論」に対する「貴重な理論的基礎

---

1) 内田勝一 (1997) によると，借地借家法の法学理論は1956年から1966年に至る借地借家法の改正作業の時期に大きく進展したとされる．その成果として，第1章で説明した「近代的土地所有権論」の他に，「居住権論」「信頼関係理論」などがあげられている．信頼関係理論については，第5章で検討する．

を提供する」[甲斐 (1986) p. 259] という評価は適当ではない．なぜなら，鈴木自身が認めているように，この概念は既存の借地借家法が社会立法として作られたことを出発点として，その「現状における賃借権保護」が「居住権」という概念を使うと明確に整理できるといっているにすぎないからである[2]．家主の所有権を制限すべき規範的な理由はそこに存在しない．

ただし，鈴木が「居住権」を解釈論の中に止めようとしても，それが判例に利用されることによって，実質的に立法論的効果を持ってしまうことも確かである．ここで問題となるのは，「居住権」を「財産権」よりも高次に位置づけることの正当性である．これが許されるには，「居住権」による「財産権」の制限によって，社会的な厚生水準が高められなければならない．第1章で説明したように，所有権の絶対性が法的に認められているのは，それが社会的な効率性を高めることに寄与するからである．

本章では，賃貸契約の機能を所有権と比較しながら説明しよう．第1に，賃貸契約は賃借人が利用することが効率的な場合に，その効率性の追求を阻害することなく，所有権の権能を時間的に賃借人に分割する契約である点を明らかにする．その意味で，賃借権は所有権以上の機能を達成できないことを経済学的な観点から説明する．第2に，賃貸契約には，所有権の売買に伴う固定的な費用を節約する機能があることを説明する．

こうした点を考えると，「居住権」を所有権より上位に位置づけることはできないことがわかる．なぜなら居住権の保護が本当に必要な主体であれば，賃貸契約でなく，不動産の所有権を購入し，不必要になった時点で転売すれば，その居住権を自ら完全に守ることができるからである[3]．

鈴木自身が強調しているように，「『居住権』なる法構成は，住宅難に対する因循姑息な対処療法」(p. 3) に過ぎないのであって，少なくとも量的には住宅

---

[2] 鈴木は，5ページで，「『家主の犠牲による』ということを強調するのは，決して家主の利益を擁護せんがためではなく，借家法による住宅社会立法が住宅難解決の正道ではないことを強調したいからである」と述べている．

[3] 第5章および第6章で議論するように「居住権」保護が本当に重要であれば，それを保護する契約は市場で高く評価され，高い家賃での借り手が見つかるから，法的に保護しなくても市場にそのような契約が供給されるはずである．

難が問題とはならない現在においては，もはや解釈論としても放棄すべき概念だろう[4]．

3. 経済学の見方——賃借権の機能

最初に述べたように，賃借権は基本的には所有権を時間的に分割したものと考えることができる．この理由は以下のように考えるとわかりやすい．いまある店舗 X の所有者 A が，1 年後に価格 1,800 万円で買い戻すという条件付きで，この店舗 X を B に現在 2,000 万円で売却するとしよう．所有者 A は，この買い戻し条件付きの売却取引の結果，200 万円の収益を得ることになる[5]．この取引は，割引率等を無視していえば，店舗 X を賃料 200 万円で貸すのと同じことを意味する．つまり，賃借権は期間を区切って所有権を分割しているのと本質的に同じものである[6]．

そのため，このように時間的に所有権を分割した権利としての賃借権は，所有権が持つ権利の多くを基本的にそのまま保持している．しかし，それが契約に基づくものである以上，そこには自ずから限界も存在する．そこで以下では，賃借権という契約上の権利が効率性の観点からどのような利点と限界を有しているのかを明らかにしよう．

3.1 賃借権の経済モデル

すでに第 1 章で議論したように，私的所有権制度の下では，他の主体による努力の外部性を排除することができる．こうした状態を達成するための所有権が確立された状況から議論を始めることにしよう．すなわち，排他的な私的所有権が，競争的な取引を通じて努力の外部性を相互に排除できるように，それぞれの不動産の所有権を空間的に分割した状況を前提にする．

そのうえで，時間的に分割される状況を分析するため，第 1 章のモデルを多

---

[4] 本章の脚注 21 も参照．
[5] このような取引は，短期金融市場におけるレポ取引（保有する証券を，現金を担保に貸借する取引）や現先取引と呼ばれる取引に対応している．
[6] このような考え方は，Stake (1999) を参照．

期間の構造に置き換えよう．すなわち，区分 i における生産関数 v_i を以下のような期間 t に関して分離可能な関数に書き換える．

$$v_i(e_i) \equiv \sum_{t=1}^{T} \frac{\psi_{it}(e_{it})}{(1+\rho)^{t-1}} \quad (2\text{--}1)$$

ここで $\psi_{it}(\cdot)$ は所有している不動産の区分 i の期間 t における生産関数であり，通常の生産関数と同様の特性を有しているとする．

すなわち，$\dfrac{\partial \psi_{it}}{\partial e_{it}} > 0$, $\dfrac{\partial^2 \psi_{it}}{\partial e_{it}^2} < 0$　また　$\lim_{e \to 0} \dfrac{\partial \psi_{it}}{\partial e_{it}} = \infty$, $\lim_{e \to \infty} \dfrac{\partial \psi_{it}}{\partial e_{it}} = 0$

を仮定する．このような ψ_{it} は，賃貸住宅の場合には，期間 t の居住からの効用関数と解することもできるが，以下では説明を容易にするために単に生産関数と呼ぶ．すなわち（2–1）式は，不動産が生み出す生産物や効用水準を，各期に得られる生産物や効用の流列の割引現在価値として定義されることを示している．

このように，多期間の構造に置き換えるとき，第 1 章における変数 e_i は，それぞれベクトル $e_i = (e_{i1}, \cdots, e_{is}, \cdots, e_{iT})$ として定義されていたと解釈される．また努力の限界的な不効用 1 も T 個の要素をもつ単位ベクトルに置き換えることで，整合的に理解することができる．なお $\rho > 0$ は将来の収益を割り引くための割引率を表している．

T は不動産の実質的な存続期間である．ここで，土地のように一般に減耗することなく，無限の将来まで存在すると予想される不動産については，$T \to \infty$ として分析される．これに対して，建物等の建築物の技術がサーヴィスを生産し続けることができるのは有限な期間である．

以下では記述や説明が複雑になるのを避けるため，必要がない限り，下付き文字の i は省略して説明を続けよう．このとき，各期の社会的に最も効率的な努力水準は，各期の努力の 1 単位当たりの不効用を 1 とすると，上の生産関数から努力の不効用を差し引いた値を最大にするような努力水準 $e^* = (e_1^*, \cdots, e_s^*, \cdots, e_T^*)$ が選択されることである．すなわち，

$$e^* = (e_1^*, \cdots, e_s^*, \cdots, e_T^*) \in \arg\max{}_{e=(e_1,\cdots,e_s,\cdots,e_T)} \sum_{t=1}^{T} \frac{\psi_t(e_t) - e_t}{(1+\rho)^{t-1}} \quad (2\text{--}2)$$

ここで，(2-1) 式で定義された生産関数は期間に対して分離可能であり，この最大化問題において状態変数は存在しないから，問題は各期の生産関数を各期の努力水準で最大化する静学的な問題に置き換えることができる．その結果，最大化のための一階条件は次式で与えられる．すなわち，すべての t に対して，

$$\frac{\partial \psi_t}{\partial e_t} = 1 \quad (2\text{--}3)$$

が成立しなければならない．

この式は，各期における努力の限界生産性が，各期の努力の限界不効用と一致する場合に，最も効率的な努力水準が達成されることを意味している．

3.2 賃貸借契約と努力水準

ここで，私的な所有権制度の下で，賃貸借契約が結ばれるケースを考えよう．賃貸借期間は t_0 期から t_1 期 ($t_1 < T$) までであるとしよう[7]．このとき，賃借人の生産関数あるいは効用関数を ψ_t^{Tenant} とし，この関数は賃借人の努力水準のみに依存するものとする．また各期 $t \in [t_0, t_1]$ の賃料を r_t とする．なお，本章では各期の賃料は契約当初に明記され，変更されることはないとしよう[8]．さらに，この関数 ψ_t^{Tenant} は，上の ψ_t と基本的に同じ特性を持つものと仮定する．

通常の賃貸借契約において賃借人は各期に決められた賃料 r_t を支払う限り，その不動産の利用から得られる成果はすべて自分で享受することができる．すなわち，賃料を支払う限り，その利用からどれだけ利益や高い満足を享受しても，賃料以上の物を家主（所有者）から要求されることはない．

---

7) $t_1 = T$ の場合には，実質的な売買契約となる．リース契約では，実態としては購入代金を分割して弁済しているフィナンシャル・リースの形態となっているものも多いが，ここでは，このケースは明確に区別して考える．

8) ここでは，関係特殊的な投資やサンクコストが存在しないので，再交渉によって問題が生じる余地はない．しかし後で分析するような，状態変数が存在する場合には賃料を再交渉する余地が生じる．ただしこのケースの問題点等については，本章では議論せず，第5章や第7章で分析する．

このとき，賃借人の利得は各 $t \in [t_0, t_1]$ において

$$\psi_t^{Tenant}(e_t) - r_t \tag{2–4}$$

と書くことができる．合理的な賃借人は，t_0 期から t_1 期の間に得られる利得から支払った賃料との差額を最大にするように，各期の努力水準を選択する．すなわち，賃借人が発揮する最適な努力水準 $e^{Tenant} \equiv (e_{t_0}^{Tenant}, \cdots, e_t^{Tenant}, \cdots, e_{t_1}^{Tenant})$ は，以下のように定義される．

$$e^{Tenant} \in \arg\max_e \sum_{t=t_0}^{t_1} \frac{\psi_t^{Tenant}(e_t) - r_t - e_t}{(1+\rho)^{t-1}} \tag{2–5}$$

(2–2) 式の問題と同様に生産関数が期間に関して分離可能で，賃料は各期にはあらかじめ定められた定数となるので，この最大化問題に状態変数は存在しない．その結果，問題は各期の利得を最大にする静学的な問題と同値である．すなわちこの問題は，すべての $t \in [t_0, t_1]$ に対して

$$\max\left\{\psi_t^{Tenant}(e_t) - r_t - e_t\right\}$$

を求めることになる．したがって，すべての $t \in [t_0, t_1]$ に対して，最大化のための一階条件は，以下のように与えられる．

$$\frac{\partial \psi_t^{Tenant}}{\partial e_t^{Tenant}} = 1 \tag{2–6}$$

この条件は生産関数が所有権者と異なること以外は，すべての $t \in [t_0, t_1]$ に関して基本的に (2–3) 式の条件と同じである．すなわち，賃貸契約においては，一定の賃料を所有者に支払う代わりに，賃借期間に関して，その不動産の利用とそこからの収益をすべて賃借人が得ることができる．このような賃貸借契約における賃借人の権利を賃借権と呼ぼう．(2–6) 式は，こうした賃借権が与えられると，賃借人は，その生産条件や利得関数の下で，不動産の社会的に最適な利用を実現するための努力を発揮することを示している．

いま述べたように賃借権は，賃借人が一定の賃料を支払えば，その対象物の利用から契約期間内に生じるすべての便益や収益を獲得することができる権利

である．このように，一定の支払い義務を果たした残余についての分配を受けることができる権利(者)は残余請求権(者)と呼ばれる．先に述べたように，賃借権は所有権を期間に関して分割したものであるから，その期間について賃料の支払い義務を果たすかぎり，その期間内の収益をすべて享受できる．この点で賃借権は完全な残余請求権であるといえる．

残余請求権者(residual claimant)として賃借権者は，契約期間について当然のことながら利用権も行使することができる．完全な残余請求権者は，そこからの収益が大きくなるほど，その高めた収益すべてを自ら受け取ることができる．そのため，このような残余請求権者である賃借人は，賃借する資産の利用からの収益を，できるだけ高めようとするインセンティブを持つ．このことが，賃借権の下で賃借人が効率的な利用を達成する努力水準を発揮する理由となる．

もちろん，賃借人は，割引現在価値の意味で，賃借期間に得られる利益や効用の総和が少なくとも支払う賃料総額よりも，高くなる場合にしか賃貸契約を結ぼうとはしないから，(2–5)で定義される e_t^{Tenant} に関して次式が成立しなければならない．

$$\sum_{t=t_0}^{t_1} \frac{\psi_t^{Tenant}(e_t^{Tenant}) - e_t^{Tenant}}{(1+\rho)^{t-1}} \geq \sum_{t=t_0}^{t_1} \frac{r_t}{(1+\rho)^{t-1}} \quad (2\text{--}7)$$

左辺は，賃借人の利用によって生み出される社会的価値の増加分と解釈することができる．右辺は，契約期間の賃料の割引現在価値の合計である．

他方，所有権者は少なくとも t_0 期から t_1 期の間に得られる賃料収入が，その期間自分が利用して得られる利益や効用の総額よりも高くない限り，賃貸契約を結ぼうとはしない．したがって，所有者が直面する各期 t の生産関数を ψ_t^{Lord} とし，所有者が発揮する最適な各期 t の努力水準を e_t^{Lord} とすると，次式も同時に成立していなければならない．

$$\sum_{t=t_0}^{t_1} \frac{r_t}{(1+\rho)^{t-1}} > \sum_{t=t_0}^{t_1} \frac{\psi_t^{Lord}(e_t^{Lord}) - e_t^{Lord}}{(1+\rho)^{t-1}} \quad (2\text{--}8)$$

(2–8) 式の右辺は，所有権者が自己使用することによって生みだすことのできる社会的価値の増加分である．

以上の二つの式から，以下の関係が成立していることがわかる．

$$\sum_{t=t_0}^{t_1} \frac{\psi_t^{Tenant}(e_t^{Tenant}) - e_t^{Tenant}}{(1+\rho)^{t-1}} > \sum_{t=t_0}^{t_1} \frac{\psi_t^{Lord}(e_t^{Lord}) - e_t^{Lord}}{(1+\rho)^{t-1}} \quad (2\text{--}9)$$

すなわち，賃貸借契約期間の大部分の期間において，賃料を支払う前の賃借人の利用からの利得は，その機会費用，すなわち所有者の利用からの利得よりも大きくなければならない．もちろん特定の期について，一時的には逆の符号になるケースもあり得る．

しかし，もし多くの期間でこれが成立しないならば，(2–7) 式か (2–8) 式のいずれかが成立しないはずであるから，両者の賃貸借についての合意は得られず，契約は結ばれないか，破棄されることになる．賃貸契約は解消され，不動産が所有者に返却されたうえで，所有者は自己使用するかあるいは第三者に再度賃貸しようとするだろう．

このことは，賃貸契約が経済主体の自由意志に基づいた市場で結ばれることによって，より効率的な利用主体に土地の利用権が移転し，その下でより効率的な利用が追求されることを意味する．したがって，賃借権は，所有権者よりも効率的な利用が可能となる主体に，所有権が有する効率的な利用や投資を促進する機能を基本的に引き継ぐ契約上の権利（債権）ということができる．つまり，両者の合意する契約においては，社会的な価値をより増加させる主体に，不動産が賃貸され委託されることを可能にするのが，賃借権という権利である．

4. 賃借権機能の限界

4.1 投資及びメインテナンス

賃借権は契約期間が終了すると，所有権者に資産を返還しなければならない．そのため賃借人は，投資やメインテナンスのための努力をしても，その成果が

契約満了後に実現する場合には，それを享受できない．したがって，たびたび指摘されるように，賃借人の投資やメインテナンスのための努力は，効率性の観点から過小になる．この点で確かに，賃借権は所有権に比較して，効率的な利用という点で限界がある．

この点を先のモデルを拡張して確認しておこう．先のモデルでは，生産関数や効用関数は各期間で独立であるとしている．しかし，メインテナンスのために費やした過去の努力や投資が不動産の利用価値に及ぼす影響を無視することはできない．この特徴をモデルで表現するために，賃借人の投資や不動産に対する修繕（メインテナンス）のための努力水準等を，通常の利用や生産のための努力と区別して I_t と表し，それに基づいて不動産には資本 K_t が蓄積されるとしよう．

このとき，資本形成は $K_{t+1} = I_t + (1-\delta)K_t$ で与えられる．ここで δ は資本の減耗率を表している．すると各期間 t の生産関数は

$$\psi_t(e_t) = \psi_t(e_t \mid K_t)$$

と書き直される．つまり，t 期の投資やメインテナンスのための努力は，来期（$t+1$ 期）にならないと，その不動産の生産性の増大や効用の増加に寄与しないと仮定する．ここで $\psi_t(e_t \mid K_t)$ は，以下の特性を有するものとする．

$$\frac{\partial \psi_t}{\partial K_t} > 0, \quad \frac{\partial^2 \psi_t}{\partial^2 K_t^2} < 0, \quad \psi_t(e_t \mid 0) = 0$$

および $\quad \lim_{K \to 0} \dfrac{\partial \psi_t}{\partial K_t} = \infty, \quad \lim_{K \to \infty} \dfrac{\partial \psi_t}{\partial K_t} = 0$

まず社会的に最も効率的な投資水準 I_t を求めてみよう．ここでの問題は，将来の努力と投資から得られる純利得を最大にするように，各期の努力と投資水準を選択することである．投資1単位あたりの第 t 期費用を q_t とすると，この問題は

$$\max \sum_1^T \frac{1}{(1+\rho)^{t-1}} \{\psi_t(e_t \mid K_t) - e_t - q_t I_t\} \qquad (2\text{--}10)$$

$$\text{sub. to } K_{t+1} = I + (1-\delta)K_t, \ K_0 = \overline{K} \quad (2\text{--}11)$$

となる．このとき，ベルマン方程式を以下のように定義する．

$$V_t(K_t) = [\psi_t(e_t \mid K_t) - e_t - q_t\{K_{t+1} - (1-\delta)K_t\}] + \frac{1}{(1+\rho)}V_{t+1}(K_{t+1})$$
$$(2\text{--}12)$$

ここで $V_t(\cdot)$ は t 期の価値関数を表している．このとき，最大化のための一階の条件は，すべての t に対して以下のように書ける．

$$\frac{\partial \psi_t}{\partial e_t} = 1 \quad (2\text{--}13)$$

$$-q_t + \frac{1}{(1+\rho)}\frac{\partial V_{t+1}(K_{t+1})}{\partial K_{t+1}} = 0 \quad (2\text{--}14)$$

ここで，

$$\frac{V_{t+1}(K_{t+1})}{\partial K_{t+1}} = \frac{\partial \psi_{t+1}}{\partial K_{t+1}} + (1-\delta)q_{t+1} \quad (2\text{--}15)$$

また，横断性条件（transversality condition）として次式が必要となる[9]．

$$\frac{q_T}{(1+\rho)^{T-1}}K_T = 0 \quad \text{かつ} \quad q_T\frac{1}{(1+\rho)^{T-1}} \geq 0 \quad (2\text{--}16)$$

一階の条件を整理すると，すべての t に対して次式を得る．

$$\frac{1}{(1+\rho)}\left\{\frac{\partial \psi_{t+1}}{\partial K_{t+1}}\right\} - q_t + \frac{(1-\delta)}{(1+\rho)}q_{t+1} = 0 \quad (2\text{--}17)$$

---

[9] 離散型の動学的最適化問題の分析方法としては，Stokey and Lucas (1989) や Sargent (1987) などを参照．

$$\frac{\partial \psi_t}{\partial e_t} = 1 \qquad (2\text{--}18)$$

ここで，投資1単位あたりの費用が利子率を上回って上昇しない限り，無限期間 $T \to \infty$ のときには，$\lim_{T \to \infty} q_T \frac{1}{(1+\rho)^T} = 0$ が成立するから，K はすべての期において必ずしもゼロにならない．K が有限である限り，横断性条件が満たされるからである．そのため (2-17) 式の条件から，K は任意の $t \to \infty$ に関してゼロとはならない．むしろ，一般には資本財の価格が毎期一定になる定常状態 ($q_t = q_{t+1} = \cdots = q$) において，(2-17) 式と (2-18) 式の条件は

$$\frac{\partial \psi}{\partial K} - (\rho + \delta)q = 0 \qquad (2\text{--}19)$$

$$\frac{\partial \psi}{\partial e} = 1 \qquad (2\text{--}20)$$

と書ける．

このことから，来期の資本の限界生産性が，資本1単位あたりの費用 $(\rho+\delta)q$ と等しくなるような資本水準を維持するように，投資 I が決まることがわかる．このことは資本水準が定常状態において厳密に正になることを表している．これが社会的に最適な投資水準である．

ここで，資本単位あたりの費用が q ではなく，$(\rho+\delta)q$ になることには，若干の説明を必要とする．今期から来期にかけて失われるのは，資本1単位あたり，資本の時価 q が減価する部分 δq と来期まで資本を保有することによる機会費用部分 ρq の合計額である．ρ を市場利子率と解釈すれば，ρq は資本1単位あたりの投資のために調達した資金に対する利払い費用であり，自己資金で投資した場合には，資本1単位分の資金を投資に使わずに国債などの金融資産に投資した場合の利子収入（機会費用）と解釈することができる．

次に，賃借人が投資やメインテナンスをする場合の主体的な条件を求めてみよう．賃貸契約で賃借人が解くべき問題は以下のようになる．ここでは単に賃貸契約の投資への影響だけを見るために，生産関数はこれまでと同じであると

仮定して分析しよう．契約期間は $[t_0, t_1]$ であるから，賃借人の目的関数は以下のようになる．

$$\max \sum_{t=t_0}^{t_1} \frac{1}{(1+\rho)^{t-1}} \{\psi_t(e_t \mid K_t) - e_t - q_t I_t - r_t\} \quad (2\text{--}21)$$

$$\text{sub. to} \quad K_{t+1} = I_t + (1-\delta_t)K_t, \quad K_0 = \overline{K} \quad (2\text{--}22)$$

このとき，問題の解は，期間が限定されている点以外は (2--10) 式の問題と同じであるから，社会的に最適な利用が達成されると思われるかもしれない．しかし，最終期 t_1 が有限であることから，横断性条件

$$q_{t_1} \frac{K_{t_1}}{(1+\rho)^{t_1-1}} = 0 \quad \text{かつ} \quad q_{t_1} \frac{1}{(1+\rho)^{t_1-1}} \geq 0$$

を満たすためには，$q_{t_1} > 0$ である限り，$K_{t_1} = 0$ とならなければならない．すなわち $t = t_1$ に関して，$K_t = 0$ でなければ，横断性条件は満たされない．したがって，最終期の資本水準はゼロとなり，t_1 期における価値関数は $V_{t_1}(K_{t_1}) = V_{t_1}(0)$ となる．

この価値関数を前提に t_0 から t_1 までの借り手の投資計画が決まり，その下で借り手にとって最適な努力水準も決まる．厳密な解の経路は示さないが，このことから明らかに，メインテナンス等の投資は，無限の将来を見据えて計画を立てる場合よりも小さくなることがわかる．このように，生産関数が投資と努力の間で補完性を持つ場合には，生産のための努力なども低下させる．

4.2 所有権取引との比較

これに対して，所有権を移転する場合にはどのような事態が生じるだろうか．所有権者は途中で不動産を売却する可能性がある．その場合にも賃借権と同じ問題が生じるだろうか．所有者の目的関数で前提とされる売却時点 t_2 は有限で T より短い期間である．つまり，不動産の存続期間よりも短い期間しか保有しない所有権者は，賃借権者と同じように行動するだろうか．以下では，この問題を検討しよう．

この場合の所有権者の目的関数は，売却時点の t_2 期に予想される売却価格を p_{t_2} として以下のように書くことができる．

$$\sum_{t=1}^{t_2} \frac{1}{(1+\rho)^{t-1}} \{\psi_t(e_t \mid K_t) - e_t - q_t I_t\} + p_{t_2} \qquad (2\text{--}23)$$

ここで注意しなければならないのは，特別な契約がない限り賃貸契約満了時には，賃借人がその不動産に対する投資の成果を得る機会を持たない点である．これに対して，売却時点 t_2 期における売却価値 p_{t_2} は所有者に帰属する．この売却価値はその土地や不動産の将来成果を反映し，次式のように決まる．

$$p_{t_2} \geq \max V_{t_2}(K_{t_2}) \qquad (2\text{--}24)$$

この式の右辺は，K_{t_2} の下で現在の所有者が予想する最も効率的な利用と投資を続けた場合に得られる利用価値を表しており[10]，自己使用からの収益の流列の和の割引現在価値に等しい．所有者である売り手は，自分が K_{t_2} の下で得られる最大価値よりも低い価格を提示されれば，それを拒否することができる．すなわち，

$$p_{t_2} \geq \sum_{t=t_2}^{T} \frac{1}{(1+\rho)^{t-t_2}} \{\psi_t(e_t \mid K_t) - e_t - q_t I_t\} \qquad (2\text{--}25)$$

である．

競争的な市場で売り手が独占的な価格付けをすることができない場合には，上式は等号で満たされるから，これを上の (2–25) 式に導入すれば，結局次式が得られる．

$$\sum_{t=1}^{T} \frac{1}{(1+\rho)^{t-1}} \{\psi_t(e_t \mid K_t) - e_t - q_t I_t\} \qquad (2\text{--}26)$$

---

[10] ここでの利用価値には所有者が自分で所有し続け，他の主体に賃貸することで得られる賃料収入などでより高い利益を得られるならば，当然それを含めて定義してよい．

したがって，この時の所有者が解くべき問題は，将来の土地の利用価値を最大化する問題 (2–10) 式と等しくなる．すなわち競争的な市場を前提とすれば，所有権の移転が生じても所有者が社会的に最適な投資の意思決定を実施できることを意味している[11]．

これに対して，購入者が以前の所有者の形成した資本をそのまま利用するとは限らないという批判もあり得る．しかし，その場合には自らの生産や満足に対する投資を抑制し，代わりに予想される買い手，すなわち最も高い評価をするであろう利用者の生産性や満足を高めるような投資や修繕を進めることになる．

例えば，全く異なる建物を建設する可能性があるならば，売り手は自ら取り壊して引き渡すか，現在の建物をそのまま売り渡すかを選択することができ，自分にとってより有利になる方を選ぶだろう．そのまま売り渡す場合は当然，取り壊すコスト分だけ売却価格は低下することになる[12]．

なお，この結論は，第 1 章の Demsetz (1967) が将来世代の利益を内部化するとした議論の数式的な表現であることに注意して欲しい．将来の売却価値を高めようとする現在世代の所有者の行動は，結局まだ見ない将来世代の購入者の利益を高めることと同値である[13]．これによって将来世代の利益という外部性を現在の所有者は内部化することができるのである．

この結果，投資は社会的に最も効率的な水準となる．この内部化は市場での処分価格の変化を通じてなされる点が重要である．したがって，異時点間の資産価格の変化を予想して利益を得ようとする投機的行動は，将来世代の利益の代理人として機能しているという側面があることは重要である．

これに対して，賃借権は通常対象となる不動産の処分権を持たない．本章第

---

11) もちろん情報の非対称性がないという前提でのみこれが成立する．
12) この点は中古住宅市場に関する議論と密接に関連している．日本では中古住宅市場が整備されていないために，p_{t_2} が将来の利用可能性を十分に反映できない．この理由からメインテナンスが過小になるという問題がある．この点については山崎 (1999) の第 12 章を参照．
13) ただし，売り手が独占的な価格支配力や交渉力を持つ場合には過大投資を誘発する可能性がある．この問題は，都市計画の収用地域などで過大投資が発生するケースに該当する．これについては，Miceli (1997) chap. 7 を参照．

3節の最初の数値例で示したように，売り戻し条件付きで資産を購入する場合でも，売り戻しの対象が不動産所有者で，その価格が事前に定められているという意味で，借主には実質的な処分権はない．そのため，賃借権は投資やメインテナンスのための努力がもたらす将来成果を内部化する手段を持たないのである．

4.3 賃貸契約とメインテナンス費用の負担

これまでの賃借権の議論では，賃貸契約には修繕やメインテナンスに関する費用等の負担については何の取り決めもないことを前提にしてきた．しかし，所有者は，賃貸契約満了後の利用や売却価値を考慮するから，メインテナンス等の努力や投資を実施する賃借人のインセンティブを高めるための工夫を契約に含めようとするだろう．さらに，所有者は通常の利用の範囲での減耗等のコストは自ら負担することを申し出るだろう．そうすれば，賃借人は通常の利用範囲で生じる傷み等について点検して，修理を依頼するようになる結果，品質の劣化を防ぐことができる．

これに対して，もし所有者がそのような負担を一切しないと明言すれば，賃借人は軽微な破損等でも放置し，それを隠そうとする結果，不動産等の損壊が進行してしまう恐れがある．むしろ，所有者は自ら積極的にメインテナンスのコストを負担することで，賃借人にできるだけ早い時期の情報提供を促そうとする方が合理的である．

このような通常の範囲の修繕費等は，日本では法的に所有者が負担することが規定されているが，そのような規定がなくても，おそらく所有者は，積極的にコストを負担し，不動産の価値の維持に努めようとするはずである．

他方，適切な補修等を行わない場合や，不適切な利用によって，過大な減耗や損壊を招いた場合には，賃借人はそのコスト負担や損害賠償を請求される（あるいはあらかじめ，そのように契約に明記する）と考えられる．利用不動産のメインテナンスにおいて，最安価損害回避者は利用者である賃借人である[14]．この

---

14) 最安価損害回避者とは，事故や過失によって生じる被害や損害を最も低いコストで抑止できる者をいう．効率性の観点からは，この最安価損害回避者に事故や過失の責任を負わせることが望ましい．Calabresi (1970) を参照．

点で，十分に情報提供を行わなかったり，不適切なメインテナンス行動によって生じたコストを賃借人に負担させることは効率性の観点から望ましいといえる．

また，住宅の賃貸契約では一般に敷金を家主に預託するが，過大な減耗等に対しては，家主は修理のために敷金を返還しない．このような「人質」の存在は，賃借人に一定程度の適切なメインテナンスのインセンティブを与えると期待される[15]．

4.4 賃貸契約における利用制限

投資やメインテナンスのための努力水準は契約に明記できない場合が多く，そのような場合には，所有権者は，将来の売却価値を損なわれることがないような利用制限や利用に付随する義務(修繕等)を契約時点で明記しようとするだろう[16]．賃借人がその制限に同意できる場合に賃貸契約を結ぶことになる．

この点で，賃借権は一般的に所有権ほど絶対的な利用権を行使できない状況となる．ところで，利用にあたってのそうした制限が，賃借人の効率的な利用と対立する場合にはどうすべきであろうか．賃借権により強い利用権を認め，契約等で利用制限を課すことを社会的に規制すべきだろうか．こうした規制によって自由な契約に介入することは社会的な利益を向上させるだろうか．

結論から先にいえば，こうした社会的規制は不要であり，自由な賃貸契約が社会的利益を損なうというのは，杞憂に過ぎない．もし所有権者が課す利用制限が，賃借人の利用価値の追求を真に損なうものであれば，このことは，所有権者が利用制限によって保護される利益よりも賃借人が失う利益の方が大きい

---

[15] もちろん，賃貸住宅の契約において「通常使用の範囲」がどの程度かという点が明確でないためトラブルも発生しやすい．よく知られているように，減耗の範囲やメインテナンスの努力水準をすべて契約に明記できるならば，(すなわち完備契約を書くことができるならば)，このような問題は完全に回避されるが，近年敷金の払い戻しを巡る訴訟が頻発していることからもわかるように，家主のメインテナンスに対する希望と賃借人の希望は(その目的関数に由来して)大きく異なる上に，減耗の程度を立証することは，どちらの立場でも一般には難しい．このため国土交通省は，こうしたトラブルを回避するためのガイドラインを作成している．また民事仲裁手続きなど，当事者間で円滑に解決できる仕組み作りが進められている．

[16] 例えば，賃貸住宅では，「ペット不可」や「子供不可」「女性限定」などが有名である．

ことを意味している．言いかえると，賃借人は，その資産そのものを所有権者よりも高く評価していることになる．その場合には，賃借人はその資産を所有者から（売り戻しの条件を付けずに）買い取ってしまえば，より高い社会的利益を実現できる．したがって，利用制限の条項に法的に介入する必要はない．

これに対して，「賃借権は賃借人が所有者よりも一定期間に限ってのみ高い評価をする場合に結ばれる契約に過ぎない」と主張されるかもしれない．実際，賃借人が当初から購入せずに賃貸契約を結ぶのは，そのようなケースである可能性はかなり高い．しかし，その場合でもその賃借人の利益追求が，契約満了後の資産価値の低下を上回るという前提が当然に成り立っていなければならない．そうでなければ，所有者はそもそもそのような賃貸契約に所有資産を供さないはずである．

換言すると，所有者は，仮に将来の資産価値の低下を予想するとしても，その低下分よりも賃料収入が高いからこそ資産を市場に供給する．そしてそのような資産価値の低下を上回る利益を追求できる借り手だけが，それに見合う賃料を払うことができる．したがって，たとえそれが特定期間に限るものであるとしても，賃借人は，その資産全体を所有者よりも高く評価できる主体である．

もし，それができないのであれば，そのような短期の利益追求は結局のところ，将来の資産価値の低下というコストを計算に入れていないだけにすぎない．もし，所有権者が課す利用制限が賃借人の利用価値の追求を真に損なうと判断するのであれば，先に述べたように，賃借人はその資産そのものを直接購入し，利用期間後に売却することで問題は解決する．したがって，契約で結ばれた利用制限を法的に規制する正当性は存在しない．

5. 賃貸契約の意義

それでは，逆に賃貸契約の必要性はどこにあるのであろうか．この問題は，持ち家か賃貸住宅かを選択する tenure choice の問題として扱われることになる．山崎（1999）や Miceli（1989）は，持ち家住宅を購入する場合は，規模の経済性があるのに対して，賃貸住宅には必要とされない固定的な費用が存在すると論じている．利用規模と固定費との関係で賃貸契約を結ぶか，住宅を購入する

かが選択される．ここでは，簡単なモデルで家計の住宅選択の問題を考えてみよう．

いまある経済主体の各期の所得を y，消費水準を c，土地や住宅などの不動産の保有面積や水準を h で表そう．賃料は不動産の面積1単位あたり r であるとし，持ち家の場合の単位費用は $p(<r)$ であるが，固定費用 f がかかるとしよう．簡単化のため1期間の静学的な問題として分析しよう．

このとき，家計の効用関数を $u(\cdot)$ で表すと，効用最大化問題は以下のように書くことができる．

$$\max \ u(c, \theta h_O + (1-\theta)h_T) \tag{2–27}$$

$$\text{sub. to} \quad y = c + \theta(ph_O + f) + (1-\theta)rh_T \tag{2–28}$$

ここで c は住宅サービス以外の消費水準，h_O は持ち家の面積，h_T は借家の面積を表している．また θ は持ち家を所有するか否かを示す変数で，持ち家を保有する場合には $\theta = 1$ で，持たない場合には $\theta = 0$ となる．この最適化問題の解は，図2–1を用いて説明するとわかりやすい．

図2–1はたて軸に住宅以外の消費財の量，横軸に住宅サーヴィスの水準を測ってある．ここには，type T と type O の異なる選好を持った消費者の無差別曲線が描かれている．その無差別曲線の傾きから，type O は住宅の広さに type T よりも強い選好をもっていることがわかる．

直線 AD は $\theta = 0$ の場合，すなわち賃貸住宅に住む場合の予算制約線であり，傾きの絶対値は賃料 r と等しくなる[17]．他方直線 BE は $\theta = 1$ の時，すなわち，持ち家を保有する場合の予算制約線である．この直線の傾きの絶対値は $p(<r)$ であり，AB の幅が持ち家を保有する場合の固定費用 f の大きさを表す．

ここで type T のような無差別曲線の形状を有する家計は，直線 AD に接する点 F で住宅を賃借することで，住宅の水準 h_T と消費水準 c_T を選択する方が，持ち家を選択する場合の予算制約線である直線 BE 上の任意の点を選択するよりも高い効用が得られる．したがって，type T は賃貸住宅に居住すること

---

[17]　(2–27) 式から $\theta = 0$ のとき，$c = y - \theta(ph_O + f) - (1-\theta)rh_T = y - rh_T$ が得られる．

図 2–1　住宅選択の最適化問題

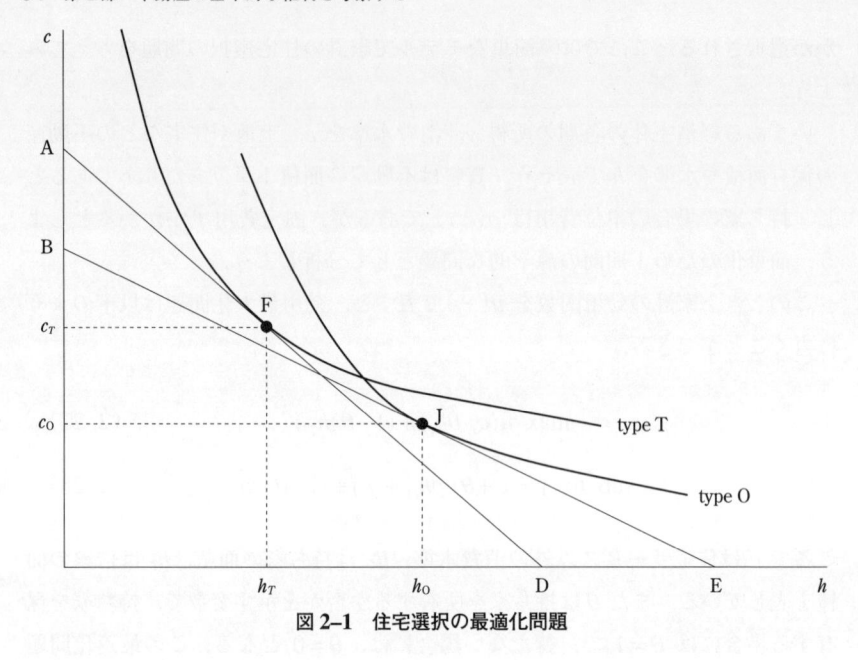

を選択する．

　他方，type O のような無差別曲線を有する家計は，直線 BE 上で住宅水準 h_O と消費水準 c_O を達成する無差別曲線との接点 J を選択する．この方が，賃貸住宅を意味する直線 AD 上の任意の点を選択するよりも高い効用が得られるから，持ち家を選択する．

　ここで type T は，点 F で計ったとき，住居サーヴィスの消費財で測った限界代替率

$$RMS_T = \frac{\dfrac{\partial u(c,h)}{\partial h}}{\dfrac{\partial u(c,h)}{\partial c}}$$

が，点 F における type O の限界代替率（RMS_O）よりも小さい主体である．すなわち，type O は，住宅水準を限界的に 1 単位高めるときに犠牲にしてもよい

生涯消費の水準が，type T のそれよりも相対的に低い主体である．

このため，type O は，持ち家を保有する際に固定費用 f を負担しても高い住宅水準を達成しようとする．持ち家の場合には規模の経済性が働くため，type T よりも住宅サーヴィスの消費に対する限界的な評価が高い type O は，広い住宅サーヴィスを追求し高い効用水準を達成することができる．このため type O は賃貸住宅を選ばず，固定費用がかかっても持ち家を選択しようとする[18]．

この固定費用は居住期間にも依存するであろう．いま，多期間の居住を予定している場合には，取引費用 F の 1 期間あたりの費用 f が毎期償却されていくと考えることができる．当然居住期間を長く予定している人にとっては f は小さくなる結果，持ち家が有利になるであろう．

他方，居住期間の短い人にとっては f は大きくなるので，借家が有利になる．賃貸借契約についても契約のコストがかかることはいうまでもない．したがって，旅行のように滞在期間の短い場合は借家を借りずに，より契約費用の低いホテル住まいで済まそうとするのが合理的である．このように，予定している居住期間と契約コストの大小が居住形態に影響を及ぼしている．

また Flath（1980）は，このような固定費用の例として，住宅価格に対する情報の非対称性がある場合に必要とされるサーチ費用を挙げている．住宅の場合，現在の買い手は将来の売り手にもなる．特に，いま述べたように居住期間が短い人は，現在は住宅を購入してもすぐに売却して転居することになる．このような短期の居住者にとっては，できるだけ低い売却価格を提示し，逆に高い購入価格を提示してくれる仲介者と取引したいと考えるはずである．

このような短期の居住者に対して，仲介者は買い戻し条件付きで売却する契約を提示すれば，購入者は，仲介業者を探すサーチ費用を節約することができ，仲介者もそれを利用して利益をあげることができる．こうした買い戻し条件付

---

[18] ここでは，賃貸住宅を選ぶか持ち家を選ぶかという tenure choice の問題において，所得格差が存在しないことを前提としている．この場合には消費に対して相対的に高い限界的な評価を有する主体が，賃貸住宅を選ぶに過ぎない．これに対して低所得の家計は，そもそも，このような選択の余地がない．たとえば $\bar{c}$ を最低限必要な消費水準であるとすると，低所得者は $\bar{c}$ より上の領域でしか選択できない．また，流動性制約の問題も重要な論点になる．

きで売却する契約は，最初に説明したように，賃貸借契約に他ならない．このように考えると，賃貸借契約によって短期の居住者などは，サーチ費用という固定費用を回避したり，節約したりすることができる[19]．

これとは別に，法学的な観点からは，次のような見解が提示されるかもしれない．すなわち，所有権がモノを直接把握するものであるのに対して，賃借権は債権であり，間接的にしかモノを把握できない．この点に賃借権と所有権の大きな違いがあり，賃借権は所有権者から解約されてしまえば，その意義を失うことになる．このため，賃借権に対する保護の必要性が説かれるかもしれない．

しかし，いま説明したように，売買契約に伴う固定的な費用を節約するために賃貸契約が結ばれることを考えると，このような賃借権を所有権に対して法的に優越させるべきとする議論は正当性を持たない．居住権の強化が固定費の節約よりも重要ならば，自分で購入して所有権を得た上で居住して，将来売却すればよいだけである．

もちろん，流動性制約や所得制約がこのような所有権の利用を制限する可能性はある[20]．しかし，所得制約の問題は，所得分配政策の観点から対処すべきである．また流動性制約は抵当権などの担保法制も含めた住宅ローン市場の整備，中古住宅市場の整備によって対応する問題であり，少なくとも賃借権保護を正当化する論拠とはならない．

個別の目的に対しては，できるだけ適切な手段を用いて対応しなければ，むしろその副作用のほうが大きくなる．賃借権が所有権の権能を時間的に分割するものである点を考慮すれば，賃借権保護のために，所有権の権能を法的に制限することは，そもそも自己矛盾に他ならない．もしそうでなければ，所有者ははじめから賃貸契約を利用することを諦める結果となるだけだからである．

---

19) Flath (1980) は，このほか，賃貸契約のメリットとして取引期間が短期になるために，長期の資産を売り切る業者より，リース業者の方が，消費者を欺くことから得られる利益が相対的に小さくなる．その結果，賃貸契約の方が市場からは信認を得られやすくなると論じている．

20) 脚注18参照．

6. 結　論

　本章では，賃貸契約に基づく借り手の権利を賃借権と呼び，この賃借権の機能と限界を明らかにした．賃借権はある一定期間に限り，所有権の利用収益権を，所有者よりも効率的な利用主体に，効率的な利用インセンティブを阻害することなく移転するものと理解することができる．他方，売却権が所有者に残る結果，メインテナンスなどの投資が過少になる可能性がある．そのため一般に賃貸契約には，そのような問題を緩和するための条項が加えられている．

　このように，賃借権は，効率性の観点からは，必ずしも所有権ほど十分な機能を果たせない．しかし，それにもかかわらず賃借権が用いられる理由として，所有権の売買に伴う固定費用の存在があることを明らかにした．このような観点から賃借権を評価したとき，賃借権を保護するために所有権の権能を制限することは決して正当化できない．

　なぜなら，不動産の所有権を購入し，不必要になった時点で転売すれば「居住権」は完全に保護されるからである．賃借権の保護の問題を考えるときには，このように他の代替的な手段の可能性を十分に考慮する必要があり，その上でどのような政策的対応をすべきかを，単に民法の規定を離れ，より広い視野で検討すべきである[21]．

　なおこの章の議論では，賃貸契約は基本的に再交渉されないことを前提としている．しかし，このような再交渉の可能性は一般には否定できない（法的には民法91条によって，「当事者が法令中の公の秩序に関しない規定と異なる意思を表示したときは，その意思に従う」から，契約は変更されうる）．この場合には賃貸契約には改めて別の問題が生じる．この点については，第4章以降で分析することにしよう．

---

[21]　鈴木（1981）自身は，「居住権」という概念の問題点を十分に認識し，憲法で規定するような「生存権」の観点から再定義された「居住権」を，――民法の範疇を超えた――より広い総合住宅政策として追求する可能性に言及している[たとえば鈴木（1981）pp. 3–4 参照]．しかし，鈴木のこの主張は，民法学者の中に正しく浸透せず，むしろ問題の多い「居住権」自体が，あたかも，近代的土地所有権論を補完し，賃借権によって所有権を制限することも，立法論として正当化できるとする論拠の如く受け入れられてしまったことは，きわめて残念である．

第3章
抵 当 権

1. はじめに

　不動産の権利形態を考える際に，所有権・賃借権と並んで抵当権を無視することはできない．人々はしばしば不動産に抵当権を設定して多額の資金を借り入れるからである．特に土地の所有権は，むしろ資金貸借での担保権を明確化する目的のために設定され，整備されてきたという指摘さえある[1]．

　ここで抵当権とは，債務契約に付随して土地や建物に設定される非占有の担保権である．非占有担保権とは，質権などと異なり，担保権設定後も担保権設定者(通常は債務者)にその資産の利用を可能にしたうえで，担保権者(通常は債権者)の占有には一定の制限を課すという条件付きの担保権である．

　すなわち，非占有担保権である抵当権では，その設定の原因となった債務が，契約どおりに返済されている限りにおいて，抵当権設定者(債務者)はその担保資産を自由に利用し続けることができる．しかし，ひとたび債務不履行が生じると，抵当権者がその資産を差し押さえ，競売による売却代金等を通じて債権の回収をはかることが認められている．

　この章では，このような非占有担保権が，資源配分においてどのような役割を果たしているかについて検討してみよう．第2節では，法曹において支配的な概念であった「抵当権＝価値権」がどのような理由から理論的に破綻したのかを明らかにしよう．

　実際，この点に関する法曹界の混乱は，1990年代から現在(2007年)に至る

---

1) Hicks (1969) 参照．

不良債権処理の過程で深刻な問題を引き起こした．債務者は，抵当資産を効率的に維持管理することを放棄しただけでなく，賃料をほとんど払わない借家人や，抵当資産を破壊しかねない悪質な占有者に抵当資産を明け渡す事態が多発した[2]．

第3節以降では，経済学的な観点から，抵当権の持つ意義を理論的に再検討した上で，債務契約において「抵当権＝債権者への不動産の買い戻し条件付き売却契約＋賃借権」と定義すると，効率的な資源配分の実現に寄与するとともに，他の諸権利とも整合的である点を明らかにする．

2. 法学における価値権とその帰結

日本の法学説において，非占有担保権である抵当権は「価値権」とされ[3]，基本的にその売却価値からのみ優先的に弁済（返済）を受けることができる権利であるとされてきた．この学説を単純に適用した法律家の議論は，抵当権はそもそも債務者の利用及びそれによって生じる収益に対して介入しない権利形態であるとして，債務不履行後も，あくまで競売等による不動産の売却価値からのみ弁済を受けることが許されているだけで，債権者がその不動産の利用やその法定果実に介入することはできないと論じられてきた[4]．

実際，この学説は日本の法学会においてきわめて強い影響力を持ち，これを前提とした法解釈や，価値権という前提に基づかなければ正当化できない条項が数多く存在してきた．その代表的なものとしては，抵当権者による抵当不動産の強制管理が認められていなかった点や，この制度と抵当権者の賃料に対する物上代位を認めるとする制度との不整合性がある．さらに，旧民法378条〜387条に規定された滌除（てきじょ）制度や395条に規定された短期賃借権という例外的規定などがあった[5]．以下では，こうした「価値権」に基づく法律学的混乱や矛盾

---

2) この問題は，後に述べるように，短期賃借権の保護によって助長された．
3) 我妻（1968）の定義によると，「価値権」とは「目的物の物質的存在から全く離れた価値のみを客体とする権利」（p. 209）をいう．
4) この議論は最初，我妻榮によって展開されたとされる．たとえば我妻（1967a）第1章所収論文（初出は1916年）参照．
5) 以下で説明するように，2003年の担保執行制度の改正（施行は2004年）によって，これ

2.1 価値権と物上代位

　強制管理とは，債務者の所有する不動産の賃料や収益を，債権者が直接収受できるようにするために，その不動産を差し押さえて強制的に管理する手続きをいう[7]．このような強制管理は，2003年改正前の民事執行法「第三章　担保権の実行としての競売等」に規定されていなかったことから，抵当権者としてはこの強制管理手続きを利用することはできなかった．

　この理由としては，改正前の民事執行法が，抵当権の効力は賃料債権にまでは及ばないという原則の下で，整備されたためと考えられている[8]．言いかえると，抵当権は価値権であり，売却代金からのみ弁済を受けることを前提としているので，利用対価である賃料からの弁済は想定されていなかったと推測される[9]．

　これに対して，一定の条件の下で，抵当権者が法定果実である賃料の獲得を認める法律も存在してきた．民法372条によると，民法304条の先取特権の規定を準用することになっており，そこには賃料による物上代位が条文に規定されている[10]．ここで，物上代位とは抵当権者が対象不動産に代わるものとして，弁済を受けることができる代替的な弁済手段をいう．

　　らの条文の内容も改正された．
6) 以下の価値権解釈の問題点については内田（1996）も参考にした．
7) 山本（1998）p. 173 を参照．
8) 道垣内他（2003）p. 34 を参照．ただし同書によれば，抵当権者は一般債権者としての資格で差し押さえを行えば，強制管理が可能であったが，この場合，抵当権者としての優先弁済は認められなかったと説明されている．
9) 実際，道垣内他（2003）によると，抵当権者による強制管理は，「平成11年6月4日に公表された『経済戦略会議答申に盛り込まれた各種提言に対する政府の検討結果』では，『…（前略）…目的物件の競売という手続きによらず抵当権者が目的物件を強制的に管理できるものとすることについては，抵当権の本質からして慎重な検討を要する問題である上…（後略）…』との理由でC分類（実現のためには，乗り越える問題が多いと考えられているもの）に入れられた」［道垣内他（2003）pp. 35–36．ただしルビは引用者）］という．
10) 民法304条によれば，「先取特権は，その目的物の売却，賃料，消滅又は損傷によって債務者が受けるべき金銭その他の物に対しても，行使することができる」とある．

我妻（1968）は，賃料の物上代位について，「賃料＝交換価値のなし崩し的実現」という特殊な概念を持ち込んで，法定果実としての賃料と民法372条の物上代位の間の整合性を図ろうと試みたように思われる．賃料を「交換価値のなし崩し的実現」と解すれば，賃料は『果実』とは別次元のものとして捉えることができる．その結果，法定果実とはいえない以上，抵当権者による強制管理の対象とはならない．しかし，同時に「なし崩し的に」交換価値の代用物として物上代位の対象にできるとする法解釈も可能になるのである[11]．

しかし，価値権の立場を突き詰めるなら，抵当権に利用からの収益権を認めるべきではなく，むしろ鈴木（1979）のように，抵当権実行前には賃料の物上代位を否定する方が論理的には整合的である[12]．

また一部の法学者からは，抵当権者の強制管理を認めるべきとする立法論も提示されていた．これに対して，価値権の考え方からすれば，当然この立法論を正当化することはできなかった．なぜなら，これを認めることは抵当権者による利用介入を認めることになり，価値権説の事実上の破綻を意味するからである．しかし，我妻が賃料の物上代位を特殊な解釈論を用いてでも認めなければならなかったところに，すでに価値権論の論理的矛盾が露呈していたと考えられる[13]．

---

11) 我妻（1968）p. 275 によれば，「法定果実にも，抵当権の効力が及ばないことは天然果実と同様である．…（中略）…ただしかし，賃料による対価の収受は『交換価値の済し崩し的実現』をも意味するから，賃料については物上代位の規定が適用される」（『　』は引用者）とする一方，（2003年改正前の）民法371条規定の適用は受けず，抵当権実行とは独立に賃料債権の差し押さえを要件とすべきとしている．
12) 鈴木（1979）p. 157 は，抵当権は，その実行までは目的物の使用・収益を設定者に委ねる権利であるとし，抵当権実行前の賃料への物上代位は認めるべきではないとする．その一方，抵当権実行の開始後には法定果実である賃料を収受できるとし，民事執行法上に抵当権に基づく強制管理制度がないことを理由に，抵当権実行の開始後には物上代位を認めるべきとしている．鈴木の主張は，厳密には抵当権＝価値権の解釈に依存してはいないが，抵当権実行までは抵当権者の利用への介入を認めようとしない点では価値権解釈の影響を強く受けている．
13) 法学的にこの問題は，1989年(平成元年)10月27日の最高裁判決が賃料の物上代位を認めたことで，一応決着がついたとされ[内田（2005）p. 405 参照]，2003年改正によって民法371条も改正され，債務者の「債務不履行後の果実」に抵当権の効力が及ぶことが明文化された．

2.2 価値権と滌除制度

滌除制度とは，抵当権が設定された不動産が第三者に売却されたとき，その購入者(第三取得者と呼ばれる)が，一定の金額を支払うことによって，設定されていた抵当権の解除を裁判所に申し立てることができるとした制度である．この制度は，抵当権が設定されていた資産をそれと知らずに購入してしまった取得者を抵当権行使のリスクから保護し，取引の安全を維持することに目的があるとされた．

いま抵当権を価値権と見るならば，滌除制度によって，その売却価値のみを受け取れば，抵当権者の権利は十分に保護されることになるから，価値権と滌除制度は論理的に整合的である．他方，抵当権が利用への介入機会を有しているのだとすると，この権利を剥奪する滌除制度はそのままでは正当化することができなくなる．その意味で，日本における滌除制度の採用には，価値権の考え方が色濃く反映されていたと見ることができる[14]．なお，この滌除制度は，2003年改正で増価競売などの濫用されやすい規定を廃止した上で，抵当権消滅請求制度と改称された．

2.3 価値権と短期賃借権

短期賃借権とは，抵当権の設定後に契約された賃貸借契約を保護する規定である．民法の原則に従えば，先に権利を獲得した方が，後で獲得した権利に優先して権利行使が認められるとする民法373条の規定(順位確定の原則)がある．また抵当権と賃借権との関係でいえば，先に抵当権が設定されている場合には，抵当権が行使されて競売が実施されると，賃借権はこのような競売の結果に対して法的な対抗要件を持たず，所有権が他の主体に移転した場合には，賃借権は解除される結果となる[15]．

[14) 実際，我妻(1967b)は，「価値権と利用権の調和という大使命を背負って生れ出た滌除制度」(p. 276)と滌除の立法目的を評している．もっとも，我妻自身は，深刻な濫用実態を目の当たりにして，その効果には疑問を投げかけている．

[15) 逆に賃借権が先に設定されていた場合には，賃借権は競売後もその賃借権は認められる．もちろん，買い受けた所有者が認めれば，劣後していても賃貸契約は継続される．

こうした優先順位関係の例外が短期賃借権である．この規定では，建物の賃貸借については3年，土地については5年に限り，抵当権執行から賃借権は保護されていた．賃借権という担保物上に設定された利用権を保護する点で，このような短期賃借権の保護は，価値権よりも，むしろ第1章で説明した不動産に対する所有権を利用権によって制限することを正当化するマルクス主義的法理論にその論拠を見出せるのかもしれない．

しかし，抵当権者は利用に対して介入できないという価値権論の主張は，利用権の抵当権に対する優越性を暗に認めるものであり，少なくとも間接的には短期賃借権を正当化する重要な論拠になっていたと思われる[内田（1996）pp. 351–352 の議論を参照]．

ところで，この「抵当権＝価値権」論の矛盾が最も露呈した顕著な事例が，1991年（平成3年）3月22日の最高裁判決である．この判決は2003年改正前の民法395条に基づいて，抵当権者が濫用的な短期賃借権を解除することができても，それによって無権原となった占有者を排除する権利は抵当権者にはないと判示した．言いかえると，このような無権原者の立ち退きを申し立てる権原は所有権者にしかないとされたのである．

この理由として最高裁判決は次のように述べている．

>「抵当権は，設定者が占有を移さないで債権の担保に供した不動産につき，他の債権者に優先して弁済を受ける担保権であって，抵当不動産を占有する権原を有するものではなく，…（中略）…賃借人等の占有それ自体が抵当不動産の担保価値を減少させるものでない以上，…（中略）…明け渡しを求めることも，その前提を欠くのであって，これを是認することができない」（最判平成3年3月22日民集45-3-26）．

この判決理由は，明らかに抵当権＝価値権という学説の影響を色濃く反映している．占有排除は利用権にかかわる選択であるから，売却価値に関係しない以上，抵当権者にはその権原は認められないと述べているのである．

しかし，この裁判結果は，1999年（平成11年）11月24日の最高裁大法廷判決によってわずか8年での修正を余儀なくされた．この修正判決によって，価値権に基づく抵当権解釈は事実上破綻した．その後2003年の担保執行制度の改正（施行は2004年）によって，抵当権者には担保資産に対する強制管理の

権原が認められ，劣後する賃借権保護のためには，抵当権者による同意が必要とされるなど，抵当権者による利用権への介入機会は著しく増加した．

それでは，価値権論の誤りはどこにあったのだろうか．以下では，経済学のモデルを使って，抵当権の基本的な機能を説明したうえで，抵当権＝価値権という考え方の問題点を解明してみよう．

3. 完全な貸付市場と担保の無関係性

経済学の標準的なモデルでは，完全競争市場を前提にすることが多い．競争市場を可能にする条件のなかでも，担保権の意義を考える際には，同一の情報がすべての売り手買い手間で，さらに第三者(裁判所)にも共有されている点がとりわけ重要である．しかし，こうした完全競争的な貸付市場を前提とすると，抵当権に代表される担保が，多くの資金貸借取引で利用されているにもかかわらず，必ずしもその意義は明らかではない．

なぜなら，情報が完全な貸付市場では，貸し手は資金を融資する際に，借り手の経営やプロジェクトの成果から，機会費用を考慮したうえで，十分な弁済がなされるかどうかだけを問題にするからである．以下では，この点を確認したうえで，貸付市場における情報面の不完全性を考慮して，抵当権の基本的な機能について再検討してみよう．

3.1 基本モデル

いま，土地 L を保有する所有者 A を考えよう．この所有者は，次のような投資機会を有しているものとする．この投資機会では所有者 A が金額 I の投資をすると，1期間後に X の成果をもたらすとしよう[16]．以下では，投資に必要な資金を所有者 A が調達し，この投資を実施できるか否かを吟味することで，抵当権の役割について検討しよう．

ところで，抵当権は負債契約に伴って設定されるから，所有者 A の資金調達

---

16) X について，以下ではしばらく確実に生じるかの如く説明するが，確率的であっても期待値をとればよいので，3.1 項の議論について本質的に問題は生じない．

方法として負債契約だけを前提に議論する[17]．また本章では，個別企業の投資の意思決定の問題を検討するのではなく，担保としての抵当権の役割を議論することを目的としている．そのため割引率は市場の安全利子率に等しいと仮定して議論する．

① 土地が投資と無関係な場合

まず，土地が投資と無関係であるケースから考えよう．これは，あまり現実的ではないが，資金を実物的な財や資源に投下する際に，Aが所有している土地を必要とせずに何らかの生産活動が実施できる場合を想定している．より現実的な土地を用いた生産活動については，次の②で分析する．

このとき，投資が効率的であるということは，投資の成果の割引現在価値が投資金額よりも高いことを意味している．割引率として市場の安全利子率 ρ を用いると，この条件は次のように書くことができる．

$$I < (1+\rho)^{-1} X \qquad (3\text{--}1)$$

このとき所有者Aが投資を実施する条件は，Aが十分な投資資金を調達でき，その弁済後や分配後の利得が正になればよい．

所有者Aが十分な自己資金を保有しているときには，この効率的な投資は実施される．なぜなら，Aが資金 I を代替的な金融資産で運用した場合の1年後の収益は $(1+\rho)I$ であり，X がこの金額を上回る場合には，Aは自己資金を金融資産で運用せずに，自分が直面する投資機会からの利益を追求しようとするからである．この条件は明らかに（3–1）式そのものである．

他方，Aが十分な自己資金を保有していない場合について考えてみよう．この場合にも，貸し手は収益率が ρ 以上であれば，Aの資金調達に応じるであろう．その結果，Aは他の主体から資金を容易に調達し，効率的な投資は実施される．

---

[17] 5節と6節を除き，本章ではなぜ負債契約が利用されるかという問題には直接言及しないが，負債契約には，それ自身，さまざまな望ましい特性がある．例えばTownsend (1979), Jensen (1986), Stulz (1990), Aghion and Bolton (1992) などを参照．また，これらのサーベイとしてはたとえばTirole (2006) やHart (1995) などを参照．

この点をもう少し詳しく説明しよう．投資額 I の内，借り入れる資金額を D とすると，土地所有者 A が約束する 1 期間後の返済額は，$D\times(1+\rho)$ 以上になればよい．競争的な市場では，ρ よりわずかでも高い収益率が得られるとわかれば，貸し手は資金提供に応じるから，借り手は，結局 $D\times(1+\rho)$ にほぼ等しい返済額を約束することで，資金を調達することができる．そのため返済額（の期待値）が $D\times(1+\rho)$ になるとして議論しよう．

このとき A は，この借り入れの返済後に残る金額が，残りの自己資金 $I-D$ を金融資産で運用した場合に得られる金額 $(I-D)\times(1+\rho)$ よりも大きくなれば投資を実施するから，以上の条件は，結局以下のようになる．

$$X-(1+\rho)D > (I-D)(1+\rho)$$

この式を整理すると，$X>(1+\rho)I$ となる．これは条件式 (3–1) そのものである．したがって，競争的な金融市場を前提とすると，土地が投資と無関係ならば，資金調達に際して抵当権だけでなく，土地の所有も何の役割も演じないことがわかる．

② 土地が投資に不可欠な場合

次に土地が投資に不可欠な場合を考えよう．この場合にも完全な金融市場を前提とする限り，土地に関する担保権の存在は，効率的な投資の実現には何の影響も及ぼさないことを明らかにしよう．前項の分析からもすぐにわかるように，貸し手が資金提供に応じるか否かは，約束された分配の収益率が市場の収益率より高いか否かだけに依存している．

投資が効率的である限り，債務者 A が土地を所有しているかどうかにかかわらず，約束された収益率が市場収益率より高くなるような分配契約をつくることができる．もちろん，この契約の下では，A も市場の収益率以上の利益を上げることができる．以下では，この点を確認しておこう．

投資が効率的であるならば，すでに述べたように，投資成果の割引現在価値は投資金額よりも高い．ただし，ここでは所有者 A が，投資をせずに土地を売って得た資金を運用した場合の収益も考慮する必要がある．このとき，土地の現在の売却額を P_0，1 期後の土地の予想価格を P_1 とすると，次式の条件が

成立していることが効率的な投資の条件である．

$$I + P_0 < (1+\rho)^{-1}\{X + P_1\} \quad (3\text{--}2)$$

いま外部からの資金調達額を D とする．明らかに自己資金が十分にあるケースは $D=0$ として，以下の議論に含めて理解できる．貸し手が資金提供に応じる条件は，すでに説明したように $D \times (1+\rho)$ の返済が約束されることだけであるから，土地の所有者が投資を実施する条件は，返済額 $D \times (1+\rho)$ を差し引いた残りの金額が，残りの自己資金 $(I-D)$ と土地を売却した金額 P_0 の合計額を金融資産として運用した場合の利益よりも，大きくなることである．

すなわち

$$X + P_1 - (1+\rho)D > \{(I-D) + P_0\}(1+\rho)$$

である．これを整理すると，$X + P_1 > (1+\rho)(I+P_0)$ で，(3–2) 式に等しい．すなわち，効率的な投資は，担保がなくても常に実施されうる．

このように完全な金融市場を前提とする限りにおいて，実は土地担保の存在は投資の実施に対して何の影響も与えない．以上の議論は企業の資金調達の問題として，よく知られた MM 命題の簡単な応用に過ぎない[18]．

3.2 不完全な貸付市場と抵当権の機能

それでは，資金賃借取引において土地などの担保，特に抵当権はなぜ必要なのだろうか．この理由を説明するためには，現在の経済学が取り組んでいる重要な課題の一つである情報の非対称性など，金融市場の不完全性を前提とする必要がある．以下では，こうした情報の問題を想定したうえで，抵当権の意義

---

[18] MM 命題については，Modigliani and Miller (1958) 等参照．Schwartz (1984) は，MM 命題の議論を考えると，担保付き債権が広範に利用されている理由を十分に説明できないことを指摘した．Scott (1977) は担保付きの債権に対して，倒産に際して裁判等の賠償に対して優先権があるため，まだ訴訟の確定していない，あるいは訴訟さえ起こしていない潜在的な民事上の請求権者への価値移転を防ぐことができるため，倒産確率の高い企業ほど，担保付き債権を利用することで企業価値は高まる可能性があると論じている．Bebchuk and Fried (1996, 1998) は，この観点から絶対優先の原則の修正を主張している．これらのサーベイとしては，Bowers (1999) などがわかりやすい．

について考えてみよう．

① 土地が投資機会と無関係な場合

まず，次のような簡単な問題を考えよう．債務者であり土地所有者であるAは，投資金額が同額の二つの投資機会を持っているものとしよう．このとき，債務者がどちらのプロジェクトを選択するかを債権者は事前に知ることができないと仮定しよう．一つは安全なプロジェクト1であり，このプロジェクトは最適な努力水準の下で，確率1でXの成果をもたらす[19]．このXは先の（3-2）式を満たすとしよう．したがって，プロジェクト1は効率的である．

もう一つのプロジェクト2は，債務者による最適な努力水準の下で，その努力の不効用を差し引いて，$Y>X$の成果を確率sでもたらすが，確率$(1-s)$で何の成果ももたらさないプロジェクトである．このプロジェクト2は，非効率な投資プロジェクトであり，その成果の期待割引現在価値は投資額より小さい．すなわち次式が成立している．

$$I > (1+\rho)^{-1} sY \qquad (3\text{-}3)$$

ただし，プロジェクト2は非効率な投資だが，投資資金をすべて借り入れでまかなった場合には，プロジェクト1よりも高い期待利得を所有者Aにもたらすと仮定する．すなわち

$$s\{Y-(1+\rho)I\} > X-(1+\rho)I \qquad (3\text{-}4)$$

が成立している．すなわちプロジェクト2は非効率なプロジェクトであるにもかかわらず，効率的なプロジェクトを選択した場合よりも，Aは高い分配を受け取ることができる[20]．

---

[19] ここでは3.1項の議論と異なり，Xが確率変数の場合には議論に影響が生じると考えるかもしれない．しかし，ここでの議論はプロジェクト1のリスクが，非効率なプロジェクト2のリスクより小さいという前提だけが重要であり，Xが確率変数であっても，以下の議論は本質的に影響を受けない．

[20] このような問題は，資産代替問題などと呼ばれる．これについてはJensen and Meckling (1976)などを参照．

この理由は，プロジェクトが失敗した場合に借り手が負債を返済できないため，有限責任制の下では，借り手がこの失敗時のコストを負担しないことにある．これは失敗時に外部性が発生すると言いかえることができる．この場合，ひとたび金額 I の借り入れが行われると，借り手は常にプロジェクト2を選ぶことは明らかである．そうであれば，貸し手は決して借り手に十分な資金を提供しようとはしない[21]．

② 情報の非対称性と担保の機能

ところで，貸し手が，借り手がどちらのプロジェクトを選択するのかを事前に知ることができれば，それを前提にして，貸し手は融資することができるだろうか．しかし，いま説明したように，借り手は I の借り入れを行えばプロジェクト2を必ず選択する．したがって問題は解決しない．

そこで，プロジェクト1を選択するように，貸し手は融資契約を書くことを考えるだろう．借り手が実際にプロジェクト1以外の非効率なプロジェクトを選択したことを観察でき，それを裁判所などに立証することが可能ならば，契約に適当な損害賠償額や違約金等を規定することによって，十分な資金提供が可能になるだろう．

しかし事後的にも，どのプロジェクトが選択されたのかを必ずしも十分に知ることはできないかもしれないし，それを知るためには多大な費用がかかるかもしれない．また，仮にそれがわかったとしても，裁判所にそのことを立証することができなければ，契約は意味がない．

どのプロジェクトが選ばれたかについて立証できなければ，プロジェクトを契約に書いておいても，履行させることや違反に対する損害賠償を勝ち取ることはできない．以下では，このようなプロジェクトの選択について，いま述べたような情報の非対称性があると仮定しよう[22]．

---

21) Tirole (2006) chap. 3 にも，本章のモデルと若干異なるが，借り手のモラルハザードの可能性が借り入れを制限してしまうモデルが説明されている．また以下で説明する Innes (1990) のモデルも紹介されている．

22) このような当事者間以外の第三者に対する情報の非対称性は，しばしば「立証不可能性」と呼ばれる．たとえば Grossman and Hart (1986) 参照．

まず，プロジェクトの実行者である投資家(潜在的な借り手)Aが，投資資金をすべて自己資金でまかなえる場合を考えよう．この場合，その投資コストはすべてこの投資家の負担になるから，たとえ(3–4)式を満たす状況が成り立つ場合でも，リスクの高いプロジェクト2が選択されることはない．その結果，プロジェクト1が実施される．これは，投資家が自己資本を提供する場合には，そのコストをすべて自分で負担する結果，有限責任に伴う外部性を内部化することになるからである．

このように考えると，Aが投資資金をすべて自己資金でまかなえないとしても，一定の額以上の自己資金を有する場合には，その失敗時のコストを内部化(負担)する結果，たとえ一部は借り入れでまかなうとしても，プロジェクト2を選択しなくなる．この場合には，市場の貸し手はそのような水準まで資金提供に応じようとするだろう．

すなわち，(3–4)式の符号が逆転する場合は，所有者Aがプロジェクト1を選択すると予想できるから，貸し手は所有者Aの資金調達に応じると考えることができる．したがって，所有者Aが借り入れによって調達できる資金額Dの上限は，次式を満たす水準である．すなわち，

$$s\{Y-(1+\rho)D\} \leq X-(1+\rho)D$$

である．

これを整理すると，次式が得られる．

$$D \leq \frac{X-sY}{(1+\rho)(1-s)} \qquad (3–5)$$

(3–5)式右辺は厳密に正であるが，この条件を満たすDの値は，明らかに，(3–4)式の条件の下でIより小さいことがわかる．このような借り入れ可能な最大額(すなわち，(3–5)式の右辺の値)を$D_{max}(<I)$と定義しよう．この場合，残りの$I-D_{max}$以上の自己資金が準備できれば，土地所有者Aは投資を実施することができる[23]．

---

23) こうした自己資金や頭金の存在は，債権者に自分を信用してもらうための手段(コミットメント手段)の一つと考えることができる．

もちろん，所有者 A がこのような一定水準の自己資金 $I-D_{max}$ を保有していない場合もある．その場合でも，土地所有者 A の土地が投資プロジェクトから独立である限り，それを売却した金額 P_0 を自己資金に充てることができる．そのため P_0 が投資の不足資金 $I-D_{max}$ を上回れば所有者 A は投資を実施することができる．

とりわけ土地が投資後にも遊休地であるような場合には，それを売却すれば十分な資金が調達できる．したがって，この場合には，抵当権は特に重要な役割を演じるわけではない．こうした場合には依然として，抵当権の意義は，必ずしも明らかではない．

それでは，所有者が十分な資金を有さず，さらに土地が投資機会に欠くことができない生産要素である場合はどうだろうか．次にこの問題を考えていくことにしよう．

3.3 土地が投資機会にとって不可欠な場合

土地 L がこの投資機会に欠くことができないと仮定したうえで，投資プロジェクト 1 は (3–2) 式の特性を満たすとしよう．再掲すれば，次式が成立しているものとする．

$$I + P_0 < (1+\rho)^{-1}\{X + P_1\}$$

他方，プロジェクト 2 は確率 s で $Y + P_1 (>X+P_1)$ の成果をもたらすが，確率 $(1-s)$ で P_1 の成果しかもたらさないプロジェクトであるとする．ここで，

$$s\{Y + P_1 - (1+\rho)I\} + (1-s)P_1 > X + P_1 - (1+\rho)I \qquad (3\text{--}6)$$

を満たすものとする．

有限責任制の下では，投資資金の金額を借り入れでまかなうことができれば，失敗時には借り手は負担をまぬがれる．その結果，所有者には投資プロジェクト 2 に変更するというインセンティブが発生する．すぐわかるように，これを整理すると (3–4) 式と一致する．そのため先のケースと同様に，所有者 A が資金調達できる借り入れ可能な最大水準 D_{max} は (3–5) 式で与えられる．

さらに，この値 D_{max} は，(3–6) 式の条件の下で I より小さいこともわかって

いる．しかもこの場合には，先の場合と異なり土地を売却してしまうと，投資が不可能になってしまう．したがって，不足する $I-D_{max}$ 以上の自己資金を保有しない土地所有者Aは投資を実施することができない．ここに抵当権の意義が見出されそうである．

そこで，次のような方法を考えてみよう．土地を他人にいったん売却して資金を調達した上で，購入者からその土地を賃借してそこに投資するという方法である．さしあたり，Aは土地を買い戻さないことにする．ただし，その際の賃料を r としてこれを1期末に支払うとすると，その分だけ所有者Aが実質的に追加の負債を負っているのと同じことになってしまう．

この点を確認しておこう．プロジェクトが失敗した場合には，賃料も支払う必要がないので，実際に投資資金として借り入れられる金額 D は，次式を満たす水準となる．

$$s\{Y-(1+\rho)D-r\} \leq X-(1+\rho)D-r$$

すなわち，

$$D \leq \frac{X-sY}{(1+\rho)(1-s)} - \frac{r}{(1+\rho)}$$

したがって，借り入れられる最大金額 D_{max} が1期後に支払う賃料の割引現在価値分だけ減少してしまう[24]．

ところで，土地の売却代金のうちから投資に用いた自己資金を差し引いた残りの金額 $P_0-(I-D)$ を，金融資産で運用すると仮定すると，プロジェクト1を実施することにより，所有者Aに生じる純利得は，次式のように書ける．

$$X+(1+\rho)\{P_0-(I-D)\}-(1+\rho)D-r = X+(1+\rho)(P_0-I)-r \tag{3-7}$$

---

[24] もちろん，売却代金によって賃料を前払いする（あるいはその分だけ売却価格を割り引く）場合には，この効果は生じない．また，以下で説明するように，買い戻し条件が付される場合には買い戻し価値部分は賃料分だけ，売却価格の運用利回りから割り引かれるため，この効果は明示的に表れない．

このとき土地の所有者には，代替的な二つの選択肢が存在する．第 1 は，投資をせずに，現在土地を売却してしまうという方法であり，第 2 は，そのまま来期に土地を売却するという方法である．したがって，上式の値が，土地を現在売却してそれを 1 期間運用した場合の元利合計 $(1+\rho)P_0$ もしくは土地を保有し続けた場合の期末価値，すなわち 1 期後に受け取る賃料とその時点の土地売却価値の合計額 P_1+r のどちらか大きい方の値を上回る場合にのみ，土地を売却して投資資金を調達しようとするだろう．

すなわち，この条件は以下のようになる．

$$X+(1+\rho)(P_0-I)-r > \max\{(1+\rho)P_0, P_1+r\} \qquad (3\text{--}8)$$

ここで，土地市場が競争的だと仮定すると，裁定取引の結果，以下の関係が均衡で成立する．

$$(1+\rho)P_0 - r = P_1 \qquad (3\text{--}9)$$

裁定条件 (3–9) 式が成立しているとき，(3–8) 式から所有者 A が投資を実施する条件は次式のように書くことができる．

$$X > (1+\rho)I + r \qquad (3\text{--}10)$$

この式は，効率的なプロジェクト 1 の 1 期後の成果が，投資額の 1 期後の将来価値と 1 期後に支払う賃料の合計額より大きくなることを示している．ここで，(3–10) 式は (3–2) 式に (3–9) 式の条件を代入した場合に一致する．

ここで注意する点は，いったん土地を売却することによって，借り手が 1 期後に土地のキャピタル・ゲインを得る機会を失う代わりに，その売却代金の残りを金融資産で運用することによって得られる利子収入から，賃料を支払う必要が生じている点である．

ここで投資条件に土地の賃料が入っているのは，土地を他の主体に貸す場合の賃料収入が機会費用として考慮されなければならないことを示している．あるいは，帰属地代が考慮されているといっても良い[25]．

---

25) 投資にとって土地は不可欠な資産であるから，土地の利用の機会費用も考慮に入れなければならないのである．

したがって，(3–9) 式の条件が成立する場合，すなわち土地市場で裁定条件が満たされている場合には，投資の効率性条件と所有者Aによる投資の実施条件は一致する．このことは所有者に十分な自己資金がない場合でも，土地の売却価値 P_0 が，必要とされる自己資金を賄えるほど十分に大きいときには，土地を売却し自己資金を調達したうえで，その土地を賃借することで，効率的な投資が実施可能となることを意味する．

4. 抵当権の理論的解釈

4.1 買い戻し条件付き賃貸借契約

ところで，単に売却して借り戻す場合には賃貸借契約となるため，当初の所有者(債務者)Aの選択は，土地利用の観点からは，必ずしも効率的な結果をもたらさない．なぜなら，すでに明らかなように，所有者Aは土地の処分権を失うからである．したがって，土地売却後に賃借権を得るだけでは効率性を実現するためには不十分である．

言い換えると，このプロジェクトに伴って土地の荒廃等によって将来の土地の生産性低下という損失が生じるとしても，当初の所有者はこうしたコストを十分には考慮しない結果，土地利用が効率的な水準よりも過大になってしまう．このようなコストを内部化させるためには，売却した土地を再び1期末に元の所有者Aが買い戻す必要がある．

こうすると，過大利用のコストは地価の下落に反映されるので，所有者Aには，キャピタル・ロスを受けないように利用を制限するというインセンティブが働く．このとき，借入金額を D として，土地の売却代金のうちから $I-D$ の自己資金を控除した残金を金融資産で運用し，1期後にその土地を買い戻すとしよう．

事前に契約で決めた買い戻し価格を β_1 とすると，この土地の(売り戻し条件付きの)購入者は，P_0 の価格で土地を購入し，1期後に賃料と買い戻し金額 β_1 を得るから，売り戻し条件付きの契約を購入者が受け入れるためには，以下の条件を満たさなければならない．

$$\beta_1 + r \geq (1+\rho)P_0$$

　右辺は売却代金 P_0 を1期間，金融資産で運用する場合に得られたはずの利子収入(機会費用)であり，左辺は，売り戻す時の売却収入と1期間に得られる賃料である．競争的な市場で買い手をみつけることができるとすると，上式は等号で満たされなければならない．ここで，このような売り戻し条件付きの契約を利用する場合に，プロジェクト1を実施すると，所有者Aは以下の利得を得ることができる．

$$X + (1+\rho)\{P_0 - (I-D)\} - (1+\rho)D - r - \beta_1 + P_1$$
$$= X + (1+\rho)(P_0 - I) - r - \beta_1 + P_1$$

右辺最後の二項以外は (3-7) 式の左辺と同じであり，この $P_1 - \beta_1$ は買い戻しによる(未実現の)キャピタル・ゲイン(あるいはロス)を表している．この式を，$\beta_1 + r = (1+\rho)P_0$ に注意して整理すると，以下のようになる．

$$X + (1+\rho)(P_0 - I) - r - \{(1+\rho)P_0 - r\} + P_1 = X + P_1 - (1+\rho)I \tag{3-11}$$

　上式が，土地を保有し続けた場合の資産価値，すなわち1期後に受け取る賃料とその時点の売却価値の合計額 $P_1 + r$，あるいは土地をはじめに売却して，それを1期間運用した場合に得られる元利合計 $(1+\rho)P_0$ のどちらか大きい方の値を上回る場合にのみ，土地を売却して投資資金を調達しようとするだろう．前の議論と同じように，土地市場が競争的だと仮定すると，裁定条件から両者は一致し，(3-9) 式が成立しているはずであるから，(買い戻し条件付きで)土地を売却して投資資金を調達する条件は $I + P_0 < (1+\rho)^{-1}\{X + P_1\}$ となり，(3-2) 式と一致する．

　さて，この買い戻し条件自体は，先の賃料と同じようにリスクを伴う負債契約になってしまうだろうか．その結果，所有者がリスクのないプロジェクトを実施するために調達できる借入額は大きく減少してしまうことになるのだろうか．しかし，このような買い戻し自体は必ずしも負債契約とはならない．なぜなら，売り戻し条件付きで購入した購入者は，買い戻しが不履行に終わっても，

その土地の所有権を有するからである．この購入者は，買い戻し期限内に買い戻しがなされなければ，この土地を転売することができる．

このことは，この買い戻し契約に優先弁済を認めることと同じであるから，借り入れ額 D に対して当初の所有者 A が効率的なプロジェクト 1 を選択する条件が，以下のように書き換わることを意味している．

$$s\{Y + P_1 - (1+\rho)D - r - \beta_1\} + (1-s)\max\{P_1 - (1+\rho)D - r - \beta_1, 0\} < X + P_1 - (1+\rho)D - r - \beta_1$$

ここで (3–9) 式の裁定条件と $\beta_1 + r = (1+\rho)P_0$ の裁定条件をそれぞれ上式に代入し，買い戻し契約が優先されるとすると，

$$s\{Y - (1+\rho)D\} < X - (1+\rho)D \quad (3\text{--}12)$$

となり，(3–5) 式が導ける．

その結果，買い戻し条件は，借り入れ可能な最大金額 D_{max} に対しては，何の影響も及ぼさないことがわかる．したがって，買い戻し条件を付ければ，土地を他者に売却して資金調達したうえで，その土地を借りることで，所有権の持つ効率的な利用促進の機能を失なわず，投資のための効率的な資金調達が可能になる．

ここで (3–11) 式や (3–12) 式で賃料 r が明示的には存在しないことに注意しよう．これは買い戻しの際には，その購入者は実質的に購入価格 P_0 で資金を貸し，$\beta_1 + r$ の返済を受ける．貸し手は，その機会費用を考えて $(1+\rho)P_0$ の返済が受けられれば，資金を提供するだろう．このことは，買い戻し価格部分がこの返済額より賃料相当分控除されることを意味する．そのため賃料 r は明示的に表れなくなる．

このように，買い戻し条件付きで土地を売却して自己資金を調達し，その間の賃料を支払うという契約によって，所有者に効率的な投資機会からの利益追求を可能にする．こうした土地や不動産の買い戻し条件付き契約によって，資金を調達する方法は譲渡担保と呼ばれる．所有権を資金提供者(貸し手)に譲渡することによって，借り入れた資金が返済されなかった場合には，資金提供者

はその資産を自らのものとすることができ，市場で売却したり，自分で利用することで，資産利用からの利益を追求することができる．

典型的な抵当権とは，このような譲渡担保に借り戻し契約を付随させることで，当初の所有者Aが土地を利用し続けることを可能にさせる制度と解釈することができる[26]．

4.2 抵当権の効力

抵当権を，「不動産を買い戻し条件付きで売却し，購入者から当該不動産をその間に賃借する契約」と解釈したとき，抵当権に付随するさまざまな法的な効力はどのように理解することができるだろうか．以下では，この点を簡単に整理しておこう[27]．

① 優先弁済権

抵当権は，それが設定された資産から優先的に弁済を受けることができる権利である[28]．これはいま説明したように，抵当権者は債務不履行——すなわち買い戻し義務が履行されない時には，対象となる不動産の実質的な所有者になるものと理解することができる[29]．そうすると，抵当権者は債務不履行が生じた際に，その不動産の所有権に内在するすべての権利，すなわち利用権・収益

---

26) もちろん，抵当権には登記による公示制度が整備されている点は，譲渡担保と異なる．また譲渡担保は，動産に抵当権のような非占有担保が存在しないために利用されている［内田（2005）p. 384］といえる．そのため，法的に譲渡担保といえば，借り戻しも含めて定義されるのが一般的かもしれない．

また，日本には不動産譲渡担保と呼ばれる取引もある．これは抵当権制度の不備（たとえば非効率な競売手続きの利用）などのために利用されているという［内田（2005）p. 521 参照］．

27) 法律家から見ると，以下の議論は一種の解釈論と理解され，他の法制度との整合性を問題にするかも知れない．しかし以下の議論は，効率性の観点から抵当権を理解した場合に，抵当権に認められた効力がどのように理解できるかを説明するものである．そもそも，日本の抵当権は，本章のはじめに説明したように，破綻した「価値権」解釈の下で，効率性の観点からは著しく歪められた法制度になっている．したがって，それらとの整合性の説明を試みることは，ほとんど意味がないことは，あらためていうまでもない．

28) 一つの不動産に複数の抵当権が設定可能である．

29) なぜ，債務不履行を契機とすべきかについては，第6節で説明する．

権・処分権を獲得することになる．

したがって，抵当権者が対象不動産の競売を申し立て，売却価値を優先的に収受するのは当然のことであり，また利用収益を優先的に獲得することも当然のことである．なお，優先弁済権が確保されない場合には，効率性の観点から資金貸借市場に大きな歪みを引き起こす．この問題については第6章および第11章で詳しく議論する．

② 賃料への物上代位・抵当権者の強制管理

先に述べたように，抵当権者は債務者の債務不履行時には，その対象不動産の実質的所有権を有する結果，利用権と収益権も獲得できる．したがって，抵当権者には賃料からの物上代位が認められ，強制管理を申し立てて不動産を管理・運営する権利があることも当然である[30]．

そもそも，価値権のいう「賃料は売却価値のなし崩し的実現」という概念は，先に不動産の価値が決まっていて，賃料はその売却価値に基づいて決まるという因果関係になっている．「売却価値先にありき」というのは，第1章で説明したマルクス経済的法解釈ぐらいでしか正当化できないが，明らかに誤りである．

現在の標準的な経済学や不動産評価の観点からいえば，利用価値を反映して——帰属賃料も含めた——市場賃料が決まり，その賃料を評価して不動産価格が決まるというのが理論的な常識である．

さらに，マルクス経済的法解釈に基づくなら，土地は自然物であってそれ自体としては価値がない．そうだとすると，「売却価値のなし崩し的実現」という考え方では，地代部分はそもそも無価値であるから，物上代位はできないという論理が成立すべきだし，さらにいうなら，土地が自然物で価値がないならば，土地には抵当権も設定できないはずである[31]．

③ 一般債権部分がある理由

抵当権が買い戻し条件付きで，債権者に不動産を売却することによって資金

---

30) 以下の第6節の議論も参照．
31) 現在利用価値のない土地の賃料はゼロであり，さらに将来も利用価値のない土地の地価はゼロである．

を調達するためのものであるとすると,債務不履行後に抵当権者が一般債権部分として請求権を有することはできないように思われる.しかし,これは抵当権の本質を理解しやすくするために,債権部分を一般債権である D の部分と,それによっては調達できない部分に分け,後者について担保債権として調達すると説明したからに過ぎない.

実際には企業などの借り手が資金調達する場合,このような一般債権と非担保債権を一括した契約で請求するのが普通であろう.したがって,抵当権に一般債権部分の請求権があることに論理的矛盾は生じない.もし,そのような一般債権部分を含まない契約にするのであれば,ノンリコース(非遡及型)・ローンの契約が結ばれるだけのことである.

④ 追求効

抵当権設定資産が所有者以外の他の主体に売却されても,抵当権者は設定原因となった債務の不履行を理由として,抵当権を行使することができる.これを追求効という.抵当権の本質を考えれば,債務者が抵当権者から買い戻す契約が履行されない限り,最終的な所有権は抵当権者に移転されなければならない.

そもそも,債務者に買い戻し契約が履行されていない資産を売却する権利を認めるべきか否かは,効率性の観点から十分に検討されなければならない問題である.仮に債務不履行時までは債務者に処分権を認めることが効率的であるとしても,債務不履行後に抵当権者に対象資産の実質的所有権が与えられないならば,このような担保権は,先に検討したような効率的なプロジェクト選択を可能にするという本来の機能を果たさなくなってしまう[32].

---

[32] 民法 372 条は,民法 304 条の先取特権の規定を準用しているため,文言上は売却代金に対しても物上代位が認められている.しかし,抵当権には追求効が認められているため,物上代位を認めるか否かについても法律家の間で議論がある[例えば川井(2005) p. 344 参照].道垣内(2005) p. 164 は,物上代位を否定することで(代価弁済(378 条)によって売却代金からの弁済がなされることになり),抵当権者を取引の合意に含めることができ,効率的な売却が促進できるとしている.抵当権を消滅できると思って代金を払っても,抵当権者が物上代位による弁済を要求しなければ消滅しないという不確実性があると,適正な価格付けができないからである.

5. 抵当権と借り手の努力

負債契約の重要な特徴の一つは，債務者は事前に契約で定められた一定の額を弁済する点である．これは，債務者が一定の支払いをした残りの成果を，すべて自分のものにすることができることを意味する．このとき，第2章でも説明したように債務者は残余請求権者（residual claimant）の立場にあるという．

賃借権の議論の中でも述べたように，土地利用者A（ここでは債務者）は，土地利用からの成果を高めれば，その増加分をすべて自分の利得とすることができる結果，土地利用からの利益を最大にしようとする．こうした負債契約の下では，努力するインセンティブを有効に機能させることができる．

ただし，負債契約において注意しなければならないのは，しばしば負債を十分に返済できない場合が生じることである．有限責任制の下では，借り手が保有する資産が借入額を下回る債務超過状態が生じると，借り手はその超過分について責任を免除される．このため借り手は，このような免責を事前に考慮する結果，借り手の努力水準が過小になる可能性がある．

以下では，こうした有限責任制の欠点に注意を払いながら，抵当権の設定が借り手の努力水準にどのような影響を及ぼすかについて検討してみよう．

5.1 プロジェクトの成果が確実な場合

まず，プロジェクトの成果が所有者の努力水準に応じて確実に生じる場合を考えてみよう．すなわち，所有者がプロジェクト1を選んでいる限り，1期後には，その努力水準 e に応じて $X = x(e) - e$ の成果を確実に得ることができるものとする．ここで，$\dfrac{\partial x(e)}{\partial e} > 0, \dfrac{\partial^2 x(e)}{\partial e^2} \leq 0$ であると仮定する．また，努力の単位あたりコストは1と仮定する．このとき，成果を最大にする努力水準 e^* は，努力水準についての最大化のための一階条件 $x'(e^*) = 1$ を満たす努力水準である．

この点では，追求効は売却権を所有者に残しつつ，非効率な売却を防ぐ機能があるということができる（もっとも，無剰余の抵当権があると効率的な売却をも排除してしまう．これについては，森田（2000）を参照）．

負債契約の下での借り入れ額を D とし、その利子率を ρ とすると、1期後の返済額は $(1+\rho)D$ となるから、所有者の目的関数は (3-11) 式において $X = x(e) - e$ に置き換えると、次式のようになる。

$$\{x(e) + P_1 - (1+\rho)D\} - (1+\rho)(I-D) - e = x(e) + P_1 - (1+\rho)I - e \tag{3-13}$$

上式の努力水準 e に関する最大化のための一階条件は、明らかに $x'(e) = 1$ となる。したがって、$e = e^*$ に関して上式が正である限り(そうでなければ、投資を実施する経済合理性はない)、$e = e^*$ が選択されることがわかる。これはいま述べたように、抵当権の前提となる負債契約は、債務者に債務返済後の残余請求権を与えるから、効率的な努力水準を発揮させることができることを意味している。このように成果が確実な場合には、抵当権の存在自体は借り手の努力水準に対して本質的に重要な影響を及ぼさない。

5.2 プロジェクトの成果が不確実な場合

通常、投資プロジェクトは失敗するリスクを伴う。この場合には、負債契約では一般に効率的な努力水準を達成することはできない[33]。まず、この点を確認しておこう。いま、プロジェクト1が選択されているとして、1期における所有者の努力 e に応じて以下の期待利得をもたらすとしよう。

$$x(e) \equiv \int_0^{\bar{\pi}} \pi dG(\pi | e) \tag{3-14}$$

ここで G は π の確率分布関数であり、$\dfrac{\partial x(e)}{\partial e} > 0$, $\dfrac{\partial^2 x(e)}{\partial e^2} \leq 0$ であるとする。特に、G は努力水準 e に関して一階の確率優位性に従うものとする。すなわち、確率分布 G について以下の条件が成り立っているとする。

$$\int_0^{\pi_0} dG(\pi | e) < \int_0^{\pi_0} dG(\pi | e') \quad \text{for all } \pi_0 \text{ and } e > e' \tag{3-15}$$

---

33) 以下の説明は Innes (1990) のモデルと分析に基づいている。

このとき最も効率的な努力水準 e は，上の議論と同様に，$x'(e) - 1 = 0$ の解として与えられる．しかし，借り手は有限責任制の下で，必ずしもこのような努力水準を選択しない．有限責任制の下では，借り手が負債を返済できない場合には，その出資額以上の損失の負担を免除される．すなわち，借り手が負債を完済できない場合には，その成果のすべてを債権者に優先的に弁済するが，借り手は決して不足額を負担する必要はない．

このため，借り手の投資後の利得は，$\max\{x(e) - (1+R)D, 0\}$ と書くことができる．ここで R は負債の額面利子率であり，完済されない可能性があると，安全利子率と乖離し，$R > \rho$ となる．括弧内の左の値は，負債を完済できる場合の借り手の債務返済後の利得であり，括弧内の右の0の値は完済できない場合の返済後の利得である．自己資金の投資コスト（機会費用）と努力の不効用を考慮すると，借り手の純利得は以下のように書ける．

$$\max\{x(e) - (1+R)D, 0\} - (1+\rho)(I-D) - e$$
$$= \int_{(1+R)D}^{\bar{\pi}} \{\pi - (1+R)D\} dG(\pi|e) - (1+\rho)(I-D) - e \quad (3\text{--}16)$$

ここで額面利子率 R は，次式の貸し手の参加制約を満たす必要がある[34]．

$$\int_0^{(1+R)D} \pi dG(\pi|e) + \{(1+R)D\}[1 - G((1+R)D|e)] = (1+\rho)D \quad (3\text{--}17)$$

ただし，このような額面利子率は，努力水準を決める時点では与件であるから[35]，部分積分を使うと，借り手の最適な努力水準は，以下の最大化問題の解を

---

34) 厳密には，ここで借り入れられる D の最大水準は，第2節で説明したような資産代替問題が存在するとき，額面利子率 R を前提に導かれる．もし R が ρ より厳密に大きければ，借り入れ可能な最大額は，その大きさに応じて小さくなる．ただし，この効果は以下の議論に対して本質的な影響は及ぼさない．
35) 厳密に解を closed な形で解く場合には，貸し手は (3–18) 式を最大にするような e を予想して R を設定しているとして，問題を考える必要がある．ただし，以下の議論の結論には影響しないので省略して議論する．

満たす努力水準 e によって与えられる[36].

$$\max_e \int_0^{\bar{\pi}} \pi dG(\pi|e) - (1+\rho)I - (R-\rho)D - e + \int_0^{(1+R)D} G(\pi|e)d\pi \qquad (3\text{–}18)$$

この条件を満たす借り手の最適な努力水準は，次式の一階の条件を満たす努力水準である．

$$x'(e) - 1 + \int_0^{(1+R)D} \frac{dG(\pi|e)}{de} d\pi = 0 \qquad (3\text{–}19)$$

この第3項は，一階の確率優位性 (3–15) 式が満たされるとき負となるから，上式を満たす債務者にとっての最適な努力水準は，社会的に最も効率的な努力水準よりも過小な努力水準となる．このように有限責任制の下では，一般に借り手の努力水準は負債契約の下でも，効率的な水準にはならない．

それにもかかわらず，Innes (1990) は，有限責任で利益とともに単調に増加する分配スキームを定める契約を考える限りにおいては，負債契約が次善の結果を達成するという意味で，最適な契約となることを示している[37]．そのため，

---

36) $\displaystyle\int_{(1+R)D}^{\bar{\pi}} \{\pi - (1+R)D\} dG(\pi|e) - (1+\rho)(I-D) - e$

$\displaystyle = \int_0^{\bar{\pi}} \pi dG(\pi|e) - (1+R)D - (1+\rho)(I-D) - e - \int_0^{(1+R)D} \{\pi - (1+R)D\} dG(\pi|e)$

$\displaystyle = \int_0^{\bar{\pi}} \pi dG(\pi|e) - (1+\rho)I - (R-\rho)D - e - \{\pi - (1+R)D\} G(\pi|e)\Big|_0^{(1+R)D}$

$\displaystyle \qquad + \int_0^{(1+R)D} G(\pi|e)d\pi$

$\displaystyle = \int_0^{\bar{\pi}} \pi dG(\pi|e) - (1+\rho)I - (R-\rho)D - e + \int_0^{(1+R)D} G(\pi|e)d\pi$

37) 必ずしも利益の分配が単調に増加しない契約の中には，より高い努力水準を引き出せる可能性があるものがある．Innes (1990) はそのような例として，live-or-die 契約をあげている．この契約は，プロジェクトの成果が低い場合に債権者が多くの分配を受ける代わりに，成果が高い場合には全く分配を受け取らない契約である．

また Matthews (2001) は再交渉が可能な場合にも，有限責任で，利益とともに単調に増加する分配スキームを定めた契約の中で，負債契約に優越する分配ルールが存在しないことを示している．

以下ではこのような負債の有限責任制を前提としたうえで，抵当権のような担保権が果たす役割を検討してみよう．

本項では，先に説明した譲渡担保に借り戻し契約が付随するものとして，抵当権を理解したときに，抵当権の設定が借り手の努力水準にどのような影響を及ぼすかについて考えてみよう．抵当権を設定した場合には，債務者の目的関数は以下のように書ける[38]．

$$\max\{x(e) + P_1 - (1+R)D,\ 0\} - (1+\rho)(I-D) - e$$
$$= \int_{\max\{(1+R)D - P_1,\ 0\}}^{\bar{\pi}} (\pi + P_1 - (1+R)D)dG(\pi|e) - (1+\rho)(I-D) - e \tag{3-20}$$

ここで，R は先と同様に負債の額面利子率であり，抵当権を設定する場合には，次式の貸し手の参加制約を満たす必要がある．

$$\int_0^{\max\{(1+R)D - P_1,\ 0\}} \pi_1 dG(\pi|e) + (1+R)D[1 - G(\max\{(1+R)D - P_1,\ 0\}|e)]$$
$$= (1+\rho)D \tag{3-21}$$

いま $P_1 - (1+R)D > 0$ の場合には，(3–21) 式から $R = \rho$ であり，(3–20) 式に，これを代入すると，以下のように書き直される．

$$\int_0^{\bar{\pi}} (\pi + P_1 - (1+\rho)D)dG(\pi|e) - (1+\rho)(I-D) - e$$
$$= \int_0^{\bar{\pi}} \pi dG(\pi|e) + P_1 - (1+\rho)I - e$$

その結果，債務者の最適な努力水準は以下の問題の解を満たす努力水準であることがわかる．

$$\max_e x(e) + P_1 - (1+\rho)I - e \tag{3-22}$$

---

38) (3–13) 式参照．なお，(3–20) 式では，担保の買い戻し部分については裁定条件を使って消去してあり，一般債権部分のみの議論となっている．

容易にわかるように，この問題の一階の条件は $x'(e) - 1 = 0$ である．したがって，効率的な努力水準を実施するインセンティブを持つ[39]．これは，$P_1 - (1+\rho)D > 0$ の場合には，借り手がその損失をすべて負担するからであり，実質的に貸し手の債権は完全にカバーされているという意味で，借り手は有限責任の状況にはない．

一般に観察される抵当権を用いた契約では，土地所有者が借り入れられる金額は，担保資産の価値に掛け目をかけて，担保資産の将来価値より低い値に設定されている．その結果，抵当権を設定することで，一般債権部分を含む負債契約の下においても，多くの場合有限責任制の問題は回避されていることになる．

これに対して，$P_1 - (1+\rho)D < 0$ の場合には，債務者の目的関数は以下のようになる．

$$\int_{(1+R)D-P_1}^{\bar{\pi}} \{\pi + P_1 - (1+R)D\}dG(\pi|e) - (1+\rho)(I-D) - e \quad (3\text{-}23)$$

ここで負債の額面利子率 R は（3-21）式から，次式を満たすように決まる．

$$\int_0^{(1+R)D-P_1} (\pi + P_1)dG(\pi|e) + (1+R)D\{1 - G((1+R)D - P_1|e)\} = (1+\rho)D \quad (3\text{-}24)$$

（3-23）式に部分積分を適用すると，最終的に債務者の最適な努力水準は以下の問題の解として与えられる[40]．

$$\max_e x(e) - (1+\rho)I - (R-\rho)D - e + P_1 + \int_0^{(1+\rho)D-P} G(\pi|e)d\pi \quad (3\text{-}25)$$

---

[39] この節のモデルの定式化の下では，非効率なプロジェクト 2 のリスクが，所有者の努力に依存している場合には，この章の議論全体がより簡単になることを示している．すなわち，e を高めることで，投資プロジェクトの効率性が高まる場合には，（3-12）式の制約をおくことなく，借入額 D が $P_1 - (1+\rho)D > 0$ の条件さえ満たせば，効率的な努力水準及び，効率的なプロジェクトの選択が同時に達成される．

この問題の一階の条件は次のようになる．

$$x'(e) - 1 + \int_0^{(1+R)D-P_1} \frac{dG(\pi|e)}{de} d\pi = 0 \qquad (3\text{--}26)$$

もちろん，この左辺第3項は，(3–19) 式と同様に一階の確率優位性の仮定 (3–15) 式の下で，負となるから，債務者の最適な努力水準はなお過小であり，先に説明した有限責任制の問題は完全には克服されていない．

しかし，この (3–26) 式の左辺第3項は P_1 の増加関数となることに注意しよう．すなわち，

$$\frac{\partial}{\partial P_1} \int_0^{(1+R)D-P_1} \frac{dG}{de} d\pi = \{-1 + \frac{\partial R}{\partial P_1}D\} \times \frac{dG((1+R)d-P_1|e)}{de} > 0$$

となる．ここで $\frac{\partial R}{\partial P_1} < 0$ は (3–24) 式から得られる．このことは将来の抵当資産の価値が高まれば，借り手の努力のインセンティブも高まることを示してい

---

40) $\int_{(1+R)D-P_1}^{\bar{\pi}} \{\pi + P_1 - (1+R)D\} dG(\pi|e) - (1+\rho)(I-D) - e$

$= \int_0^{\bar{\pi}} \pi dG(\pi|e) - (1+R)D - (1+\rho)(I-D) - e$
$\quad - \int_0^{(1+R)D-P_1} \{\pi - (1+R)D\} dG(\pi|e) + P_1 \int_{(1+R)D-P_1}^{\bar{\pi}} dG(\pi|e)$

$= \int_0^{\bar{\pi}} \pi dG(\pi|e) - (1+\rho)I - (R-\rho)D - e$
$\quad - \{\pi - (1+R)D\}G(\pi|e)\big|_0^{(1+R)D-P_1} + \int_0^{(1+R)D-P_1} G(\pi|e) d\pi$
$\quad + P_1\{1 - G((1+\rho)D - P_1|e)\}$

$= \int_0^{\bar{\pi}} \pi dG(\pi|e) - (1+\rho)I - (R-\rho)D - e$
$\quad + P_1 G((1+\rho)D - P_1|e) + \int_0^{(1+R)D-P_1} G(\pi|e) d\pi$
$\quad + P_1\{1 - G((1+\rho)D - P_1|e)\}$

$= \int_0^{\bar{\pi}} \pi dG(\pi|e) - (1+\rho)I - (R-\rho)D - e + P_1 + \int_0^{(1+R)D-P_1} G(\pi|e) d\pi$

る.

　抵当資産価値の増加は，二つの経路を通じてインセンティブに影響を及ぼす．第1の経路は，弁済に用いられる資産が増加することによって，免責される可能性が直接的に低下する効果である．第2の経路は，借り入れの額面利子率を低下させることを通じて，債務者のプロジェクトからの利得を増加させる効果である．いずれの効果も債務者の努力のインセンティブを高めることに貢献する．

　これまでの結果を要約すると，抵当権は，負債契約に伴って設定される非占有担保権の典型的なものとして理解することができる．このような非占有担保権は，最も効率的な利用を実施することが期待される所有者が，たとえ十分な自己資金を保有していない場合にも，その保有資産を売却することなく，必要とされる投資資金を調達し，これによって効率的な利用を実現する投資を可能にする．

　また，有限責任はモラルハザードによって借り手の努力水準の低下という深刻な問題を発生させる．しかし，負債契約は，効率的な利用のための努力水準を引き出すインセンティブを損なう可能性を最も小さくできる契約形態である．そのうえで，抵当資産の設定水準を高めることによって，努力水準の低下という非効率性をさらに小さくすることができる．

　この理由は，担保の設定が直接自己責任による規律を高めるとともに，借入の額面金利を低下させることによっても努力の生産性を高めるからである．これらの点は，負債契約に伴って設定される抵当権が，効率的な不動産利用を実現するための有効な資金調達手段を提供しうることを意味している．

6. 決定権移動手段としての抵当権

　これまでの議論では，債務不履行後に抵当権者に抵当資産の処分(売却)権のみならず，利用権と収益権まで認める点の是非については，必ずしも十分な検討をしてこなかった．これまでの議論は，単に債務不履行に伴って所有権(とそれに内在するすべての権利)を債権者(抵当権者)に移転させる契約の機能について説明したに過ぎない．

また仮にそのような移転が望ましいとして，その移転がなぜ，債務不履行を契機とするのかについても，何の説明もしていない．そこで以下では，債務不履行を契機として，利用・処分権を移転させることが，効率性の観点からも正当化されることを説明しよう［本節の議論は森田・瀬下（2002）に基づいている］．

6.1 債務不履行と所有権の移転

これまでの議論では，暗黙の内にいくつかの強い仮定がおかれている．特に重要な仮定は，融資後に債務者は実質的には抵当資産に関する何の利用決定機会も有していないという点である[41]．

すでに説明したように，抵当権は買い戻し条件付きで抵当資産を売却した上で，それを賃借する契約と同じものと考えることができる．実際に買い戻しできる限り，将来の売却価値を高めようとする所有者は，効率的な維持管理を実施することが期待される．実際の抵当資産の処分権が，負債契約の締結後にも所有者(＝債務者)に保障されることによって，効率的な維持管理のインセンティブが与えられる．

しかし，プロジェクトが失敗した場合には，このような買い戻しができなくなる可能性がある．このとき所有者は処分権を失い，債権者が抵当資産の処分権を得ることになる．もちろん，そのような場合でも抵当資産の売却価値が負債額を上回る限り，負債を弁済した後の残りの価値は債務者に帰属するから，このような事態が予想される場合でも，債務者は，抵当資産の売却価値を高めるために効率的な維持管理を行うインセンティブを持ち続ける．

これに対して，債務額が抵当資産の価値を上回る債務超過状態が発生すると

---

[41] これまでのモデルの中でも，債務者は事前に選択可能な二つのプロジェクトを有しているが，融資前であれば，貸し手は非効率なプロジェクトが選択される余地を排除するような融資契約を作ることができる．実際，これまでのモデルでは，融資額に上限を設けることで，これが可能となっている．そこでは，融資が行われた後には，債務者は抵当資産の利用に関する選択機会を実質的に持たないことを仮定していることになる．

このことは，融資後にも抵当不動産が効率的に維持管理されることを暗黙の内に仮定していることに等しい．しかし，こうしたモデルの前提が成り立つには，以下で説明するような利用権と収益権の適切な配置が前提とされなければならない．

予想される場合には，状況は一変する．債務者はどんなに資産の維持管理のための努力を続けても，その成果は自らには帰属しない．債務超過の下では，いくら努力しても，常に分配はゼロに過ぎない．この場合には，債務者は維持管理の努力を放棄するようになり，抵当資産は劣化・荒廃し，その価値は大きく低下してしまう．

6.2 誰にいつ所有権を移転させるべきか

さて，債務超過状態になった時点で，最も効率的に抵当資産の維持管理を実施できる主体は誰であろうか．この局面では，抵当不動産の価値が高まれば高まるだけ，債権者の回収できる金額は高くなる．したがって，実質的な残余請求権者は債権者であり，債権者こそが効率的な利用の選択や維持管理努力を実施するインセンティブを持つ主体となる．このことは，債務者が債務超過状態にある場合とない場合で，抵当資産の利用に対する意思決定者を変更させることが効率性の観点から望ましいことを意味している．

この点について，モデルを拡張して検討してみよう．いま，時点1になる直前（以下ではわかりやすいように時点1/2と呼ぶ）に，プロジェクトの成果が借り手や貸し手に確実に予想できるとしよう．そのうえで，抵当資産の時点1における価値 P_1 は，時点1/2から時点1までにおける維持管理投資や努力の水準 m に依存するとして，$P_1 = P_1(m)$ と表すとしよう．ここで $P_1' > 0, P_1'' \leq 0$ とする．また維持管理投資や努力の水準の単位あたり費用は1とする．このとき，プロジェクト全体の価値は維持管理の水準 m に依存することになる．

このとき，最も効率的な維持管理水準 m は，時点1/2ではすでに投資 I がなされており，経営者の努力 e も先決変数となっているから，次式を最大にすることから求めることができる．

$$P_1(m) - m$$

すなわち，最も効率的な m は $P'(m) = 1$ を満たすようにきまる．

さて，このような維持管理を時点1/2以降，どちらの主体に実施させることが望ましいかについて考えよう．時点1/2で実現することが明らかになったプロジェクトの成果を $\tilde{\pi}$ とすると，債務者の不動産の維持・管理努力を考慮した

場合，純利益は以下のように書ける．

$$\max\{\tilde{\pi} + P_1(m) - (1+\rho)D, 0\} - m$$

このとき，$\tilde{\pi} + P_1(m) - (1+\rho)D > 0$ であれば，上の目的関数は $\tilde{\pi} + P_1(m) - (1+\rho)D - m$ となるから，債務者が選択する維持管理の投資や努力の水準 m は $P_1'(m) = 1$ を満たす．

しかし，$\tilde{\pi} + P_1(m) - (1+\rho)D \leq 0$ の場合には，目的関数は $0 - m$ となるから $m = 0$ が最適な不動産の維持管理水準となる．したがって，このとき債務者は，維持管理のための努力や投資を実施しなくなる．

これに対して，$\tilde{\pi}$ の下で債権者が受け取る分配は不動産の維持管理費を支払う場合，次式のようになる．

$$\min\{\tilde{\pi} + P_1(m), (1+\rho)D\} - m$$

$\tilde{\pi} + P_1(m) > (1+\rho)D$ のとき，すなわち，$\tilde{\pi} + P_1(m) - (1+\rho)D > 0$ のとき，債権者の目的関数は $(1+\rho)D - m$ となるので，債権者は $m = 0$ を選択するのが最適となる．

逆に，$\tilde{\pi} + P_1(m) \leq (1+\rho)D$ のとき，すなわち $\tilde{\pi} + P_1(m) - (1+\rho)D \leq 0$ のときには，貸し手は $\tilde{\pi} + P_1(m) - m$ を最大にするように維持管理の努力や投資の水準を選択する結果，$P'(m) = 1$ となる．この場合には債権者に維持管理をさせるのが望ましい．

これらの結果を要約すると，$\tilde{\pi} + P_1(m) - (1+\rho)D > 0$ の場合には，プロジェクトの成果が明らかになった 1/2 時点以降も借り手に抵当資産の維持管理を続けさせることが効率的である．逆に $\tilde{\pi} + P_1(m) - (1+\rho)D \leq 0$ の場合には，貸し手に抵当資産の維持管理の権原を移転させることが効率性の観点から望ましい．

ここで，$\tilde{\pi} + P_1(m) - (1+\rho)D \leq 0$ は，$\tilde{\pi} + P_1(m) \leq (1+\rho)D$ を意味するから，このことは，債務超過が発生すると予想されていることになる．そのため，債権者に利用決定権を移転させることが望ましい．これからわかることは，債務超過状態が生じることが予想されるようになった段階で，必要に応じて債権者が担保資産の利用に直接介入できるように抵当権をデザインすることが，効

率性の観点から要請される[42]．

　ただし，ここでいう債務超過は，実務家や法律家がしばしば使うような会計上の計算によって認定されるべきものではない．なぜなら，会計上の資産や負債の評価はしばしば恣意的に操作できる余地が大きいからである．これに対して，債務不履行という事実は，現在の企業資産の内容や，債務者の経営状態，さらに今後のモラルハザードの可能性を考慮すると，市場がもはや資金調達に応じなくなった状況を示している．こうした市場の反応は，人々が債務超過が生じることを予想するようになった結果として生じる．

　特に企業資産の売却価値等に既存債務残高以上の価値があるならば，市場はその価値を担保に資金提供に応じるだろう．それに応じなくなったということは，将来の成果も含めた企業資産の価値が，負債額を下回っている可能性がきわめて高いことを意味する．したがって，債務不履行は債務超過が予想されることの最も直接的なシグナルと解釈することができる．このため，債務不履行を契機に債権者に利用権とそれに付随する収益権を移転させることは，効率性の観点からみて望ましい．

7. 結　論

　これまで見てきたように，抵当権は所有者が不動産等を買い戻し条件付きで売却し，同時に賃借することで資金を調達する契約と見ることができる．そのため買い戻しが履行されなかった場合には，所有権は，資金提供者である抵当権者のもとに完全に移行すると見ることができる．言い換えると，このことは，

---

[42] しばしば，債務超過状態，もしくはその懸念のある企業に銀行などから役員が派遣され，企業の再建に携わることがある（いわゆるメインバンクによる役員派遣）．このことは，抵当権者である銀行が，債務者企業の資産の劣化を防ぐための手段と考えることもできる．銀行の債権は，一般に社債などと比べると満期が短い債権が多く，一般に社債権者などに比べると，より早く債務者企業の財務状況の悪化を把握しやすいと考えられる．
　しかし，こうした役員派遣が実効性のあるものであったという実証結果は得られていない．この点について Hanazaki and Horiuchi (2004) は，銀行のレント・シーキングをその原因と考えているが，価値権という支配的な考え方が所有権の移転を実証的に不可能にさせ，上のような機能を阻害したということもできるだろう．

状態に応じて所有権が資金提供者に移転することを前提としていると解釈することができる．さらに，この点はいま説明したように，効率性の観点から見て望ましい．

買い戻しが履行されなかった場合，すなわち債務不履行が生じた場合には，その資産を効率的に維持管理するインセンティブを持たなくなった債務者から，それを持つようになった債権者に，所有権に内在する処分権・利用権・収益権のすべての権原を移転させ，抵当資産の効率的な利用を許すことが望ましい．

このように，実際に生じた状態に依存させて利用決定権を移転させることが効率性の観点から望ましいとする議論は，状態依存的決定権移動（contingent control right）の理論と呼ばれている[43]．その意味で，抵当権は将来に生じる状態に依存して，所有権を分割移転するものであると理解することができる．

さて，このような決定権移動の議論と価値権の議論を比較してみよう．価値権の議論に従うならば，抵当権は債務者の債務不履行を契機として，処分権のみを抵当権者に与えるものである．これまでの議論からわかるように，処分権を持つ主体が，その資産を最も効率的に利用するインセンティブを持つ．なぜなら，売却価格に反映される将来の買い手の利用方法まで内部化することができるからである．

しかし，価値権の議論は，このような処分権を持つ主体に利用権や利用からの収益権を与えることを否定している[44]．処分権だけでなく，利用権と収益権が与えられて，効率的な資産の運用が可能になるのはいうまでもない．さらに，債務不履行後には，債務者はもはや抵当資産を効率的に利用するというインセンティブを持ちえない．その結果，価値権の支配する社会では，債務不履行後には抵当資産は誰も効率的に利用できない状態が発生してしまう．

このような状況は，1990年代から現在（2007年）に至る不良債権処理の過程

---

43) この議論はAghion and Bolton（1992）やDewatripont and Tirole（1994）によって提示された．森田・瀬下（2002）は，この議論を応用して日本の抵当権制度全体を理解することを試みている．

44) すでに説明したように1989年の最高裁判決で，抵当資産の賃借人からの賃料の物上代位が肯定されていたが，2003年の担保執行制度の改正以前は，抵当権者が賃料を物上代位できるか否かも学説上の議論は分かれていた．また，賃料に対する物上代位が認められても，利用への介入が認められない限り，効率的な利用追求はできない．

で深刻な問題を引き起こした．債務者は，抵当資産を効率的に維持管理することを放棄しただけでなく，賃料をほとんど払わなかったり，抵当資産を破壊しかねない悪質な占有者に抵当資産を明け渡す事態が多発した[45]．そして，これを排除しようとする抵当権者の試みさえ，最初に説明したように，1991年の最高裁判決によって否定され，ここに至るまで日本中の不動産の多大なる荒廃をもたらした．

2004年に施行された担保執行制度の改正において，抵当権がさまざまな形で利用に介入することができるようになった．本章の分析を適用することで，日本における不良債権のさらなる劣化や不動産の質の低下や，さらに近年の法改正の方向性を明快に理解することができると思われる．

---

45) この問題は最初に説明したように短期賃借権の保護によって助長された．

第Ⅱ部

権利間の対立を解きほぐす

第4章
賃借権の物権化と住宅供給抑制効果
――所有権と賃借権の対立(**1**)[*]

1. はじめに

　不動産法制における諸権利間の対立の問題として，まず，賃借権と所有権の関係から分析しよう．すでに第2章で説明したように，日本の賃借権は，基本的に「借地法及び借家法」(旧借地借家法)と呼ばれる法律によって規定され，その特徴は強力な賃借権保護にあるといえる[1]．

　特に，旧借地借家法の下では，「正当事由」がなければ，契約期間の終了後も借家人を立ち退かせることができず，しかも実際の判例では，この正当事由要件がかなり厳格に要求された．かくて，地主や家主が効率的な他の利用方法を追求することが実質的に禁止された結果，日本の賃貸住宅の供給は著しく制限されてしまった．特にファミリー向けの良質な賃貸住宅市場は実質的に消滅してしまったといえる．

　このような非効率性を是正するために，1992年に「借地法及び借家法」(旧借地借家法)が廃止され，定期借地権を認める「借地借家法」が制定された．また2000年改正では，定期借家権制度が導入された．これらの定期借地・借家権の下では，正当事由がなくても，契約に規定された期間が終了すると，賃貸契約を自動的に解除することができる．すなわち日本の賃借権保護は，絶対的な居住権保護から，契約に規定された一定期間についてのみ，その賃借権を保護する方向へと大きく変化した．

---

[*] 本章は瀬下 (2000) を基礎にしている．
[1] 後に述べるように，2000年に定期借家権が導入されて，賃借権保護の程度は緩和されたが，依然として，旧借地借家法下の契約が支配的である．こうした経緯については山崎 (1999) を参照．

本章と次章では，このような賃借権と所有権の間の権利調整の問題を考え，これらの法改正の意義を考えてみよう．本章では，いま述べたような旧来の強い賃借権保護が，不動産の賃貸借市場に及ぼす影響を理論的に検討し，定期借地・借家権の意義を考えてみよう．

次節では，法律家が「賃借権の物権化」と呼ぶ現象を，経済モデルに基づいて説明していこう．そこでは賃借権の保護が所得分配にどのような影響を及ぼすかについて明らかにするとともに，そのような物権化によって生じる権利の価値を導出しよう．

そのうえで，第3節では賃借権の物権化が，借家市場にどのような影響を与えたのかを説明する．コースの定理 [Coase (1960)] としてよく知られているように，権利の帰属は所得分配にのみ影響するだけで，資源配分には影響しない．しかし，借家市場には借り手の契約更新確率について，無視できない情報の非対称性が存在する．このような状況下における賃借権の物権化によって生じる賃料の変化は，借家市場に逆選択の問題を引き起こしたと考えられる．

このとき市場では，貸し手が賃料上昇に伴う逆選択の問題を緩和するために，賃貸住宅の広さと賃料を適切に組み合わせることによって，更新確率の低い（短期の）借り手と，更新確率の高い（長期の）借り手を選別（スクリーニング）しようとするだろう．

第4節では，家主のこのような行動によって，日本の賃貸住宅が狭小化したことを示す．このとき，賃借人が流動性制約の下にある場合には，賃借権の物権化に伴う高額な家賃を払えなくなり，長期の借り手も短期の借り手向けの狭小住宅に居住せざるを得なくなる．そのため，旧借地借家法下での賃借権保護は，当初法律が想定したような低所得者の居住権を守ることはできず，その犠牲の上に，高所得者の居住権を保護する結果となってしまったと考えられる．

しかし，賃借人の契約更新確率についての情報の非対称性の問題は，実は旧借地借家法の下での強い賃借権の保護そのものに起因する可能性が高い．なぜなら，賃借権が保護されているときに更新確率が高い（したがって長期の）借り手は，自分の期待居住期間を正しく表明せず，短期の借り手を装う方が，低い賃料の契約を結ぶことができるからである．

第5節ではこの問題について検討したうえで，定期借地・借家契約の下で賃

料が適切に設定されれば，借り手は正しく自分の契約更新の可能性を，（期待）継続期間の形で表明するインセンティブを持つことを示し，競争的な市場でそのような契約が均衡としてサポートされうることを明らかにする．

次章では，さらに効率的な不動産利用という観点から，望ましい賃借権保護のあり方を規範的な観点から検討しよう．なお本章と次章では，旧来の借家法及び借地法を便宜上単に「旧借地借家法」と呼び，定期借地・借家権が導入された後の借地借家法を「改正後の借地借家法」と呼ぶことにする．

2. 賃借権の物権化

法律家は，諸外国と比較しても相対的に強い日本の賃借権保護を，「賃借権の物権化」と呼んできた[2]．これは，強い賃借権保護が財産的価値のある権利と化していたことを，法律家も認めていたことを意味する．

諸外国においても，程度の差はあるが，借家権は保護されている．しかし，イギリスやフランスのように相対的に借家権保護の強い国でも，家主の自己使用を理由に，賃借権の更新拒否を認めている．これを正当事由として認めない日本の判例は，他の国に類をみない強い借家権保護の下にあるといってよい[3]．

そこで，賃借権の保護が借家市場にどのような影響を及ぼしてきたのかを議論する前に，賃借権がどのような意味で財産的価値を持つように至ったかについて考えてみよう．賃借権が借地借家法の下で保護される結果，相対的に低い賃料での居住の継続や立ち退きに対する高い補償を可能にする．これらのいわば所有権者から賃借人への所得移転が，賃借権の経済的価値(準レント)を裏付ける証拠である．

ここでは，このような賃借権の権利価値を経済モデルを用いて導出することから始めよう．

---

2) たとえば，加藤 (2003) pp. 35–37 参照．
3) 外国の借家権保護については，金本 (1994) や Arnott (1995) を参照．Arnott は，不完全競争と情報の非対称性の観点から，家賃統制 (rent control) を再検討する必要があると述べている．本章と次章では，後者の観点から実質的な家賃統制である借地借家法を再検討する．前者の観点からの再評価については Arnott and Igarashi (2000) がある．

2.1 法制度と交渉

① モデル

2期間モデルを考えよう。ある不動産の借り手 i は,その不動産を2期間続けて利用する可能性があり,第2期に契約を継続する確率(以後「継続確率」と呼ぶ)を $k_i \in [0,1]$ とする。各借り手 i は,それぞれ異なる継続確率 k_i を有しているとする。ここで k_i は家主(貸し手)にとって観察不可能な変数である。

ある土地や建物などの不動産の利用から,その利用者は2期間継続して利用することで次式の効用を得る。

$$u_1 + u_2$$

u_T は $T \in \{1,2\}$ 期目の効用を表している。ここで,割引率は0に基準化してある。こうしても一般性を失うことはない。ここで,第2期の効用 u_2 は,サポートが $[\underline{u}, \infty)$ の独立な分布関数 H に従う確率変数であり,第1期の終わりにその実現値が判明する[4]。

以下では,$l \in \{P,N\}$ とし,借地借家法による法的保護がある状況を $l = P$,ない状況を $l = N$ で表す。法的な保護関係は第2期の契約更新時に効力を発揮する。借り手は第1期に r_1 の市場賃料を支払い,第2期にも住み続ける場合には法的状況 l に応じて r_2^l の賃料を支払う。

次に,(潜在的な)貸し手 j の行動について考えよう。貸し手には二つの選択肢がある。ひとつは,保有不動産を今期賃貸せずに,今期は自己使用して,来期に他の用途に転用するという選択である。もうひとつは今期に不動産を賃貸するという選択である。

不動産を賃貸しない場合には,第1期に自己使用により b_j の利得を得て,第2期に v の利得を得る。すなわち,保有不動産を賃貸しない場合における(潜在的な)貸し手 j の利得は次式で表される。

$$b_j + v$$

---

[4] 後に示すように,効用と利得の確率変数は小文字で示し,その期待値は大文字で表すことにする。

ここで、b_j は独立な分布 G に従う確率変数であるが、第1期の初めにすべての人が観察可能となる[5]。他方、v はサポートが $[\underline{v}, \infty)$ の独立な分布関数 Q に従う確率変数であるが、1期目の終わりに実現する。この v の実現値は u と同様に、第2期の初めに当事者には観察可能だが、第三者には立証不可能であるとする[6]。

② 契約と取引の手順

こうした設定の下で、貸し手と借り手は第1期の賃料 r_1 のみを基準に行動する。第2期の賃料や立ち退き補償の金額は事前に決めて契約の中に書いておいても、第2期の u や v の値は立証不可能であり、契約は常に再交渉されるため、実質的に機能しないからである。ここで継続確率 k_i についても観察不可能であるから、さしあたり、契約に書けないと仮定する。ただし、k_i は観察不可能でも実質的に契約に書ける可能性がある。第4節では、この点について明らかにしたうえで、この仮定をゆるめて分析する。

手順は図 4–1 にまとめられている。まず、市場賃料を所与として潜在的な貸し手が借り手に不動産を賃貸するか否かを決め、賃貸する場合には賃貸契約が結ばれる。その後、第1期の終わりに u と v の値が実現する。

そこで第2期の期首に借り手が住み続けようとする場合には、u と v の実現値を前提にして交渉が行われ、第2期の賃料 r_2^i や立退きに対する補償 s_2^i が決まる。借り手が住み続けようとしない場合には、退去後に賃貸不動産は転用さ

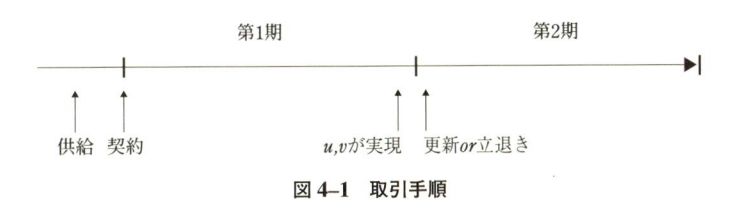

```
          第1期              第2期
  |────────────────|────────────────|→
  ↑    ↑           ↑       ↑
 供給  契約       u,vが実現  更新or立退き
```

図 4–1 取引手順

---

5) この仮定は単に右上がりの供給曲線を導出することだけのことであり、議論にとって本質的なものではない。
6) なお、v は既存の賃貸契約以外の最も効率的な利用方法から生じるものとする。このため、第2期に新規に賃貸する可能性を排除するものではない。

れ，貸し手はvの転用価値を受け取ることができる．

③ 経済主体の期待利得

注意しなければならないことは，貸し手には第2期に賃貸不動産を転用する機会が存在することである．このとき転用することが決まれば，借り手は立ち退き補償料s_2^lを受け取って当該不動産から退去する．以下では，この第2期の借り手の純効用を$U_2^l \equiv U_2(r_2^l, s_2^l)$で表す．

潜在的な借り手iは，2期間の純効用が留保効用（0に基準化）よりも高ければ，賃貸不動産を借りようとする．この条件は，第2期に契約を継続する確率がk_iであるから，次式のように書くことができる．

$$u_1 - r_1 + k_i U_2^l \geq 0 \qquad (4\text{--}1)$$

これに対して，貸し手は不動産を賃貸する場合には，1期目にr_1の市場賃料を受け取り，2期目に既存の借り手に不動産を貸し続ける場合には，法的な状況$l \in \{N, P\}$に応じて，r_2^lの賃料を受け取る．他方，借り手が退去後に転用する場合には，vの利得が得られるが，賃借人にs_2^lの補償を支払わなければならない．

2期目において，賃借人が借り続けた場合の貸し手の純利得（の期待値）を$V_2^l \equiv V_2(r_2^l, s_2^l)$で表そう．賃借人が借り続けない場合には，転用されてvの利得を得る．ここで，貸し手は借り手の継続確率を知らないものとする．借り手の継続確率はサポート$[0,1]$の分布関数Fに従い，その密度関数はfで表されるとする．さらに，分布Fは第2期の利用などとは独立とする．

こうした確率変数を考慮するのは，賃借人の第2期の効用が転用からの利得よりも高いと予想されるとしても，例えば，突然会社から転勤を命じられたり，両親の介護のために転居したりする可能性があるからである．とりわけ，借り手と貸し手の間での情報の非対称性が深刻になるのは，このような賃貸不動産の利用価値とは独立な確率的な要因が存在するためである．

また，分布Fはさらに，すべての人に知られているものとする．この分布Fに基づく法的状況$l \in \{P, N\}$に応じた条件付き期待値をk_e^lと書くと，貸し手の2期間の期待利得は以下のように書くことができる．

$$r_1 + k_e^l V_2^l + (1 - k_e^l) E(v)$$

第3項は，2期目に既存の借り手が最初から継続の意思を示さない場合の貸し手の期待利得である．この場合には貸し手は補償を支払うことなく，転用からの利得 v を得ることができる．

したがって，貸し手が賃貸不動産を供給する条件は，上式が留保利得 $b_j + v$ の期待値より大きくなること，すなわち，$r_1 + k_e^l V_2^l + (1 - k_e^l) E(v) \geq b_j + E(v)$ であるから，これを整理すると以下のように書ける．

$$r_1 + k_e^l \{V_2^l - E(v)\} \geq b_j \qquad (4\text{--}2)$$

この条件は「第1期の賃料収入」と「第2期に借り手が契約を継続しようとする場合の貸し手の追加利得（もしくは損失）」の合計が，第1期の機会費用を上回るときに，貸し手は賃貸借市場で不動産を供給することを示している．

2.2 賃借権保護と所得分配

第2期目の賃料や補償は交渉によって決まる．ここで交渉の出発点として裁判所の判決が利用できる．このような交渉解は，アウトサイド・オプション付き Nash 交渉解を用いて分析することができる[7]．

いま交渉が決裂して裁判に持ち込まれた場合を考えよう．賃借権が保護されない状況 ($l = N$) では，裁判所はある一定の補償 s^c を借り手に支払えば，貸し手の求めに応じて転用を認めるとしよう．ここで上付きの C は裁判所が指定した値を意味する．このとき裁判所は，貸し手に実質的に $v - s^c$ の利得を保証することになる．逆に，賃借人には s^c の立ち退き料が法的に保障されることになる．

人々はこの裁判所の判決を完全に予想し，これを前提として交渉する[8]．もち

---

7) アウトサイド・オプション付きの交渉解については Muthoo (1999) Chap. 5 等参照．
8) 実際には裁判費用の存在は交渉結果に多大な影響を与える．ただし，本書では法律自体の問題点を明確に示すために，司法制度の効率性の問題は明示的に扱わない．そのため裁判費用は無視できるほど小さいとする．もちろん結審までに異常に時間がかかると指摘されている日本の裁判制度の非効率性が，問題を深刻化させている点はいうまでもない．

ろん、裁判所がこのような立ち退き料を全く認めない可能性もありうるが、その場合には$s^c=0$と解釈すればよい。もちろん、裁判の結果は個別の事案によって異なるという議論もありうるだろう。その場合でも、s^cを期待値と考えればよいから、以下の議論の一般性は失われない。

これに対して、借家人が保護されている状況（$l=P$）で、借り手が住み続けたいと主張すれば、裁判所は、賃借人が一定の賃料r_2^cを家主に支払うことを条件に住み続けることを認めるとする。このとき、借り手は$u-r_2^c$の利得を実質的に保証される。以下では貸し手の交渉力をλで示す。したがって、借り手の交渉力は$(1-\lambda)$となる。

① **賃借権の保護がない場合**

まず賃借権保護が存在しない場合から分析することにしよう。賃借権が保護されない場合には、借り手が裁判に訴えても、家主が一定の補償金さえ支払えば、契約期間の満了に伴って裁判所は転用を認めることになるだろう。この場合に支払われる補償額はs^cであるから、もし所有者と賃借人の間で交渉が決裂した場合でも、裁判所に訴えることで、貸し手は必ず$v-s^c$の利得を得ることができる。このような状況を前提として、第2期の賃料はどのように決まるだろうか。

いま、賃借人の継続利用時の利得u_2と所有者の転用からの利得vの実現値が、$u_2-s^c>v-s^c$を満たすとき、すなわち、賃借人が賃貸契約を更新して不動産を利用し続ける場合の純利得が、所有者が土地を転用して得られる純利得より大きいときには、不動産の利用から賃借人が得る利得や効用の価値の一部を、貸し手である所有者に再分配することによって、両者は利益を得ることができる。再分配によって所有者が得る賃料収入は、借家人を立ち退かせて土地を転用することで得られる利得よりも大きくなるから、所有者は賃貸契約を更新することに同意するだろう。

したがって、$u_2>v$となる時、貸し手の交渉力をλとすると、継続賃料は以下のように決定される。

$$r_2^N = \lambda(u_2-v)+v-s^c \tag{4-3}$$

賃借権保護がない場合には，容易にわかるように，貸し手の交渉力や補償後の転用による利益や借り手の継続利益が上昇すれば，賃料は増加する．逆に，賃借人の継続利用時の利得 u と所有者の転用からの利得 v の実現値が，$u-s^C<v-s^C$ を満足させるとき，借り手の保護が全くなければ，貸し手は法的に必要な補償を支払うことで，一方的に契約を打ち切ることができる[9]．すなわち，$u_2<v$ のとき立退きの補償金額は以下のように決まる．

$$s_2^N = s^C \tag{4-4}$$

そのため貸し手が法的に必要な補償額を超える転用からの利得をすべて獲得できる結果となる．

② 賃借権が保護される場合

賃借権が保護されるとき，借り手が住み続けたいと主張すれば，裁判所はある一定の賃料 r_2^C を支払うことで，住み続けることを認めるとする．同じく，上付き文字の C は裁判所が指定した値を意味する．このとき，借り手には $u_2-r_2^C$ の利得が実質的に保証される．

いま，賃借人の継続利用時の利得 u と所有者の転用からの利得 v の実現値が，$u_2-r_2^C>v-s^C$ を満たすとしよう．すなわち賃借人が賃貸契約を更新して，不動産を利用し続ける場合の純利得が，所有者が土地を転用して得られる純利得よりも大きいとしよう．このとき，借り手を退去させて土地を転用することは効率的ではない．

この場合，既存の借り手が契約の継続を申し出たとき，2 期目の賃料を決めることになる．借り手が保護されている場合には，交渉が決裂しても，貸し手はその契約更新を拒否することができないから，借り手は裁判所が指定する賃料 r_2^C を払うことで居住し続け，u_2 の利得を得ることができる．

その結果，賃料交渉で貸し手が r_2^C 以上の賃料を提示する限り，賃借人は常に

---

[9] v の値が十分小さいとき $v-s^C<u<v$ が成り立つことを排除できない．しかし，この条件が成り立つとしても，借り手は継続して居住することによって s^C の機会費用を被る．したがって借り手が，貸し手の機会費用を補償しつつ，継続して居住することから利益が得られるようなトランスファーの可能性は存在しない．

提示額を拒絶する．このため賃料は以下のように決まる[10]．

$$r_2^P = r_2^C \tag{4-5}$$

実現値が $u<v$ となるとき，貸し手は転用することを望むが，賃借人が保護されている限り，転用のために借り手に補償を支払わなければならない．貸し手は，裁判に訴えても不動産を転用することは認められない結果，転用からの純利得 $v-u_2$ の一部を借り手に与えて説得しようとする．借り手の取り分の比率は，交渉力に応じて $(1-\lambda)$ となるので，貸し手は賃借人に以下の補償を立退き料として支払うことになる．

$$s^P = (1-\lambda)(v-u_2) + u_2 - r_2^C \tag{4-6}$$

賃借権保護がある場合には，それがない場合と異なり，借り手の交渉力が有効になる．また転用による利益や継続利用の利益が上昇すると，補償額は上昇する．以下では，どのような場合でも，借り手が住み続けられるように r_2^c が決められるものとする．さらに，いかなる場合でも転用を阻害することのないように，補償額 s^P も決められると仮定する．すなわち，これらの値は十分に小さいものと仮定しよう[11]．

森田（1997）は，いま説明した交渉ゲームと同様に，「正当事由要件がある場合」と「定期借家権」の下での司法的な判断をアウトサイド・オプションとする交渉ゲームを用いて，借家法の効果を分析している．ここで森田の「正当事由要件がある場合」の交渉ゲームは，上の賃借権の「保護があるケース」に対

---

10) $u-r_2^c<v<u$ となる可能性があるが，脚注9同様に問題は生じない．
11) この仮定は，司法判断が直接的に資源配分を変えてしまう可能性を無視することを意味する．たとえば裁判所が命じる立ち退き補償額 s^P が，不動産の転用利得そのものを上回ってしまうほど多額な値になると予想されると，効率的な転用自体が実施できなくなる可能性がある．裁判所の情報制約を考えると，このような司法判断の歪みが引き起こす問題自体が，しばしばきわめて深刻であり，実際，借地借家法の問題点もこの点に起因する部分が大きい．したがって，このような判断をできるだけ司法に負わせない法のデザインを目指すべきであることはいうまでもない．ただし，この章の分析では「借地借家法」自体の問題点を議論するため，このような情報制約に伴う司法判断の歪みの問題は排除して分析する．

応し,「定期借家権」のケースが「保護がないケース」に対応する.そして,その交渉解において,「定期借家権」が保護期間後の交渉力を低下させることを理由に,定期借家権の導入に反対した.

ただし森田の議論では,基本的に賃借人の効用が所有者の転用機会からの利益よりも大きい場合,すなわち $u_2 > v$ の場合しか分析されていない.これに対して,転用機会が大きな利益を所有者にもたらすとき(すなわち $u_2 < v$ のとき)には,正当事由要件による保護によって,賃借人はその利用価値を完全に保護されるだけでなく,所有者が得るべき転用価値の少なくとも一部を得る権利が与えられる.

言いかえると,森田は上の (4-4) 式と (4-6) 式の差に等しい所得移転の効果を考慮していないことになる.その意味で,森田 (1997) の分析は,保護の必要性を理由付けることはできるが,法制度の効果の分析としては十分とはいえない.また,森田 (1997) を含む多くの法学者の議論において,「定期借家権」が「全く保護がないケース」として論じられているのは,定期借家契約では,少なくとも契約期間に関して賃借権が保護されることを考えると,法制度の解釈としてミス・リーディーリングである.確かに契約された保護期間が終了した事後には,賃借人は交渉上不利な立場におかれる.しかし,このことをもって賃借人が保護されなくなるというのは適切ではない.賃借人は契約された期間については,いうまでもなくその居住権を保護される.この効果の重要性は以下の第4節と次章で議論される.

2.3 物権化の価値

それでは賃借権の保護によって,どの程度の賃借権価値が発生しているか求めてみよう.賃借権の保護がない場合 ($l = N$ の時)の借り手の純利得 U_2^N と貸し手の純利得 V_2^N は,(4-3) 式を代入すると,それぞれ以下のようになる.

$$U_2^N = \iint_{u_2 < v} s^C dHdQ + \iint_{u_2 \geq v} \{u_2 - r_2^N\} dHdQ$$
$$= s^C + (1-\lambda)\Phi_{u_2 \geq v}$$

$$V_2^N = \iint_{u_2<v}(v-s^C)dHdQ + \iint_{u_2 \geq v} r_2^N dHdQ$$
$$= E(v) + \lambda \Phi_{u_2 \geq v} - s^C$$

ここで $\Phi_{u_2 \geq v}$ は，転用しないことが効率的な場合 ($u_2 \geq v$ の場合) の社会的な純利益 ($u_2 - v$) の期待値を表している．すなわち，次式のように定義される．

$$\Phi_{u_2 \geq v} \equiv \iint_{u_2 \geq v}(u_2 - v)dH(u)dQ(v) \qquad (4\text{--}7)$$

他方，賃借権の保護がある場合 ($l = P$ の時) には，$u_2 < v$ のとき，借家人は s^P の立ち退き補償を得るのに対して，$u_2 > v$ のときは，r^C を支払って住み続けることができる．これに伴って，貸し手は $u_2 < v$ のとき，$v - s_2^P$ を得，$u_2 > v$ のとき r_2^C の賃料を得る．そのため，借り手の純利得 U_2^P と貸し手の純利得 V_2^P は，(4–6) 式を使うと，それぞれ以下のように求められる．

$$U_2^P = \iint_{u_2<v} s_2^P dHdQ + \iint_{u_2 \geq v}\{u_2 - r_2^C\}dHdQ$$
$$= E(u_2) + (1-\lambda)\Psi_{u_2<v} - r_2^C$$

$$V_2^P = \iint_{u_2<v}(v - s_2^P)dHdQ + \iint_{u_2 \geq v} r_2^C dHdQ$$
$$= r_2^C + \lambda \Psi_{u_2<v}$$

ここで，$\Psi_{u_2<v}$ は，転用することが効率的な場合 ($u_2 < v$) の社会的な純利得 ($v - u_2$) の期待値を表している．すなわち，以下のように定義される．

$$\Psi_{u_2<v} \equiv \iint_{u_2<v}(v - u_2)dH(u_2)dQ(v) \qquad (4\text{--}8)$$

これまで得られた結果と定義を用いると，借家法の制定で貸し手(家主)から借り手(借家人)に移転する純利得額 τ は，法的保護によって得られる期待純効用と，それがない場合に得られる期待純効用の差で測ることができる．この値はまた，貸し手が法的な賃借権制度によって失う期待純利得の大きさに等しい．

したがって，この所得移転額 $\tau \equiv U_2^P - U_2^N = V_2^N - V_2^P$ は以下のように計算される．

$$\tau = (1-\lambda)\Psi_{u_2<v} + \lambda\Phi_{u_2 \geq v} + \varepsilon \qquad (4\text{--}9)$$

ここで，

$$\varepsilon \equiv \left(\iint_{u_2<v} u_2 dHdQ - s^C\right) + \left(\iint_{u_2 \geq v} vdHdQ - r_2^C\right) \qquad (4\text{--}10)$$

である．

（4-9）式の右辺第1項は，賃借権保護が存在することで，借り手に移転する転用の利益額であり，第2項は，居住からの効用のうち，この保護によって家主に移転せずに済む部分を表している．また ε は，法制度が十分に機会費用を補償しないことを反映して生じる所得分配部分を，$E(u_2) + \Phi_{u_2 \geq v} = \iint_{u_2<v} udHdQ + \iint_{u_2 \geq v} vdHdQ$ に注意して，まとめて表したものである．

この ε の第1項は，転用することが望ましい時に借り手が失う期待機会損失から，保護がない場合に借り手が受け取る立ち退き料を引いたものであり，賃借権保護がない場合において借り手が補償されない金額を示している．

これとは逆に，第2項は賃借権保護があることによって，貸し手が補償されない金額を表している．もし，u や v の値を裁判所に立証することが可能で，裁判所がどちらの契約に対しても，土地利用の機会費用を十分に補償する判断を示すならば，このような ε の値は0になると期待される．

ここで定義された τ の値が，旧借地借家法による保護によって賃借人に移転されていた経済的な価値であり，法律家の言葉で言えば「賃借権の物権化」に伴う賃借権価値ということになる．ただし，注意しなければならないのは，ここで導出された τ の値は実際に2期間利用し続ける利用者にのみ移転する経済的な価値であるという点である．

実際には，賃借人の中にもさまざまな人がいて，1期間のみしか利用しないことが明らかな賃借人もいれば，立ち退きを求められない限り，間違いなく2期間利用し続けると予想している賃借人もいる．

賃貸には，結婚したら（子供が生まれたら）契約を更新しないが，そうでなければ契約を更新したいと思っている賃借人もいる．仕事の転勤や昇進の可能性に依存する人もいるし，将来，親の面倒を見る可能性がある人や，子供の成長に応じてライフスタイルを変える可能性がある人もいる．このように，第2期にその賃貸住宅に住み続けるかどうかは，将来の状態（states）に依存しており，一般に不確実である．

そのため，実際に賃借権の保護によって賃借人に移転される経済的な価値は，このような賃借人による契約の継続確率や期待居住期間に依存する．すでに説明したように，賃借人 i の契約の継続確率は k_i で表されている．

こうした継続確率を持つ賃借人 i は，実際に継続した場合にしか賃借権保護による経済的な価値の増加を享受することはできないから，実際の価値移転はその期待値として評価される．したがって，その価値の期待値は $k_i\tau$ となる．

3. 賃借権の物権化と不動産の賃貸借市場

3.1 完全情報のケース：中立性命題

さて，賃借権の物権化にともなう価値は，どのような形で市場での取引に反映されるだろうか．市場の賃料は，数量割り当て等がないとすると，需要と供給が一致するように決まる．いま説明したような価値移転は，賃貸物件を供給した所有者の利益を損なうことになるから，供給者はその損失を補えるだけの十分な賃料の上昇が得られなければ不動産を供給しようとはしなくなる．このことは，供給曲線をこの損失と同じ大きさだけ上方にシフトさせることを意味する．

これと同時に賃借人は，賃貸契約を結ぶことで，このような価値移転の利益を得ることができるから，この利益分に等しい賃料の増加は甘受して，賃貸契約を結ぼうとするだろう．このことは，需要曲線がその利益分だけ上方にシフトすることを意味する．

小谷清（1997）は，所有者が被る損失は，賃借人へ移転する利益と等しくなるから，このような供給曲線と需要曲線の上方へのシフトはどちらも同じ大き

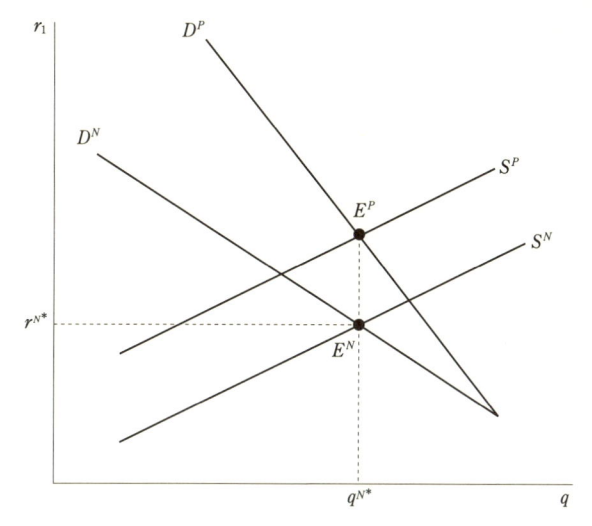

図 4–2　賃借権の中立性

さになり，旧借地借家法による賃借権の保護は，借家や借地の賃料を上昇させるだけで，均衡における取引量には影響を及ぼさないと主張した．

この主張を，前節までの議論を基礎にして図 4–2 を用いて説明してゆこう．当初，賃借権の保護が全くない状況において，第 1 期の賃貸契約に関する需要曲線が D^N で供給曲線は S^N のように描かれるとしよう．この状況において，この不動産の賃貸借市場の均衡は点 E^N で示される．

賃借権の保護は，契約の継続確率の低い賃借人や期待居住期間の短い賃借人より，継続確率が高い賃借人や期待居住期間の長い賃借人により大きな便益をもたらす．そこで，この賃借権保護の特徴を明示的に分析するために，賃借人の特性のうち契約の継続確率や期待居住期間だけが異なり，他の特性はすべて等しい状況を考えよう．すなわち契約の継続確率 k_i が，（潜在的な）賃借人の間で異なる状況を分析する．この節では，完全情報を前提とし，貸し手は賃借人の継続確率を観察できるものと仮定しよう．この分析よりも一層重要な不完全情報のケースは次節以降で考察する．

いま，賃借権が保護されるか否かに関係なく，第 2 期の契約の継続確率が高い人ほど第 1 期に高い賃料を支払う点に注意しよう．なぜなら，賃料を払って

第2期に正の純効用や純利得が得られる場合にしか，契約を更新して借り続けることはない．賃借権が保護されない場合にも，貸し手は賃借人が得る効用や利得以上の法外な賃料を事後的に獲得することはできない．その場合には，賃借人は契約を更新せずに，他へ転居することを選択できるからである[12]．

　こうした正の純効用や純利得が得られる確率は，他の条件が等しいとすると，第2期の契約の継続確率が高い人ほど高くなる．この継続確率 k_i は不動産の利用とは独立な変数であるから，第1期の契約に関する需要曲線は，他のすべての特性が等しい賃借人を前提とする限り，左側から，第2期の契約の継続確率が高い順番に，すなわち需要価格の高い順に描かれることになる[13]．

　この点を図4–2を用いて説明してみよう．いま賃借権保護が存在しない場合の均衡 E^N のとき，その均衡で借りている賃借人（需要価格が r^{N*} に等しい限界的な賃借人）の第2期の契約の継続確率を k^{N*} とすると，それより継続確率の高い，すなわち $k_i \geq k^{N*}$ の賃借人が第1期の賃料 r_1^{N*} を支払って賃借していることになる．

　このとき，賃借権の保護が導入されたと考えてみよう．すると，第2期の契約更新時点で，借り手に移転する価値（の期待値）は，均衡 E^N において賃借している限界的な借り手について，$k^{N*}\tau$ となる[14]．そのため（割引率を無視，あるいは0に基準化してあると考えると），この賃借権保護に伴う価値移転は賃借人の利益となるから，均衡 E^N において不動産の借り手は，$k^{N*}\tau$ 分まで第1期の賃料が上昇しても，その不動産を賃借しようとする．

　その結果，借り手の需要曲線は均衡点 E^N において $k^{N*}\tau$ だけ上方にシフトし，D^P で示された曲線となる．もちろん k^{N*} よりも高い契約の継続確率を持つ需要者は，より高い賃料の上昇でも受け入れることになるから，需要曲線のシフトの幅は均衡点から離れて左に行くほどより大きくなる．

---

[12] たとえば競争的な市場では，他の賃貸住宅に住み替えることができる．この他両親との同居や持ち家を選択することもできる．このモデルでは，このような借り手の代替的な選択から得られる利得や効用は0に基準化されていると解釈することができる．

[13] この継続確率 k_i は u や v から独立である．また u や v は1期目の終わりに実現する確率変数であるが，k_i の値は最初から借り手は知っている変数である．

[14] τ は (4–9) 式の所得移転額を示している．

他方，均衡点 E^N で不動産を貸していた貸し手は，$k^{N*}\tau$ 分だけ第 1 期に高い賃料を得られない限り，これまで通り不動産を賃貸市場に供給しようとはしなくなるから，供給曲線も $k^{N*}\tau$ 分だけ上方にシフトし，新たに供給線は S^P となる[15]．

ただし，均衡点の変化は，契約を結んだ限界的な賃借人（当初の需要価格が r_1^{N*} に等しい賃借人）と，その賃借人に供給する貸し手の間での所得移転だけを反映する．したがって，当初の均衡点 E^N においては，借りている限界的な賃借人の継続確率には変化がないので，需要曲線のシフトと供給曲線のシフトの幅は等しい．その結果，均衡供給量には変化は生じず，単に最初の契約時点の賃料のみを引き上げる結果となる．

したがって，継続確率が賃借人の間で異なる場合でも，貸し手である所有者が賃借人の継続確率を知ることができれば，賃借権の保護は，賃貸不動産市場の均衡供給量に一切影響を及ぼさない．これは，賃借権の物権的価値が市場の当初賃料に適切に反映されるからである．

3.2 借地借家法の供給制限効果

こうした小谷清 (1997) の主張に対して，多くの経済学者は日本において良質な賃貸住宅の供給がなされない理由を，借家法に求めてきた．小谷の議論は，基本的にはコースの定理の応用であり[16]，その意味では，コースの定理が成立しない条件の下では，この議論も成立しない．

よく知られているように，コースの定理が成立する条件は，交渉費用や取引費用が無視できることである．交渉費用や取引費用が無視できないほど高い場合には，交渉から得られる利益がその費用よりも大きくなければ，交渉自体が実現しなくなる[17]．実際，岩田 (1976) は正当事由要件の存在のために，その

---

[15] 実際には，個別の賃借人の継続確率に対応して，S^P のシフトも異なると考えられる．その場合でも，E^N で借りる借り手に対する貸し手の供給者価格の上昇は $k^{N*}\tau$ となるので分析結果は変わらない．

[16] 岩田 (1976) や金本 (1992) にも，すでに借家法の中立性命題の議論は存在する．ただ，これらの論者は中立性命題に否定的である．

[17] ただし，Anderlini and Felli (2001) はたとえ交渉費用がきわめて小さい場合でも，効率的な交渉結果が達成されない可能性を指摘している．

立証が困難になることから,交渉費用が高くなる結果,借家の供給抑制につながったとしている.

また,交渉者間(ここでは賃借人と所有者間)で,リスク負担の能力が異なる場合にも中立性命題は成立しない[18].所得移転は確率的に生じる不確実なものであるから,同じ期待値をもたらす正の所得移転額でも,リスク負担能力が低い主体と比較して,リスク負担能力が高い主体の評価は相対的に小さくなる[19].こうした評価の違いは当然,需要曲線と価格曲線のシフトの差になって表れる.

しかし,借地借家法の問題を考える際に,特に重要な要因と考えられるのは,情報の非対称性の問題である.なぜなら,小谷(1997)の議論は価格メカニズムが適切に機能することが前提となっているが,市場に情報の非対称性がある場合には,価格メカニズム自体が適切に機能しなくなるからである.そこで以下では,情報の非対称性がある場合に,不動産の賃貸市場がどのように機能するかについて分析しよう[20].

3.3 賃借権保護と逆選択

まず,借り手は自分自身の真の継続確率 k_i を知っているが,貸し手はそれを知らない状況を考えよう.すなわち,k_i は1期目のはじめに借り手は知っているが,他の人には観察不可能な私的情報であるとし,その結果契約にも書けないと仮定する[21].この借り手 i の継続確率 k_i の分布 F は,すべての人に知られているものとする.そのため貸し手は,市場の家賃を前提に借り手の継続確率

---

18) 詳しくは Iwata (2002) 参照.
19) 負の所得移転については逆になる.
20) 賃借権保護と情報の非対称性の問題については,本章の文脈とはかなり異なるが Hubert (1995) の議論などがある.こうした点については山崎 (1999) 第2章を参照.この他,契約法と情報の問題としては Aghion and Harmalin (1990) なども興味深い議論をしている.
21) 子供が生まれなければ,あるいは,解雇されなければ契約を更新するという条項を導入して契約を書くことによって,更新確率を予想することは原理的には可能である.しかし,ひとたび争いが生じれば,こうした内容自体が公序良俗違反ということで,契約が無効にされる可能性が高い.なお k_i については,(期待)継続居住期間として解釈することも可能であり,その場合には私的情報であっても契約に書くことができる.このケースについては本章第5節で詳しく議論する.

を分布 F に基づいて予想することになる.

いま,法的な状況 $l \in \{P,N\}$ に関する 1 期目の市場賃料を r_1^l で表すとしよう.借り手は自分自身の真の継続確率 k_i を知っているので,1 期目に賃貸住宅を借りる条件は(4–1)式で与えられる.この式を k_i に関して書き直すと,法的な状況 $l \in \{P,N\}$ に関して以下のようになる.

$$k_i \geq \max\left\{\frac{r_1^l - u_1}{U_2^l}, 0\right\} \equiv \tilde{k}^l(r_1^l) \qquad (4\text{–}11)$$

そのため,所与の第 1 期の市場賃料 r_1^l の下で,実際に賃貸住宅を需要する借り手の継続確率 k_i についての条件付期待値 k_e^l を求めると,

$$k_e^l(r_1^l) = \int_{\tilde{k}^l(r_1^l)}^{1} k\, dF(k \mid k \geq \tilde{k}^l(r_1^l)) \qquad (4\text{–}12)$$

となる.

ここで,貸し手はこの条件付き期待値を前提として賃貸住宅を供給するか否かを選択する.すなわち,貸し手が第 1 期に賃貸住宅を供給しようとする条件は,(4–2)式で与えられるから,法的な状況 $l = \{P,N\}$ に関して,この条件は以下のように書ける.

$$b_j \leq r_1^l + k_e^l(r_1^l)\{V_2^l - E(v)\} \equiv \tilde{b}^l(r_1^l) \qquad (4\text{–}13)$$

ここで法的な状況 $l = \{P,N\}$ に関して,市場均衡を $(r_1^{l*}, \tilde{k}^{l*})$ で表すとする.このとき,(4–12)式から,法的な状況 $l = \{P,N\}$ に関して,いずれの場合にも $k_e^l(r_1^{l*}) > \tilde{k}^{l*}(r_1^{l*})$ が常になりたつ.このことは,賃借権保護があるなしにかかわらず,貸し手の予想する賃借人の継続確率の期待値は,完全情報の場合よりも高くなることを意味している.これが市場の歪みを引き起こす原因となる.

この点を,まず賃借権保護がある場合について考えてみよう.賃借権の保護がある場合には,情報の非対称性は不動産の賃貸借市場に過小供給をもたらすことを意味している.すなわち,賃借権が保護されることによって,すでに説明したように所有者から賃借人に所得移転が生じる.このとき,借り手の真の継続確率を知らない貸し手は,市場賃料を参考に借り手のタイプを予想して行

動する.

　このとき，貸し手は借り手の限界的なタイプではなく，その市場賃料で借りようとする平均的なタイプに基づいて，借家供給の意思決定をする．その結果，市場均衡の近傍で第2期の期待所得移転額を過大評価してしまい，それ自身，過小な供給を市場にもたらす結果となる．

　さらに重要なことは，(4–12) 式から次式を得ることである．

$$\frac{\partial k_e^l(r_1^l)}{\partial r_1^l} = \frac{(k_e^l(r_1^l) - \tilde{k}^l)}{U_2^l} \frac{f(k)}{1 - F(\tilde{k}^l)} > 0 \qquad (4\text{–}14)$$

この式は1期目の賃料が高いほど，継続確率 k_i の条件付き期待値は高まることを意味している．すなわち，第1期の賃料が高くなるほど，賃貸住宅に長く居住する可能性の高い借り手だけが市場に残るという，逆選択効果が生じる．

　こうして，賃借権の保護は市場の逆選択を伴い，貸し手が期待する継続確率をさらに高めてしまう．その結果，供給の減少は深刻なものとなり，Akerlof (1970) が指摘したように，場合によっては市場そのものを消滅させてしまう．

3.4　均衡の比較

　これまでの議論を，図を用いて説明しよう．図 4–3 には，継続確率 k_i を契約に書けないと仮定して，賃借権保護があるときの需要曲線 D^P と供給曲線 S^P 及び，賃借権保護がない場合の需要曲線 D^N と供給曲線 S^N を実線で描いている．また，それらの均衡がそれぞれ点 E^P と点 E^N で表されている．また，比較のために，情報の非対称性がない場合の供給曲線は点線で示されている（需要曲線に関しては情報の非対称性はないので違いは生じない）．

　需要曲線のシフトの幅は，賃借権の保護がない場合の均衡供給量 q^{N*} の下で $\tau \cdot \tilde{k}^N(r_1^{N*})$ と書ける．すなわち，需要曲線のシフト幅は，当初の均衡賃料の下での「限界的な」賃借人が，第2期に権利の移転から得られる利益の期待値に等しくなる．

　これに対して，供給曲線のシフトの幅は，k_i についての条件付き期待値が法律の制定の前後で変化しないとすると，$\tau \cdot k^N(r_1^{N*})$ である．この場合，供給曲

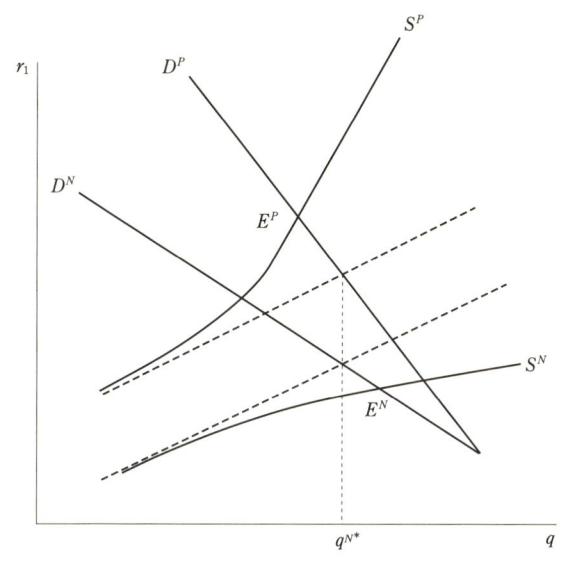

図 4–3 情報の非対称性下の均衡の比較

線のシフトは「平均的な」賃借人が第2期に得られる権利の移転からの期待利得に等しくなる．ここで (4–13) 式の定義より，$k_e^N(r_1^{N*}) > \tilde{k}^N(r_1^{N*})$ であるため，供給曲線は均衡の近傍で需要曲線よりも大きくシフトする．

さらに，逆選択の効果も働く．権利の移転は，相対的に継続確率の高い借り手には，賃料の上昇を上回る利得をもたらす一方，相対的に継続確率の低い借り手には，それを下回る利得しかもたらさない．その結果，相対的に継続確率の低い借り手を市場から排除し，相対的に高い借り手のみを残すという意味で，逆選択の効果が働く．そのため，継続確率に対する貸し手の条件付き期待値は，賃借権の保護がない場合よりも，さらに上昇し，供給をそれだけ大きく減少させる効果がある．

ただし情報の非対称性が残る限り，賃借権の保護がない場合にも，必ずしも効率的な資源配分を達成することはできない．これは情報の非対称性の問題が，全く逆方向に働く可能性を示している．賃借権が保護されない場合には，逆に賃借人から所有者に所得移転が生じる．このため，借り手の期待継続確率が高いほど家主の第2期の期待純利得は高まる．したがって情報の非対称性がある

場合には，借り手の継続確率を過大評価するため，供給は効率的な水準以上に増加するという過大供給の問題が生じる．

すなわち，賃借権の保護がない場合には，供給曲線は均衡の近傍で需要曲線よりも下方にシフトする可能性がある．図4–3の供給曲線 S^N が，完全情報の場合の供給曲線（下の点線）よりも下方に位置するように描かれているのは，この理由による．

以上の法的な保護のあるなしで，過小供給と過大供給が生じるとする議論は，銀行貸出における Stiglitz and Weiss (1981) と De Meza and Webb (1987) の議論に似ている．前者は，収益に関して期待値が同じでリスクが異なる分布を持つ借り手に対して，金利の上昇は，リスクの高い借り手だけを市場に残すという意味で逆選択の問題を生み出す．その結果，均衡で信用割当が生じる可能性を指摘した．

これに対して，後者は，リスクが同じで収益率が異なる分布を持つ借り手に融資する場合には，金利の上昇は収益率の高い借り手だけを市場に残していくため，銀行にとって望ましく，その結果，過剰な融資が実施されることを示している．

ここでは，不動産の賃貸借市場で，法による保護がある場合とない場合とで，長期の借り手が，貸し手にとって損失をもたらす場合と利益をもたらす場合があり，その結果として，それぞれについて供給が過小になる場合と過大になる場合がある点を明らかにした．

ただし，日本の場合，第5節で説明するように，実は借り手の期待継続確率に対する情報の非対称性は，旧借地借家法による「正当事由制度」自体に起因していたと考えることができる．したがって，改正後の借地借家法で導入された定期借地・借家権の下で，この問題は大きく緩和できることが期待される．この点については第5節で議論することにして，次節では，ここで説明したような情報の非対称性に対応して，家主が借り手を選別（スクリーニング）しようとすることが，日本の賃貸住宅の規模にどのような影響を及ぼしてきたかについて検討しよう．

4. 情報の非対称性とスクリーニング

日本では規模の大きなファミリー向け賃貸住宅はほとんど供給されていない.これに対して,単身者向けのワンルームマンションなどは大量に供給されている.山崎(1999)は,この理由をいま述べた逆選択問題を回避するためのスクリーニング均衡として捉えている.すなわち,借り手の契約更新の可能性や(期待)賃借期間に情報の非対称性がある場合に,貸し手は更新確率の低い(あるいは期待賃借期間が短い)賃借人を選別しようとする.

このとき,旧借地借家法の賃借権保護がなければ,スクリーニングによって長期の借り手には規模の大きな賃貸住宅が高い家賃で供給され,短期の借り手には規模の相対的に小さな賃貸住宅が低い家賃で供給される分離均衡が可能になる.ただし,山崎(1999)のモデルでは,この均衡を維持するために,長期契約と短期契約を結ぶことが可能であるという仮定が必要とされている.

ここで旧借地借家法による賃借権の保護があると,長期の契約を結ばずに,短期の賃借人であると偽っても,事後的に正当事由要件によって居住が保護され,事後的な家賃の上昇も被らないから,実質的に長期契約を結んでいるのと同じ状況になる.その結果,長期の契約者は,短期の借り手のように,相対的に規模は小さいが家賃の低い賃貸住宅に住むことを好むようになる.

家主にとって,長期の借り手がこのような短期の契約を選択しないようにするためには,短期の借り手用の賃貸住宅の規模を一層小さくして,長期の借り手が高い効用を得られないようにする必要がある.この結果,短期契約の賃貸住宅の規模は大きく縮小する.本節では,これまでのモデルを応用して,山崎(1999)の分析を拡張しよう.

4.1 モデルの拡張

① 貸し手のゼロ利潤曲線

いま,簡単化のために借り手の更新確率は2種類だけであるとしよう[22].一方は更新確率の高い借り手であり,その更新確率を k_{Long} とする.他方は,更新

---

22) k_{Long} と k_{Short} は確率変数ではない.この点は前節のモデルと異なっている.

確率の低い借り手であり,その更新確率はk_{Short}で表す.ここで,$k_{Long} > k_{Short}$である.いま,貸し手のタイプはすべて同じで第1期の機会費用は住宅規模一単位あたりbとする[23].また,住宅の規模を明示的に扱うために,利用から得られる家主の利得は,賃貸住宅の広さhに依存するとしよう.いま,長期の借り手に対して供給する借家契約を(h_{Long}, r_{1Long}),短期の借り手に対して供給する借家契約を(h_{Short}, r_{1Short})と表す.

このとき,長期の借り手と短期の借り手を完全に区別することができる場合,(4-2)式の貸し手の参加制約から,法的な保護の状況$l \in \{N,P\}$に応じて,いずれの場合にも競争的な市場では,以下の関係式が成立しなければならない.

$$r_{1Long} + k_{Long}\{V_2^l - E(v)\}h_{Long} = bh_{Long} \quad (4\text{-}15)$$

$$r_{1Short} + k_{Short}\{V_2^l - E(v)\}h_{Short} = bh_{Short} \quad (4\text{-}16)$$

ここで,第1期の家賃以外の変数は,すべて住宅の面積1単位あたりに置き換えられている.また,前節までの分析を適用するために,第2期の転用からの利得や,借家人の継続居住からの効用は,住宅の広さhに関して線形でそれぞれ,$V_2 \cdot h$と$U_2 \cdot h$と表現できるとしよう.

ここで第1期の賃料はいずれの場合も正になることから,$b - k_{long}\{V_2^l - E(v)\} > 0$が成り立っているとする.このとき,図4-4にあるように,貸し手の利得に関する無差別曲線(ゼロ利潤曲線)は,一期目の家賃r_1と賃貸住宅の広さhに関して右上がりの直線になる.その傾きについては次の式が成り立つ.

$$\partial r_{1Long} / \partial h = b - k_{Long}\{V_2^l - E(v)\} > 0 \text{ (長期)}$$
$$\partial r_{1Short} / \partial h = b - k_{Short}\{V_2^l - E(v)\} > 0 \text{ (短期)}$$

ここで注意することは,法的状況$l \in \{N,P\}$に応じて,この傾きの大きさが変化するという点である.賃借権の保護がない$l = N$の場合には,短期契約の方が,傾きが大きくなることがわかる.すなわち,$V_2^N \geq E(v)$が成立しなけれ

---

[23] 実際には規模の大きな住宅には,固定費用が存在するため規模の経済性が働く効果があるが,ここでは議論を簡単にするために,この効果は無視する[この点については八田・赤井(1995)を参照].

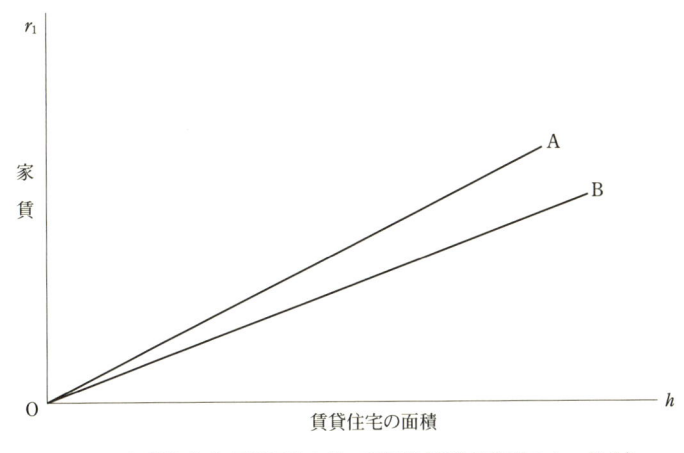

図 4–4 短期契約と長期契約のゼロ利潤線（賃借権保護のない場合）

ば，家主は契約を更新しない．したがって，契約を更新する限り，この不等式が成立し，$k_{Long} > k_{Short}$ の仮定から，短期の方が無差別曲線の傾きは大きくなることがわかる．

図 4–4 は横軸に賃貸住宅の面積をとり，縦軸に家賃をとって，借地借家法による賃借権保護がない場合の貸し手のゼロ利潤曲線を描いたものである．OA は短期の借り手に対して貸す場合のゼロ利潤曲線であり，OB は長期の貸し手に対する場合のゼロ利潤曲線である．

借地借家法による賃借権の保護がない場合には，それぞれの曲線の傾きが，$\partial r_{1Short}/\partial h$ と $\partial r_{1Long}/\partial h$ で与えられ，短期の貸し手に対するゼロ利潤曲線の傾き ($\partial r_{1Short}/\partial h$) の方が，長期の貸し手に対する場合よりも大きくなり，両者が原点を通ることから，短期の貸し手に対するゼロ利潤曲線は長期の貸し手に対するゼロ利潤曲線よりも傾きが急で常に上方にあることがわかる．

他方，賃借権保護がある $l = P$ の場合には，その所得移転の大きさによっては，長期契約の場合の傾きが短期の傾きよりも大きくなる場合がある．賃借権保護があるときには，$V_2^P \geq E(v)$ は常に成立するとは限らない．この不等式が成立しない場合には，長期の方が無差別曲線の傾きは大きくなる．このとき，ゼロ利潤線の上下関係が入れ替わることになる．

② 借り手の無差別曲線

次に，借り手の効用は前節までの議論を拡張し，賃貸住宅の広さ h の増加関数として，2 期間を通じて居住期間に関して，以下のように書くことができるとしよう．

$$u_1(h) - r_1 + k_{Long} U_2^l \cdot h \geq 0 \quad (4\text{--}17)$$

$$u_1(h) - r_1 + k_{Short} U_2^l \cdot h \geq 0 \quad (4\text{--}18)$$

ここで，$u_1'(h) > 0$, $u_1''(h) < 0$ とする．第 1 期の効用と家賃以外は，上で説明したように，すべて住宅の面積 1 単位あたりで定義されているとする．また第 2 期の効用も，すでに定義したように $U_2 \cdot h$ と表されている．

このとき，借り手の期待効用についての無差別曲線は，1 期目の家賃 r_1 と賃貸住宅の広さ h に関して右上がりの曲線になることがわかり，その傾きは，長期と短期の借り手についてそれぞれ以下のようになる．

$$\partial r_1 / \partial h = \partial u_1(h) / \partial h + k_{Long} U_2^l \geq 0 \quad (4\text{--}19)$$

$$\partial r_1 / \partial h = \partial u_1(h) / \partial h + k_{Short} U_2^l \geq 0 \quad (4\text{--}20)$$

したがって，同じ点で評価するとき，1 期目の家賃 r_1 と賃貸住宅の広さ h に関して，長期の借り手の無差別曲線の傾きは短期の借り手のそれよりも大きくなる．図 4-5 の U_L および U_S は，ある法制度を前提とした場合の，長期の借り手の無差別曲線と短期の借り手の無差別曲線をそれぞれ描いたものである．さきの仮定から無差別曲線は，図のように，右上がりの曲線として描くことができる．

すぐわかるように，右下方の無差別曲線の方が高い効用を示している．上の計算結果からわかるように，長期の借り手の無差別曲線の傾きは，短期の借り手の無差別曲線の傾きより，同じ契約で評価したとき常に大きくなる．このことは，ある第 1 期の家賃 r_a と住宅面積 h_a を示す点 X において，長期の借り手の無差別曲線が，短期の借り手の無差別曲線を下から通過することを意味する．

短期居住を選択する人よりも長期居住を計画している人の方が，同じ住居の規模の増大に対してより高い追加的家賃を払おうとするのは容易に理解できる．

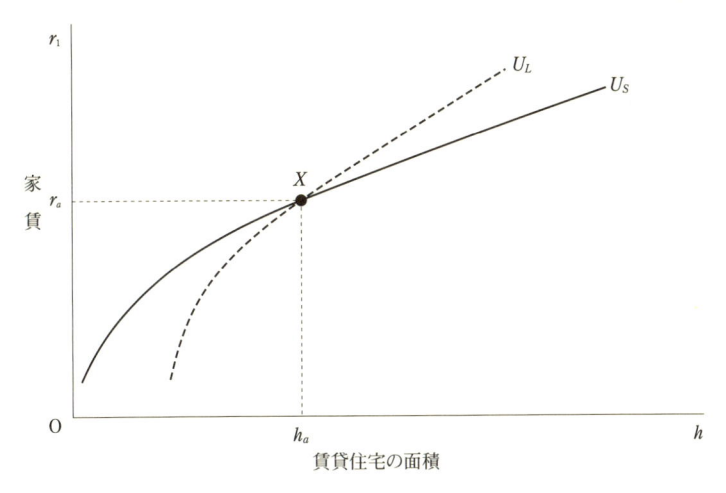

図4–5 長期契約者と短期契約者の無差別曲線

　また図には示していないが，これらの傾きの大きさは，どちらの主体にとっても賃借権の保護がある場合よりもない場合の方が低くなる．なぜなら，保護がある場合には，家主に第2期に高い単位あたり家賃を払う必要がなくなる一方で，本来家主に帰属すべき転用時の利得を一部，立ち退き補償金として得ることができる．したがって，住宅規模を限界的に1単位増やした場合に，それまでと同じ効用を得るために払っても良い第1期の家賃の増加額は，保護がある場合の方が高くなるからである．すなわち，同じ点で評価するとき，短期と長期の借り手の両方について，$\left.\frac{\partial r_1}{\partial h}\right|_{U^P=const.} > \left.\frac{\partial r_1}{\partial h}\right|_{U^N=const.}$ である．

　ここで，借り手が自分のタイプに従って契約を選択するためには，以下の誘因整合性条件が成り立たなければならない．

$$u_1(h_{Long}) - r_{1Long} + k_{Long} U_2^l \cdot h_{Long} \geq u_1(h_{Short}) - r_{1Short} + k_{Long} U_2^l \cdot h_{Short} \tag{4-21}$$

$$u_1(h_{Short}) - r_{1Short} + k_{Short} U_2^l \cdot h_{Short} \geq u_1(h_{Long}) - r_{1Long} + k_{Short} U_2^l \cdot h_{Long} \tag{4-22}$$

すなわち，自分の選好するタイプの契約を選択する場合の利得や効用が，他の契約を選択した場合よりも低くならないという条件である．

4.2 賃借権の保護がない場合

賃借権の保護がない場合から考えよう．よく知られているように，競争的な分離均衡が存在するならば[24]，以下の問題の解としてその分離均衡を得ることができる[25]．

$$\max_{(r_{1Short}, h_{Short})} u_1(h_{Short}) - r_{1Short} + k_{Short} U_2^N \cdot h_{Short}$$
$$\text{sub. to } r_{1Short} + k_{Short}\{V_2^N - E(v)\}h_{Short} = bh_{Short} \quad (4\text{--}23)$$

および，

$$\max_{(r_{1Long}, h_{Long})} u_1(h_{Long}) - r_{1Long} + k_{Long} U_2^N \cdot h_{Long}$$
$$\text{sub. to } r_{1Long} + k_{Long}\{V_2^N - E(v)\}h_{Long} = bh_{Long} \quad (4\text{--}24)$$

かつ

$$u_1(h^*_{Short}) - r^*_{1Short} + k_{Short} U_2^N \cdot h^*_{Short} \geq u_1(h_{Long}) - r_{1Long} + k_{Long} U_2^N \cdot h_{Long}$$

ここで $(h^*_{Short}, r^*_{1Short})$ は，(4–23) の問題の解として得られる契約である．

図 4–6 は，賃借権の保護がない場合の均衡を描いたものである．直線 OA と直線 OB はそれぞれ，長期と短期の借り手に対する貸し手のゼロ利潤線を表している．また，$U_L(U'_L)$ および U_S は長期の借り手の無差別曲線と短期の借り手の無差別曲線をそれぞれ描いたものである．

賃借権の保護がない場合の均衡の一つの可能性は，この図に与えられているように，短期契約の均衡が E_S 点，長期契約の均衡が E_0 点で達成される場合である．これらの点では，貸し手のゼロ利潤線上で，短期と長期の借り手が効用を最大化している．

---

[24] スクリーニング・モデルにおける競争均衡の存在の問題については，Rothschild and Stiglitz (1976), Riley (1979), Wilson (1977) 等を参照．サーベイとしては Kreps (1990) Chap. 17 などがわかりやすい．

[25] たとえば，Maskin and Tirole (1992) 等を参照．

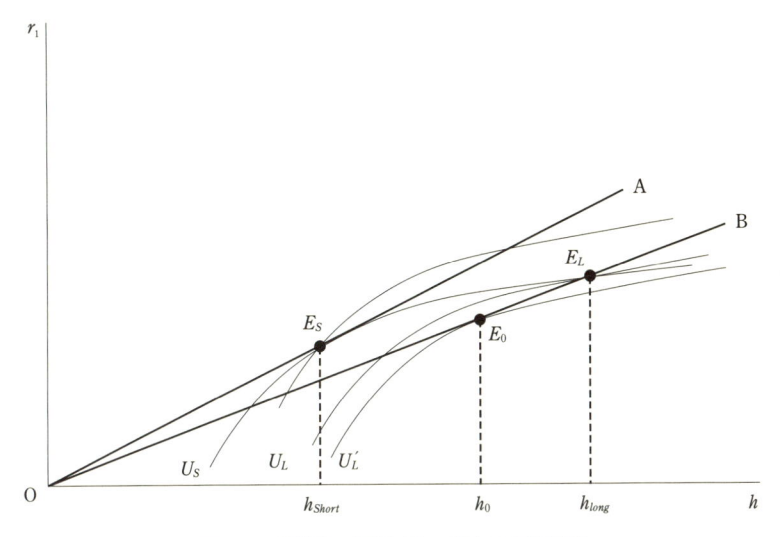

図 4–6　賃借権の保護がない場合の分離均衡

　短期契約者の均衡点は，相対的に規模の小さな住宅と高い単位家賃（E_S 点）の組み合わせである（単位家賃の大きさは OA 曲線と OB 曲線の傾きで与えられることに注意）．先に述べたように，長期の借り手の無差別曲線の傾きは同じ点で評価して，短期の借り手の無差別曲線よりも急な傾きになる．このことは長期の借り手の方が短期の借り手よりも広い住宅に対して強い選好を持っていることを示している．そのため，短期の借り手に対する契約は長期の借り手に対する契約よりも単位あたりで高い家賃となるが，総額で低い家賃の小規模の住宅が供給される．

　これに対して，長期の借り手は，より高い第1期の家賃を払っても，より広い住宅に居住することを好むため，より規模の大きな住宅が供給される．このとき，賃借権の保護がないことから，家主は第2期の高い家賃収入を享受できるため，競争的な市場では，これを予想して単位家賃は低く抑えられた住宅が供給される．家賃総額が大きくなるか否かは，この単位家賃の割引分と，住宅の相対的な広さに依存する．

　ただし，図 4–6 のケースのように短期の借り手の誘因整合性条件が制約

（binding）になる場合には，短期契約者にとって，E_S 点よりも E_0 点の方が望ましいので，短期の借り手は長期の借り手向けの契約 E_0 を選択してしまう．すると，貸し手は損失を被ることになるので，このような事態を避けるために，長期契約は E_0 から E_L に変化させて，長期の借り手向けの住宅の規模をさらに大きくする契約が提示されることになる．E_L 点は E_S 点を通る短期契約者の無差別曲線が通っている．そのため，長期契約のパッケージを E_0 点から E_L 点に変化させることによって，短期契約者が偽って長期契約を結ぶことはなくなる[26]．

したがって，家主にとって借り手の居住期間についての情報が十分に得られなくても，図4-6のように，供給する賃貸住宅の規模と第1期の家賃の異なる契約の組み合わせを提示することによって，両者を分離することが可能である．そのとき，長期の借り手が短期の借り手に対する均衡契約 E_S 点を選択することも，短期の借り手が長期の借り手に対する均衡契約 E_L を選択することも有利ではない．

これに対して，長期の借り手の更新確率が一層高い場合には，無差別曲線の傾きがより大きくなる結果，E_0 点が E_L 点より右上方に位置することになる．その場合には，誘因整合性条件は自動的に満たされるので，E_S 点と E_0 点が均衡になる．

山崎（1999）のモデルでは，賃借権の保護がない場合には，貸し手は市場で長期の契約と短期の契約を提示することが可能になるので，長期の借り手と短期の借り手に対して，顕著に異なる住宅規模を提供する必要はない．

しかし，ここでは，情報の非対称性の効果のみに焦点を当てるため，このような契約を明示的には考えていない．その場合でも，賃貸住宅の規模自体をスクリーニング・ディバイスとして利用することによって，両者を選別することが可能になる．

---

[26] この点は，定期借家権が十分に普及しない点を考えるうえで重要である．現在の定期借家契約では，借家人による中途解約が認められている．このことは短期契約の借り手が長期契約を結んで，中途で解約することを可能にしている．これは，E_0 点のような住宅規模の住宅が供給されないひとつの理由である．この点については本章末の補論を参照．

4.3 賃借権保護と住宅の規模

ここで賃借権保護が導入された場合を考えてみよう．前節までの議論で説明したように，賃借権による保護がある場合には，家主から継続を希望する賃借人に対して所得移転 τ が生じる．この所得移転を予想すると，家主のゼロ利潤曲線はその期待値を反映して上方にシフトする．

すなわち，図の OA 線と OB 線がともに上方にシフトすることを意味する．この状況は図 4–7 の OA′ と OB′ によって示されている．このときすでに説明したように，保護の程度が大きい場合には，OA′ と OB′ の傾きが逆転する点に注意したい．また，無差別曲線もこれに伴って，当初の住宅規模の水準の下で上方に同じ幅だけシフトする．

このとき，小谷清（1997）がいうように，コースの定理が成立し，借家権の市場が成立するならば，賃借権保護によって借家人の利益が保護され，借家人の効用が上昇するとともに，家主の側の利益が失われる．賃借権の保護によって借家人の利益も増大する結果，無差別曲線も上方にシフトし，家賃だけが上昇するから，当初の住宅の規模には何ら影響を及ぼさない結果になる．言い換えると賃借権の保護によって，借家権価格（立ち退き料）を含んだ家賃が形成される結果，家賃が高くなるだけで住宅の規模に対しては中立的である．

すなわち，賃借権保護の利益は，借り手への実質所得の移転を意味する．ある個人の実質所得は，賃借権が保護されることによってそれ以前に選択していた住宅の規模 h の下で，供給阻害効果によって生じる家賃 r_1 の上昇額とちょうど等しい額だけ増加することになる．つまり，分配効果が生じない世界では，賃借権保護の供給阻害効果による家賃の上昇は，需要者に及ぶ利益によって完全に相殺される結果，実質的な効果は何も生じない．

この状況は図 4–7 の点 E'_S と点 E'_L によって示されている．これらは，賃借権保護が導入される前の短期の借り手と長期の借り手のそれぞれの均衡点 E_S と E_0 を前提にすると，その住宅水準の下での所得移転を反映して，均衡点が真上に移動することを意味する[27]．ただし，すでに明らかなように，こうしたコース

---

27) ここで，長期の借り手に対しては，E_L ではなく E_0 が基準となる．なぜなら，E_L は長

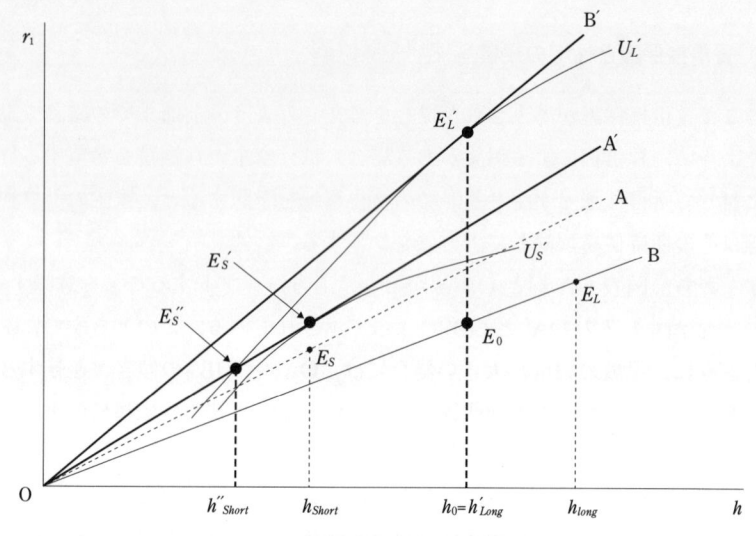

図 4–7　借地借家法の下での分離均衡

の定理が成立するのは，情報の非対称性が存在しない場合である．

　ここではスクリーニングによって，借り手のタイプが選別されていることに注意しよう．この点ではスクリーニング契約によって，均衡で実質的に完全情報と同じ状況になっていることを意味する．しかし，貸し手が借り手のタイプを選別する場合でも，短期の借り手と長期の借り手の間で，貸し手からの所得移転の差が十分に大きい場合には，点 E'_S と点 E'_L のような均衡に到達できない．

　たとえば，図 4–7 のような状況においては，長期の借り手は点 E'_L のような大規模で賃料の高額な契約よりも，点 E'_S のような規模が小さく，賃料の安い契約の方が明らかに好ましい．点 E'_S は点 E'_L を通る借り手の無差別曲線の右

期の借り手の効用最大化に対応していないので，所得分配の分だけ無差別曲線が上方にシフトしても，必ずしも，最適点がそのまま上にシフトするとは限らない．一般に，効用関数の形状を反映して，最適点は E_L よりも住宅の広さが小さくなるような点になるからである．したがって，情報の非対称性がある場合には，スクリーニングによって分離均衡が達成されている場合でも，所得分配の効果だけ見ても中立ではないことがわかる．

下側にあり，この点を選択することで，より高い効用水準を達成することができるからである．

そのため E_S' 点はもはや均衡ではない．それでは，住宅の供給者は，このような長期契約者の行動を予測することによって，どのように反応するであろうか．上と同様に，賃借権の保護がある場合の分離均衡は，以下の二つの問題の解として与えられる．

$$\max_{(r_{1Long},\,h_{Long})} u_1(h_{Long}) - r_{1Long} + k_{Long} U_2^P \cdot h_{Long}$$
$$\text{sub. to } r_{1Long} + k_{Long}\{V_2^P - E(v)\}h_{Long} = bh_{Long} \quad (4\text{--}25)$$

および，

$$\max_{(r_{1Short},\,h_{Short})} u_1(h_{Short}) - r_{1Short} + k_{Short} U_2^P \cdot h_{Short}$$
$$\text{sub. to } r_{1Short} + k_{Short}\{V_2^P - E(v)\}h_{Short} = bh_{Short} \quad (4\text{--}26)$$

かつ

$$u_1(h^*_{Long}) - r^*_{1Long} + k_{Long} U_2^P \cdot h^*_{Long} \geq u_1(h^*_{Short}) - r^*_{1Short} + k_{Long} U_2^P \cdot h^*_{Short}$$

ここで，$(r^*_{1Short}, h^*_{Short})$ は，(4–25) 式の問題の解として与えられる契約である．(4–26) 式の問題を解くと，長期契約者が短期契約者と偽るインセンティブをなくすためには，図4–7 の E_S'' 点で示されるような契約を提供することが合理的であることがわかる．E_S'' 点は E_L' 点を通る無差別曲線 U_L' と短期契約のゼロ利潤線 OA' の交点である．この点で示される契約を短期の借り手に提供することによって，長期の借り手が短期の借り手であると偽るインセンティブを解消することができる．

すなわち，賃借権の保護がある場合の分離均衡は，E_L' 点と E_S'' 点で示すことができる．長期の借り手については，以前と同じ規模の住宅と相対的に高い家賃の組み合わせ（E_L' 点）が提供される．他方で，短期の借り手には，長期の借り手が自らを偽るインセンティブを防ぐために，より小さな住宅規模，すなわち E_S'' 点で示されるより小さな住宅規模を甘受しなければならなくなる．当然 E_S 点と E_S'' 点を比較するとわかるように，短期の借り手の厚生水準は，賃

借権保護があることによって低下する[28]．

ここで興味深いのは，長期の借り手の均衡における住宅規模は，賃借権保護によって影響を受けない（$E_0 \to E_L'$）のに対して，短期の借り手の住宅規模はその影響を受けて，小さくなる点である．長期の借り手は賃借権の保護を利用して一時的に利益を得ることができる．

これに対して，短期の借り手が得られる一時的な利益はきわめて小さい．それにもかかわらず，借家法によってゼロ利潤線上で効用を最大化できなくなり，厚生が悪化するのは短期の借り手である．このような逆説的なことが起こるのは，短期の借り手の賃貸条件を悪化させることによって，長期の借り手が借家法によって利益を得る可能性を消滅させる必要があるからである[29]．

4.4 借り手に流動性制約がある場合

4.3項の議論では，長期の借り手は，賃借権の保護によって高くなった家賃でも，払い続けることができることを前提に議論してきた．しかし，賃借権の保護に伴って，第1期に支払う高い家賃は，第2期に住み続けた場合の利益を事前に前払いすることを意味する．

これに対して，借り手が流動性制約などに直面している場合には，たとえ長期の借り手でもこのように高い家賃を支払えなくなる可能性がある．その際には，長期の借り手も結局は，短期の借り手向けに提供される狭小な賃貸住宅に住まざるを得なくなる．

この場合には，高い家賃が払える長期の借り手のための相対的に規模の大きな賃貸住宅と，流動性制約下にある一部の長期の借り手と短期の借り手に対し

---

[28] このメカニズムはRothschild and Stiglits (1976)のスクリーニング・モデルと基本的に同じである．したがって，競争均衡としてのプーリング均衡が存在しないことも容易に証明できる．ただし，Wilson均衡の概念を使うと，プーリング均衡が存在する可能性も全くないわけではない．短期契約者と長期契約者が同じ契約を結ぶような均衡が存在する可能性もある．このような均衡についてはWilson (1977)を参照．

[29] E_0からE_L'への移動や，E_SからE_S'への移動は，一見すると借り手の効用を低下させているように思われるかも知れない．しかし，すでに述べたように，この垂直方向への移動（家賃の上昇）は，実質所得の移転によって補償されているので，効用は実質的に変化しない．したがって，実質的に効用が低下するのは，短期契約者だけである．

て，狭小で相対的に低家賃の賃貸住宅が供給される．この意味で，賃借権が保護されると，部分的な分離均衡となる[30]．

旧借地借家法による賃借権の強力な保護は，長期の借り手向け家賃を高額な水準に変化させた．日本の大部分の賃借人は，流動性制約のために，そうした高額な家賃を支払えるほどに十分な所得を得ることはできず，その結果，借り手が著しく少なくなったと考えられる．もちろん，こうした賃借人の一部は，こうした高額な借家ではなく，住宅金融公庫等からの融資を受けることによってより小規模な持家にシフトした可能性が高い．これを可能にしたのは政府の持ち家促進政策である[31]．

また長期の借り手が短期の借り手のふりをすることを恐れる貸し手は，規模の大きな賃貸住宅を短期の借り手にも貸すことができなくなってしまい，規模の大きな賃貸住宅は，日本の賃貸市場からほとんど消滅してしまったと考えられる．

すなわち，旧借地借家法は，高額な家賃が払える一部の高所得者には何らの不利益も及ぼさない．しかし，それが払えない大部分の人々を規模の大きな賃貸住宅市場から締め出してしまった．低所得者の居住権を保護するという謳い文句の旧借地借家法は，皮肉にも賃借権の物権化によって，高額な賃借権を購入できる人の居住権だけを保護する結果となったが，他方で多くの賃借人に犠牲を強いる法律と化したのである．

5. 定期借地・借家権と情報

5.1 継続確率と期待継続利用期間

これまで，k_i を借り手の継続確率と解釈し，貸し手にはそれを観察できないと仮定して分析してきた．そのため，当然契約にも書けないことを仮定し，その仮定の下で契約や借家の規模を議論してきた．しかし，変数 k_i には別の解釈も可

---

30) より正確には図4-7の E_L'' 点は，長期の借り手が一部住むようになる結果，家主は高い家賃を要求するようになるので，やや右上に移動する．

31) この点は山崎（1999）を参照．

能である．変数 k_i を第2期目の利用期間の比率，言い換えれば第1期の期間の長さを1に基準化したときの「借り手の継続利用期間」と考えることもできる．

たとえば，第1期の全体の長さを10年とするとき，$k_i = 0.4$ ならば，2期目に実際に居住する期間は4年ということになる．あるいは，k_i を継続確率と解釈しても，数式上はそれ自体が「期待継続利用期間」を示すことに等しくなる．なぜなら，2期目の利用期間を1に基準化するとき，期待継続利用期間は $k_i \times 1 + (1 - k_i) \times 0 = k_i$ であるからである．このような解釈をした場合，変数 k_i を契約に書けないとする仮定は正当化できなくなる．

ただし，このような仮定は，少なくとも旧借地借家法の正当事由要件の下では十分に納得できるものである．なぜなら正当事由要件があると，すべての借り手は，長期の契約を結ぶインセンティブがないからである．

長期の契約を結べば，正当事由要件がある法律の下では，借り手に利益が移転するので，これを予想する貸し手からは，それに見合う高い賃料を当初の賃貸契約において要求される．他方，短期の契約を結んでも，正当事由要件によって借り手は保護される結果，その短期契約を事後的に無効にできる．そのため長期間利用する可能性の高い借り手でも，短期の借り手を装って行動する方が有利になる．すなわち，正当事由要件があると，あたかも短期間しか居住しないと契約には明記するか，期間の定めのない契約に関しては，法的には無期限の契約と推定されるので，最初から契約に利用期間を明記しなくなるのである．

しかし，改正後の借地借家法で導入された定期借地・借家権の下では，k_i はいま説明したように契約に書くことができる．そこで本節では，k_i を（期待）継続利用期間と解釈して契約に書けると仮定する．以下では，契約の更新を保証する最大期間を明記する形の定期借地・借家契約を考える．このとき，契約はこの最大保護期間を $\bar{k}$ として，$\mu = (\bar{r}_1, \bar{k})$ で示される[32]．

そこで，以下では第3節の議論に戻って——すなわち，借家の規模を用いたスクリーニングは行われない——として，定期借地・借家契約の有効性を議論しよう．

---

32) すでに説明したように，第2期の賃料は事後的に再交渉されるため，最初の時点で契約に記載することは意味がない．仮に裁判所がそれを尊重しても，その値を裁判所が判示すると予想するだけである．

5.2 情報の開示と均衡

借り手の(期待)継続利用期間を契約に書けるからと言って，情報の非対称性の問題が直ちに解決するわけではない．まず，いま定義したような定期借地・借家契約において，賃借人が真の自己の期待継続利用期間を表明するかどうかが問題となる．そこで，このような真の期待継続利用期間が表明される条件を考えてみよう．この問題は，基本的に直接顕示メカニズムを適用することで解くことができる[33]．

定期借家契約 $\mu = (\bar{r}_1, \bar{k})$ の下で，借り手 i の純利得は以下の式で与えられる．

$$u_1 - \bar{r}_1 + \min\{\bar{k}, k_i\} U_2^P + \max\{0, k_i - \bar{k}\} U_2^N \geq 0 \quad (4\text{--}27)$$

左辺第3項と第4項は，それぞれ，2期目の保護される期間 $\min\{\bar{k}, k_i\}$ の期待純利得と保護されない残りの期間 $\max\{0, k_i - \bar{k}\}$ における期待純利得を表している．ここで契約期間 $\bar{k}$ が，借り手 i の実際の期待継続利用期間 k_i よりも短ければ，実際にはその契約期間 $\bar{k}$ だけ保護され，残りの $k_i - \bar{k}$ の期間は保護されない期間となる．それが長ければ，予想される実際の継続利用期間 k_i はすべて保護されることになる．

いま，実際のタイプよりも短期の定期借家契約を $\mu^0 = (\bar{r}^0, \bar{k}^0)$，長期のそれを $\mu^1 = (\bar{r}^1, \bar{k}^1)$ とする．ここで，$\bar{k}^0 < k_i < \bar{k}^1$ である．このとき借り手 i が自分の真の期待継続利用(居住)期間を正しく報告する誘因整合性条件は以下のようになる．

$$u_1 - r_1 + k_i U_2^P \geq u_1 - \bar{r}_1^0 + \bar{k}^0 U_2^P + (k_i - \bar{k}^0) U_2^N \quad (4\text{--}28)$$

$$u_1 - r_1 + k_i U_2^P > u_1 - \bar{r}_1^1 + k_i U_2^P \quad (4\text{--}29)$$

(4–28) 式の条件から (4–9) 式を使うと次式を得る．

$$d\bar{r}_1 \leq \tau \cdot d\bar{k} \quad (4\text{--}30)$$

---

33) 顕示原理 (revelation principle) については，Myerson (1979) などを参照．

ここで，$d\bar{k}$ は定期借家契約の契約期間の増加分を表し，$d\bar{r}_1$ はそのときの第1期の契約賃料の上昇額を表している．すなわち，保護期間の延長に伴う所得移転額よりも第1期の契約家賃の上昇が小さければ，(4–28) 式の条件は満たされる．この条件が満たされるとき，(4–29) 式の条件も自動的に成り立つから，結局，(4–30) 式の条件が満たされるとき，借り手は真の期待継続利用(居住)期間を表明する．

次に貸し手が，上で定義したような定期借地・借家契約を市場に提示する条件を調べる必要がある．なぜなら，このような条件が満たされないならば，そもそも市場に定期借地・借家契約が提示されないからである．この定期借地・借家契約を供給した場合の貸し手の純利得は以下のようになる．

$$\bar{r}_1 - b_j + \min\{\bar{k}, k_e\}\{V_2^P - E(v)\} + \max\{0, k_e - \bar{k}\}\{V_2^N - E(v)\} \quad (4\text{--}31)$$

ここで，分布 F に基づく借り手の居住期間についての条件付き期待値を k_e としている．借り手が真の期待継続利用期間を表明している場合，すなわち，(4–30) 式が成立しているとき，$\bar{k}_i = k_i = k_e$ となり，また (4–30) 式の条件の下で，借り手が自分のタイプよりも長期の契約を受け入れることはないから，貸し手が，このような契約を提示する条件は以下のようになる．

$$\begin{aligned}\bar{r}_1(\bar{k}_i) - b_j + \bar{k}_i\{V_2^P - E(v)\} \geq \\ \bar{r}_1^0 - b_j + \bar{k}^0\{V_2^P - E(v)\} + (k_i - \bar{k}^0)\{V_2^N - E(v)\}\end{aligned} \quad (4\text{--}32)$$

すなわち，書き直すと以下のようになる．

$$d\bar{r} \geq \tau \cdot d\bar{k} \quad (4\text{--}33)$$

したがって (4–30) 式と (4–33) 式から次式を得る．

$$d\bar{r} = \tau \cdot d\bar{k} \quad (4\text{--}34)$$

この条件 (4–34) 式は，借り手に真実を報告させつつ，貸し手がそのような契約を提示する条件である．その条件とは，賃料が賃借権の保護に伴う所得分配を正確に反映することである．逆に，この条件が成立すれば，利用(居住)期

間の増加関数として，借り手に真の期待居住期間を表明させ，貸し手が損失を被らない定期借地・借家契約が提示される[34]．

したがって問題は，このような契約（の集合）が競争的な市場均衡で提示され得るか否かということに帰着する．ここで，少なくとも対称均衡を考える限り，Nash均衡として以上の契約の集合が提示され，しかも効率的な資源配分を達成することを示すことができる．

これは，競争的な均衡で提示される最も短期の定期借地・借家契約に関して，市場は競争的な価格付けを行っていることに由来する．このことは，それを前提に (4–34) 式の条件を満たすような，より長期の契約（の集合）を，他のすべての貸し手が提示するとき，借り手は，最も安価な賃料で自分の真のタイプに対応した定期借家契約を選択することを意味している．

このとき，貸し手はこの均衡から逸脱するインセンティブを持たない．もし，この集合に含まれない契約を貸し手が提示する場合には，上の条件が満たされないか，あるいは借り手にとって，その提示はより高価な契約となる．その結果，そのような契約は借り手に需要されないか，あるいは貸し手が損失を被ることになる．したがって競争的な市場均衡で，借り手に真の期待居住期間を表明させる定期借地・借家契約が提示される均衡は，対称なNash均衡となる．

ところで，この定期借地・借家契約の下では，借り手が，保護期間を延長することで得られる移転される権利の期待価値が賃料の上昇を上回るのは，自分の真の（期待）継続居住期間までである．

これに対して，自分の真の（期待）居住期間以上の保護契約を結ぶと，その分の権利の移転価値を獲得する機会を持たないため，保護の利益は得られず，賃料上昇というコストの増加だけが生じる．こうして，借り手が，契約において自分のタイプを明らかにする自己選択のメカニズムが働き，情報の非対称性の問題は消滅する．したがって，市場均衡において効率的な供給量が達成される．

このような定期借地・借家契約の下で他の用途に転用した方が効率的な場合には，貸し手は多大な補償を支払う可能性があるが，貸し手の参加制約をも満

---

[34] 外舘 (1997) は，期限付き借家の賃料の実証分析から，契約期間が長くなるにつれて，契約賃料が高くなることを見出している．このことは本節の議論と整合的である．

たす（4–34）式の条件は，その利得が当初の賃料 $\bar{r}_1$ に正しく反映されることを表している．そのため効率的な資源配分を達成できる．これは小谷清（1997）が示した中立性命題そのものである．

ただし，旧借地借家法の下では契約の自由が侵害され，自己選択のメカニズムを働かせることができなくなっていた．その結果，貸し手と借り手の間で，情報の非対称性の問題が顕在化し，逆選択の効果が働いて供給を著しく減少させるという問題が生じたということができる．定期借地・借家権が利用できる場合には，前節の借家の規模を使って借り手を分離する必要もなくなる．これによって良質な賃貸住宅が供給されることが期待される．

6. 結　論

旧借地借家法による保護は，単なる所得移転を作り出すだけのものではない．過剰に借家人を保護する結果，借り手の期待居住期間という借家契約にとって，きわめて重要な情報の伝達を不可能にしてしまう．借地借家法による賃借権保護が所得移転をともなう限り，この結果は賃貸不動産の供給に決定的な影響を及ぼす．

本章の議論は，定期借地・借家権の意義についても，一定の有効性を示すものといえる．もし，法的に定期借地・借家契約を認めず，貸し手の解約権だけを安易に強めるとすれば，第2節で示したように，借家の過剰な供給が生じる可能性もある．

もっとも，本章の議論において，定期借地・借家権は単に立ち退きの可能性に対する一種の保険契約に過ぎない．そのため，本章で議論したような貸し手も借り手もリスク中立的な主体に過ぎないモデルの中で，それが果たす役割を十分に描き出すことはできない．

次章では，より直接的に，賃借人の保護がなぜ必要となるのかを検討し，定期借地・借家権の機能を議論したい．より直接的に貸し手の所有権と借り手の賃借権との関連性を論じる．そこにおいても，実は定期借地・借家権が重要な役割を演じることを明らかにしたい．

〈第4章補論〉　中途解約権の是非

　ここでは，定期借家の普及を阻害しているひとつの原因について考えてみよう．現行では，強行規定として借家人が中途で契約を解除することを認めている．例えば10年の定期借家契約を結んだうえで，5年で借家人が事情の変更を理由に，定期借家契約を破棄することが認められている．ここでは，経済学的な観点からこの問題について考えてみよう．
　まず定期借家権においては，両者が合意すれば任意の期間の借家契約を結ぶことができる．1年の契約だけでなく15年，20年という長期にわたる契約を結ぶことも可能である．他方，日本では一旦結んだ賃貸借契約物件を借家人が他の借家人を見つけて転貸することは認められていない．転貸借が認められている制度の下では，借家人の中途解約権を認める必要は必ずしもない．借家人が，もし中途解約できないとしても，残存期間にふさわしい借家人を自ら見つけてきて，それを転貸することによって，実質的な中途解約と同じことが実現できる．
　先の例でいえば，5年経った段階で事情が変わったので，他の賃借人を見つけて5年間の定期借家契約を結べば，その5年分の賃料を受け取って，元建物の所有者に賃料を払えばよい．こうすれば，実質的に中途解約が認められなくても，実質的な意味で解約できたことと同じことになる．
　ところで，中途解約が認められると，どのようなことが起こるであろうか．いま，短期の契約と長期の契約という2種類の契約しかない場合を考えてみよう．もし中途解約権が借家人に認められる場合には，家主は長期契約のメリットを生かすことができない．長期にわたって物件を他人に賃貸しようと考えていても，借り主の側が中途で解約する可能性が残っている以上，実質的に長期契約の有利性を反映した賃料を設定することが不可能になる．
　つまり，短期よりも長期契約の方が一般に家主にとって有利であると考えられるのは，長期にわたって安定した収入が得られるからである．したがって，そうした一種の所得の安定性を得ることのみかえりとして，長期契約においては賃料を割引することが考えられる．これが長期契約の賃借人にとっても有利であることは間違いない．
　しかし，こうした長期契約の有利性を借家人が利用し，相対的に安い賃料で借りておいて，中途で解約する場合には，このことが事前に家主にも予想される結果，長期の契約は結ばれなくなってしまう可能性が高い．このことは賃貸人にとっても望ましい結果でないことは明らかである．その結果，長期契約と短期契約があったとしても，短期の契約しか実際には結ばれなくなってしまう．中途解約権を借家人に認めることによって，長期契約のメリットが実現できなくなってしまう．

その結果，とりわけ長期の定期借家は普及が進んでいない．こうした事態が借家人にとっても望ましいはずはない．本章で議論したように，長期契約を選好する主体は，規模の大きな住宅を需要する傾向にある点を考慮すると，こうした強行規定が規模の大きなファミリー向けの賃貸住宅市場に対して，無視できない阻害要因になっていると考えることができる．

したがって，こうした問題を解決するには，まず第1に，借家人に中途解約権を一切認めない代わりに，先ほど述べたような転貸借を認めるという方法が考えられる．借家人の都合で長期契約の途中で実質的な賃料が払えなくなった場合には，自ら借家人を見つけてきてその借家人に転貸することによって，長期契約を維持することが可能となる．第2の方法は，中途で解約せざるを得なくなった場合には，ペナルティを賃借人が払って中途解約できるようにすることである．現状のように，借家人がペナルティを払わずに長期契約を反故にできるような場合には，先ほど述べたように，長期契約自体が結ばれなくなってしまうという問題が発生する．

二つの中では後者のほうがより効率的なように思われる．空室リスクを避けるという観点からすると，カラブレッジのいう最安価損害回避者は，貸主であるように思われるからである．いずれにしても，貸主は長期契約による所得の安定性を得ることができる結果，長期の定期借家契約が増加し，家賃は低下する．これらは家主と賃借人のどちらにとっても望ましい．

第5章
定期借地・借家契約の最適性
——所有権と賃借権の対立(2)*

1. はじめに

　第4章では，賃借人に対する過剰な保護が生み出す情報の非対称性を緩和する上で，定期借地・借家権が有効に機能することを指摘した．ただし，その議論は，借家市場の効率性を回復するだけに過ぎない．そこでは，賃借権保護はそもそも必要なのか，さらに賃借権とは本来どのようにデザインされるべきなのかという権利の本質論には，十分には言及していなかった．この章では，賃借権は本来どうあるべきかという観点から，定期借地・借家権を評価してみよう．

　すでに説明したように，所有権は，その保有主体に排他的に利用と収益を認めることで，土地や建物などの効率的利用を促す役割を果たしている．所有権者は，その所有物を他の経済主体に賃貸することができ，その賃借人に一定の条件の下でその利用権と収益権を付与することができる．賃借権とは，こうした賃借人に認められる利用・収益権である．

　第2章でも説明したように，賃借人は，一定の支払い義務を果たした後の残りの収益や満足を享受できるという意味で，その利用からの完全な残余請求権者となることから，その賃借している不動産を効率的に利用しようとする．その意味で賃貸借契約は，所有権者よりも効率的な利用が可能な主体に，所有権の持つ「効率的利用のインセンティブ付け」という機能を阻害することなく，利用権と収益権を賃借人に移転する契約であり，これを法的に保障する権利が賃借権であると考えることができる．

　＊　本章は Seshimo (2003) を基礎にしている．

そこで，本章では，賃借権のあり方を「利用および投資からの収益権の保護」という観点から検討してみよう．そこでは，契約の継続性という観点が重視される．法律家のなかには，内田（2000）のように，借家契約が通常の売買取引と異なり，家主と借家人の間の個別的，継続的な契約関係であることを強調することで，保護の必要性を説く法律家もいる[1]．このような継続的な個別契約の問題は，法学だけでなく経済学にとっても，重要な議論の対象である．そこで，近年の「契約の経済学」の成果を利用しながら，定期借地・借家契約の機能について検討してみよう．

① 関連する議論

まず賃借権保護に関連する議論を簡単に整理しながら，基本的な考え方を概観しよう．居住用建物に対する投資について，Kanemoto（1990）は，ホールド・アップ問題を借地・借家契約に応用して分析した．ここでホールド・アップ問題とは，関係特殊的な投資をする際に，その事後的な交渉によって，投資主体以外に投資利得の一部が移転してしまうことを予想すると，投資主体のインセンティブが低下する結果，過小投資が発生するというものである[2]．そのため，Kanemoto（1990）は，投資主体を法的に保護する権利配分が，望ましいメインテナンス投資や住宅投資（土地との関係特殊的投資）を引き出せると主張した．

これに対して，瀬下（1996）は，土地が転用される可能性がある場合に賃借人の投資インセンティブが賃借権保護によってどのような影響を受けるかについて分析した．その中で，Kanemoto（1990）とは逆に，借地借家法で法的に投資主体を保護すると過大な投資が発生し，転用が阻害される可能性を指摘した．

瀬下（1996）の議論は，基本的には損害賠償等の法的救済（Breach Remedy）がもたらす問題（以下「法的救済問題」と呼ぶ）を借地・借家契約に応用したも

---

1) 内田の議論は信頼関係法理と呼ばれる議論に基づいている[たとえば内田貴（1997）pp. 231-232 の議論参照]．内田（2000）はこの信頼関係法理に基づいて，定期借家権を批判的に論じているが，信頼関係法理の理論的な支柱は提示されていない．本章の議論は，借り手の投資を信頼の形成と解釈すれば，この法理を正当化する論拠を与えるものとなるが，同時に，この法理では定期借家権を否定する理由とはなり得ないこともまた明らかになる．

2) ホールド・アップ問題についての初期の議論としては Klein, Crawford and Alchian (1978), Williamson (1985), Hart and Moore (1988) 等を参照．

のと考えることができる[3]．すなわち，借り手が法的に保護されていると，契約が解除されても，借り手が行った投資の利得は完全に借り手に補償される．他方，借り手は転用時の利得をすべて得ることができない結果，転用時の利得を相対的に過小評価するため，過大に投資してしまう．したがって投資主体が借り手の場合，転用時の利得をすべて借り手に帰属させない限り，その完全な保護下でも非効率性を生み出す．

ところで，Edlin and Reichelstein (1996) は，売り手と買い手の売買契約においてではあるが，このようなホールド・アップ問題の効果と法的救済問題の効果(以下，それぞれ「ホールド・アップ効果」と「法的救済効果」と呼ぶ)をバランスさせ，効率的な関係特殊的投資を導く契約が存在することを示した．

すなわち，あらかじめ契約に規定しておく取引数量(契約数量)が大きくなれば，それに対する損害賠償や契約履行の強制によって法的救済効果が大きくなり，逆に，契約数量が小さくなれば，追加の取引量に対する取引価格を交渉で決めることになるため，ホールド・アップ効果が大きくなる．したがって，契約数量を適切に調整し，二つの効果をバランスさせることによって，効率的な投資を実施することができる．

この章では Edlin and Reichelstein (1996) の議論を借地・借家契約に応用し，Kanemoto (1990) と瀬下 (1996) の議論を統合することを試みる．その際の問題は，Edlin and Reichelstein (1996) の議論とは違い，借地借家契約は「借りる」か「借りない」という意味で，取引量は「1」か「0」になり，契約数量によって直接問題を解決することはできない点である．しかし，借地借家契約で継続期間を連続的にとらえることによって，同じ効果を期待できる．なぜなら，契約による継続期間が長くなれば法的救済効果が大きくなり，逆に短くなればホールド・アップ効果が大きくなるからである．

② 借地契約と借家契約

以下では前章同様に，借り手が継続を望む限り，契約で規定された期間に関しては，貸し手は契約の更新を拒絶できない法的な権利を，「定期借地・借家

---

3) 法的救済問題については，Shavell (1980) や Rogerson (1984) 等を参照．

権」と解釈しよう[4]．そして，そこで規定される継続期間を，以下ではしばしば「保護期間」と呼ぶ．なお，この「保護期間」は，契約更新時点が到来しても，借地・借家人が契約を更新しようとする限り無条件に更新できる期間を表すという意味で，単なる「契約期間」とは明確に区別される．

　本章では借地契約と借家契約について，それぞれ個別に分析する．住宅などの建物への投資主体は借地契約においては借り手であり，借家契約では貸し手であるという点で両者は大きく異なる[5]．また借家契約では住宅等への建設投資の他に，借り手の方にも投資機会が存在する可能性があり，分析はそれだけ複雑になる．

　まず借地契約において，借り手（借地人）が法的に「完全に保護される場合」と「全く保護されない場合」を比較しよう．借り手が完全に保護される状況の下では，借り手の建設投資に関して法的救済問題が発生し，全く保護されない場合にはホールド・アップ問題が発生する．その結果，最適な定期借地契約は，この二つをバランスさせる保護期間を導くことに帰着する．実際，そのような保護期間が存在し，競争的な市場で貸し手（地主）がそれを提示することを理論的に示すことができる．この議論は第3節で詳しく議論される．

　これに対して，借家契約では[6]，借地契約と異なり建設投資の主体は貸し手である．ここで借り手（借家人）が投資機会を持つケースと持たないケースの二つの可能性が考えられる．借り手（借家人）が投資機会を持たないケースでは，実

---

4) 本章のモデルでは，借り手が中途解約する可能性を明示的には考慮していない．ただし，借り手が中途解約する可能性は転用機会の分布の形状に含まれていると考えることもできるから，以下の議論は，中途解約する可能性を考慮しても同様の議論が成立すると考えられる．解約する場合の賠償金や補償金は借り手が払わなければならなくなるが，これらも立ち退き補償料がマイナスになる可能性を含めて分析すればよい．もちろん，このような借り手による解約の問題は，借り手のリスク負担の問題として分析すべきものであるから，この章のようなリスク中立的なモデルで分析することは，適当ではないだろう．ただし，第4章の補論で議論したように，中途解約を認めない契約の場合でも，借り手に転貸が許されるならば，解約に伴うリスクはほとんど生じないから，本章の議論を何の変更もなく適用することができる．
5) 本章で「建設投資」と呼ぶものは，居住用の住宅を中心に議論しているが，商業ビルなどの営業用建築物を含めて考えることができる．
6) 以下で借家契約という場合には，純粋な居住用の借家だけでなく，テナント契約等を含めて考えてもかまわない．

は，法的な保護のあり方は，貸し手(家主)の建設投資の水準に影響を与えず，常に効率的な結果を達成できる．

この場合，借家市場が競争的ならば，借家人に対する法的な権利配分が将来もたらす所得分配は当初の家賃に完全に反映される．そのため，貸し手の建設投資は常に効率的な水準になる．これはコースの定理の市場を通じた直接的な帰結に他ならない．

こうした結果は，家主の建設投資だけを考える限りにおいて，借家人の法的な保護は何ら必要がないことを意味している．この場合，Kanemoto (1990) が指摘するように，投資主体に法的権限を与えれば十分である．この点は第4節で議論する．

しかし内田 (2000) も指摘するように，借り手(借家人)が関係特殊的な投資などを行う場合があり，その場合には借り手を保護する必要が生じ得る．借り手に関係特殊的な投資機会がある場合を考えると，借地契約と同様に，借り手の投資が影響を受ける可能性がある．その結果，それを予想する貸し手の住宅建設投資にも戦略的な効果が発生する．問題は，定期借家権による保護だけで，貸し手(家主)と借り手(借家人)の実施する二種類の投資を最適な水準に導くためのインセンティブを両者に与えることができるか否かという点にある．

興味深いことに，定期借家契約によって，家主と借家人のそれぞれの投資を同時に効率的な水準に導くことができる．この理由は，貸し手(家主)がもたらす住宅建設投資の変化は，借り手(借家人)の投資の変化に決定的に依存しており，後者の最適水準からの乖離を是正すれば，貸し手の建設投資も最適な水準に回帰するからである．このような借家権の保護期間が実際に存在し，かつ家主が競争的な市場でそれを提示することを，借地契約同様に示すことができる．

2. モデル

2.1 基本モデルの説明

以上の議論をモデルによって検討していこう．まず基本モデルとして，住宅建設投資だけを扱う2期間モデルを考えよう．第1期のはじめに住宅等への建

設投資 h が実施され，その費用は単位あたり q であるとする．この投資はいったん実施されたら再び回収することは不可能である．また，この建設投資の水準は立証不可能であり，その結果当初の契約に書くことはできないものとする[7]．

この建設投資の結果，その利用者は2期間継続して利用することで，次式の効用を得る．

$$U = u_1(h) + u_2(h) \tag{5-1}$$

ここで $u_T(h)$ は T 期目の効用を表している．一般性を失うことなく，割引率は0に基準化してある．また $T \in \{1, 2\}$ に関して，$u_T(h)$ は以下の特性を満たす．

$$\frac{\partial u_T}{\partial h} > 0, \ \frac{\partial^2 u_T}{\partial h^2} < 0, \ u_T(0) = 0 \tag{5-2}$$

土地の所有者は，第2期のはじめに，建設投資が実施された後に，土地を転用する機会を持っている．転用による利得は転用費用を控除した値として，$v \geq 0$ で表す[8]．転用による利得 v は分布関数 $F(\cdot)$ とその密度関数 $f(\cdot)$ に従う確率変数であり，1期目の終わりに実現する．この分布については，第1期のはじめにすべての契約主体に知られているとする．この転用時の利得を観察した上で，借り手と貸し手の交渉によって，第2期の利用方法と，その際の賃料や立退き料が決まる[9]．

なお u_T や v の値は契約主体にとって互いに観察できるが，裁判所などの第三者には立証できないものとする．したがって，これらの情報を当初の契約で利用することはできない．また建設投資は，2期目の終わりに完全に減耗し無価値になるものとしよう．

---

7) ここで，建設投資が純粋に金銭的なものだけであれば，立証できる可能性が高くなり，投資を直接契約に明記することができる．そしてその場合には，以下で議論するような問題は全く生じず，賃借人の保護も何らの意義を持たない．しかし，投資主体は，通常，建設にあたって金銭的な支出だけでなく，さまざまな努力や時間的負担などを要求される．
8) この転用の機会には，他の賃借人へ貸す可能性が含まれていると考えることもできる．
9) したがって「第1期の終了」は，当初の賃料を定めた契約期間の終了と理解してもかまわないし，転用機会が実現した場合の再交渉の機会を明示するものと解釈してもよい．

借地契約と借家契約では，経済主体の行動や手順が若干異なるので，それを最初に明らかにしておこう．

① 借地契約

借地契約では，借地人が所有者から土地を借りて住宅やオフィスなどを建設する．したがって，借地契約では，図5–1にあるように，まず借地の賃貸借契約が結ばれる．このとき第1期の地代 r_1 は競争的な市場で与えられる．その契約後に借り手が住宅等への建設投資 h を実施し，第1期の終わりに転用機会の価値 v がわかる．そして，第2期の期首に，この値を前提に借地人と地主の間で交渉が行われ，賃貸借契約が継続される場合には，第2期の地代 r_2 が決まり，転用される場合には立ち退き料 s が決まる．

図 5–1　借地契約（契約後に建設投資）

② 借家契約

次に，借家契約では，図5–2のように，貸し手の建設投資後に賃貸借契約が結ばれる．第1期の家賃 r_1 はこのとき競争的な市場で決定される．借り手が投資をする機会がない場合，以降の手順は借地契約と同じである．すなわち，第1期の終わりに転用機会の価値 v がわかり，そして第2期のはじめに交渉が行われ，賃貸借契約が継続される場合には第2期の家賃 r_2 が決まり，転用される場合には立ち退き料 s が決まる．なお，借家人に投資機会がある場合については，第5節でモデルを拡張して分析する．

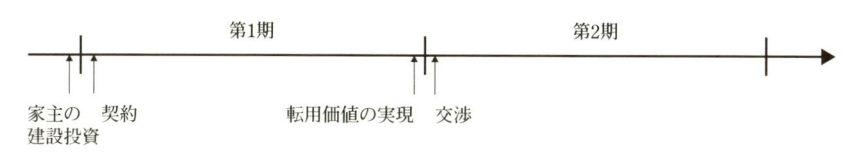

図 5–2　借家契約（契約前に建設投資）

2.2 第2期の賃料と補償

　第2期の賃料や立ち退き料は交渉を通じて決まる[10]．ここで，前章と同様に交渉結果としてアウトサイド・オプション付きの Nash 交渉解を用いる．この交渉解は以下のように与えられる．すなわち，一方の当事者(貸し手)の交渉力を示すパラメーターを $\lambda \leq 1$ とし，他方の当事者(借り手)のそれを $(1-\lambda)$ とする．そして交渉が決裂した場合の利得を前提に，交渉から得られる追加の利益をそれぞれの交渉力に応じて比例的に分配する．

　なお，以下では法的な状況 $l \in \{P, N\}$ に対してそれぞれの交渉力が異なることも考慮し，各状況の貸し手の交渉力を λ^l で示す．ここで P は法的に完全に保護される状態を示し，N は保護がない状態を示す．

　借り手が保護されている状況 ($l=P$) では，交渉が決裂して裁判になった場合，借り手が住み続けたいと主張すれば，裁判所は，ある家賃 r_2^C を支払うことを条件に，借り手の居住継続を認めるものとする．このとき借り手は，$u_2 - r_2^C$ の利得を実質的に保証される．なお上付きの C は，裁判所が指定した値を意味する．

　これに対し，借り手に対する法的な保護がない状況 ($l=N$) では，裁判所は，土地所有者がある一定の立ち退き補償料 s^C を借り手に支払えば，所有者の求めに応じて転用を認めるとする．このことは，貸し手に実質的に $v - s^C$ の利得を保証することになる．

　実際には裁判費用を考えると，裁判所の判決が完全に予想できる限り，合理的な経済主体は裁判に持ち込むことはない．したがって，こうした裁判結果を予想した上で，これを前提に交渉が進められる[11]．そのため，以下の交渉結果は，貸し手の交渉力 λ を λ^l に置き換えるだけで，基本的に，第4章2.2項で導出した (4–3) から (4–6) 式までの交渉解と同じ結果を用いることができる．

　結果のみ再掲すると，賃借人が保護されている場合 ($l=P$ の時)の第2期の

---

10)　本章の分析で用いる均衡概念は backward induction である．
11)　実際には，裁判費用の存在は交渉結果に影響を与える可能性がある．しかし，本章は裁判自体の非効率性を議論することを直接の目的としていない．そのため以下の交渉解では裁判費用は無視して議論する．

継続賃料と立ち退き料はそれぞれ，以下のように決まる．

$$r_2^P = r_2^C \tag{5–3}$$

$$s_2^P = (1-\lambda^P)(v-u_2) + u_2 - r_2^C \tag{5–4}$$

また法的な保護がない場合（$l=N$ の時）の第2期の継続時の賃料と立ち退き料は，それぞれ次式のように決まる．

$$r_2^N = \lambda^N(u-v) + v - s^C \tag{5–5}$$

$$s_2^N = s^C \tag{5–6}$$

また，これらの交渉の結果として，第2期には，常に効率的な利用方法が選択される．すなわち，$u_2 \geq v$ ならば賃貸契約が継続され，逆の場合には転用される．これは，交渉を通じたコースの定理の当然の帰結である．

しかし，以下で見るように，第2期において効率的な選択が達成されるということは，必ずしも第1期において効率的な投資水準が達成されることを意味しない．この理由は，第2期の選択を達成するための所得移転が，最初の投資インセンティブを歪めるからである．この問題を分析するために，第1期における社会的に最も効率的な投資水準がいかなる条件を満たすべきかについて示しておこう．

2.3 社会的に最も効率的な建設投資

社会的に最も効率的な建設投資の水準が満たす条件とは，「転用をできるだけ阻害することなく，第2期にその建築物を利用する場合の期待利得を最大にするもの」である．$u_2(h) \geq v$ のとき転用せずに $u_2(h)$ の利得を獲得し，$u_2(h) < v$ のとき転用の利益 v を獲得する．

したがって，社会的に最も効率的な建設投資 h の水準は，次式を最大化することに帰着する[12]．

---

12) (5–7) 式は，賃借人と賃貸人の利得関数の合計として導くこともできる．

148　第II部　権利間の対立を解きほぐす

$$u_1(h) + \int_{\underline{v}}^{u_2(h)} u_2(h) f(v) dv + \int_{u_2(h)}^{\overline{v}} v f(v) dv - qh \quad (5\text{--}7)$$

この一階条件は以下のように与えられる．

$$\frac{\partial u_1(h)}{\partial h} + F(u_2(h)) \frac{\partial u_2(h)}{\partial h} - q = 0 \quad (5\text{--}8)$$

以下では，(5–8) 式を満たす h の値を h^* と定義しよう．また，この建設投資 h^* の下で転用が実現する際の v の最小値は $v^* = u_2(h^*)$ で与えられる．なお二階の条件は常に満たされると仮定する．

3. 借地契約

3.1　借地権の保護と建設投資

まず，借地契約から分析しよう．借り手(借地人)の期待利益は，建設投資 h と法制度 $l \in \{P, N\}$ に関して以下のように与えられる．

$$(u_1(h) - r_1) + \int_{\underline{v}}^{u_2(h)} \{u_2(h) - r_2^l\} f(v) dv + \int_{u_2(h)}^{\overline{v}} s_2^l f(v) dv - qh \quad (5\text{--}9)$$

ここで第1項は，建設投資の水準 h を所与としたときの第1期の利用からの収益や満足から賃料(地代)を差し引いた値であり，第1期の純利得を表している．第2項は，建設投資の水準 h を所与としたときに，現在の借り手(借地人)が継続して利用することが効率的な場合に，借り手が第2期に得る純利得(の期待値)を表している．第3項は，転用することが効率的になった場合に，借り手が受け取る立ち退き料(の期待値)を表している．第4項は，第1期に実施する投資コストである．

したがって，借地契約における問題は，各法制度 $l \in \{P, N\}$ の下で借地人がどのような建設投資 h を選択するかという問題になる．

① 借地権が完全に保護されているケース

借地権が完全に保護されている場合（$l=P$ の時）から分析しよう．この場合，第2期の賃料と立ち退き料は (5-3) 式と (5-4) 式で与えられるから，これらを (5-9) 式に代入すると，借り手の目的関数は以下の式によって与えられる．

$$u_1(h) - r_1 + \int_{\underline{v}}^{u_2(h)} \{u_2 - r_2^C\} f(v) dv \\ + \int_{u_2(h)}^{\bar{v}} \{\lambda^P u_2(h) + (1-\lambda^P)v - r_2^C\} f(v) dv - qh \quad (5\text{-}10)$$

建設投資 h に関する期待利益最大化のための一階条件は

$$\frac{\partial u_1}{\partial h} + F(u_2(h)) \frac{\partial u_2(h)}{\partial h} + \lambda_P(1-F(u_2(h))) \frac{\partial u_2(h)}{\partial h} - q = 0 \quad (5\text{-}11)$$

となる．(5-8) 式と比較すると，第3項が追加されていることがわかる．(5-2) 式の条件から，この項は正であるから，(5-11) 式を満たす建設投資 h の水準を $\tilde{h}$ で表すと，すべての $\lambda^P \in (0, 1]$ に関して $\tilde{h} > h^*$ であることがわかる．

すなわち，借り手による建設投資は過大投資となる．さらに $u(\tilde{h}) > u(h^*)$ であるから，転用される v の最低値が $v^* = u(h^*)$ よりも高くなる．したがって瀬下 (1996) が示したように，事前の観点からみると，借り手の過大投資によって土地の転用確率は過小になることがわかる．

借り手 (借地人) は，法的保護によって利用を継続できる場合に，その投資利得は完全に補償される．その一方 $\lambda^P \neq 0$ である限り，土地の転用からの利得をすべて収受することはできない．このため，借り手は転用の利得を継続時の利得に対して過小評価してしまい，過大投資を導く．その結果，転用が阻害される[13]．

この議論は岩田 (1976) の議論とは若干異なる．岩田は，旧借地借家法における正当事由の立証が取引費用を高めた結果，土地の効率的な転用を阻害した

---

[13] $\lambda_P = 0$ のとき，効率的な結果が実現するが，これは実質的に所有権移転と同値である．この点については，3.2項 ① の議論を参照．

と指摘している。しかし，上の議論ではこのような取引費用は考えておらず，むしろ問題は，借地人の過大な投資が交渉時にサンクするという事実から生じている。土地の所有者は，その借地人の過大投資からの利得を補償しない限り，転用できなくなることが上の結果を生む[14]。

② **借地権が全く保護されないケース**

次に，借地人が全く保護されない場合（$l=N$ の時）に，建設投資がどのように決定されるかについて分析しよう．この場合，第2期の賃料と立ち退き料は，それぞれ (5–5) 式と (5–6) 式で与えられる．これらを (5–9) 式に代入すると，借り手の目的関数は以下のようになる．

$$u_1(h) - r_1 + \int_{\underline{v}}^{u_2(h)} \{u_2(h) - \lambda^N(u_2(h) - v) - v + s^C\} f(v) dv \\ + \int_{u_2(h)}^{\bar{v}} s^C f(v) dv - qh \tag{5–12}$$

同様に建設投資 h に関する期待利得最大化のための一階条件を求めると，次式を得る．

$$\frac{\partial u_1(h)}{\partial h} + (1-\lambda^N) F(u(h)) \frac{\partial u_2(h)}{\partial h} - q = 0 \tag{5–13}$$

この式を満たす建設投資の水準を $\hat{h}$ と定義し，(5–8) 式と比較すると，(5–2) 式の仮定の下で二階の条件が満たされるとき，$\lambda^N \in (0, 1]$ に関して $\hat{h} < h^*$ となることが容易にわかる．

したがって $u_2(\hat{h}) < u_2(h^*)$ であるから，$\lambda^N \neq 0$ のとき，借地人の保護がないと建設投資は過小で，転用は契約時点で評価して過大になることが分かる．これは転用の問題を明示的に考慮している点を除けば，Kanemoto (1990) の議論そのものである．

[14) 瀬下 (1996) は，さらにこの転用阻害効果を予想し，所有権者が最初から借地や借家への供給を減らすことも示している．

第 5 章 定期借地・借家契約の最適性　151

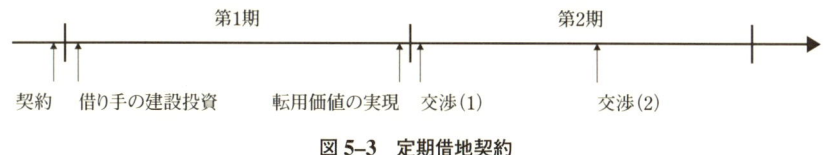

```
          第1期                    第2期
├───┼┼──────────┼┼──┼──────────┼─────→
  契約 借り手の建設投資  転用価値の実現 交渉(1)    交渉(2)
```

図 5–3　定期借地契約

3.2　最適な定期借地契約

　それでは，社会的に最も効率的な建設投資を達成するための借地契約はどのようなものであろうか．最適な借地契約について考えてみよう．完全な借地権保護の下で，いま立ち退き料を示す (5–4) 式を h^* の近傍で微分すると，限界的な建設投資の増加によって $\lambda^P u_2'(h^*)$ の追加的な利得が借地人に生じることがわかる．これが法的救済効果である．他方，借地権保護がない場合には，(5–5) 式を h^* の近傍で微分すると，借り手の利得は，地代の増加によって $\lambda^N u_2'(h^*)$ だけ減少することがわかる．これはホールド・アップ効果を意味している．

　この二つの効果をバランスさせるように契約を作れば，社会的に最も効率的な建設投資を達成することができる．そのための手段として，ここでは前章の 5 節の議論と同様に，借地権の保護期間 $1+t$ を当初の契約に明記することとし，この期間は，継続利用のために，借り手が望めば自動的に契約が更新される期間であるとしよう．

　つまり，$t \in [0, 1]$ は第 2 期の全期間の長さを 1 に基準化したときの，契約で保護される延長期間の割合を示すことになる．たとえば第 2 期を 20 年間とすると，$t = 0.6$ であれば，2 期目の内で借地人が保護される期間は $0.6 \times 20 = 12$ 年であり，第 1 期の期間の長さも同じ 20 年であれば保護期間は全体で 32 年になる[15]．なお $t = 1$ は，第 2 期の終了まで完全に保護されることと同値であり，$t = 0$ の場合は，逆に保護がない状況と同値である．

　以下では，この保護期間に理論的な意義を持たせるために，保護期間の終了時点で当事者が再び交渉ができるものとする（図 5–3 参照）[16]．

---

15)　もちろん第 1 期と第 2 期の期間の長さが異なっても，以下の議論には何の影響も与えない．
16)　これまで交渉が行われるのは，第 2 期の初めの 1 回だけであったが，これは，その後に

このとき，借地人の目的関数は以下のようになる．

$$u_1(h) - r_1 + t\left[\int_{\underline{v}}^{u_2(h)} \{u_2(h) - r_2^C\}f(v)dv + \int_{u_2(h)}^{\overline{v}} s_2^P f(v)dv - qh\right]$$
$$+ (1-t)\left[\int_{\underline{v}}^{u_2(h)} \{u_2(h) - r_2^N\}f(v)dv + \int_{u_2(h)}^{\overline{v}} s^C f(v)dv - qh\right] \quad (5\text{--}14)$$

ここで，s_2^P と r_2^N はそれぞれ (5–4) 式と (5–5) 式によって与えられる．

定期借地契約の下で，2 期内の保護期間 t に関してのみ法的救済効果が働くから，この効果の大きさは h^* の近傍で $t\lambda^P u_2'(h^*)$ となる．他方，この保護期間が終わるとホールド・アップ効果が働くが，その効果の大きさは h^* の近傍で $(1-t)\lambda^N u_2'(h^*)$ となる．

したがって，これらの限界的利得と損失の期待値をちょうどバランスさせる t の値は，以下の条件を満たす．

$$\int_{u_2(h)}^{\overline{v}} t\lambda^P \frac{\partial u_2}{\partial h} f(v) dv \bigg|_{h=h^*} = \int_{\underline{v}}^{u_2(h)} (1-t)\lambda^N \frac{\partial u_2}{\partial h} f(v) dv \bigg|_{h=h^*} \quad (5\text{--}15)$$

(5–15) 式は，保護期間内に働く法的救済効果を保護期間の終了後に働くホールド・アップ効果で相殺することを意味している．こうすれば，最適な投資水準を実現することができる．

これを t に関して解くと，以下のようになる．

$$t = \frac{\lambda^N F(u_2(h^*))}{\{\lambda^P(1 - F(u_2(h^*))) + \lambda^N F(u_2(h^*))\}} \quad (5\text{--}16)$$

実際，上の目的関数の建設投資に関する一階条件

状況が変化しないことから理論的に正当化される．しかし，ここでは保護期間が終わると，借り手と貸し手の法的な権利関係は大きく変化する．そのため，この時点での交渉を認めることが分析上も自然である．

第 5 章　定期借地・借家契約の最適性　153

$$\frac{\partial u_1(h)}{\partial h} + t\left\{F(u_2(h))\frac{\partial u_2(h)}{\partial h} + \lambda^P(1-F(u_2(h)))\frac{\partial u_2(h)}{\partial h}\right\}$$
$$+ (1-t)(1-\lambda^N)F(u_2(h))\frac{\partial u_2(h)}{\partial h} - q = 0$$

に，いま定義された t の値を代入すると，上式は以下のようになる．

$$\frac{\partial u_1(h)}{\partial h} + F(u_2(h))\frac{\partial u_2(h)}{\partial h} + \frac{1}{z}\left\{\lambda^N F(u(h^*))\lambda^P - \lambda^P\lambda^N F(u(h))\right\}\frac{\partial u_2(h)}{\partial h} - q = 0 \quad (5\text{-}17)$$

ここで $z \equiv [\lambda^P(1-F(u_2(h^*))) + \lambda^N F(u_2(h^*))]$ である．この条件は $h = h^*$ の下で (5-8) 式を意味する．すなわち，(5-16) 式で定義された定期借地契約の保護期間 $t \in [0, 1]$ によって，社会的に最も効率的な建設投資が導かれる．

重要なことは，このような定期借地契約の保護期間 $t \in [0, 1]$ が，以上の設定の下で常に存在し，また，そのような定期借地契約が，競争的な市場で貸し手（地主）によって提供されることである．この直感的理由は，そのような最適な保護を伴う定期借地契約を提示することによって，貸し手は第 1 期の賃料を高めることができるからである[17]．

①**借地契約と交渉力**

上の (5-16) 式は，最適な借地権保護の期間が継続的に利用される確率の増加関数であることを示している．すなわち，継続利用の確率 $F(h^*)$ が高くなるほど，貸し手（土地所有者）にレントが移転する確率が高くなるため，社会的に最も効率的な建設投資が達成されるためには，保護期間を長くする必要がある．

また，この保護期間は，保護期間が終了した場合の（$l = N$ のときの）土地所有者の交渉力が強くなると，長くなることを示している．これは，土地所有者の交渉力が強くなると，それだけ貸し手に移転するレントが高くなるから，その分，保護期間を長くして借地人に投資インセンティブを与える必要があるこ

---

17) 詳しくは Seshimo (2003) の Proposion 3 およびその証明を参照．

とを示している．

　他方，保護がある場合（$l = P$）における土地所有者の交渉力が高まると，借り手（借地人）が転用時の利得をより過小評価してしまう．その結果，法的な救済に伴って過大投資の誘因が大きくなるので，それを防ぐために保護期間を短くする必要が生じる．

　さらに，法的な状況 $l \in \{P, N\}$ における貸し手の交渉力の相対的な強さにも保護期間の長さは影響を受ける．とりわけ，交渉力が法的な状況から独立でかつ等しければ，保護期間も交渉力そのものから独立になる．この理由は，継続利用からのレントの移転分は，転用時のレントの移転の減少によって完全に相殺されるからである．

　また借り手が法的に保護されているとき，土地の転用からの利得を完全に内部化できる場合（$\lambda^P = 0$ の場合）には，完全な保護（$t = 1$）が最適になる．こうした結論が得られるのは，借地人の投資のインセンティブが阻害されなくなるからである．Kanemoto (1990) は，借地人が他の借地人に転貸することが可能ならば，既存の借地人による建設投資は完全な保護の下でファーストベストを達成できるとしている[18]．この状況は，本章のモデルでは $\lambda^P = 0$ の状況に対応する．すなわち，借地人が直接，他の最適な土地利用機会を利用でき，その利得をすべて得ることができる状況である．

　しかし Kanemoto (1990) によっても指摘されているように，この状況は実質的に土地の売買契約に等しい．借家契約と違い，借地契約においては，転借（サブリース）の機会は通常代替的なあらゆる土地利用機会を含む可能性が高い．そのため借地契約は売買契約によって置き換わり，実際にはほとんど利用されない．

② リース契約と売買契約

　借地契約の代わりに他の国々では，しばしば土地リース（ground lease）契約が用いられる．土地リースでも，借り手が通常建設投資を実施する．しかしこ

---

[18]　Kanemoto (1990) では，代替的な土地利用機会として他の借地人の存在しか考えていないことに注意されたい．

の契約は，ここで議論している基本的な借地契約と違い，通常は金融取引の側面を持ち，実質的には売買契約であることが多い．

土地のリース契約のほとんどで，土地の賃借期間は有限である．しかも，リース・ホルダーには，しばしばサブリースが許されている．その場合には $\lambda^P = 0$ であり，先の議論と一見矛盾する．しかし，この種の契約では，通常リース・ホルダーは契約期間に，土地の購入権を行使できるオプションを有している．したがって，このオプションの下では，リース・ホルダーは，土地転用の利益からの残余請求権者になり得る．

そのためリース・ホルダーは，結果的に土地を購入しなかったとしても，建設投資の機会費用を完全に内部化することができ，社会的に最も効率的な投資を実施することができる[19]．したがって，土地のリース契約は借地契約そのものではなく，むしろ効率的な定期借地契約の一つの実務上の契約形態と見なすことができる．

さらに土地の転用可能性が全く存在しない場合（$F(u_2(h^*)) = 1$）には，完全な借地人の保護が最適となる[20]．このことは持ち家選択の問題（tenure choice）に対する，第2章の議論とは異なる理由付けを提示しているともいえる．すなわち，土地の転用機会がない場合には，土地所有者と借地人の契約は賃貸借契約ではなく，当然のことであるが，所有権移転あるいは売買契約が選択されるということを意味している．

また法的な保護のない下でも，借り手が圧倒的な交渉力（貸し手の交渉力 = 0）を有している場合には，土地の転用からの利益はすべて借り手に内部化されるため，その建設投資は効率的な水準になる．そのため，いかなる保護も必要がなくなる（$t = 0$）．しかし，保護が全くない場合に借り手がすべての交渉力を持つというのは非現実的である．このことは逆に継続の可能性がある借り手に対しては，定期借地権のような保護が必要とされることが一般的であることを意

---

[19] このような契約が再交渉機会を排除して，効率的な投資や努力を導く可能性については Demski and Sappington (1991) や Bernheim and Whinston (1998) 等を参照．

[20] このケースは，第4章第2節で説明した森田 (1997) の交渉ゲームの議論の前提ケースになっていると解することもできる．森田 (1997) の議論で，賃借人を完全に保護することが正当化されるのは，利用不動産の転用の可能性が考慮されていないからである．

味する.また,この結果は,既存の契約の継続確率がゼロならば,どのような交渉力であれ,借地人に対するあらゆる保護は有害であることを示している.

ところで,すでに説明したように,競争的な市場で,こうした最適契約が,土地所有権者によって自主的に提示されることを示すことができる.この理由は,そのような契約を提示することで転用の機会費用を考慮しつつ,第1期の地代を高めることができるので,所有権者の期待利得を最大化することができるからである.

ここで注意したいのは,以上の議論は,借地の保護期間を法的に規定することが正当化できると主張しているのではないという点である.むしろ上の結論は,定期借地権が認められれば,競争的市場で借り手(借地人)は適切に保護される結果,効率的な建設投資が実現することを意味している.あるいは,この建設投資を信頼関係へのコミットメントの大きさを示すものと見るならば,そのような信頼関係も適切に保護されることになる.そのため,競争的な市場の整備という点を除けば,司法に求められる役割は,単に当事者の契約内容を最大限尊重することに尽きる.

したがって,法的に保護期間を規定する必要はなく,自由に当事者に決めさせるべきである.現行の日本の定期借地権のように,居住用の借地権の期間を50年以上としている規定は,かえって契約の自由を制限する.そのためこれを廃止し,自由に保護期間を契約できるようにすることが望ましい.

4. 借家契約 I: 借家人に投資機会が存在しない場合

次に,土地所有者自身が建設投資をする状況を考えよう.このケースは,通常借家契約となる.この状況で借り手に投資機会が存在しないとすると,投資主体は土地の所有者でもあるから,土地の転用機会からの利得を完全に内部化することができる.そのため借り手(借家人)の保護は資源配分から独立になる.これは,規制による資源配分上の歪みがない限り,市場価格が法的な保護の程度を適切に反映するからである.この主張は,コースの定理の拡張にすぎない.この節では,モデルの中でこの主張を再確認しよう.

土地所有者(家主)は第1期のはじめに建設投資をし,その後で借り手(借家

人)との間で借家契約が結ばれる[21]．この第1期の家賃を r_1 とし，これは競争的な市場で与えられる．第1期の期首において，土地所有者の期待純利得は，住宅への建設投資水準を h とすると，次式で与えられる．

$$r_1 + \int_{\underline{v}}^{u_2(h)} r_2^l f(v) dv + \int_{u_2(h)}^{\bar{v}} (v - s_2^l) f(v) dv - qh \qquad (5\text{--}18)$$

土地所有者は，この期待純利得を最大にするように建設投資を実施することになる．

4.1 借家権が完全に保護される場合

借家権が完全に保護される場合の第2期の家賃と立ち退き料は，(5-3) 式と (5-4) 式でそれぞれ与えられる．さらに，第1期の市場家賃 r_1 は，家主が建設投資をした後で決まることに注意すると，この第1期の家賃は将来の所得移転を反映して決まる．特に市場が競争的ならば借り手に余剰は全く発生しないから，第1期の家賃 r_1 は建設投資 h に依存して，次式で与えられる．

$$r_1(h) = u_1(h) + \int_{\underline{v}}^{u_2(h)} \{u_2(h) - r_2^P\} f(v) dv + \int_{u_2(h)}^{\bar{v}} s_2^P f(v) dv \qquad (5\text{--}19)$$

(5-3), (5-4) 式と (5-19) 式を (5-18) 式に代入すると，土地所有者の期待純利得は

$$u_1(h) + \int_{\underline{v}}^{u_2(h)} u_2(h) f(v) dv + \int_{u_2(h)}^{\bar{v}} v f(v) dv - qh \qquad (5\text{--}20)$$

となる．

この式が (5-7) 式と等しいことに注意しよう．したがって，土地所有者による建設投資の決定によって，社会的に最も効率的な建設投資が達成される．

4.2 借家権が全く保護されない場合

借家権の保護が全くない場合には，第2期の家賃と立ち退き料は，(5-5) 式

---

21) 手順については本章 2.1 項 ② を参照．

と (5–6) 式によってそれぞれ与えられ，さらに第 1 期の市場家賃は競争的な市場で以下のように与えられる．

$$r_1(h) = u_1(h) + \int_{\underline{v}}^{u_2(h)} \{u_2(h) - r_2^N\} f(v) dv + \int_{u_2(h)}^{\bar{v}} s^N f(v) dv \quad (5\text{–}21)$$

(5–5)，(5–6) 式と (5–21) 式を (5–18) 式に代入すると，土地所有者(家主)の目的関数は，再び (5–7) 式と一致する．

これらの結果をまとめると，家主による建設投資は法的な状況 $l \in \{P, N\}$ から独立に，常に社会的に最も効率的な水準と一致する．これは，第 1 章で説明した所有権の機能が有効に働くからであり，権利配分が資源配分に影響を及ぼさないという意味で，コースの定理の借家市場への応用でもある．

しかし，この結論は Kanemoto (1990) の結論と若干異なっている点に注意する必要がある．Kanemoto は，保護がない場合には，土地所有者の住宅建設投資は効率的になるが，保護がある場合には，過小になると論じている．Kanemoto のモデルで注意すべき点は，土地所有者(家主)は，第 2 期にその保有する住宅に修繕などの追加投資をする機会が存在することである．

完全な保護の下では，既存の借り手(借家人)が住み続ける場合には，第 2 期の家賃は投資の前に決められる．他方，既存の借り手が移転する場合には，家主が追加投資をすることで，新規の借家人の家賃を高めることができる．それゆえ，家主は既存の借り手の移転の可能性を高めようとする結果，第 1 期の建設投資を減らすことになる．

しかし，保護がない場合には，家主の追加投資によって既存の借り手の家賃も高めることができる．したがって，第 2 期の追加投資の効果は既存の借り手と新規の潜在的な借り手の間で同一になるため，家主が戦略的に行動する余地は存在しない．実際この状況の下で Kanemoto は，取引費用がゼロならば，家主の建設投資はその交渉力からは独立に，社会的に最も効率的な投資水準に等しくなることを示している [Kanemoto (1990) p. 16]．この Kanemoto の主張は，上の議論と基本的に同じ結論であり，コースの定理の正確な帰結に他ならない．

以上の議論から，この節の結論には暗黙の仮定が存在することがわかる．そ

れは家主の投資に戦略的な効果がないということである．したがって，コースの定理は家主が追加投資をする機会を持つときでも，戦略的な効果がない限り成立するということができる[22]．

第3節の借地の議論では，投資機会を持つ借地人が，事後的な立ち退き料や家賃を自分にできるだけ有利にしようとする戦略上の効果が，その建設投資水準を歪める原因であった．こうした結果が得られるのは，第1期の賃料が投資前に決まるために，戦略的な投資水準がもたらす第2期の地代や立ち退き補償額が，第1期の賃料に反映されないからである．これに対して，借家契約における家主の建設投資については，第1期の家賃が建設投資後の市場で決まるために，第2期の戦略上の効果を第1期の賃料に適切に反映することができる．結果として，家主は戦略的行動によって利益を得る機会が排除されてしまうのである．

またこの節のもうひとつの重要な仮定は，第1期の家賃が競争的な市場で決まる点にある．しかし，一部の国ではレント・コントロールの形で家賃を制限していることがある．この場合には，社会的に効率的な投資は実現せず，投資の中立性も成立しない．なぜなら，土地所有者は限界的な建設投資の増加から，何らの利得を得ることもできないからである．これは，限界的な建設投資の増加は，単に土地の転用の障害を増やすだけであると認識されるからである．

もう一つ注意しなければならない点は，事後的な交渉結果に関する効率性が前提とされている点である[23]．裁判所の定める立ち退き料が，関係者の自主的交渉を阻害するほどに高額になる可能性があると，当然，法的な保護が非効率性を招いてしまう[24]．日本の借地借家法に関する判例が明らかにしたように，裁判所がもともと適切に立ち退き料を定められるとは限らない．岩田 (1976) が指摘したように，借家法による保護自体が事後的な非効率性を発生させる場合には，貸し手がそれを予想する結果，良質な賃貸住宅は供給されなくなる．

次節では，借り手に投資の可能性がある場合を検討しよう．この場合には，

---

22) 本章のモデルに，Kanemoto (1990) と同じ設定で修繕のための投資を導入するのは難しい．この理由については Seshimo (2003) の6節を参照．
23) このことは Nash 交渉解を用いることの直接的な結果である．
24) この点は福島隆司教授（政策研究大学院大学）にご指摘頂いた．

いま述べたコースの議論は(事前の観点からは)成立しない.これは,第3節の議論と同様に借り手の投資が戦略的な効果を持つからであり,この効果が第1期の家賃に反映されない限り,家主はその借り手の行動を予想した戦略的な行動をとることになる.このとき,貸し手の建設投資と借家人の投資が補完的な場合には,借家権保護によって借家の品質が低下することが示される.

5. 借家契約 II: 借家人に投資機会が存在する場合

本節では,借り手の側にも関係特殊的な投資機会が存在する場合を考えよう.たとえば,商業用の不動産では内装やその他,多大な設備投資が必要になる.また,一般居住用の住宅でもカーテンやカーペットの購入はその建築物に固有の投資になる可能性がある.さらに住宅をきれいに使い続ける努力や共同住宅の場合,隣人に迷惑をかけないようにする努力等も関係特殊的投資と同様のものと考えることができる.

このような契約後に借り手による投資機会が存在する場合には,第3節の借地人による住宅建設投資の問題と同様の効果が発生する.借り手が投資するのは,貸し手が建設投資を実施した後であるため,貸し手は,借り手による投資水準が転用の可能性に影響を及ぼすことを考慮した上で,自らの建設投資の水準を決定する.この結果,貸し手の建設投資水準にも影響が及ぶ.以下では,モデルを拡張して,この問題を分析してみよう.

5.1 モデルの拡張

いま借家人に関係特殊的な投資機会(以下,しばしば単に「借家人の投資」と呼ぶ)が存在するとし,その投資水準を g,単位コストを1とする.借家人は賃貸住宅に2期間居住し続けることで,家主の建設投資 h と自らの投資 g に関して以下の効用を得る.

$$U = u_1(h, g) + u_2(h, g) \quad (5\text{--}22)$$

ここで $T \in \{1, 2\}$ に関して,$u_T(h, g)$ は以下の特性を満たす.

```
         第1期              第2期
─┬┬┬──────┬┬─────────┬──────────→
 ││└借り手の 転用価値の実現 交渉(1)      交渉(2)
 │契約     投資
家主の
建設投資
```

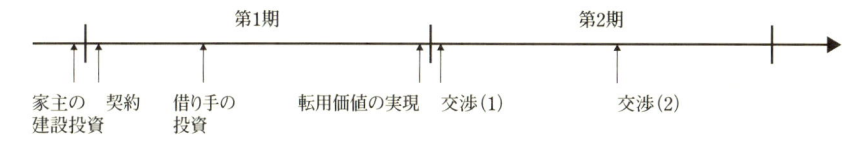

図 5–4　定期借家契約

$$\frac{\partial u_T}{\partial h} > 0, \quad \frac{\partial^2 u_T}{\partial h^2} < 0, \quad u_T(0, g) = 0 \quad for\,all \quad g \geq 0,$$

$$\frac{\partial u_T}{\partial g} > 0, \quad \frac{\partial^2 u_T}{\partial g^2} < 0, \quad u_T(h, 0) = 0 \quad for\,all \quad h \geq 0, \quad (5\text{–}23)$$

$$\frac{\partial^2 u_T}{\partial g \partial h} \geq 0$$

最後の条件は，家主の建設投資と借家人の投資の間に補完的な関係があることを仮定している．これは以下の分析で符号を確定するためのものであるが，一般に建設投資 h を増やすほど，借家人の内装などの関係特殊的な投資の限界的利益は大きくなると考えられるため，現実的な仮定であるように思われる．

たとえば，「壁がなければ，壁紙を楽しむことはできない」[25] という状況がこれを表している．ただし注意すべきことは，この仮定は，以下で説明する定期借家契約についての最終的な結論において，必ずしも必要な仮定ではない．

タイミングは，図 5–4 にあるように，第 1 期のはじめに，まず貸し手（家主）が住宅等に建設投資した後で借家契約が結ばれ，その後に借り手が関係特殊的な投資を実施する．以降の手続きは図 5–2 と同じであるが，定期借家契約を考える場合には，定期借地契約と同ように，保護期間終了後に再び交渉がなされることになる．

5.2　社会的に最も効率的な建設投資

社会的に最も効率的な家主の建設投資 h と，借家人の投資 g の水準は本章 2.3 項と同様に，「転用をできるだけ阻害することなく，第 2 期に賃貸借契約が継続される場合の利得 $u_2(h, g)$ を最大にする水準」である．したがって，その

---

[25] この例は Seshimo (2003) の referee から示された．

ような建設投資 h と借り手の投資 g の水準は，次式を最大にすることに帰着する．

$$u_1(h,g) + \left\{ \int_0^{u_2(h,g)} u_2(h,g) f(v) dv + \int_{u_2(h,g)}^{\bar{v}} v f(v) dv \right\} - g - qh \quad (5\text{--}24)$$

このために借り手（借家人）の投資と貸し手（家主）の建設投資が満たすべき一階条件は，それぞれ次式で与えられる．

$$\frac{\partial u_1(h,g)}{\partial g} + F(u_2(h,g)) \frac{\partial u_2(h,g)}{\partial g} - 1 = 0 \quad (5\text{--}25)$$

$$\frac{\partial u_1(h,g)}{\partial h} + F(u_2(h,g)) \frac{\partial u_2(h,g)}{\partial h} - q = 0 \quad (5\text{--}26)$$

なお，以下では簡単化のため上式を満たす投資の組み合わせ (g^*, h^*) が唯一存在し，二階の条件は常に満たされると仮定しよう．また効率的な土地の転用が行われるときの v の最小値を $v^* = u_2(h^*, g^*)$ で表すものとしよう．

5.3　借家権の保護と投資の非効率性

① 借り手の投資

まず，借家権が完全に保護される場合と全く保護されない場合に，借り手（借家人）の投資水準がどのように決定されるかについて分析しよう．この分析は，基本的に第3節の借地契約における借り手（借地人）の場合の分析と同じである．借家契約において，建設投資 h 及び借り手の投資 g と法的な状況 $l \in \{P, N\}$ を所与として，借り手（借家人）の期待純利得は次のように与えられる．

$$u_1(h,g) - r_1 + \int_v^{u_2(h,g)} \{u_2(h,g) - r_2^l\} f(v) dv + \int_{u_2(h,g)}^{\bar{v}} s_2^l f(v) dv - g \quad (5\text{--}27)$$

ここで，第2期の家賃 r_2 と立退き料 s_2 は，法的な状況 $l \in \{P, N\}$ に基づいて交渉を通じてそれぞれ決定される．

完全な借家権保護のある場合，家主の建設投資 h を所与として考えると，借家人の投資の問題は，3節における借地人の投資の分析と基本的に同じになる．

すなわち，3.1 項の議論と同様に，所与の h に関して借家人は (5–25) 式を満たす g を上回る投資を実施することになる．所与の h について (5–25) 式を満たす g を $g^{**}(h)$ と定義すると，この状況は $g(h) > g^{**}(h)$ なることを意味する．この状況を「所与の h に関する g の過大投資」と呼ぼう．

逆に，3.2 項の議論と同様にして，借家権が全く保護されていない場合には，家主の建設投資 h を所与として，借家人は (5–25) 式を満たす g を下回る投資を実施する．式で表すと，任意の h について $g(h) < g^{**}(h)$ となる．この状況は「所与の h に関する g の過小投資」と呼ぶ．

したがって，これらの定義を使うと，(5–23) 式の仮定の下で借家権が完全に保護されるとき，所与の建設投資 h に関して借り手(借家人)の投資 g は過大になり，逆に借家権が全く保護されないとき，所与の建設投資 h に関して借り手(借家人)の投資 g は過小になることがわかる[26]．

② 貸し手の建設投資

ここで貸し手(家主)の建設投資の問題を考えよう．上の議論から，家主が効率的な投資を実施したとしても，完全な保護の下でも，全く保護がない場合にも，借家人の投資は効率的な水準にはならない．貸し手(家主)は，このような借り手の投資の変化(歪み)を予想して，戦略的に建設投資の水準を選択する．たとえば $h = h^*$ であるとすると，借家権が完全に保護されている場合，借り手の投資水準は 5.3 項の議論から $g > g^{**}(h^*) = g^*$ となることがわかり，3.1 項の議論と同様に，その結果として，転用がそれだけ阻害されることもわかる．

ここで，借家人の投資 g は家主の建設投資 h の水準から影響を受けることに注意すると，補完的な投資 $(\partial^2 u_2 / \partial h \partial g \geq 0)$ の仮定の下で，借家権が保護されている場合には，貸し手は自分の建設投資 h の水準を低下させることで借り手の投資 g を減らそうとする．これに対して，借家権が全く保護されない場合には，将来の借家契約の継続時の家賃を高めようとするために，家主は過大な建設投資を実施する誘因を持つ．以下では，この直感的な説明をモデルを用いて確認していこう．

---

26) 詳しくは Seshimo (2003) Proposition 5 および証明を参照．

貸し手(家主)の目的関数は以下のように表すことができる．

$$r_1 + \left\{ \int_{\underline{v}}^{u_2(h,g(h))} r_2(h, g(h)) f(v) dv + \int_{u(h,g(h))}^{\bar{v}} \{v - s(h, g(h))\} f(v) dv \right\} - qh \quad (5\text{--}28)$$

市場が競争的であるときの第1期の家賃は，契約後に借り手が実施する投資水準 $g(h)$ を所与として，法的な状況 $l \in \{P, N\}$ に応じて，第2期に借り手が得る所得分配等を反映して決定される[27]．そのため第4節の議論と同様に，権利価格を反映した第1期の家賃を代入する必要がある．すると，貸し手(家主)の問題は，法的な権利配分とは無関係に，建設投資の利益と転用の利益がすべて投資主体である家主に帰属する形となるので，その目的関数 W は以下のように与えられる．

$$W(h, g(h)) = u_1(h, g(h)) + \left\{ \int_{\underline{v}}^{u_2(h,g)} u_2(h, g(h)) f(v) dv + \int_{u_2(h,g)}^{\bar{v}} v f(v) dv \right\} - g - qh \quad (5\text{--}29)$$

この目的関数の建設投資 h に関する一階条件は，以下のように与えられる．

$$\frac{\partial u_1(h, g(h))}{\partial h} + F(u_2(h, g(h))) \frac{\partial u_2(h, g(h))}{\partial h} + \frac{\partial W}{\partial g} \frac{\partial g(h)}{\partial h} - q = 0 \quad (5\text{--}30)$$

上式第3項が，家主の建設投資が借り手の投資水準に及ぼす影響を示す項である．この効果の分だけ (5–26) 式と比較して，家主の建設投資の水準は変化する(歪む)ことになる．注意する点は，この家主の建設投資 h が借り手の投資 g に及ぼす影響は，法制度に依存する．借家権が完全に保護されている場合には，借り手(借家人)の投資水準が高くなると立ち退き料が高まるため，家主の利得は小さくなる．すなわち，$\partial W/\partial g$ の値は負となり，家主が借り手の投資を抑制しようとする要因となる．

---

27) たとえば，完全な保護の下で第1期の賃料は以下のように書ける．

$$r_1(h) = u_1(h, g(h)) + \int_{\underline{v}}^{u(h,g(h))} \{u_2(h, g(h)) - r_2^C\} f(v) dv + \int_{u(h,g(h))}^{\bar{v}} s_2^P f(v) dv - g$$

他方，全く保護されない場合には，借り手(借家人)の投資水準が高くなると，家主は将来において高い家賃が得られるようになるため，$\partial W/\partial g$ の値は正となる．このことは，家主にとって借り手の投資を高めることから利益が得られることを意味する．

(5–23) 式の補完的な投資の仮定の下で，$\partial g(h)/\partial h$ の値はどちらの法制度の場合も正であるから，結局 (5–30) 式の第3項の符号は $\partial W/\partial g$ の符号に依存することがわかる．したがって，(5–23) 式の仮定の下で，借家権が完全に保護されるとき，家主の建設投資 h は過小になり，借家権が全く保護されないとき，家主の建設投資 h は過大になることがわかる[28]．

ところで，法的な借家人の保護規定がない場合に，家主による過大投資傾向は，レント・コントロールのような家賃規制によって緩和されるかもしれない．なぜなら家賃規制は，第4節の議論同様に，家主の建設投資に負のインセンティブを与えることができ，家主の過大投資の誘因を弱めることができるからである．

しかし，そのような政策の組み合わせを決して推奨することはできない．その理由は，このような政策の組み合わせは，必ずしも社会的に最も効率的な結果を達成できる保証がないのに対して，以下で見るように，競争的な市場では，定期借家契約を認めることで，社会的に最も効率的な結果を達成することが可能となるからである．

5.4 最適な定期借家契約

貸し手(家主)と借り手(借家人)の両方が投資する場合にも，興味深いことに定期借家契約によって，社会的に最も効率的な結果を達成することができる．前節の議論は，所与の建設投資 h に関して成り立つから，所与の h に関して借

---

[28] 瀬下 (1996) は，借家権が全く保護されないケースに関して，家主が借り手(借家人)に対して，交渉の過程で自分に有利な法的状況を利用しないことにコミットする手段を考慮している．家主自らが関係特殊的な投資を実施するというコミットメントを通じて，借家人のホールド・アップ問題を緩和させる可能性を示唆している．

しかし，瀬下の議論は，家主の投資水準を明示的には導出していない．本節の議論は瀬下 (1996) の議論が必ずしも妥当しないことを示している．なぜなら，家主は借家人の投資からの利得を収奪するために，むしろ過大な建設投資をする可能性を示しているからである．

家人に (5–25) 式を達成させるという意味で，3.2 項の議論と同様に保護期間を適切に設定することで，効率的な関係特殊的投資を実施させることができる．

すなわち，所与の h に関して，借家人に効率的な投資を実行させるような定期借家契約 $\hat{t}(h) \in [0, 1]$ が存在する．このような契約は，家主が投資した後に設定されることに注意しよう．後に続く契約によって，借家人の投資に変化 (歪み) が生じなければ，第 4 節の議論と同様に，所得移転の効果は第 1 期の賃料に完全に反映されるので，家主がその投資を歪めるインセンティブはもはやなくなる．

理論的には，このことは，(5–30) 式の第 3 項が包絡線定理によって消えることを意味している．したがって，社会的に最も効率的な家主の投資 h^* を所与とするときに，借家人に効率的な投資を実行させる

$$t^*(h^*, g^*) = \frac{\lambda^N F(u_2(h^*, g^*))}{\lambda^P \{1 - F(u_2(h^*, g^*))\} + \lambda^N F(u_2(h^*, g^*))} \quad (5\text{–}31)$$

となるような定期借家契約 $t^*(h^*, g^*) \in [0, 1]$ は常に存在し，競争的な市場の契約で，このような保護期間が家主によって自主的に提示されることを示すことができる[29]．

注意すべきことは，以上の結論において，(5–23) 式の投資の補完性に関する仮定は要求されていない．すなわち，家主の建設投資と借り手の関係特殊的な投資が代替的になる場合でも，適切に設定された定期借家契約は，借り手の投資を効率的な水準にする結果，貸し手の建設投資も効率的になる．

したがって，定期借家権も定期借地権同様に，賃借人を十分に保護しつつ，社会的に最も効率的な結果を導くと結論することができる．この結論は日本やイギリスなどで実施された家主と借家人の関係に関する法改正を正当化する論拠となる．これらの改正によって，借家人の賃借権と家主の所有権を適切にバランスさせる契約が，市場で提示されることになる．

---

29) この点については詳しくは Seshimo (2003) Proposition 7 を参照．

6. 結　論

　本章では定期借地・借家契約を尊重することで，土地利用と投資の効率性の観点から，最適な結果が達成され得ることを示した．土地の所有権は元来，その利用や投資の効率性を追求する中で形成され，さらに賃借権が所有と利用の分離を可能にし，利用者の利益追求を許すものとして形成されたことを考えれば，この二つの権利の間での十分な調整が個人の主体的な行動から達成されるのは，本来自然なことであろう．

　したがって，法制度に求められる役割は，競争的な市場の育成とそこで結ばれた契約内容をできるだけ尊重することにあるといえる．この点に関連して，法律家の中には，「市場の失敗」を理由に司法による介入を正当化しようとする議論がある．しかし裁判所は，しばしば市場以上に深刻な判断ミスを犯す．その意味で「司法の失敗」も当然に発生し得る．そもそも，一裁判官の判断能力が市場の調整能力より優れているとする根拠は，どこにも存在しない．

　市場の失敗とは，効率性追求の結果なお残る問題であることに注意しよう．効率性さえ追求せずに最初から法的に介入することは，司法の失敗を考えると，二重の非効率性を引き起こすことを意味する．その結果，「市場の失敗」以上の深刻な問題を引き起こしてしまうかもしれない．実際，第4章でも説明したように借地借家法の正当事由要件は，ファミリー向けの良質な賃貸住宅市場を実質的に消滅させてしまった．法律家は，法律をデザインする際に，「司法の失敗」がもたらす問題を「市場の失敗」以上に強く認識しなければならないように思われる．

第6章
短期賃借権と資金貸出市場
──賃借権と抵当権の対立(1)*

1. はじめに

　日本に特異な賃借権保護の法学的理解は，所有権との間の問題だけでなく，抵当権との間にも重大な権利間の齟齬をきたしていた．その代表的なものは，第3章で説明した短期賃借権と呼ばれる民法上の特例である[1]．この特例も，定期借地・借家権の考え方が導入される以前の賃借権保護の考え方に強い影響を受けており，他の権利，とりわけ抵当権を必要以上に侵害するものとなっていた．

　賃借権保護などを社会保障の一環として正当化する過程で，判例や法制度が抵当権の持つ本来の機能を著しく制限してきた．その結果，1990年代以降，日本の金融機関が不良債権処理をすすめる中で大きな障害となって表れた．

　これは，短期賃借権を利用することで抵当権執行妨害が頻発したという法律実務上の問題であったと同時に，この特例自体が，効率性の観点からもきわめて重大な問題をもたらすものであった．そのため，2004年に施行された担保執行制度の改正では，この短期賃借権は原則的に廃止され，これに代わり，抵当権者同意型の賃借権保護を規定することになった．

　本章では，抵当権と賃借権の関係として，この短期賃借権によって引き起こされた問題を経済学的に分析し，新しい賃借権保護の意義と残された課題を検討する．抵当権と短期賃借権の関係を経済学的な観点から分析することによって，いま述べたような短期賃借権の保護が，資金の貸出市場にどのような影響

　＊　本章は山崎・瀬下 (2000) を基礎にしている．
　1) 詳しい議論は，阿部・上原 (1999) 及び福井・久米 (1999) 等を参照．

を及ぼすかについて分析しよう．短期賃借権の濫用がどうして生じるのかを分析した上で，詐害的短期賃借権が抵当権の設定や資金の貸出市場に及ぼした影響を分析する．

短期賃借権の問題の一つは，抵当権者と借家人の間の権利配分に関するものである．短期賃借権の強化によって，担保に対する請求権の一部が抵当権者から借家人や債務者に移転することによって，資源配分にいかなる問題が生じるかについて検討する．これは，まさにコースの定理が成立するかどうかという問題である[2]．

もう一つは，抵当権設定が賃借権よりも時間的に先行するにもかかわらず，事後的には抵当権は劣後してしまう点に関する動学的な問題である．たとえば，貸し手(銀行)は，事前には借り手の機会主義的な行動を排除するために抵当権を適切な水準に設定するが，事後的にこの優先関係が崩れると，この抵当権の bonding の機能が失われてしまう．そのようなケースが予想されると，事前にも貸し手(銀行)は貸出を抑制する可能性がある．これは動学的不整合性(time-inconsistency) の問題と呼ばれる．

2. 短期賃借権制度とコースの定理

2.1 順位確定の原則

第3章で説明したように，抵当権とは，不動産に設定される典型的な担保権の一つで，非占有担保権とも呼ばれ，抵当権が設定されても，抵当権者(通常は債権者)はその担保物件を占有することなく，担保権設定者(通常は債務者)にその利用権が残される[3]．その一方，債務者が債務不履行という事態に陥った場合には，抵当権者が対象不動産を競売等に付した上で，その売却代金などに対する権利行使が認められる．その意味で抵当権とは，債務不履行を条件とする条件付き請求権である．

---

[2] 吉川・江藤・池俊 (1994) や山崎・竹田 (1997) は，実証的な観点から中小企業や特定の業種に対する貸し渋りがあると論じている．
[3] この点で，質権などの占有を伴う担保権とは異なる担保権として認識されている．

これに対して賃借権は，土地建物の一定期間の利用権を所有者以外の組織や個人に認めるものである．そのため抵当権が行使されるに至った場合に，その利用権原が賃借権者と抵当権者のどちらの主体に帰属するかが重要な問題となる．

抵当権者間の関係においては，抵当権設定の時間的順序にしたがって，弁済時の優先順位が決定される．この原則は第 3 章でも説明したように，順位確定の原則と呼ばれる[4]．この優先順位の関係は他の権利間でも成立する．すなわち，抵当権と賃借権の間における権原の帰属も，時間的順序にしたがって優先権が認められるのが通例である．

賃借権が抵当権より前に設定されている場合には，たとえ抵当権者が抵当資産を売却しようとしても，そのために賃借権を解除する法的な権原はない．それに対して，賃借権が抵当権より後に設定されている場合には，通常抵当権は賃借権に優越し，抵当資産を売却する際に賃借権を解除する法的権原を有する．

もちろん債務が遅滞なく返済されている限りは，抵当権設定後の賃借権も保護されており，抵当権者は賃借権に対抗できず，賃借権者の利用権原が認められる．これに対して債務者が無資力になり，抵当権が実行され競売に付された場合には，抵当権設定後の賃借権は買受人に対抗できず，土地・建物を明け渡さなければならなくなる．

この順位確定の原則は経済学的にも合理的なものである．第一抵当権者には，債務者が無資力になった時点で優先的に弁済を受ける権利がある．この点を考えるために，順位が逆転する次のような例を考えてみよう．後から設定された順位の低い抵当権と，それよりも先に設定され，優先的な弁済を受ける権利を持っている抵当権との順位が逆転する場合を考えてみよう．

抵当権は，そもそも債務者が支払い不能に陥った場合に効果を発揮する．したがって，優先順位の高い抵当権の方が抵当権 1 円あたりの市場価値は高い．そのため抵当順位の逆転が生じると，後から抵当権を設定した者の抵当権価値が上昇し，逆に，先に設定された抵当権の価値は低下する．

---

4) 抵当権者間の取引によって順位が入れ替わる場合にも，それ以外の抵当権者に不利益が及ばないように工夫されている（民法 374 条①参照）．

こうしたことが無条件に認められると，先に抵当権を設定することの危険は大きくなる．後から設定された抵当権が先に設定された抵当権の価値を引き下げてしまう．したがって，このような抵当権価値の低下を恐れる結果，優先的に抵当権を設定しようとするインセンティブは失われてしまう．抵当権における順位確定の原則がなければ，銀行や金融機関が資金を貸し出そうとするインセンティブは減退してしまう[5]．

しかし，日本ではこれまで説明してきたような強い賃借権保護の考え方や歪んだ抵当権解釈が存在し，そのため抵当権と賃借権の関係でも例外が認められてきた．すなわち，抵当権に設定されている建物の賃借権については3年，土地については5年間に限り，抵当権者(と競売後の買受人)に対抗することが認められてきた．この権利が短期賃借権である．

この権利の存在のために，抵当権者や買受人による明け渡しの請求等は裁判所に求めなければならず，それに要する費用やリスクは無視できない大きさになっていた．その結果，抵当権者や土地・建物の買受人にとって，賃借人から建物を明け渡してもらうことは大きな負担になっていた．さらにこれを悪用して故意に短期賃借権を設定して，無資力となった債務者が債権者から利益を得るという事件が多発した．このような濫用的な短期賃借権の利用は，しばしば詐害的短期賃借権と呼ばれる[6]．

2.2 短期賃借権と家賃

債務者である土地・建物の所有者は，銀行から資金を借り入れる際に，その土地・建物に対して抵当権を設定した上で，第三者に賃貸することができる．短期賃借権制度は，土地・建物所有者の債務不履行という偶発的な事件に対し

---

5) この意味において，「時において先んずるものは，権利において他を制す」というCommon Law の原則も経済学的にきわめて合理的である．

6) 詐害的短期賃借権についての裁判例については，内田 (1996) が詳しい．詐害的な短期賃借権については，改正前の民法395条の但し書きでその解除が認められていたが，実際に詐害的かどうかを立証することはきわめて難しい．また第3章でも説明したように，一時期詐害的な短期賃借権を抵当権者が解除できても，当該抵当資産を占有し続ける占有者を排除する権利を持たないという最高裁判決(最判平成3年3月22日民集45-3-26)が示された結果，この但し書きの効力が無力化し，その後の不良債権を処理するうえで大きな障害となった．

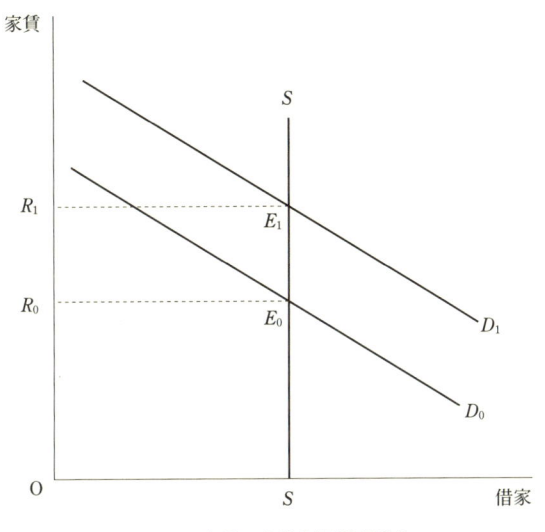

図 6–1　家賃の変化と短期賃借権

て，借家人の権利を短期的に保護することを目的として創設されたものである．

　賃借人について短期の借家権保護が存在しなければ，債務者が返済不能に陥ったときに抵当権が申し立てられ，債権者から突然，土地・建物の明け渡しを請求されるかもしれない．この制度は，賃借人が著しい不利益を受けないようにという目的で，一定期間(建物については3年間)に限って，抵当権が実行されても賃借人の居住を可能にするために創設されたものである．さらに判例では，抵当権が実行されなければ，その賃貸契約を更新することもできる．

　このような短期賃借権制度を経済学的に評価すると，その目的は，借家人の権利を保護することによって家賃を高め，債務者である土地・建物の供給者の収入や流動性を確保しようとする点にあると考えられる．この点を，図 6–1 を用いて説明しよう．縦軸に家賃，横軸に借家の需給量をとると，抵当権の設定された借家(アパート)の供給量は，短期的には垂直線の SS 線で示すことができる．これに対して借家の需要曲線 D_0 は右下がりに描くことができる．家賃が低下すれば，より多くの借り手がアパートを借りようとすることを反映して，右下がりの曲線となる．いま何らの借家権保護も存在しないとすると，このと

き均衡は E_0 点で決定し，家賃は R_0 に決まる．

　ここで，短期賃借権制度によって借家権が保護されると，借家の需要曲線は D_1 まで上方にシフトする結果，家賃は R_0 から R_1 に上昇し，抵当権設定者(債務者)の家賃収入は OR_0E_0S で囲まれた面積から OR_1E_1S の面積へと増加する．

　短期賃借権制度によって借家の需要は増加し，家主は高い家賃収入が得られる．これに対して，この制度が存在しないと，賃借人は抵当権実行時に突然立ち退きを請求されるといったリスクが存在するため，借家人の需要は減少し，家賃収入は低下する．この意味で，短期賃借権制度は借家人保護と同時に，抵当権設定者(債務者)である家主を保護していることに等しい．

　抵当権の本来の目的が，被担保物件からの収益機会を債務者に追求させることによって債務不履行のリスクを軽減しつつ，債務者が無資力になる場合の危険を担保するという点を考慮すると，このような短期賃借権制度による借家権保護は，いま述べたように一定の意義を有すると評価することができる[7]．

　しかし，短期賃借権制度において，債務者と借家人の利害が一致していることに注意しよう．ここに，債務者と借家人が結託して詐害的短期賃借権を設定する温床が存在する[8]．

2.3　貸出市場に関するコースの定理

　特に短期賃借権制度は，抵当権設定の基本的な原因となった貸出市場に大きな影響を及ぼす[9]．この貸出市場への影響は，短期賃借権制度の濫用による事件が多発するようになって，次第に明らかになった．

　短期賃借権制度の濫用事例とは次のようなものである．いま，抵当権設定者

---

[7]　しかし，借家法による実質的に長期の借家権保護は全く評価することはできない．第4章で説明したように，長期の借家権保護は，図6–1の供給曲線を大きく左へシフトさせる結果になる．

[8]　この点で借家法の正当事由制度とは異なっている．借家法は借家人と家主間の権利配分を規定しているのに対して，短期賃貸借制度は抵当権者と借家人の権利配分を決定している．

[9]　鈴木 (1979) は「この制度〈民法395条〉の存在する結果，不動産金融が阻害されている」と述べている (p. 164)．また，内田 (1983) は p. 319 で，コースの定理という概念は用いていないが，この定理が成立する状況を描いている．

である債務者が，抵当権の設定されている土地・建物に賃借権を設定登記する．契約の際に，借家人が高額の保証金や敷金を支払ったことにして，敷金の額も登記する．このような条件の下で債務者が返済不能に陥り，土地・建物が競売に付された場合には，その土地・建物の価値はきわめて低く評価される．

新しくその土地・建物を購入する人にとっては，短期賃借権のために，借家人に対する立ち退き請求等の煩雑な作業にともなう時間的費用や高額の敷金を負担しなければならない．その結果，抵当権者は著しく不利な立場に立たされる．競売による資金回収の可能性は低下する結果，それを threat として，債務者が抵当権者に対して，債務の減額を要求するという事態が発生する．

このような濫用的短期賃借権に対しては，改正前の民法 395 条で解除制度を準備していた[10]．しかし，裁判に伴って時間費用や金銭的費用が発生するために，抵当権者は著しく不利な立場に立たされる．この場合には，登記の時間的順序によって権利関係の順位が決定されるという順位確定の原則が歪められる．抵当権を設定した後に短期賃借権が設定される結果，抵当権者に対しては予想もしない大きな不利益が発生する．

もちろん，仮にこのように権利が濫用されても，そのことが適切に予想される限り，情報の非対称性やモラルハザードの問題がなければ，資源配分には中立的な影響しか及ばない[11]．これがコースの定理の含意である．この点を図 6–2 の貸出市場の均衡条件を用いて再確認してみよう．

縦軸に利子率 (r)，横軸に貸出量 (L) をとると，右下がりの借入需要曲線 L_0^D と右上がりの銀行の貸出供給曲線 L_0^S を描くことができる．短期の賃借権保護が存在しなければ，均衡は E_0 点で決定される．このとき利子率は r_0 で貸出量は L_0^* に決定される．ここで短期賃借権が導入されると，図 6–1 で明らかにし

---

10) 改正前の民法 395 条には，「其賃貸借が抵当権者に損害を及ぼすときは裁判所は抵当権者の請求に因り其解除を命ずることを得」とあった．

11) すでに第 1 章の補論及び第 4 章でも説明したように，コースの定理は交渉費用が大きい場合や，権利関係が不明確な場合，あるいは資産効果やリスク負担の問題がある場合には成り立たない．この意味で，阿部・上原 (1999) が指摘するように，短期賃借権制度では，執行妨害によって多大な交渉費用が発生し，コースの定理の前提自体がもともと成り立っていない可能性も高い．以下の説明は，これらの問題を解決できるような状況を法制度が提供しうるとしても，なお短期賃借権には問題があったことを示すものである．

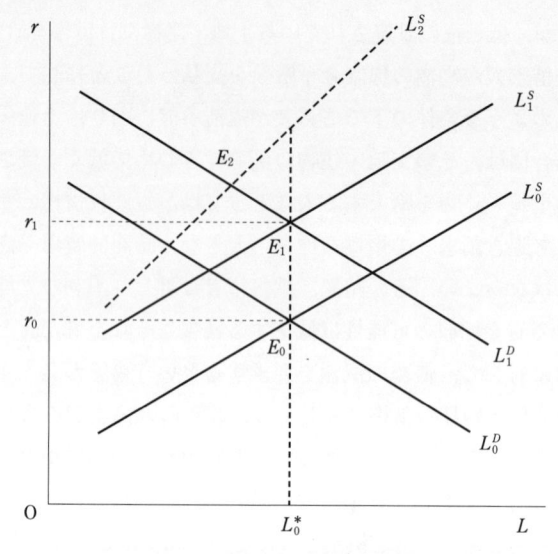

図 6–2　貸出市場と短期賃借権

たように，債務者である家主の利益が増加するため，借り入れ需要曲線は L_1^D まで右方へシフトする．

しかし，貸し手である抵当権者はもはや賃借権に抵抗できないことを知り，自らの権利の価値が一部失われる結果，これまでよりも貸出を抑制する．貸出供給曲線は L_1^S まで左方へシフトする．新たに均衡点は E_1 点に移り，利子率だけが上昇し，貸出量は変化しない．これは短期賃借権制度の導入によって，抵当権に本来含まれていた権利の一部が，借家権保護という形で債務者や借家人に移行したからである．

図 6–1 で説明したように，借家人に移転した利得も家賃の上昇という形で，最終的には家主（債務者）に帰着する．特に借家契約でコースの定理が成り立っているならば，その移転分は正確に家主（債務者）に帰属することになる．

もちろん，両者の所得効果やリスクに対する態度が異なるために，両曲線のシフト幅は同一でないかもしれない．しかし，権利の評価についての両者間のこうした差異を無視すると，権利には同じ価格がつく結果，図 6–2 の両曲線の上方シフトは同じ幅になる．すなわち，借家人が手に入れた権利の価格と抵当

権者が失った権利の価格は等しいために，両曲線は同じだけシフトする．その結果，貸出量は変化せず，利子率だけが上昇する．

これが，短期賃借権制度についての貸出市場に関するコースの定理である．権利の配分が明らかならば，短期賃借権制度は資源配分（ここでは貸出量）に対して中立的な影響しか及ぼさない．しかし，しばしば指摘されるように，貸出市場においては，貸し手と借り手の間で情報の非対称性が顕著である．そのために第4章の議論と同様に，このような中立性命題は妥当しない可能性が高い．以下ではこの点を Stiglitz and Weiss (1981) のモデルを用いて説明していこう．

3. 情報の非対称性と短期賃借権

3.1 モデル

以下では土地・建物自体の貸借関係と混同しないように，資金の借り手として企業を考え，資金の貸し手として銀行を考える[12]．各企業はそれぞれ1種類ずつのプロジェクトを有しているとする．このプロジェクトにおいて，各企業は固定費用 I を全額銀行借り入れで調達した上で時点ゼロで投資すると，将来の時点1で x の収益が得られるものとする．

ここで $x \in [0, \infty]$ は分布関数 $F(x \mid \theta)$ に従う確率変数である．θ は各企業が保有するプロジェクトのリスクタイプを表すパラメーターであり，市場に存在する各プロジェクトの期待収益率は同一で，リスクだけが異なるものと仮定する（mean preserving spreads）．ここで一般性を失うことなく，θ が高いほどリスクが高くなると仮定する．

このとき企業は，リスクタイプ θ だけで区別される．ここで情報の非対称性

---

[12] 以下のモデルは，基本的に Stiglitz and Weiss (1981) のモデルに従っている．このモデルは均衡で信用割当の生じる可能性を示すものであるが，以下ではこの点については議論せず，供給曲線が右上がりの時，短期賃借権の保護によって生じる供給曲線の上方へのシフト幅が，需要曲線のそれを上まわることを示す．このことは信用割当の生じない場合でも貸し渋りが生じることを意味する．

を導入し、借り入れ企業は自分のリスクタイプ θ を知っているが、銀行には企業がどのリスクタイプに属しているか識別できないものとする。ただし、市場にいる企業のタイプ $\theta \in [\theta_L, \theta_H]$ は分布関数 $G(\theta)$ に従うとし、この分布関数についての情報は、すべての人に共有されているとする。

資金貸借取引として、負債契約を前提に分析しよう[13]。この負債契約を $\sigma = (r, C)$ で定義する。ここで r は負債契約の約定額面利子率であり、C は企業が設定した抵当資産の時点1における売却価値(一定)である。この売却価値のうち、清算などによって銀行が獲得できる実際の比率を $\beta \in (0, 1]$ で表す。$\beta < 1$ のとき、短期賃借権の保護によって抵当物件の売却額の一部が、これらの権利保有者に移転することを意味する。企業の保有する抵当資産の価値は $C \leq I$ である。さらに、企業も銀行もリスク中立的に行動するものとする。

負債契約 σ の下で、約定返済額 $(1+r)I$ よりも債務不履行による返済額 $\beta C + x$ の方が小さくなるとき、すなわち $\beta C + x \leq (1+r)I$ のとき、企業は債務が完済できなくなる。そのため、式の記述を容易にするために、$\hat{x}(\sigma)$ を以下のように定義しよう。

$$\hat{x}(\sigma) \equiv (1+r)I - \beta C \qquad (6\text{--}1)$$

すなわち $\hat{x}(\sigma)$ は、所与の負債契約 $\sigma = (r, C)$ の下で借り手が債務を完済できるような成果 x の最低値である。このとき、タイプ θ の企業の期待利潤 π_F は次式となる[14]。

$$\pi_F(\sigma, \theta) \equiv \int_{\hat{x}(\sigma)}^{\infty} \{x - (1+r)I\} dF(x|\theta) - \beta C \int_0^{\hat{x}(\sigma)} dF(x|\theta) \qquad (6\text{--}2)$$

右辺の第1項は債務が完済される場合の期待利潤であり、第2項は完済されな

---

[13] 第3章同様に、本章は短期賃借権の貸出市場への影響を分析するもので、このような権利が存在する場合の最適な資金貸借契約の形態を議論するものではない。そのため、資金貸借取引として一般に利用される負債契約を前提とする。

[14] なお Bester (1985) が示したように、資産を抵当に入れることによって、借り手企業が費用を被る場合には、抵当権の設定額と額面利子率をスクリーニング手段として使う分離均衡が存在し得る。しかし、本章の分析では、このような追加的な費用はかからないと仮定して分析する。

い場合の期待損失額である．また，タイプ θ に資金を提供するとしたときの銀行の期待利潤は以下のように書ける．

$$\pi_B(\sigma, \theta) = \int_0^{\hat{x}(\sigma)} (x + \beta C) dF(x|\theta) + (1+r)I[1 - F(\hat{x}(\sigma)|\theta)] \quad (6\text{--}3)$$

したがって，銀行が θ を識別できる場合には，上式がそのまま銀行の期待利潤となる．しかし，銀行は企業のタイプ θ を識別できないと仮定しているので，銀行の期待利潤は，θ に関する条件付き期待値を用いて計算されなければならない．

3.2 資金需要

まず，資金需要関数を導出しよう．いま，所与の負債契約 σ に関して $\bar{\theta}(\sigma) \in \{\theta \mid \pi_F(\theta, \sigma) = 0\}$ と定義する．すなわち，所与の負債契約 σ の下で，企業の負債返済後の残余利得の期待値(以下単に企業の期待利潤と呼ぶ)が，ちょうど 0 になるような θ を $\bar{\theta}(\sigma)$ と定義する．ここで仮定された分布の下で，任意の $\theta > \bar{\theta}(\sigma)$ に対して企業の期待利潤 $E\pi_F(\theta, \sigma)$ は必ず正となるから，任意の $\theta > \bar{\theta}(\sigma)$ の企業が資金を借り入れようとする[15]．

陰関数定理から $\bar{\theta}$ を以下のように書くことができる．

$$\bar{\theta} = \bar{\theta}(\underset{+}{r}, \underset{+}{C}, \underset{+}{\beta}) \quad (6\text{--}4)$$

ここで，各変数の下の符号は各変数による偏微係数の符号を示している[16]．これらの導関数の符号がプラスであるということは，契約される利子率や設定される担保水準が高まると，借り入れる限界的な企業のリスク水準が高まることを示している．このことは，リスクの低い企業を排除してしまうという意味で逆選択が生じることを意味する．

リスクタイプ θ の分布関数は $G(\theta)$ で与えられるから，企業の資金需要量 L^D

---

15) このことは明示的には，本章末の Appendix1 の (A1–4) 式と同様にして $\partial\pi_F(\theta, \sigma)/\partial\theta > 0$ を示せば十分である．
16) この符号の計算については Appendix1-A 参照．

は，以下のように書くことができる．

$$L^D(\sigma, \overline{\theta}) = \int_{\overline{\theta}}^{\theta_H} I dG(\theta) \qquad (6\text{--}5)$$

陰関数定理を使うと，これは逆需要関数として，以下のように書き換えることができる．

$$r^D = r^D(L^D_{-}, \underset{-}{\beta}, \underset{-}{C}) \qquad (6\text{--}6)$$

ここでも，各変数の下の符号は各変数による偏微係数の符号を示している[17]．

これらからわかるように，資金需要曲線は金利に関して右下がりになる．また担保価値 βC の上昇は資金需要を減少させる．しかも (6–4) 式から，このとき実際に資金を借りる限界的な企業のリスクは高まっていることがわかる．

3.3 資金供給

次に資金の供給関数を導出しよう．銀行は借り手のタイプ θ を知らないので，その期待利潤は θ に関する条件付き期待値として以下のように求められる．

$$E\pi_B(\overline{\theta}) = \int_{\overline{\theta}}^{\theta_H} \pi_B(\sigma, \theta) \frac{dG(\theta)}{1 - G(\overline{\theta})} \qquad (6\text{--}7)$$

ここで $\pi_B(\cdot)$ は (6–3) 式で与えられている．この式から以下の導関数を得る[18]．

$$\begin{aligned}\frac{dE\pi_B}{dr} &= \frac{\partial E\pi_B}{\partial r} + \frac{\partial E\pi_B}{\partial \overline{\theta}} \frac{\partial \overline{\theta}}{\partial r} \\ &= \int_{\overline{\theta}}^{\theta_H} I(1 - F(\hat{x}|\theta)) \frac{dG}{1 - G} + (E\pi_B - \pi_B(\overline{\theta})) \frac{g(\overline{\theta})}{1 - G(\overline{\theta})} \frac{\partial \overline{\theta}}{\partial r}\end{aligned}$$
$$(6\text{--}8a)$$

---

[17] この符号の計算については本章末 Appendix1-B 参照．
[18] 式の計算については本章末 Appendix1-C 参照．

$$\frac{dE\pi_B}{d\beta} = \frac{\partial E\pi_B}{\partial \beta} + \frac{\partial E\pi_B}{\partial \bar{\theta}} \frac{\partial \bar{\theta}}{\partial \beta}$$

$$= \int_{\bar{\theta}}^{\theta_H} CF(\hat{x}|\theta) \frac{dG}{1-G} + (E\pi_B - \pi_B(\bar{\theta})) \frac{g(\bar{\theta})}{1-G(\bar{\theta})} \frac{\partial \bar{\theta}}{\partial \beta} \quad (6\text{--}8\text{b})$$

$$\frac{dE\pi_B}{dC} = \frac{\partial E\pi_B}{\partial C} + \frac{\partial E\pi_B}{\partial \bar{\theta}} \frac{\partial \bar{\theta}}{\partial C}$$

$$= \int_{\bar{\theta}}^{\theta_H} \beta F(\hat{x}|\theta) \frac{dG}{1-G} + (E\pi_B - \pi_B(\bar{\theta})) \frac{g(\bar{\theta})}{1-G(\bar{\theta})} \frac{\partial \bar{\theta}}{\partial C} \quad (6\text{--}8\text{c})$$

$g(\cdot)$ は θ の密度関数である．これらの式の右辺第1項は，$\bar{\theta}$ を含めた他の条件が変化しないときの，各変数の上昇の効果であり，この効果はすべて正である．たとえば貸付利子率の上昇は返済される債務の元利合計が上昇することから，企業収益 x が相対的に高い状態（state）での（債務が履行される場合の）銀行の取り分を高める一方，x が低い状態での取り分を不変に保つから，上の第1項は正である．

他方，第2項は逆選択の効果を表しており負になる．たとえば利子率の上昇は，他の条件が不変の下で $\bar{\theta}$ を高める．したがって，貸し手は貸出利子率 r が上昇したとき，その利子率の下で実際に市場で借りようとする企業の平均的なリスク（θ の値）が上昇していることを知る．すなわち，利子率の上昇には銀行の期待利潤を低下させる効果もある．

いま，銀行は資金調達金利 i（例えば預金利子率やコールレート）を支払っても，正の期待利潤が得られる場合にのみ資金を貸し出すものとしよう．資金供給者が調達する資金は供給量 L^s に依存し，$di/dL^s > 0$ であると仮定する．これは貸出量を増やすためには，銀行部門が調達する調達金利が上昇することを意味している[19]．市場が競争的であるとすると，銀行の期待利潤が0になるまで貸し出しを増加させるから，貸出市場の供給曲線は以下の式を満たす．

$$E\pi_B(r^S, C, \bar{\theta}) = (1+i(L^S))I \quad (6\text{--}9)$$

---

19) あるいは貸し出し以外の資金の利用方法から生じる収益（機会費用）が増加すると仮定してもよい．

このとき，上式を r^S に関して解くと，貸出供給関数 $r^S = r^S(L^S, C, \beta)$ を導出することができる．

$\Delta \equiv \dfrac{\partial E\pi_B}{\partial r} + \dfrac{\partial E\pi_B}{\partial \bar{\theta}} \dfrac{\partial \bar{\theta}}{\partial r} > 0$ の時，すなわち，利子率上昇の逆選択効果が相対的に小さい場合には，以下の符号条件が得られる．

$$r^S = r^S(\underset{+}{L^S}, \underset{-}{C}, \underset{-}{\beta}) \qquad (6\text{--}10)$$

ここで上の符号を求める際には，$\Delta > 0$ の時，担保価値の上昇が必ず銀行の期待利潤を増加させる(すなわち $\dfrac{\partial E\pi_B}{\partial C} + \dfrac{\partial E\pi_B}{\partial \bar{\theta}} \dfrac{\partial \bar{\theta}}{\partial C} > 0$ と $\dfrac{\partial E\pi_B}{\partial \beta} + \dfrac{\partial E\pi_B}{\partial \bar{\theta}} \dfrac{\partial \bar{\theta}}{\partial \beta} > 0$ が必ず成り立つ)ことを利用している[20]．

他方，利子率上昇による逆選択の効果が相対的に大きい場合($\Delta < 0$ のとき)には，以下のようになる．

$$r^S = r^S(\underset{-}{L^S}, \underset{-}{C}, \underset{-}{\beta}) \qquad (6\text{--}11)$$

したがって右下がりの曲線となることがわかる．ここで $\Delta < 0$ の時，$\dfrac{\partial E\pi_B}{\partial \beta}$ $+ \dfrac{\partial E\pi_B}{\partial \bar{\theta}} \dfrac{\partial \bar{\theta}}{\partial \beta} < 0$ と $\dfrac{\partial E\pi_B}{\partial C} + \dfrac{\partial E\pi_B}{\partial \bar{\theta}} \dfrac{\partial \bar{\theta}}{\partial C} < 0$ が常に成り立つことは保証されない[21]．ただし逆選択の効果が十分に大きい場合には，供給曲線は β や C の上昇によって下方にシフトする．(6–11)式の右辺の下に付された負 (−) の符号はこのことを示している．

3.4 短期賃借権の強化

以下では説明の便宜上，貸出供給曲線が右上がりの場合だけを考えよう[22]．短期賃借権の強化(β の低下)は，本章第 2 節の図 6–2 において説明したのと同様に需要曲線を L_0^D から L_1^D へと上方にシフトさせ，そのシフトの幅は当初の均

---

20) 本章末の Appendix2-A 参照．
21) 本章末の Appendix2-B 参照．
22) 供給曲線が右下がりであっても，抵当価値の上昇によって供給曲線が下方にシフトするならば，以下の議論は影響を受けない．

衡の近傍で $\dfrac{dr^D}{d\beta} = -\dfrac{\partial \overline{\theta}}{\partial \beta} \Big/ \dfrac{\partial \overline{\theta}}{\partial r} = -\dfrac{CF(\hat{x}(\sigma)|\overline{\theta})}{I\{1-F(\hat{x}(\sigma)|\overline{\theta})\}} < 0$ の絶対値に等しい[23]．

他方，供給曲線も上方にシフトするが，情報の非対称性があるとき，このシフトの幅は当初の均衡の近傍で $\dfrac{dr^S}{d\beta} = -\left\{\dfrac{\partial E\pi_B}{\partial \beta} + \dfrac{\partial E\pi_B}{\partial \overline{\theta}}\dfrac{\partial \overline{\theta}}{\partial \beta}\right\}\Big/\Delta < 0$ の絶対値に等しくなる[24]．ここで供給曲線が上方にシフトする限り，（供給曲線が右下がりでも）必ず供給側のシフトが需要側のシフトを上回ることがわかる（本章末 Appendix3 参照）．このことは，図6–2の供給曲線が L_0^S から点線 L_2^S のように，曲線 L_1^S よりもさらに上方へシフトすることを意味する．したがってマーシャルの安定性が満たされる限り，均衡貸出量は点 E_2 のように減少する[25]．すなわち，第2節で説明したようなコースの定理は成立しない[26]．

この理由を直感的に理解するために，いま情報の問題がないケースを考えよう．需要サイドの分析は前節と同様であるが，供給サイドの分析は相手の情報を知っているので，期待利潤は（6–7）式のような θ のタイプに関する条件付き期待値を用いずに，（6–3）式をそのまま用いて計算できる．すなわち，資金供給者の行動は以下の条件を満たすように決められる．

$$\pi_B(r, C, \theta) = (1 + i(L^S))I \qquad (6\text{--}12)$$

その結果，以下のようになる．

$$\dfrac{\partial \pi_B}{\partial r} = I(1 - F(\hat{x}|\theta)), \quad \dfrac{\partial \pi_B}{\partial \beta} = CF(\hat{x}|\theta), \quad \dfrac{\partial \pi_B}{\partial C} = \beta F(\hat{x}|\theta) \qquad (6\text{--}13)$$

それゆえ（6–10）式と同様にして，供給関数を導いて短期賃借権の強化によ

---

23) 本章末 Appendix1-B（A1–6）式参照．
24) 本章末 Appendix2-A（A2–2）式参照．
25) 供給曲線の上方シフトが需要曲線の上方シフトを上回ると，当初の均衡貸出量の下で供給価格（金利）は需要価格を上回る．需要価格が供給価格を下回るとき，供給量が減少すると均衡へ収束するマーシャルの安定性が満たされている場合には，このとき供給量（貸出量）を減少させることによって，この超過供給価格を低下させて調整する．もちろん，マーシャルの安定性が満たされていない場合には，このメカニズムは働かない．
26) Longhofer (1997) は成果の立証に対して情報生産費用が必要な model の中で，絶対優先の侵害が信用割当の問題を深刻化させることを示している．

る供給曲線のシフトの幅を調べると，次式の絶対値に等しいことがわかる．

$$\frac{dr^S}{d\beta} = -\frac{\partial \pi_B}{\partial \beta} \bigg/ \frac{\partial \pi_B}{\partial r} = \frac{CF(\theta)}{I(1-F(\theta))} \qquad (6\text{--}14)$$

そしてこのシフトの幅は，需要曲線の上方へのシフト幅に等しい(本章末 Appendix1-B 参照)．したがって均衡貸出量に対しては中立的になり，コースの定理が成立する．ここで貸出利子率は，権利の移転を反映して上昇する．

これに対して，情報の非対称性が存在する場合には，銀行は借り手のタイプを知らないため，市場で借り手として参加している企業を対象にして，銀行の期待利潤を計算しなければならない．このとき，銀行はすべての潜在的な需要者について，そのタイプの期待値を計算するのではなく，市場利子率の下で資金を需要する借り手のタイプ(その比率は全体の $1-G(\bar{\theta})$)の中だけで，借り手のタイプ θ の期待値を計算する．

市場の貸出利子率が高いとき，その市場に参加しようとする借り手は，相対的にリスクの高いプロジェクトの保有者である．そして，その貸出利子率が高くなればなるほど，その条件の下で借りようとする借り手のリスクはますます高くなる．

短期賃借権の構造変化(強化)は，まず権利の移転を反映して需要曲線と供給曲線をともにシフトさせ，金利を上昇させる．ここで権利移転は(期待値で見て)リスクの高いタイプほど，有利に働く．なぜなら，リスクの高いタイプほど抵当権を行使される可能性が高く，短期賃借権の強化による恩恵をそれだけ大きく受けることになる．

したがって，借り入れ金利の上昇は相対的にリスクの高いタイプの借り手には不十分なものになり，逆に相対的にリスクの低い借り手には過大になる．この金利の上昇が，リスクの低い借り手企業を市場から排除することによって，貸出市場に残る借り手企業の平均的なリスクを上昇させる．その結果，銀行はさらに高い金利が得られなければ貸し出しをしようとはしなくなる．

すなわち，貸し出し金利の上昇は，よりリスクの高いタイプだけを市場に残してゆくという意味で，銀行にとって逆選択の効果を持っている．したがって，逆選択の効果分，すなわち銀行の条件付き分布関数の改訂分だけ，供給曲線の

シフトは相対的に大きくなる．

　ここで金利ではなく，抵当権の総額 C 自体を高めれば問題は生じない．すなわち，不足する抵当権の価値分を十分に補えば，このような金利上昇による逆選択の問題は生じなくなり，均衡をもとの水準に戻すことができる[27]．

　ただし，ここで注意しなければならないのは，均衡貸出量を以前の水準に戻すために必要とされる担保の増加分は，短期賃借権の権利価値の移転額を必ず上回ることである．なぜなら，担保価値を同額だけ増加しても，そのうちの短期賃借権の強化されている分だけが，なお不足するからである[28]．したがって借り手がそれだけ多くの十分な抵当の価値を提供できなければ，問題を解決することはできない．

4. 短期賃借権規定の廃止

4.1 詐害的短期賃借権と動学的不整合性

　もう一つの代表的な濫用事例は，弁済を受ける可能性のない後順位の抵当権者が，債務者と結託して短期賃借権を設定・登記する場合である．この場合にも，第一抵当権者は対抗手段を持たないために，競売や任意売却においても担保不動産の価格は著しく低くなることが予想される．これを threat として利用することで，後順位抵当権者は先順位抵当権者よりも，交渉上優位な立場に立つことができ，先順位抵当権者に賃借権の買い取りを求めるという事例が頻発した．このように，抵当権の先後による順位確定の原則も，短期賃借権制度によって著しく歪められている．

　判例は従来，短期賃借権よりも抵当権の方が優越しているという判断を示し

---

[27] この意味で，本節の分析は，短期賃借権だけでなく，一般的な地価の上昇の下落予想によって生じる貸し渋りの現象を説明することにも応用可能である．

[28] 数式で示すと以下のようになる．すなわち，β の低下を $-\Delta\beta$ とすると，銀行が被る損失は $\Delta\beta \cdot C$ である．他方，これまでと同じ貸出量と貸出金利を維持するためには，$\beta \cdot C = (\beta - \Delta\beta)(C + \Delta C)$ を満たすように，C を増やさなければならない．上式を整理すると $-\Delta\beta \cdot C - \Delta\beta\Delta C + \beta\Delta C = 0$ より，$\Delta C = \Delta\beta \cdot C/(\beta - \Delta\beta)$ であるから，$1 \geq \beta > \Delta\beta > 0$ より，この値は $\Delta\beta \cdot C$ より大きいことがわかる．

ていたが，ある時期を境に異なった判決を言い渡した．さらに，短期賃借権の濫用を予防するために，従来は抵当権者が自ら短期賃借権(併用賃借権)を設定し，第三者向けの短期賃借権を排除しようとしてきたが，この併用賃借権を使う手段は最高裁の判決によって無効とされた(最判平成元年6月5日民集43-6-355)．これによって，詐害的な短期賃借権者に対する抵当権者の対抗措置も同時に無効となってしまった．

また別の判決の下では，競売で買い受けた土地建物の所有者のみが，その土地・建物を占有する人を排除する権利があるとされた(最判平成3年3月22日民集45-3-26)[29]．つまり，抵当権者には立ち退きを請求する権利さえ認められなくなった．これらの判例は，短期賃借権を実質的に強化する結果となった．

短期賃借権によって順位確定の原則が歪められるときには，動学的整合性に関する問題が発生する．動学的整合性とは，事前に望ましい選択が事後的にも必ず望ましい選択でなければならないという問題である．ある銀行の貸し出しというコミットメントを受け入れた後に，債務者には当初の投資計画を変更して他の債務者からさらなる融資を引き出す方が有利な場合がある．

もちろん，これは当初の貸し手にとっては好ましいことではない．プロジェクトの変更はリスクの変更を意味するからである．しかし，順位確定の原則が守られる限り，貸し手はそのような借り手の行動を予想して，担保を含めた貸出契約によって借り手の行動を抑制することができる．

これに対して，順位確定の原則が歪められるときには，借り手は詐害的短期賃借権を新規の貸し手に譲渡することによって，追加融資を受けることが可能になる．新規の貸し手のコミットメントによって，その当初の貸出契約の価値が低下することが明らかな場合，当初の貸し手のコミットメントについてのインセンティブが失われるという問題が生じる．この問題は優先権侵害の問題として捉えることができる．この結果，銀行などの貸し出し行動は大きな影響を受け，非効率な企業への追い貸しを実施したり，効率的な企業への貸し出しを抑制(貸し渋り)したりする．これについては第11章で詳しく論じる．

---

[29] 第3章でも説明したように1999(平成11)年，最高裁大法廷は，条件付きながら不法占有者に対する抵当権者の明け渡し請求を認め，1991(平成3)年3月の判例を変更した．

4.2 短期賃借権の廃止と賃借権保護

2004年に施行された担保執行制度の改正によって，短期賃借権という保護規定は廃止され，抵当権より後に設定された建物の賃借人は，「その建物の競売における買受人の買受けの時から六箇月を経過するまで」利用することができるという規定になった(民法395条)[30]．また同時に，登記する賃借権よりも先に設定されているすべての抵当権者の同意があり，かつその同意を登記している場合には，優先する抵当権に対抗できる「抵当権者同意型の賃借権保護」規定を導入した[31]．

すでに説明したように，短期賃借権は多くの濫用を可能にするとともに，優先権を侵害することによって，貸し出し市場に大きな非効率性を生み出すものであった．そのため，このような侵害可能な権利を廃止することが必要なのはいうまでもない．問題となるのは，そのような濫用的な賃借権保護を廃止することによって，善良な賃借人が逆に不利益を被る可能性がないかという点を検討する必要がある．

短期賃借権の保護を正当化しようとする立場からは，短期賃借権のような保護がないと，競売後に「不当な」明け渡しが頻発することを過剰なまでに警戒する議論が生まれた．その中で賃貸目的の不動産賃借権の保護をむしろ高めようとする主張さえされるようになった．まずこの点から検討しよう．

注意しなければならないのは，競売における買受人であっても即座に明け渡しを求めることは，必ずしも多くないと考えられる点である．たとえ抵当権に劣後する賃借権であっても，適正な市場家賃を払っている限りにおいて，その賃貸借契約は市場で成立した契約であり，十分な機会費用を考慮して結ばれた効率的なものである．投資目的で賃貸用不動産を購入する場合，そこにすでに適正な市場家賃を払ってくれる優良な賃借人がいることは，その契約を引き継ぐことで空室のリスクを回避でき，新規の賃借人を捜すコストを節約することができる．

---

30) ただし，対象となる賃借人は，競売手続き開始前からの賃借人などに限られ，賃料を買受人に払う必要がある．
31) 民法387条．

したがって，買受人がこのような優良な賃借人に明け渡しを求めることは，少なくとも投資目的で賃貸用不動産を購入する場合には，ほとんどありえない．この点で生態（2002）等が論じたような，賃貸目的の不動産について，正常な賃貸借については短期賃貸借の保護を残す（あるいは拡充すべき）というのは意味のない議論である．

賃貸目的の不動産について，真に保護する借り手か——すなわち「正常型」か否か——を判断する権利があるのは，その所有者であって法律家ではない．真に保護する賃借人を法的に定義すべきだという考え方は，不動産所有者の利用決定権に対する法律家の強制的な介入であり，またそれが定義できるという考え方は，市場よりも法律家の方が正しい判断ができるという暗黙の前提の上に成り立つ．

このようなエリート意識に基づく前提は，市場経済よりも計画経済の方が優れているとしたマルクス的思想と同一のものである．どれほど優秀な人物でも，人間の判断や予想には限界があり，競争的な市場以上の機能を果たすことはできない．20世紀後半から現在に至る社会主義国の壮大な実験の失敗は，このことを顕著に物語っている[32]．

むしろ短期賃借権のような濫用可能な権利があることが，賃借人について十分な情報を有しない買受人の不安を高め，結果として，優良な賃借人でも一度立ち退いてもらうことを選択する結果となり，まさに「悪貨は良貨を駆逐する」というグレシャムの法則が成立する結果になる．

真に法的な手当が必要とされるのは，むしろ競落した所有者が賃貸目的に利用せず，自己使用する場合の賃借人である．この場合，通常の賃貸借契約であれば，賃貸不動産に特有の投資の余地は小さいから，6ヶ月の猶予期間があれば移転は十分可能であり，その際の移転費用（の期待値）やリスクは，事前に賃料に反映されるため，大きな非効率性を伴うことはないだろう．

---

[32] そもそも過去の高名な法律家たちによって考えられた短期賃借権という制度が，善良な賃借人を守るどころか，単に暴力的集団に多大な利益をもたらすだけの制度と化した背景をよく考える必要がある．賢明な人物が，常に善行だけに従事しているわけではない．むしろ，歪んだ法律を出し抜いて得られる経済的利益は，立法に携わって正義を追求しようとする人々が得る報酬よりも，しばしば法外なほど高い．

買受人が賃借人との契約を解除するのは，濫用的な賃借権保護に対して買受人が慎重になっていることと，旧借地借家法の保護によって，市場家賃を下回る継続賃料しか支払われていないことにその原因がある．抵当権行使の可能性がある場合，過剰な賃借権保護は，賃借人の居住権保護を達成できないばかりか，それを脅かす要因にしかならない．

5. 結　論

　この章では，抵当権と賃借権の関係に焦点をあてて，抵当権設定後に結ばれた賃貸権を保護してきた短期賃借権の機能と問題点を経済学的に分析した．まず一般に賃借権の保護は，賃借人を抵当権行使から保護することによって賃料を高める結果，抵当権設定者(債務者)の流動性を高め，債務の弁済を容易にするという点で，賃借人と同時に所有権者や債権者(抵当権者)にとっても有意義になる可能性を指摘した．

　しかし，そのような保護規定は債務不履行時に抵当権を侵害することになる．もし債務者についての情報が容易に入手できるのであれば，そのような抵当権侵害は，当初の債務契約における利子率を高めるだけで，均衡貸出量に影響を与えないという意味で中立的になる．

　ところが，一般に資金貸借取引では，借り手のリスク等について顕著な情報の非対称性が存在する．このような場合には，金利の上昇はリスクの高い借り手だけを貸出市場に残し，リスクの低い借り手を市場から退出させてしまうという点で，逆選択の効果を持っている．その結果，均衡貸出量が減少するといった非効率性を生み出す要因になることを明らかにした．これは近年の「貸し渋り」についても重要な示唆を与えるものである．

　このような非効率性は，執行手続きなどの法改正によって，抵当権行使への妨害行為を完全に封じ込めることができても，完全に排除することはできない．この点で，短期賃借権のように，抵当権設定に劣後する権利を保護することを法的に強制することは正当化できない．

　抵当権に劣後する賃借権を保護することは，いま述べたように賃料を高める結果，所有権者も抵当権者である債権者にも有利である．このことは法的に強

制しなくても，必要に応じて，そのような契約が市場で結ばれる可能性を示唆している．この意味では，本分析は，短期賃借権に替わって導入された「抵当権者同意型の賃借権保護」を正当化するものである．次章では，この問題をより詳しく検討していこう．

Appendix1-A：(6–4) 式の偏微係数の符号

$$\frac{d\overline{\theta}}{dr} = \frac{I\int_{\hat{x}(\sigma)}^{\infty} dF}{\partial \pi_F / \partial \overline{\theta}} = \frac{I\{1 - F(\hat{x}(\sigma))\}}{\partial \pi_F / \partial \overline{\theta}} > 0 \tag{A1-1}$$

$$\frac{d\overline{\theta}}{dC} = \frac{\beta \int_0^{\hat{x}(\sigma)} dF}{\partial \pi_F / \partial \overline{\theta}} = \beta \frac{F(\hat{x}(\sigma))}{\partial \pi_F / \partial \overline{\theta}} > 0 \tag{A1-2}$$

$$\frac{d\overline{\theta}}{d\beta} = \frac{C \int_0^{\hat{x}(\sigma)} dF}{\partial \pi_F / \partial \overline{\theta}} = C \frac{F(\hat{x}(\sigma))}{\partial \pi_F / \partial \overline{\theta}} > 0 \tag{A1-3}$$

なお上の導関数の分母の符号は次式で与えられる．

$$\frac{\partial \pi_F(\overline{\theta}, r, C)}{\partial \overline{\theta}} \equiv \int_{\hat{x}(\sigma)}^{\infty} \{x - (1+r)I\} dF_\theta - \beta C \int_0^{\hat{x}(\sigma)} dF_\theta > 0 \tag{A1-4}$$

これは，mean preserving spreads の分布に関して $\int_0^\infty dF_\theta = 0$, $\int_0^y F_\theta dx > 0$ が成り立つことに注意すると，(A1–4) 式から

$$\frac{\partial E\pi_F(\overline{\theta}, r, C)}{\partial \overline{\theta}} = \int_{\hat{x}(\sigma)}^{\infty} x dF_\theta - (1+r)I \int_0^{\infty} dF_\theta + \left[(1+r)I - \beta C\right] \int_0^{\hat{x}(\sigma)} dF_\theta$$

$$= \frac{\partial E(x)}{\partial \theta} - \int_0^{\hat{x}(\sigma)} x dF_\theta + \left[(1+r)I - \beta C\right] \int_0^{\hat{x}(\sigma)} dF_\theta = \int_0^{\hat{x}(\sigma)} \left[(1+r)I - \beta C - x\right] dF_\theta$$

$$= \left[(1+r)I - \beta C - \hat{x}(\sigma)\right] F_\theta(\hat{x}(\sigma)) - \left[(1+r)I - \beta C - 0\right] F_\theta(0) + \int_0^{\hat{x}(\sigma)} F_\theta dx$$

$$= \int_0^{\hat{x}(\sigma)} F_\theta dx > 0$$

となる．

Appendix1-B:（6–6）式の偏微係数の符号

$$\frac{dr^D}{dL^D} = -1 \bigg/ \left(Ig(\overline{\theta})\frac{\partial \overline{\theta}}{\partial r} \right) < 0 \tag{A1–5}$$

$$\frac{dr^D}{d\beta} = -\frac{\partial \overline{\theta}}{\partial \beta} \bigg/ \frac{\partial \overline{\theta}}{\partial r} = -\frac{CF(\hat{x}(\sigma)|\overline{\theta})}{I\{1-F(\hat{x}(\sigma)|\overline{\theta})\}} < 0 \tag{A1–6}$$

$$\frac{dr^D}{dC} = -\frac{\partial \overline{\theta}}{\partial C} \bigg/ \frac{\partial \overline{\theta}}{\partial r} = -\frac{\beta F(\hat{x}(\sigma)|\overline{\theta})}{I\{1-F(\hat{x}(\sigma)|\overline{\theta})\}} < 0 \tag{A1–7}$$

Appendix1-C:（6–8）式の導出

$$\frac{dE\pi_B}{dr} = \frac{\partial E\pi_B}{\partial r} + \frac{\partial E\pi_B}{\partial \overline{\theta}} \frac{\partial \overline{\theta}}{\partial r}$$

$$= \int_{\overline{\theta}}^{\theta_H} I(1-F(\overline{x}|\theta)) \frac{dG}{1-G} + \left(\frac{\partial}{\partial \overline{\theta}} \int_{\overline{\theta}}^{\theta_H} \pi_B \frac{dG(\theta)}{(1-G(\overline{\theta}))} \right) \frac{\partial \overline{\theta}}{\partial r}$$

$$= \int_{\overline{\theta}}^{\theta_H} I(1-F(\overline{x}|\theta)) \frac{dG}{1-G} - \pi_B(\overline{\theta}) \frac{dG(\overline{\theta})}{(1-G(\overline{\theta}))} \frac{\partial \overline{\theta}}{\partial r} + \int_{\overline{\theta}}^{\theta_H} \pi_B \frac{dG(\theta)dG(\overline{\theta})}{(1-G(\overline{\theta}))^2} \frac{\partial \overline{\theta}}{\partial r}$$

$$= \int_{\overline{\theta}}^{\theta_H} I(1-F(\hat{x}|\theta)) \frac{dG}{1-G} + \left((E\pi_B - \pi_B(\overline{\theta})) \frac{g(\overline{\theta})}{(1-G(\overline{\theta}))} \right) \frac{\partial \overline{\theta}}{\partial r}$$

他の変数も同様である.

Appendix2-A:（6–10）式の偏微係数の符号

$\Delta \equiv \frac{\partial E\pi_B}{\partial r} + \frac{\partial E\pi_B}{\partial \overline{\theta}} \frac{\partial \overline{\theta}}{\partial r} > 0$ のとき，以下のように計算できる.

$$\frac{dr^S}{dL^S} = I\left\{ \frac{\partial i}{\partial L^S} \right\} \bigg/ \Delta > 0 \tag{A2–1}$$

$$\frac{dr^S}{d\beta} = -\left\{ \frac{\partial E\pi_B}{\partial \beta} + \frac{\partial E\pi_B}{\partial \overline{\theta}} \frac{\partial \overline{\theta}}{\partial \beta} \right\} \bigg/ \Delta < 0 \tag{A2–2}$$

192 第Ⅱ部 権利間の対立を解きほぐす

$$\frac{dr^S}{dC} = -\left\{\frac{\partial E\pi_B}{\partial C} + \frac{\partial E\pi_B}{\partial \overline{\theta}}\frac{\partial \overline{\theta}}{\partial C}\right\}\bigg/\Delta < 0 \qquad (A2\text{–}3)$$

ここで $\Delta > 0$ のとき，

$$\frac{\partial E\pi_B}{\partial \beta} + \frac{\partial E\pi_B}{\partial \overline{\theta}}\frac{\partial \overline{\theta}}{\partial \beta} > \frac{\partial E\pi_B}{\partial \beta} - \left(\frac{\partial E\pi_B}{\partial r}\bigg/\frac{\partial \overline{\theta}}{\partial r}\right)\frac{\partial \overline{\theta}}{\partial \beta}$$

$$= \int_{\overline{\theta}}^{\theta_H} CF(\hat{x}|\theta)\frac{dG(\theta)}{1-G(\overline{\theta})} - \int_{\overline{\theta}}^{\theta_H} I(1-F(\hat{x}|\theta))\frac{dG(\theta)}{1-G(\overline{\theta})}\frac{CF(\hat{x}|\overline{\theta})}{I(1-F(\hat{x}|\overline{\theta}))}$$

$$= CF(\hat{x}|\overline{\theta})\int_{\overline{\theta}}^{\theta_H}\left\{\frac{CF(\hat{x}|\theta)}{CF(\hat{x}|\overline{\theta})} - \frac{I(1-F(\hat{x}|\theta))}{I(1-F(\hat{x}|\overline{\theta}))}\right\}\frac{dG(\theta)}{1-G(\overline{\theta})} > 0$$

C についても，同様．

Appendix2-B: （6–11）式の偏微係数

$\Delta < 0$ の時，Appendix2-A と同様に，

$$\frac{\partial E\pi_B}{\partial \beta} + \frac{\partial E\pi_B}{\partial \overline{\theta}}\frac{\partial \overline{\theta}}{\partial \beta} < \frac{\partial E\pi_B}{\partial \beta} - \left(\frac{\partial E\pi_B}{\partial r}\bigg/\frac{\partial \overline{\theta}}{\partial r}\right)\frac{\partial \overline{\theta}}{\partial \beta}$$

$$= CF(\hat{x}|\overline{\theta})\int_{\overline{\theta}}^{\theta_H}\left\{\frac{CF(\hat{x}|\theta)}{CF(\hat{x}|\overline{\theta})} - \frac{I(1-F(\hat{x}|\theta))}{I(1-F(\hat{x}|\overline{\theta}))}\right\}\frac{dG(\theta)}{1-G(\overline{\theta})}$$

この不等式の最後の式は厳密に正である．したがって，利子率上昇に伴う二つの効果が十分に相殺しあい，$\Delta = 0$ に近づくときには，上式の最初の式は正になる可能性を排除できない．また C についても全く同様である．このとき，供給曲線は C や β の上昇によって上方にシフトする．

ただし，逆選択の効果が十分に大きくなると，不等式の最初の式は，中央の式の値より大幅に小さくなり，負になるため，供給曲線は下方にシフトする．

Appendix3

$$\begin{aligned}
sign\left(\left|\frac{\partial r^S}{\partial \beta}\right| - \left|\frac{\partial r^D}{\partial \beta}\right|\right) &= sign\left(\left[\frac{\partial E\pi_B}{\partial \beta} + \frac{\partial E\pi_B}{\partial \bar{\theta}}\frac{\partial \bar{\theta}}{\partial \beta}\right] \middle/ \left[\frac{\partial E\pi_B}{\partial r} + \frac{\partial E\pi_B}{\partial \bar{\theta}}\frac{\partial \bar{\theta}}{\partial r}\right] - \left[\frac{\partial \bar{\theta}}{\partial \beta}\right] \middle/ \left[\frac{\partial \bar{\theta}}{\partial r}\right]\right) \\
&= sign\left(\left[\frac{\partial E\pi_B}{\partial \beta} + \frac{\partial E\pi_B}{\partial \bar{\theta}}\frac{\partial \bar{\theta}}{\partial \beta}\right]\left[\frac{\partial \bar{\theta}}{\partial r}\right] - \left[\frac{\partial E\pi_B}{\partial r} + \frac{\partial E\pi_B}{\partial \bar{\theta}}\frac{\partial \bar{\theta}}{\partial r}\right]\left[\frac{\partial \bar{\theta}}{\partial \beta}\right]\right) \\
&= sign\left(\left[\frac{\partial E\pi_B}{\partial \beta}\right]\left[\frac{\partial \bar{\theta}}{\partial r}\right] - \left[\frac{\partial E\pi_B}{\partial r}\right]\left[\frac{\partial \bar{\theta}}{\partial \beta}\right]\right) \\
&= sign\left(\left[\frac{\partial E\pi_B}{\partial \beta}\right] \middle/ \left[\frac{\partial \bar{\theta}}{\partial \beta}\right] - \left[\frac{\partial E\pi_B}{\partial r}\right] \middle/ \left[\frac{\partial \bar{\theta}}{\partial r}\right]\right) \\
&= sign\left(\int_{\bar{\theta}}^{\theta_H} \frac{CF(\theta)}{CF(\bar{\theta})}\frac{dG}{1-G(\bar{\theta})} - \int_{\bar{\theta}}^{\theta_H} \frac{I(1-F(\theta))}{I(1-F(\bar{\theta}))}\frac{dG}{1-G(\bar{\theta})}\right) \\
&= sign\left(\int_{\bar{\theta}}^{\theta_H} \left\{\frac{CF(\theta)}{CF(\bar{\theta})} - \frac{I(1-F(\theta))}{I(1-F(\bar{\theta}))}\right\}\frac{dG}{1-G(\bar{\theta})}\right) > 0
\end{aligned}$$

第7章
定期借地・借家権と抵当権行使
——賃借権と抵当権の対立(2)

1. はじめに

　前章で明らかにしたように，抵当権侵害に利用される短期賃借権の問題が金融機関の不良債権処理との関係で主要な議論の対象となり，2004年に施行された担保執行制度の大幅な改正によって，短期賃借権制度の原則的な廃止も決まった[1]．他方，この廃止に至る議論の中で，抵当権に劣後する賃借権保護のあり方が重要な論点ともなった．

　賃貸住宅では，家主が住宅建設費用を金融機関から借り入れ，建設した住宅に抵当権を設定することが一般的である．その結果，当然のことながら，借家の賃借権は抵当権に劣後する．これに対して，一部の民法学者からは，建物については，むしろ短期賃借権を強化すべきとの主張さえ見られた[2]．もちろん，抵当権行使の可能性を考慮して賃借権保護のあり方を検討することは，効率性の観点からもきわめて重要である[3]．しかし，こうした主張は，短期賃借権が資金貸借取引に及ぼす影響を十分に考慮していないという点で，容易に賛成できな

---

[1] ただし，借家人の立ち退きには，6ヶ月の明け渡し猶予期間が設けられた．しかし，この猶予期間が「買受後」とされたことは，第3章で議論した抵当権の機能という観点からすると，必ずしも望ましくない．むしろ，債務不履行後に賃借人を立ち退かせるべきか否かの決定は，抵当権者に委ねる方が効率的である．また，この改正では，競売を妨害して，買受までの期間を引き延ばそうとする濫用の余地が残る．詳しくは瀬下(2004)を参照．また内田(2006) p. 441–443「改正法の問題点」は，賃借人の明け渡し負担を買受人に負わせる点にあると指摘している．

[2] たとえば，代表的なものとしては，生熊(2002)などがある．

[3] 前章の最後にも指摘したように，適正な家賃を払っている優良な賃借人に対して買受人が明け渡しを求めることは，投資目的で賃貸用不動産を購入する場合には，ありそうにない．

い．

　本章では，抵当権の執行妨害に利用できる短期賃借権制度が廃止されたことを前提として，抵当権行使と賃借権との関係について検討しよう．この際に問題となるのは，短期賃借権制度によらなくても，効率性を阻害することなく，賃借人を十分に保護できる契約が提示できるか否かという点である．もし，それが不可能な場合には，どのような代替的な制度や施策が準備されるべきかが検討されなければならない．

　賃借権保護の観点から重要なのは，賃借人の投資や努力がサンク・コストとしての性格を有する点にある．近年導入された定期借地・借家契約を用いると，第5章で検討したように，ホールド・アップ効果と法的救済効果をバランスさせることで，借り手の効率的な投資水準を達成することができる．

　賃貸借契約で契約の継続期間を規定することによって，継続期間が長くなれば法的救済効果が大きくなり，逆に短くなればホールド・アップ効果が大きくなる．両者をうまくバランスさせるような継続期間を見つけることで，社会的に効率的な投資が達成される．すでに明らかにしたように，こうした議論は，家主が住宅投資をし，借家人がその借家に固有の投資をする場合にも成立する．

　しかし，第5章の議論は，所有権と賃借権の関係に焦点をあてたものであり，抵当権が行使される可能性を考慮していない．賃借権が抵当権に後れて設定される場合，抵当権が行使されると定期借地・借家権の保護規定では，抵当権者に対抗することはできない．そこで，この章では第5章の議論を抵当権行使がある場合に拡張してみよう．

　モデルを説明する前に，本章の議論を要約しておこう．抵当権行使に対して，借地と借家では，所有権者と賃借人の行動がそれぞれ異なっている．この点を考慮して，第2節で借地契約を考えてみよう．抵当権が行使され，賃借権がこれに対抗することができない場合には，借地人の住宅投資からの収益は保護されなくなる．借地人は，このような抵当権行使の可能性を考慮して投資水準を決定する．

　したがって，住宅投資の水準に影響を及ぼさないように，抵当権行使の可能性がない場合よりも借地人の保護を手厚くする必要がある．すなわち，定期借地権による保護期間は，抵当権が行使される確率分だけ割り増しされなければ

ならない.

　しかし,このような割り増しされた保護期間は契約では実現できない可能性がある.抵当権行使が土地の利用と独立に生じるため,抵当権行使によってその保護が無効になる可能性がある限り,借地権を完全に保護することは不可能である.

　それにもかかわらず,実は効率的な結果は達成される.この理由は,そうした場合には,賃貸借契約ではなく所有権取引が実施されるからである.これによって,土地に対する効率的な住宅投資水準が達成される.借地権をある程度保護しても優先する抵当権によって非効率性が発生するならば,売買取引をすることで抵当権自体を解除して,あらゆる経済主体の利得が改善する余地が常に存在する.

　次に,第3節で借家契約の問題を考えよう.借家契約では住宅投資は,土地の所有権者によって実施される.そのため,第5章で議論したように借家人に投資機会が存在しなければ,借家人の保護は何ら正当化されない.情報が対称的な場合には賃借権保護がなければ,その分だけ当初の家賃が低下するだけで,法的な保護の程度は,家主の実質家賃収入にも影響を及ぼさない.その結果,家主の住宅投資にも何の影響も及ぼさない.そして,この議論は抵当権の実行が予想される場合にも簡単に拡張できる.

　これに対して,借家人にその賃貸住宅に固有の投資機会がある場合には,借地における賃借人の住宅投資と同様の問題が生じる.ただし,借地契約同様に,抵当権実行の可能性を十分に考慮して,賃貸借契約の保護期間を設定することができれば,借家人の投資は影響を受けなくなるので,家主の住宅建設も阻害されず,効率的な結果が達成される.

　もちろん,借地契約同様に,そのような保護期間を設定することができない場合が存在するが,この場合にも住宅の売買取引によって問題を解決することができる.

　ただし,賃貸住宅を選択する消費者の中には,流動性制約などに直面しているために,売買契約を結べない人々が数多く存在するかもしれない[4].また,第

　4）　本来は,この問題は賃借権保護の問題として議論するよりも,中古住宅市場の非効率性

2章で説明したように，取引費用があるため，相対的に短期の売買を繰り返すよりも，賃貸借契約の方が望ましい可能性もあり，これを保護できるならばその方向性を探ることも意義があるだろう．

担保執行制度の改正では，抵当権者との同意に基づく賃借権の設定に対しては，抵当権に劣後する賃借人でも抵当権者に対抗できる旨の改正（抵当権者同意型賃貸借契約）がなされた．実際，抵当権者の同意によって問題は解決され得る．この点を最後に説明するとともに，この規定に残る問題点と今後の改正の方向性を示すことにしよう．

本章において，理論的に重要な論点は契約における第三者の存在である．優先する抵当権者の存在は，劣後する賃貸借契約において第三者としての役割を持つ．この場合，所有者と賃借人の間の契約だけで問題を効率的に解決することは，必ずしもできない．なぜなら，契約に外部性が発生する可能性があるからである[5]．

この問題の基本的な解決方法は，契約関係からの余剰が外部に流出することを防ぐことである．そのための一つの重要な手段は，第三者である抵当権者を契約の中に取り込むことである．こうした観点から，所有権取引に移行するために必要とされる抵当権者の同意に基づいた抵当権の消除（第3章脚注32参照）や，同じく抵当権者の同意を前提とする優先賃借権の導入は正当化される．

本章の議論は，持ち家と借家の選択（tenure choice）の問題にも重要な視点を提示する．これは，持ち家の選択においても，抵当権実行という外部主体の行動が，重要な影響を及ぼす可能性を示しているからである．

2. 抵当権に劣後する定期借地権の問題

第5章で示した「定期借地・借家契約が，社会的に最も効率的な投資水準を導く」という結論は，賃借権が抵当権に劣後するような場合には，当然そのまま

の問題として議論すべきである．中古住宅市場で住宅の品質が過小に評価されている結果，住宅ローン契約の際に，住宅の将来の売却価格よりも購入者の所得が重視されてしまう．この点が，流動性制約を生み出す重要な要因になっている可能性が高い．

[5] Chung (1992) や Spier and Whinston (1995) の議論参照．

では成立しない．抵当権が行使された場合，たとえ借地人・借家人が住み続けることができるとしても，それまでの定期借地・借家契約による保護期間は認められず，契約が変更され，賃料の引き上げも可能になるからである．

抵当権行使との関係を議論するために，基本モデルとして，第5章のモデルと交渉解をそのまま利用する．ただし，抵当権の行使を次のようにモデル化しよう．いま，抵当権設定者が $1+t$ の保護期間の内に債務を返済できなくなる結果，抵当権が行使される確率を $m \in [0,1]$ で表すものとする．したがって，逆に $1-m$ の確率で抵当権は行使されない．このとき $m=0$ の状態が第5章の分析に対応する．なお，借地については2003年改正で借地上の建物も含めた一括競売が認められるようになったため，以下の分析は，この一括競売を前提に議論する．そのため，競売が実施されると借地人は立ち退く可能性がある．ただし，議論が複雑になるのを避けるため，建物部分への競売の配当は，以下の取引とは独立になされるとして無視する．

いま議論を簡単にするために，抵当権行使時点は第1期末で第2期の転用機会からの利得 v が実現する以前であるとしよう．また競売が実施された場合には，第1期の終わりに購入者が v の実現値を知った上で再交渉が生じるものとする．これによって競売価格を将来の利用機会の期待値として計算することができる[6]．

もともと第5章の議論においては，第1期の期末とは，新たな状況が発生して再交渉が実施される時期を意味しているだけであり，特に明確な時期や期間を規定するものではない．そのため抵当権実行という事態を，交渉が必要となるような新しい状況の発生と解釈することも，理論上可能である．したがって，

---

[6] この仮定を置くことで，競売価格を単に将来の利用から得られる収益の期待値と考えて計算することができる．そのため所有権者が債務を履行できない場合に受け取る期待利得を後出の (7–3) 式のように簡単に記述でき，それ以降の計算も容易になる．

もし，転用機会が実現した後で競売価格が決まるとすると，実現した転用価値に応じて選択される利用方法が変化し，その収益から競売価格を求める．そのうえで，有限責任性の下では，その価値から負債額を差し引いた値が正になる場合の期待値を計算しなければならない．

しかし，この議論では有限責任制のもとで，賃借人が実施する投資の利得の一部が抵当権者に移転する可能性があるという点だけが重要であり，この仮定は議論に本質的な影響を与えるものではない．

この最初の交渉時点を抵当権行使時点と見なしても，何らの問題や矛盾を生み出さない．

さらに，抵当権行使の可能性は，土地の利用形態からは独立に決まるものとする．したがって，社会的に最適な投資水準は，抵当権行使から独立になり，依然として第5章の (5–8) 式を満たす投資水準 h^* となる．

2.1 投資の効率性

抵当権行使時点が第1期の期末に確率 m で発生すると仮定すると，定期借地契約の下で法的救済効果が働くのは，以下の場合だけになる．すなわち，第2期の保護期間 t が $1-m$ の確率で有効になる結果，保護期間の期待値は $(1-m) \times t$ となる．他方，保護がなくなる期間の期待値は，$(1-t)$ に抵当権行使で保護が消滅する場合の期待値 $m \times t$ を加えた値 $(1-t)+mt$ となる．したがって，借り手の目的関数は次の式で与えられる．

$$u_1(h) - r_1 + (1-m)t \left\{ \int_{\underline{v}}^{u_2} \{u_2(h) - r_2^C\} f(v)dv + \int_{u_2}^{\bar{v}} s_2^P f(v)dv \right\} \\ + \left\{ (1-t) + mt \right\} \left\{ \int_{\underline{v}}^{u_2} \{u_2(h) - r_2^N\} f(v)dfv + \int_{u_2}^{\bar{v}} s^C f(v)dv \right\} - qh \quad (7\text{--}1)$$

ここで s_2^P と r_2^N は，それぞれ第5章の (5–4) 式と (5–5) 式で与えられる．

そのため $(1-m)t$ の期待保護期間に対してのみ法的救済効果が働き，残りの期間（の期待値）$(1-t)+mt$ に対してはホールド・アップ効果が働くから，両者をバランスさせる t の値は第5章の議論と同様に，以下の条件を満たす t によって与えられる．

$$(1-m)t \int_{u_2(h)}^{\bar{v}} \lambda^P \frac{\partial u_2(h)}{\partial h} f(v)dv \bigg|_{h=h^*} = \left\{ mt + (1-t) \right\} \int_{\underline{v}}^{u_2(h)} \lambda^N \frac{\partial u_2(h)}{\partial h} \bigg|_{h=h^*}$$

これを t に関して解くと次式を得る[7]．

---

7) $m=0$ の時には3.1項の結果と一致することに注意．

$$t^*(m) = \frac{F(u_2(h^*))\lambda^N}{(1-m)\{(1-F(u_2(h^*)))\lambda^P + F(u_2(h^*))\lambda^N\}} \qquad (7\text{--}2)$$

　この (7–2) 式は第 5 章の (5–16) 式と比較すると，定期借地権による保護期間は抵当権行使の確率分だけ延長されなければならないことを示している．このような $t^*(m)$ が存在するとき，抵当権行使があっても，賃借人の投資収益を十分に保護する効率的な契約を作ることが可能となる[8]．

　なお，この式は家主の交渉力が法的状況から独立して等しくなるとき，すなわち $\lambda^P = \lambda^N$ のとき，$t^*(m|\lambda^N = \lambda^P) = F(u_2(h))/(1-m)$ となり，簡単な解釈が可能になる．すなわち，この場合には，転用される確率 $(1-F(u_2(h)))$ が抵当権の行使される確率 m よりも高ければ（$m \leq 1-F(u_2(h))$ ならば），(7–2) 式で表される保護期間 t が 0 と 1 の間に存在する．この場合には，抵当権が行使される可能性がある場合でも，第 5 章の議論と同様に，効率的な借地人の住宅投資を達成する定期借地契約が可能となる．

　しかし (7–2) 式を満たす $t^*(m)$ は 0 と 1 の間に常に存在するとは限らない．$\lambda^P = \lambda^N$ のときの例で考えれば，転用される確率 $(1-F(u_2(h)))$ が抵当権の行使される確率 m よりも低ければ，(7–2) 式を満たす $t^*(m)$ は 1 より大きくなる．このことは抵当権が行使される可能性がある場合には，定期借地契約では抵当権に劣後する賃借権を十分に保護できない可能性があることを意味している．

　この点に対する解決策については後に議論することにして，ここで興味深いことは，借地人の保護期間における交渉力を高めても（すなわち家主の交渉力 λ^P を 0 に近づけても），$t^*(m)$ が $[0, 1]$ に存在する可能性は高くならないどころか，むしろ低下してしまうという点である．特に，十分大きな交渉力を得ると（λ^P が十分に 0 に近くなると），$t^*(m)$ は区間 $[0, 1]$ に存在しなくなってしまう．

　この結論は，一見逆説的に思われる．なぜなら抵当権行使によって，賃借権

---

[8] この証明方法は，m に関する項が入っているが，第 5 章の説明とほとんど同じなので省略する．

者による投資の利益が抑制されることに対して，賃借権者の権利を強めることで問題が解決できそうに思えるからである．

しかし，借地人の交渉力を高くすることによって，保護期間における転用利得の過小評価を修正しても，それは，借地人による過大投資の誘因を減らす結果にしかならず，抵当権行使に伴う過小投資の誘因を相対的に大きくしてしまう．むしろ賃借人が転用時に得る利得を過小評価させる方が，実際の居住からの効用を高めるインセンティブに結びつき，土地所有者の抵当権行使に伴う投資収益の過小評価を相殺することができる．

2.2 土地所有者の選択

次に，貸し手（土地所有者）の契約提示に関するインセンティブを調べてみよう．いま，単純化のために抵当権設定者は土地所有者であり，この所有者が負債を負っている債務者であるとする．すなわち，所有者と抵当権設定者および債務者はすべて同一主体である通常の契約を考える．この所有者の第1期の期末における負債総額を D とする．住宅投資の水準が h の下で，第1期末において予想される効率的な土地の競売価格の期待値を $Z(h)$ とする．

土地の所有権者（債務者かつ抵当権設定者）が第1期の期末に確率 m で返済することができないとき，$Z(h) \geq D$ ならば，所有権者が第1期の期末に受け取る期待利得は，$Z(h) - D$ である．

他方，$Z(h) < D$ ならば，すなわち担保割れの状態にあるとすれば，競売によって得られる金額はすべて債権者のものとなるため，所有権者は何も受け取ることはできない．したがって，有限責任制の下で，第1期の終わりに所有権者が，債務を履行できない場合に受け取る期待利得は，以下のように書くことができる[9]．

$$m \times \max\{Z(h) - D, 0\} \tag{7-3}$$

---

[9] もし所有権者が有限責任ではなく，無限責任の状態にあるならば，$m \times \{Z(h) - D\}$ と書くことができる．この場合には，以下で説明するような契約の外部性の問題は発生しない．ただし，現在の法制度では破産による免責が認められており，有限責任制を前提に議論する必要がある．

したがって，土地の所有権者の利得関数 $X(t)$ は以下のように書ける．

$$X(t) = r_1 + (1-m) \ t \left\{ \int_{\underline{v}}^{u_2(h)} r_2^C f(v)dv + \int_{u_2(h)}^{\bar{v}} (v - s^P) f(v)dv \right\}$$
$$+ (1-m)(1-t) \left\{ \int_{\underline{v}}^{u_2(h)} r_2^N f(v)dv + \int_{u_2(h)}^{\bar{v}} (v - s^C) f(v)dv \right\}$$
$$- (1-m)D + m \cdot \max \left\{ Z(h) - D, 0 \right\} \tag{7-4}$$

(7–4) 式の右辺第2項は，債務者(所有権者)が債務不履行を起こさずに，賃貸借契約がそのまま継続する保護期間において，所有権者が受け取る期待利得を表し，第3項はその場合の保護期間終了後の期待利得である．そして第4項はその場合の負債の返済額を表し，第5項は，債務が返済できなくなった場合に実施される競売実行後に，所有権者が受け取る金額の期待値である．

競争的な市場では，第1期の賃料は将来の立ち退き料や将来の賃料を反映して決まる．その際，いかなるレントも借地人には生じない．したがって，保護期間 t に関して賃借人が選択する住宅水準を $h(t)$ とすると，第1期の賃料は以下のように決まる．

$$r_1 = u_1(h) + (1-m) \ t \left\{ \int_{\underline{v}}^{u_2} \left\{ u_2(h) - r_2^C \right\} f(v)dv + \int_{u_2}^{\bar{v}} s_2^P f(v)dv \right\}$$
$$+ \left\{ (1-t) + mt \right\} \left\{ \int_{\underline{v}}^{u_2} \left\{ u_2(h) - r_2^N \right\} f(v)dfv + \int_{u_2}^{\bar{v}} s^C f(v)dv \right\} - qh \tag{7-5}$$

次に，競売価格がどのように決まるか考えよう．競売市場が仮に競争的で，効率的な価格付けを実現できるとするならば，その価格は，新しい所有者がその所有権を獲得することによって得ることができる利得に等しい．新規の所有者が土地を転用しない場合には，賃借権の保護がない下で，新しい借地契約を作成することによって $\lambda^N(u_2(h(t)) - v) + v - s^C$ の収益を得ることができる．

これに対して，転用する場合には，借地人に対する補償額は保護されない下での立ち退き料 s^C になるため，新しい土地所有者の利得は $v - s^C$ となる[10]．し

---

10) この場合，競落人が自己利用する場合の効用は，v で表されていると解することができる．

たがって，第1期末の不動産競売価格の期待値は次のように書ける．

$$Z(h(t)) = \int_{\underline{v}}^{u_2(h(t))} \{\lambda^N (u_2(h(t)) - v) + v - s^C\} f(v) dv + \int_{u_2(h)}^{\bar{v}} \{v - s^C\} f(v) dv \quad (7\text{--}6)$$

さらに，(7–5) 式を所有権者の利得関数 (7–4) 式に代入すると，次式を得る．

$$X(t) = \begin{cases} u_1(h(t)) + \int_{\underline{v}}^{u_2(h(t))} u_2(h(t)) f(v) dv + \int_{u_2(h(t))}^{\bar{v}} v f(v) dv \\ \quad - (1-m)D - mD - qh(t) & \text{if} \quad Z(h(t)) \geq D \\ u_1(h(t)) + \int_{\underline{v}}^{u_2(h(t))} u_2(h(t)) f(v) dv + \int_{u_2(h(t))}^{\bar{v}} v f(v) dv \\ \quad - (1-m)D - mZ(h(t)) - qh(t) & \text{if} \quad Z(h(t)) < D \end{cases} \quad (7\text{--}7)$$

ここで $Z(h(t))$ は (7–6) 式で与えられる．

上式右辺の各段の第4項と第5項は，債権者に帰属する価値の期待値を表している．もし，その時点における借地人の住宅投資 h を所与として，第1期末において土地所有者が担保割れを起こさない ($Z(h) \geq D$) ならば，債権者に移転する価値は負債額 D に等しく，担保割れを起こしている ($Z(h) < D$) ならば $Z(h)$ であり，(7–6) 式で与えられる．

注意すべきことは，担保割れを起こさない限りにおいて，第1期末に債権者に移転する価値額は，借地人の住宅投資の水準と無関係に一定 (D) であるのに対し，担保割れを起こした場合には，価値の移転額は借地人の住宅投資 h の水準に依存する点である．前者は，債務契約において債務者が残余請求権者になるという特性を維持する結果であり，後者は担保割れの局面で，この残余請求権者としての特性を失うことを意味する．

債務者が残余請求権者である場合には，当該不動産の利用に関して，効率的な利用を追求するインセンティブがある．このことから，(7–2) 式で定義される $t^*(m) \in [0, 1]$ が存在し，社会的に効率的な住宅投資の水準 ($h = h^*$) の下で，土地所有者の負債が担保割れを起こさない場合には，競争的な市場で，このような保護期間を含む契約が貸し手によって自主的に提示されることがわかる[11]．

---

11) この証明も基本的には，第5章の説明と同じであるが，以下の議論のため概略を示す．所

しかし，第1期末に担保割れが生じることが予想される場合（(7-7) 式の下段のケース）には，この特性は失われる．(7-2) 式で定義される $t^*(m) \in [0, 1]$ が存在しても，社会的に効率的な住宅投資の水準 ($h = h^*$) の下で，土地所有者の負債が担保割れを起こす場合には，借地人に提示される保護期間は $t^*(m)$ より小さくなってしまう（脚注 11 参照）．その結果，効率的な住宅投資水準は達成されなくなってしまう．

これは，契約の外部性の効果を反映していると解釈することができる．すなわち，借地契約を結ぶ際に，将来の利得が抵当権者という第三者に移転する可能性がある．もしこの移転額が賃借人の投資額に依存せず一定で，かつ賃借人が投資収益に関する完全な残余請求権者にとどまるならば，投資収益を最大化するような契約が結ばれることは容易に理解できる．これが効率的な契約を提示するという最初の結論を導く．

しかし，移転額が賃借人の投資額に依存する場合，契約当事者は当然この効果を考慮して行動する．投資を増加する際に，その投資収益の一部が自分たちと直接関係ない主体に移転してしまう可能性があれば，その分，所有権者や借地人は投資収益の限界的な増加分を過小に評価してしまう．

有権者の期待利得 $X(t)$ を t に関して最大化するための一階の条件は，以下のように書ける．

$$\frac{\partial X}{\partial t} = \frac{\partial X}{\partial h}\frac{\partial h}{\partial t} = 0$$

ここで，所有者の利得を最大にする住宅投資 h に関する導関数は，以下のようになる．

$$\frac{\partial X}{\partial h} = \begin{cases} \dfrac{\partial u_1(h(t))}{\partial h} + F(h)\dfrac{\partial u_2(h(t))}{\partial h} - q & \text{if} \quad Z(h(t)) \geq D \\ \dfrac{\partial u_1(h(t))}{\partial h} + F(h)(1-m)\dfrac{\partial u_2(h(t))}{\partial h} - q & \text{if} \quad Z(h(t)) < D \end{cases}$$

陰関数定理から t に関して $h(t)$ が導け，保護期間 t の増加関数であることがわかる．したがって，t に関する一階の条件は $\partial X / \partial h = 0$ の場合にのみ成り立つ．この上の式の場合分けと $t^*(m)$ が区間 $[0, 1]$ に存在するか否かの組み合わせによって，本文中のそれぞれの結果が導かれる．詳しくは，若干モデルが簡略化してあるが，瀬下（2003b）の 40 ページ以下を参照．

その結果，競争的な市場においてさえ，社会的に最も効率的な水準より低い投資水準しか達成できなくなる．第 1 期末で担保割れが生じる場合には，その弁済額が投資額に依存してしまうため，市場では，こうした外部性を内部化できなくなり，非効率な契約が提示されてしまう．

もちろん，くりかえしになるが，$t^*(m) \in [0, 1]$ が存在しない場合には，もともと過小な保護しか達成され得ない．

2.3 借地人が競売市場に参加する場合

ここで，2.2 項の後半の「第 1 期末に担保割れが生じる場合に，効率的な契約が提供されない」という結果が契約の外部性に依存するとすると，賃借人が競売手続きを通じて賃貸住宅を購入する場合は事態を改善するだろうか．競売市場が競争的で，効率的な所有権移転を達成できるならば，これは一見可能なように思われる．賃借人が居住し続けることが最も効率的である場合には，賃借人が最も高い競売価格を提示できる可能性があり，その場合賃借人に所有権が移転するはずである．

しかし，他の競売参加者が落札・購入した場合には，賃借人はすでに投資を実施した後であるから，賃借人に高い賃料を負わせることができる．そのため，他の競売参加者もその家賃を前提に競売価格を提示することになる．その場合，賃借人が競り落とすには結局，(7–6) 式で定義した価格 $Z(h)$ と等しい（あるいはそれ以上の）価格を提示する必要がある．

したがって，その高くなった競売価格分だけ抵当権者に価値移転が起こる結果になり，2.2 項の結果と同じになる．そのため，競売市場の整備だけで，賃借人の保護を達成することはできない．

2.4 借地権保護と所有権取引

これまでの結果にもかかわらず，担保執行制度の改正論議を通じて，借地については短期賃借権の完全な廃止がかなり早期に受け入れられたという．これを認める法律家の代表的な見解は，「建物のような大規模な投資に対して，5 年間という短期の賃借権保護ではもともと保護の機能を果たせていないので保護は必要ない」というものである[12]．

しかし，多くの法律家にこの見解が受け入れられていたのだとすると，その上で借家権保護の必要性が検討されること自体，奇妙な話である．建物投資のような多額の投資機会のある借地に対して，賃借権保護は必要ないと主張するのであれば，投資機会の相対的に小さい借家権を保護すべきと主張する論拠を見つけることは一層困難である．

むしろ，これから明らかにするように，こうした契約における外部性の問題があるとしても，深刻な問題はほとんど生じない．これが土地の短期賃借権の単純廃止を正当化する根拠である．ただし，この理由は交渉力を契約でデザインするからではない．すでに述べたように，契約における保護期間について借地人の交渉力をいくら高めても，効率的な投資は実施され得ない．

すぐ後にモデルで厳密に明らかにするが，抵当権に劣後する借地権の保護を特に考慮する必要がないのは，土地の売買契約が借地契約よりも効率的な結果を生むからである．先に述べたように，借地権者の投資を効率的な水準に導く定期借地契約を作れない場合には，借地権取引ではなく，通常の所有権売買が実施される．

もし効率的な住宅投資を実施させるのに十分な長さの保護期間 $t^*(m)$ が存在しないならば，賃借人は，第1期の期首に抵当権を解除して売買契約を結ぶことで，効率的な住宅投資は実現される．土地所有者にとっても，所有権取引の下で効率的な住宅投資が実施されるという意味で，所有権取引の方が土地の取引価格が高く設定されるため，定期借地契約を提示するより高い利得を得ることができる．すなわち，この場合，定期借地契約は所有権取引によって優越（dominate）される．

他方，十分な保護期間 $t^*(m) \in [0, 1]$ が存在するが，第1期末に担保割れになる可能性がある場合にも，同じように所有権取引を選択する方が，土地所有者の利得は大きくなる．したがって，いずれの場合にも，借地権取引が所有権取引に置き換わり，抵当権行使の問題は存在しなくなる[13]．

---

12) 例えば道垣内他（2003）p. 76 や内田（1996）を参照．ただし，これらの文献が借家の短期賃借権保護を主張しているわけではない．

13) 本文では，明示的に説明していないが，第1期の最初の時点ですでに土地所有権の売買価格が所有権者の債務を下回る場合には，所有権者は所有する土地を効率的に管理するインセンティブを持たないかもしれない．

以上の議論をモデルによって明らかにしよう．2.1 項で議論したように，$t^*(m) \in [0, 1]$ が存在しないとき，任意の $t \in [0, 1]$ の定期借地契約の下で，実施される住宅投資の水準を $h(t)$ とすると，$h(t) < h^*$ である．この場合にも，所有権者の利得 $X(t)$ は，(7-7) 式によって表される．

ここで，第 1 期の期首において競争的な市場で取引価格が，

$$u_1(h^*) + \left\{ \int_{\underline{v}}^{u_2(h^*)} u_2(h^*) f(v) dv + \int_{u_2(h^*)}^{\bar{v}} v f(v) dv \right\} - qh^*$$

となることを考慮すれば，地主が得る債務の弁済後の純利得 X^* は，次式に等しくなる．

$$X^* = \max \left[u_1(h^*) + \left\{ \int_{\underline{v}}^{u_2(h^*)} u_2(h^*) f(v) dv + \int_{u_2(h^*)}^{\bar{v}} v f(v) dv \right\} - qh^* - D, 0 \right] \tag{7-8}$$

この値は，いずれの場合にも $h(t) < h^*$ に関して定義される (7-7) 式の値よりも大きくなる[14]．このような場合には，土地所有者は土地を貸さずに売却することで，より高い利得を得ることができる[15]．

さらに，抵当権者も土地の買い手が効率的な投資を実施すると予想するので，その売買価格が競争的な市場で決まる限り，それ以上に高い価格で売れないと

　そうであっても，地主がもし他の資産を保有しているならば，全体として保有する資産価値を最大化し，この土地取引に伴う損失を最小化するインセンティブを持ち続ける．そのため，この場合にもなお，その資産価値を最大化するために，抵当権者は他の資産を担保等に提供したうえで，この土地の抵当権を解除して売却することを選択するだろう．
　したがって，問題となるのは，地主がこの担保割れとなっている土地以外に全く資産を保有していないか，すでに他の資産を含めても債務超過の状態に陥っている状況だけである．この状況では，早晩，抵当権者が抵当権行使等を実施するであろう．この際に債務超過が生じた時点と抵当権行使の間で時間的なラグが生じることをできるだけ回避するような法制度にしなければならない．しかし，これは効率的に抵当権をデザインする問題であって，賃借権保護の問題ではない．

14) ここでは，債務者がこの土地だけを資産として保有しているとして，有限責任を前提に議論している．ここで $X^* = 0$ となるような十分に大きな D に関しては，(7-7) 式の値は任意の $h(t) < h^*$ に関してすべて負となることに注意されたい．ただし，そのような局面では，第 1 期の最初の時点ですでにこの債務者は債務超過状態にあり，この状況においてなお債務者が売却決定権を有するべきかどうかは，脚注 13 でも述べたように別途議論すべき論点である．
15) この点は，Kanemoto (1990) の借地権保護が所有権取引と同化するという議論の系と解することができる．

判断する．したがって，借地権取引からの賃料で債権回収をするよりも，売買価格の方が総額としても（現在価値で評価して）回収額が大きくなることがわかる．その結果，抵当権者も抵当権解除に応じることを選択する．

したがって，(7–2) 式で定義される $t^*(m) \in [0, 1]$ が存在しないか，存在するとしても第 1 期末に $h = h^*$ の下で土地所有者の負債が担保割れを起こす場合には，第 1 期の初めに土地所有者は抵当権を解除して，土地の売却を選択することが合理的である．

以上から，借地契約に関して，たとえ劣後する定期借地権と抵当権行使が効率性の観点から両立し得ない場合があるとしても，その場合には，通常の所有権取引に移行するだけであって，経済効率性を何ら損なうことはない．その結果，土地に関する短期賃借権の単純廃止論が理論的に正当化される．

3. 定期借家権と住宅投資の効率性

3.1 借家人に投資機会が存在しない場合

次に借家契約について考えよう．借家契約では，住宅投資の主体は家主である．借地契約同様に，家主の負債残高と担保価値との関係を考えるが，ここで，家主の住宅投資自体は抵当権設定より先に実施されるとしよう．これとは逆に，土地に抵当権が先に設定されていて，建物とは個別に競売にかけられる可能性もあり得るが，法定地上権の問題などが関連し，分析が複雑で難解になる恐れがある．

そのため，ここでは土地建物一体で競売にかけられる一括競売のケースのみを検討し，抵当権は建物建設後に設定されるとする．実際法律家が，賃貸住宅に抵当権が設定されているのが一般的であるとしたうえで，抵当権に劣後する賃借権保護を主張するときには，銀行借り入れ等によって賃貸住宅が建設・供給されている状況を想定していると考えられる．

この場合には，住宅建設時点で家主に債務不履行が発生し，競売が生じる可能性を考慮する必要はない．また家主が負債によって住宅投資の資金を調達するとしても，そのような投資収益は，借り入れ金額を上回るはずであるから（そ

うでなければ、そのような投資は負の純現在価値を持つ非効率なものである。したがって，当然そのような資金提供に応じる債権者も存在しない），その時点で家主は（期待値の上では）債務を完済できると考えていることになる．

このとき，当初の時点で抵当権を設定する負債額を D_0，第1期の弁済額を y とすると，家主の第1期の初めにおける利得関数は，期待値で正になるから，以下のように書ける．

$$X(t) = r_1 - y + (1-m)\left\{\int_{\underline{v}}^{u_2(h)} r_2^I f(v)dv + \int_{u_2(h)}^{\bar{v}} (v - s_2^I)f(v)dv - (D_0 - y)\right\} \\ + m\{Z(h) - (D_0 - y)\} - qh \quad (7\text{-}9)$$

また住宅投資は借家契約の前になされるため，契約時点で決まる家賃は，住宅投資水準を所与として，将来の法制度の下で予想される所得移転を完全に反映して決まる．つまり，将来の賃料の上昇や立ち退き料の予想値は，あらかじめ第1期の家賃に反映される．すなわち，そのような家賃収入の現在価値は，賃借権の保護がある場合とない場合のいずれにおいても，等しくなる．別の言葉でいうと，投資の利得を投資主体である家主が完全に内部化することに成功する．

たとえば，競売が実施されない限り借家権が完全に保護される場合の，競争的な市場における賃料は以下のようになる．

$$r_1 = u_1(h) + (1-m)\left\{\int_{\underline{v}}^{u_2} \{u_2(h) - r_2^C\}f(v)dv + \int_{u_2}^{\bar{v}} s_2^P f(v)dv\right\} \\ + m\left\{\int_{\underline{v}}^{u_2} \{u_2(h) - r_2^N\}f(v)dfv + \int_{u_2}^{\bar{v}} s^C f(v)dv\right\} - qh \quad (7\text{-}10)$$

ここで，第3項は競売にかけられることによって，借家権が保護されなくなった場合の賃借人の期待利得を表している．

(7-10)式と(7-6)式を(7-9)式に代入すると，競売が実施されない限り借家権が完全に保護される場合の，家主の目的関数は以下のように書ける．

$$X(t) = u_1(h) + \left\{\int_{\underline{v}}^{u_2(h)} u_2(h)f(v)dv + \int_{u_2(h)}^{\bar{v}} vf(v)dv\right\} - qh - D_0 \quad (7\text{-}11)$$

この式は，定数 D_0 が追加されている以外は第5章の (5-7) 式に等しい．したがって，この式から限界的な建設投資の選択に対しては，この負債額は影響を与えず，効率的な住宅投資が実施されることがわかる．また借家権が全く保護されない場合にも，その場合の第1期の賃料と第1期末の競売価格 (7-6) 式を代入すると，(7-11) 式を導くことができ，効率的な投資が実施され得ることを示すことができる．

すなわち，借家人に投資機会が存在しない場合には，権利価格に関するコースの定理が働くため，借家人の保護の程度とは全く無関係に，効率的な住宅投資が達成される．

第5章で説明したように，借り手に投資する機会が存在しないときには，市場が競争的ならば，法的権利配分とは無関係に，家主の住宅投資は常に社会的に最も効率的な水準になる[16]．したがって，この結論は，借家における住宅投資の中立性の議論を，抵当権実行の可能性がある場合にも，そのまま拡張できることを意味している．

すなわち，賃借人に関係特殊的な投資機会が存在しない限り，抵当権実行の可能性があっても，何ら賃借人を保護する必要はないことがわかる．この場合には，借家についても短期賃借権の単純廃止が正当化される[17]．

3.2 借家人に投資機会が存在する場合

次に，住宅に固有な関係特殊的な投資機会（以下単純に「借家人の投資」と呼ぶ）が存在する場合について検討しよう．そのため以下では，第5章第5節で拡張したモデルを用いて分析する．

抵当権行使の可能性がある場合，借地契約における借地人の住宅投資と同様に，借家人の関係特殊的な投資 g の水準について，次の結論を得ることができる．すなわち，抵当権が行使される確率を m とするとき，

---

16) Kanemoto (1990) も参照．
17) もちろん，これは立ち退きのための一定の猶予期間の設定を否定するものではない．

$$t^*(g^*, h^* \mid m) = \frac{F(u_2(g^*, h^*))\lambda^N}{(1-m)\{(1-F(u_2(g^*, h^*))\lambda^P + F(u_2(g^*, h^*))\lambda^N\}}$$

（7-12）

が $[0, 1]$ に存在するならば，抵当権に劣後する定期借家契約においても，社会的に最も効率的な借家人の投資を実現することができる[18]．ここで g^*, h^* は，それぞれ第5章で定義されたものと同じ社会的に最も効率的な借家人と家主の投資水準である．

このとき家主の目的関数は，(7-11)式と同様に以下のように書くことができる．

$$X(t) = u_1(g, h) + \left\{ \int_{\underline{v}}^{u_2(g,h)} u_2(g,h)f(v)dv + \int_{u_2(g,h)}^{\overline{v}} vf(v)dv \right\} - qh - D_0$$

（7-13）

この式と(7-12)式の結果を使うと，第5章の議論と同様に以下の結論を得ることができる．すなわち，(7-12)式で定義されるような保護期間 $t^*(g, h \mid m)$ が存在するとき，家主は賃貸住宅市場に参入するにあたって，社会的に最も効率的な住宅投資を実施する．その上で，借り手の投資を社会的に最も効率的な水準に導く定期借家契約を提示する[19]．

3.3 抵当権者同意型賃貸借契約

したがって，抵当権が行使される可能性を考慮すると，定期借家権が深刻な問題をもたらすのは，((7-12)式で定義されるような)保護期間 $t^*(g, h \mid m)$ が $[0, 1]$ に存在しない場合ということになる．この場合，定期借地権の場合と同様に，売買契約が定期借家契約を常に優越することを示すことができ，賃貸借契約は売買契約に置き換わる．

実際に短期の居住を選択するとしても，その場合には購入した住宅を市場で転売すれば良い．したがって，抵当権行使の問題を解決するためには，不動産

---

18) 証明は本章第2節の議論で h を g に置き換えるだけである．
19) 説明は第5章の議論とほぼ同様なので省略する．

税制を含めた中古住宅市場の整備が，解決策のための重要な前提条件になる．

ただし，借家を選択する主体の中には，流動性制約や所得制約の問題があり，売買契約を十分に結べない可能性もある[20]．また固定的な取引費用やリスクの存在は，このような短期の転売を制限してしまうかもしれない[21]．そのため，ここでは賃借権取引の中だけで，他の法的なオプションがあり得るかどうかを検討しよう．

前章でも説明したように，担保執行制度の改正によって，事前に抵当権者の承認を得たうえで，抵当権実行に対抗できる賃借権が認められた．ここでは，この抵当権者同意型の賃借権保護が有効に機能するか否かについて検討しよう．まず，家主にそのインセンティブがあるかどうか調べよう．

いま保護期間を $t=1$ と設定する定期借家契約が提示され，抵当権行使の優先権が維持されるときの家主の利得は，(7–13) 式を使うと，以下のように書くことができる．

$$W(h^\#, g^\#) = u_1(h^\#, g^\#) + \left\{ \int_{\underline{v}}^{u_2(g^\#, h^\#)} u_2(g^\#, h^\#) f(v) dv + \int_{u_2(g^\#, h^\#)}^{\bar{v}} v f(v) dv \right\} - D_0 - qh^\# - g^\#$$

(7–14)

ここで $h^\#$ と $g^\#$ は，(7–12) 式で定義される $t^*(g, h|m)$ が定義域に存在しないときの，端点 ($t=1$) における家主の住宅投資と借家人の投資の水準をそれぞれ表している．

他方，抵当権者に抵当権行使の優先権を放棄してもらい，第 5 章で定義した効率的な保護期間（第 5 章 (5–31) 式参照）$t^* \in [0, 1]$ の定期借家契約を提示するときの，家主の利得は次式によって表すことができる．

$$W(h^*, g^*) = u_1(h^*, g^*) + \left\{ \int_{\underline{v}}^{u_2(g^*, h^*)} u_2(g^*, h^*) f(v) dv + \int_{u_2(g^*, h^*)}^{\bar{v}} v f(v) dv \right\} - D_0 - qh^* - g^*$$

(7–15)

---

20) 第 4 章の議論を参照．また本章脚注 4 も参照．
21) 第 2 章の議論を参照．

明らかに (7–15) 式の値は (7–14) 式の値よりも大きくなる．この家主の利得との差は $W(h^*, g^*) - W(h^\#, g^\#) > 0$ となるから，等しい負債返済 D_0 の下で，家主の期待利得はそれだけ高まることがわかる．

逆に，抵当権者にこの差額の一部を事前に分配することで(すなわち (7–15) 式における負債の額面 D_0 をほんのわずか (7–14) 式のそれよりも高めることで)，抵当権者にも優先権を放棄するインセンティブが生じる．さらには，このような対応は，家賃を高める効果があり，結果として貸し倒れの確率を低めることにもなる．抵当権者は優先権を放棄することの損失を十分に上回る利益が予想できる場合にしか承認を与えないが，住宅の効率的な利用が可能になることで，抵当権者の期待利得を高め，家主の利益も改善することは十分に可能である．

したがって，抵当権者の承認を得たうえで，抵当権実行の優先権を放棄できるオプションが認められるならば，競争的な市場において家主と抵当権者の間でそのオプションが利用され，抵当権行使の可能性のない定期借家権が賃借人に提供され得る．

さらに第5章で議論したように，競争的な市場においても，社会的に最も効率的な定期借家契約が家主によって提供されることを示すことができる．したがって，抵当権行使の可能性が存在しても，抵当権者同意型の賃貸借契約を認めることで，効率的な結果を達成することが保証される．

ところで，この規定に関しては，抵当権者が複数いる場合に，誰がそのような優先権放棄の承認権を有することが合理的かという点が，法改正にあたっての一つの重要な論点となった．実際の法案ではすべての抵当権者の同意を必要としている．しかし，この要件は厳格にすぎるように思われる．なぜなら，無剰余の抵当権者がいない場合でさえ[22]，抵当権者間の利害調整に多大な費用と時間がかかるからである．

通常は順位確定の原則に従って，第一抵当権者のみに承認権を与えれば，抵

---

[22] 通常の状況であれば，担保割れが生じていない状況を前提とできるから，無剰余の抵当権者は，この状態で存在しないが，もし存在するとしても，そうした抵当権者には効率的に住宅を利用するというインセンティブは生じない．

当権者の選択は常に効率的な結果を実現できる．劣後する抵当権者が第一抵当権者の決定に不満がある場合，優先抵当権者の債権を買い取ることで（あるいは代位弁済することで），そうした決定権を獲得すればよい．このとき，真の残余請求権者に決定権が移転し，優先抵当権者の権利を侵害することなく，効率的な意思決定が図られる[23]．

4. 結 論

本章では，抵当権行使が実施される可能性がある場合に，定期借地・借家権による保護が効率性をもたらすか否かを理論的に検討した．その結果，抵当権行使の可能性があっても，ある条件の下で定期借地・借家権がなお効率的な結果を実現できることを示した．

他方，場合によっては定期借地・借家契約だけでは，効率的な結果が実現できない可能性も明らかになった．しかし，住宅の売買契約の可能性を考えれば，この問題は簡単に解決される．抵当権を解除して住宅を取得し，必要に応じて売却すれば良いからである．仮に，制度その他の要因で，その利用可能性が制限されるとしても，その場合には抵当権者同意型の賃貸借契約を使うことができる．したがって，短期賃借権が廃止され，抵当権が正常に行使されることは，何らの効率性を損なう要因とは成り得ない．

そもそも第6章4.2項でも説明したように，抵当権が行使されたとしても，効率的な利用に基づく賃貸借契約はそのまま再契約されるはずであり，市場契約を通じて結ばれた多くの賃貸借契約において，賃借人の更新請求を却下する理由はほとんど見当たらない．一部の法律家が保護を主張する賃貸目的の不動産であれば，買受人が自己使用する可能性はほとんどないから，なおさらである．

たしかに本章の議論は，所有権者と賃借人の間の契約が必ずしも効率的にはなり得ない可能性を示唆するものである．しかし，この原因は，両者の間の権利調整に抵当権者が介在できないことにある．従来の法制度は，第3章でも説明したように，抵当権者の不動産利用への介入を過度に制限してきた．

---

[23] このスキームは Bebchuk（1988）によって提示されたアイデアの簡単な応用である．

抵当権行使の可能性があるときに，抵当権者を取引に参加させることで抵当権行使に伴うさまざまなリスクを大幅に軽減できる余地が生まれる．この点で，抵当権者の利用への介入を法的に排除しようとすることは，賃借人を保護するという観点からすると，むしろ逆効果になると思われる．

第8章
マンション開発と住環境：プット・オプションの活用
―― 所有権者間の対立(1)*

　第4章と第5章では所有権と賃借権の関係を，第6章と第7章では抵当権と賃借権の関係をそれぞれ検討した．これらは特定の不動産をめぐる権利調整の問題として位置づけることができる．以下の第8章，第9章，第10章では，所有者の異なる不動産相互間における問題，すなわち所有権者間に生じる権利調整の問題を考えよう．

1. はじめに

　第1章で述べたように，所有権者が，自らの保有する不動産の利用と投資からの収益を排他的に享受できるようにすることによって，効率的な利用と投資のインセンティブが与えられるとする議論は，そのような利用や投資が外部性を伴わないという前提でのみ成り立つ．しかし，都市のように不動産自体が密集している状況では，この前提は必ずしも成立しない．

　特に近年，各地でマンション開発に伴って，業者と地域住民との間で頻発している紛争は，この外部性に起因する問題と位置づけられる．そこで本章では，近年のマンション紛争問題を題材に，外部性と権利調整の問題について検討しよう．この問題は単に所有権者間の対立というにとどまらず，より新しい権利，すなわち住環境権などにも関係する興味深い問題である．

　これまで何度も説明してきたように，コースの定理に従えば，ある条件の下で外部性の問題は住民と開発業者との間の交渉によって解決される結果，効率的な結果を達成できるはずである．しかし，紛争が頻発している近年の状況は，マンション建設を巡って，地域住民と業者の間での交渉が必ずしも円滑に進ん

---
　　* 本章は瀬下（2003a）に加筆・修正したものである．

でいないことを示している．むしろ問題は一層深刻化しているように思われる．本章では，こうした事態がどのような原因から生じているかを明らかにするとともに，効率的な土地利用と地域住民の住環境保護を両立させるための方策を提案したい．

2. 現行規制の問題点

　マンション建設に伴って紛争が頻発する基本的な理由は，マンション建設のような相対的に規模の大きな開発では，負の外部性(外部不経済)の問題が深刻化しやすいからである．負の外部性とは，ある取引が市場を介さずに，他の経済主体に直接的に負の影響を及ぼすことをいう．高層マンションや大規模マンションは，景観や日照を悪化させたり，風害などを引き起こしたりすることで，周辺住民に深刻な影響を及ぼす可能性がある．

　通常，開発業者にはこれらの影響を十分に考慮して行動するインセンティブが欠如しているために，甚大な問題を発生させる．開発業者は分譲マンションの販売利益を最大にすることだけに関心があり，たとえ北側の地域の日照が悪化しても直接的には何の損失も生じない．この場合には，マンション開発業者の建設投資は，社会的な観点から評価すると過大になる．

　しかし，このことだけでは必ずしも規制が必要であるという結論にはならない．規制がなくても，開発主体が，周辺住民との私的な交渉を通じて負の外部性を内部化するようになり，効率的な結果が実現できる可能性がある．すなわち，コースの定理が成り立つ可能性があるからである．したがって，問題はコースの定理が成立しない原因がどこにあるかという点に帰着する．

　福井(2001)は，この点について現行の都市計画・建築規制が，コース的な交渉の阻害要因になっていると指摘している．すなわち，現行の規制が硬直的なために，私的な交渉による調整を許すようには作られていない点や，建築行為に関する日照被害についての民事上の基準と行政上の基準が混在し，法的処分や解決の予想可能性を大きく低下させていることが問題を複雑化させ，交渉を不可能にさせていると論じている[1]．

---

　1) 八田(1997)の第4節にも，同様の議論が展開されている．

こうした交渉機会を排除してしまう現行の規制の状況は，開発業者からより多くの利益機会を奪うだけでなく，本来の目的とは全く逆に，地域住民の権利を大幅に侵害する結果となってしまっている．現行のような硬直的な規制が，効率的な土地利用の観点から望ましくないだけでなく，良好な住環境保護という観点からも十分に機能し得ないものになってしまっている．

　実際，マンション紛争の多くは，大都市郊外などの住環境の比較的良好な住宅地で起こるのに対して，効率的な土地利用の実現のために高層化の必要性が高い都心部では，容積率や建築規制の一層の緩和が必要とされている．

　すなわち，単純な用途・容積率規制や高さ規制は，急速に変化する都市環境や建築技術の変化に対応できず，非効率な土地利用を許すだけでなく，良好な居住環境さえ守られていない実状にある．近年のマンション開発と地域住民との対立の原因は，「市場の失敗」そのものよりも，それをコントロールすべき「規制の失敗」にあるというべきである．

　以上のような「規制の失敗」をさらに深刻化させたのが，特定の要件を満たす場合の特例的な緩和措置である[2]．たとえば「総合設計制度」では，非効率な土地利用を緩和する目的として，一定の敷地面積以上の土地に対して，公開空地を設けることなどを条件に，容積率や高さ制限等を緩和することを認めている．

　しかし，このような総合設計制度などの条件付き規制緩和措置は，非効率な都市計画・建築規制を周辺部に残したままで，一定規模以上の土地保有者だけに高度利用等の特権を与えるものになっている．このため既存の住民は，既存規制下の非効率な土地利用を余儀なくされた上に，十分な交渉機会を与えられないままに，負の外部性による被害の深刻化を甘受する結果となっている[3]．

　すなわち，特例の緩和措置を手に入れられる土地保有者や開発業者は，規制緩和の恩恵だけでなく，負の外部性を周辺により容易に及ぼすことができるという意味で，多大な利益を得ることが法的に認められるようになった．他方，

---

2) 総合設計制度など建築基準法の説明については，たとえば高木（2000）等参照．
3) 福井（2001）は，「総合設計制度」の許可等が，取引費用等を軽減して交渉を円滑化させるために，最安価損害回避者に責任を負わせるような許可の構成になっていない点が，問題を深刻化させていると論じている．

既存の周辺住民には，被害の深刻化だけがもたらされた[4]．

ここで「総合設計制度」などの特例措置の問題点は，容積率や高さ制限等の規制緩和自体にあるのではなく，特定の要件を満たす土地保有者や開発業者のみに，開発利益を特権的に供与している点にある．もし，その地域「全体」で高度利用することが許されれば，既存住民の土地の価格もそれに対応して上昇するはずである．

そうであれば，現在保有する住宅を売却して，他の低層住宅地へ転居し，ほぼ同様の居住環境を手に入れることも可能になる．このことは郊外の良質な低層住宅地の需要と，その価値をも高めることになる．この結果，高度化される地域は集中的に高度化され，低層の良質な住宅地も同時に高く評価され，保全されるようになる．「総合設計制度」のような歪んだ緩和措置を使うよりも，特定地域「全体」の容積率や高さ制限等を撤廃した方が，都市政策としては，はるかに望ましい[5]．

3. プット・オプション履行義務付き開発許可制度

容積率や高さ制限の撤廃が，「総合設計制度」などの特例措置よりは優れているとしても，それは比較の問題に過ぎない．負の外部性の問題は依然として解決される保証はないからである．特に交渉費用が大きい状況の下では，この問題を単純に市場とコース的な交渉だけでは解決することができないという意味で，何らかの規制が必要なことも確かである．以下では，経済学的な観点から，これまでと全く異なる規制の方向を提案してみよう．

3.1 提案内容

本章の提案は，「用途地域，容積率，高さ規制等のような権利調整や開発制限

---

4) もちろん，この点は非効率なだけでなく，分配上の不公平があるのはいうまでもない．
5) 容積率規制には都市の混雑問題を緩和する目的があるという主張は，都市問題を解決する上で本質的な議論とは思えない．この点については，すでに多くの経済学者等からの反論があるので，本章ではこれ以上議論しない[上記，八田（1997），福井（2001），山崎・浅田（2003）所載の論文を参照]．

を目的とする規制は原則としてすべて廃止し，代わりに不動産開発や住宅・オフィスの建設に際して，プット・オプション型の契約履行義務をその開発主体に負わせる」規制を同時に導入するものである[6]．

ここで導入を提案するプット・オプション型の契約とは，「周辺住民に対し，その保有する住宅およびその土地を，一定期間(権利行使期間)の間に，一定の価格(権利行使価格)で開発主体に売りつける権利(プット・オプション)を与え，開発主体にはそのオプションの行使を受け入れる義務を課す」ものである．なお，このプット・オプションの行使にあたって，権利行使した住民は，その売却資産を権利行使時点の市場価格で買い戻すことも権利として認められるものとする[7]．

3.2　オプション契約の最適性

市場の住宅価格がマンション開発などに伴う負の外部性の程度を適切に反映するならば，権利行使価格を適切に設定したプット・オプションによって，建設投資や不動産開発の規模が効率的な水準で実施されることを理論的に示すことができる．

いま説明を簡単にするために，住民の移転のための費用と税金は無視して考えよう．この際，権利行使価格を開発が公表される直前の価格[8]に等しく設定すると，開発業者に最適な開発投資へのインセンティブを与えることができる．この点を簡単なモデルを用いて説明しよう．

① モデル

いま，ある地域は各区分によって分割され，それぞれに所有権が設定されているとする．この区分が，地域住民の保有する住宅および住宅地を意味する．マンション業者は，この地域の中の区分を一つ所有しているとする．いま，こ

---

[6] なお，本章ではマンション開発を前提に議論するが，この議論は他のあらゆる開発に基本的には適用することができる．実際，次章では都市再開発に適用する．

[7] これによって，実際には転居せず，下落した価格の差額分を補償することで決済することが可能になる．

[8] より正確には「開発の影響が全くない状態での価格」に等しく設定することが望ましい．

のマンション業者が保有する区分以外の，この地域の区分全体の集合をNで表す．

マンション業者は，自分が保有する土地の区分に投資aを実施することによって$f(a)-a$の利益を得るとしよう．ここで$f'>0$とする．一方，この建設投資aは他の区分$i \in N$の価格に$-x_i(a)$だけの金銭的な影響を及ぼす．ここでx_iは以下のように定義される．

$$x_i(a) = \begin{cases} 0 & \text{for } a < \bar{a}_i \\ \delta_i(a-\bar{a}_i) > 0 & \text{for } a \geq \bar{a}_i \end{cases} \quad (8\text{--}1)$$

すなわち，ある水準$\bar{a}_i$越えると各区分iの価格を$\delta_i(a-\bar{a}_i)$だけ低下させる．ここで$\delta_i'(a)>0$である．

したがって，市場価格が適切にマンション開発に伴う負の外部性を反映するならば，マンション建設投資後の各区分iの価格p_{i1}は開発前の価格をp_{i0}とすると以下のようになる[9]．

$$p_{i1} = p_{i0} - x(a)$$

そのため社会的に最適な建設投資水準a^*は，次式を最大にするaによって定義される．

$$f(a) - a - \sum_{i \in \{i \in N | a \geq \bar{a}_i\}} \delta_i(a-\bar{a}_i) \quad (8\text{--}2)$$

以下ではこのような投資水準a^*が唯一存在し，二階の条件は常に満たされるとする．

② 負の外部性と過大投資

マンション業者の選択する投資水準は，何の規制もない場合には次式を最大にするaによって決定される．

---

[9] ある条件の下で，こうした外部性等の環境要因が地価や住宅価格に正確に反映（資本化）されることが知られている．この点については，金本（1997）を参照．

$$f(a) - a \tag{8-3}$$

すなわち(8–2)式の第3項がなくなる．(8–2)式の条件と比べると，$\delta_i'(a) > 0$ であるから，(8–3)式の最大化の解は(8–2)式の最大化の解 a^* よりも厳密に大きくなる．これが負の外部性に伴う過大投資の問題である．

③ **プット・オプションによる解決**

いま住民は，その保有する区分 i をマンション業者に事前に決められた一定の権利行使価格 $\bar{p}_i$ で売ることができるプット・オプションを保有するものとする．既存の住民がオプションを行使する条件は移転費用が無視できるとすると，$\bar{p}_i > p_{i1} = p_{i0} - x(a)$ の場合である．マンション業者は，売られた区分を市場で $p_{i1} = p_{i0} - x(a)$ の価格で転売したり，その価格で当初の保有者が買い戻すから，$a \geq \bar{a}_i$ の時にのみ，$\bar{p}_i - (p_{i0} - \delta_i(a - \bar{a}_i))$ の損失を被る．したがって，マンション業者の選択する問題は，次式を建設投資 a に関して最大化することである．

$$f(a) - a - \sum_{i \in \Omega} \{\bar{p}_i - p_{i0} + x(a)\} \tag{8-4}$$

ここで，$\Omega \equiv \{i \in N | \bar{p}_i \geq p_{i0} - x(a)\}$ は，プット・オプションが行使された周辺住宅の集合である．

いま $\bar{p}_i = p_{i0}$ と設定すると，上の条件 $\bar{p}_i \geq p_{i0} - x(a)$ は(8–1)式に注意すると $a \geq \bar{a}_i$ に一致する．この場合のマンション開発業者が選ぶ建設投資の水準は，次式を最大化するように選択される．

$$f(a) - a - \sum_{i \in \{i \in N | a \geq \bar{a}_i\}} \delta_i(a - \bar{a}_i) \tag{8-5}$$

この(8–5)式は(8–2)式に等しい．したがって投資が効率的に実施される結果となる．

こうしたプット・オプション履行義務付きの不動産開発やマンション建設が，社会的に最適な規模の開発を実現するためのインセンティブ・メカニズムはき

わめて単純である．マンション開発業者は，自らの投資が既存の周辺住宅地の市場価格を低下させる場合には，プット・オプションが行使されて，その価格分の損失をすべて自らが負担する結果となる．このことは，開発に伴う負の外部性を開発業者が完全に内部化することを意味している．したがって，開発業者は周辺への負の外部性を十分に考慮した上で，開発行為を実施するため，社会的に最適な開発投資が実現する．

もし，周辺の住環境が著しく悪化し，その結果として既存の住宅の市場価格が大幅に低下するような状況であれば，開発がその負の外部性に比較して十分な利益を開発業者にもたらさなくなり，開発自体が実施されなくなる．これに対して，もともと高層建築物が多く，日照権自体がほとんど意味がないような地域等では，高層建築を一層押し進めても，周辺の地価や建築物の価値に及ぼす影響はきわめて限定的になる．

そのため，より容易に高層建築による開発を遂行できる．また風害等の負の外部性によって，周辺の住宅価格や地価が低下してしまうことを建設業者が恐れる場合には，オプションの行使による損失を最低限に抑えようとするインセンティブを持つようになる．その結果，風害を最小にするようなデザインや機能等をできるだけ低いコストで取り入れるように努力するようになる．

こうした新しい提案には，周辺の住環境を含む既存の地域環境を尊重した上で開発を実施するというメリットがあり，また必要とされる高層化や大規模開発なども妨げない．現行の硬直的な規制では，都市の発展や変遷から完全に取り残された非効率な土地利用が維持されるのに対して，良質な住環境を破壊する開発が容易に認められている．

いま述べた提案では，このような都市の発展や変遷の影響は，開発地域の不動産の市場価格の中に自動的に反映される結果，周辺地域と調和のとれた効率的な開発を実現することができる．したがって，用途地域や容積率や高さ規制などの開発制限を目的とする硬直的規制も必要なくなる．

ここで，このようなプット・オプションは開発が負の外部性を持つ場合には有効でも，正の外部性がある場合には，むしろ過小投資を導くことを懸念するかもしれない．しかし，このような過小投資の問題が，深刻な問題になる可能性は小さいと考えられる．この理由は，第1章第4節で説明したように，その

ような外部性が大きい場合には，周辺の土地を事前に購入し，正の外部性を内部化しようとするインセンティブを開発主体自身が持つからである．

この点が内部化するインセンティブがない負の外部性の問題との重要な相違である．もちろん，こうした内部化のメカニズムは，取引費用の存在のために十分には機能しない可能性は否定できない．しかし，第1章でも議論したように，その場合にこそ政府の存在意義があるといえる．

4．プット・オプション契約のメリット

プット・オプションの履行を義務付ける新しい提案には，さまざまなメリットが存在する．以下ではこの点を整理しておこう．

4.1 基本的なメリット

① 既存住民の権利保護

いま述べたような提案が実現することによって，負の外部性が内部化されるとしても，個人的にどうしてもマンション建設が受け入れられないほど，住環境が脅かされると感じる住民がいるかもしれない．市場価格が負の外部性の程度を適切に反映するとしても，それはあくまで市場の評価に過ぎず，個人的な効用への影響は各個人それぞれに異なっている．さらに，多額な交渉費用が必要とされる場合には，周辺住民がマンション開発業者に補償を支払って開発を抑制してもらうことは困難になる．

しかし，この場合でもプット・オプションを利用した規制は有効に機能しうる[10]．なぜならこの場合でも，既存住民の住宅価値は守られるからである．そのため，オプションを行使して，同程度の住環境が得られる住宅に買い換えることもできる．もちろん，地域の高層化が進むことで地域の住宅価格が権利行使

---

10) オプションを用いるスキームは，もともと交渉費用が無視できない局面で提案されることが多い．たとえばBebchuk（1988）は，倒産法の中でコール・オプションの導入を提案している．この制度は，債権者が多数存在する結果，再建交渉がスムーズに進まないような状況で，有効に機能すると考えられている．

価格より上昇すれば，保有する住宅を市場で売却することもできる．

これによって，その地域に同程度の評価の住宅を手に入れることができる．例えば，窓からの眺望が新しいマンション建設によって遮られる場合には，その新規マンション自体を購入し，そこに転居することで眺望を取り戻すことも可能である．これによって既存住民は一切損失を被らず，一定の住環境が確保される．

しばしば，都市開発の負の外部性が深刻な影響をもたらすのは，開発によってその周辺不動産価値が下落してしまう結果，損失を回避するために住宅を売って転居するという選択肢が，開発計画が公表された時点で消滅してしまうからである．提案された手続きでは，プット・オプションを利用することによって，計画公表前の不動産価値を保全することができる．そのため，こうした問題を防ぐことができる．

さらに重要なのは，不動産価格には周辺地域の利用の変遷やその発展の評価があらかじめ反映されている点である．例えば低層住宅街として高く評価されている地域に高層ビルを開発しようとすると，景観や日照の悪化によって，周辺の低層住宅の市場価値は大きく損なわれる．そのため，プット・オプションによる規制がある場合には，開発業者はそのような地域への開発を控えようとするだろう．

他方，東京都心部のように，商業的な土地利用が支配的な地域では，日照に大きな価値は置かれていない．こうした地域，すなわち高層ビルが林立する都市的景観に高い価値が置かれているような地域では，高層ビルの開発がより有利になるだろう．これによって適正な開発が実施されることが期待される．

② 交渉の円滑化

これまでは，交渉費用が高いことを前提に議論した．しかし，交渉費用が高い理由は，しばしば，既存住民の権利が確定しないことにあると考えられる．地域住民個人の住宅に対する評価が開発によってどのように変化したかは，それぞれの主観によるところが大きく，ほとんど立証できない．またそのような状況は交渉を長引かせたり，場合によっては「ゴネ得」を許し，非効率な交渉結果をもたらす恐れもある．

第1章で説明したように，不動産所有者には，本来その土地から得られるすべての便益を享受することができるという意味で，所有権の絶対性が認められている．しかし，市街地のように近隣開発の影響が無視できない場合には，開発事業者の開発権と周辺不動産所有者の住環境権や景観権を適切に調整する必要がある．多くの場合，これは訴訟を通じて調整されるしか方法がない．

　それにもかかわらず，現行の法制度や規制では，環境権や景観権などの新しい権利概念は，それ自体が必ずしも明確ではなく，当然にその補償価格も不明確となる．そのため，これらの訴訟を想定した上での私的交渉も円滑には進まない．自治体等による直接的な規制も考えられるが，権利内容やその価値が不明確な以上，適正な規制水準を決めることも難しい．

　これに対して，プット・オプションを使った手続きでは，その価値は開発に伴う不動産価格の下落という損失の可能性を反映して決定される．不動産価格は，その不動産から得られる将来収益を反映しているから，プット・オプションの価値は，保有不動産の減価額の期待値と一致する．このため，プット・オプションの価値は，所有権の絶対性を制限することに対する補償として，最も適切な金額となる．

　このような賠償金額の予見可能性と権利の確定によって，交渉費用自体も低下し，事前の交渉過程も効率化する．この結果，たとえば日照や景観の価値を市場よりも高く評価する住民たちは，一定の補償を支払って新規に建設される高層住宅の高さを制限してもらうように求めることもできる．この補償の支払いは，オプション行使で得られたはずの利益と相殺することができる．

③　開発業者のメリット

　この制度は，開発業者にとっても多くのメリットがある．まず，開発を妨害して必要以上のゴネ得を目的とした地権者との煩わしい交渉からは解放される．開発業者は，開発が地域にもたらす「市場で評価される負の外部性」だけを考慮すればよい．

　ここでオプションが行使されると，開発業者は多大な損失を被るように思われるかもしれない．しかし業者はオプションが行使されたら，その住宅を買い取って再び市場で売却すればよいので，損失はあくまでその際の売却価格との

差額に限定される[11].

また，既存住民も必ずしも転居する必要はない．こうした人々のなかには，再び買い戻して差額の補償だけで満足するケースも多いだろう．さらに，開発業者が負の外部性に考慮した開発を行うようになるため，権利行使自体，実際にはほとんど起こらないかもしれない．

④ **ピグー税に対する優位性**

しばしば効率的な開発を実施させるために，建設規模等に応じて税金を課すこと(いわゆる負の外部性に対するピグー税)[12]が提案される．しかし，このようなピグー税の難点は多くの情報を必要とする点である．マンション購入者の需要曲線や供給曲線についての情報が十分に得られないために，効率的な建設規模も明らかではない．その結果，適切な税率も決定できないという点で，環境税と同様の問題が生じる．

提案したプット・オプションの履行義務については，政府や民間主体は事前に多くの情報を知る必要はない．この制度にとって最も重要な情報は権利行使価格である．したがって，開発前の周辺住宅の個別価格を調べるだけで十分である．その意味では，ピグー税よりもはるかに少ない情報費用で，より適切に負の外部性をコントロールできる[13]．

4.2　開発許可権としてのプット・オプション

さらに重要なことは，このプット・オプションの導入は，「開発許可権」取引を内包したものになり得る．なぜなら，事前に既存住民からプット・オプションの権利自体を買い取ることを開発業者に認めると，この権利の売買が「開発許可権」の移転を意味するからである．

---

11) もちろん，その結果開発業者が周辺の土地を購入してそれを再開発してもよい．本来高層化することが望ましい住宅地で，なお低層住宅が多く存在し，開発に時間がかかっているような場合には，再開発が連鎖的に発生し，速やかな利用形態の変更が可能になるだろう．

12) Pigou (1920) 参照．

13) もちろん，どの範囲にまでプット・オプションを与えるべきかという問題が別途生じる．この点については，本章5.4項参照．

このとき，マンション開発によって生じる負の外部性よりも，オプションの権利自体の価格が高ければ，住民はこの権利を開発業者に売却することを受け入れるだろう．これによって住民は損失を被らない．他方，マンション開発業者は，開発全体の利益がオプションの購入価格総額を上回る場合にしか，オプションを購入しない．

したがって，オプションが取り引きされるのは，開発の利益が負の外部性を上回る場合だけであり，負の外部性の総額が極めて大きくなる場合には開発は実施されない．このことは，効率的な開発だけが実施されることを意味する[14]．

なお，ここでいう「開発許可権」とは，いわゆる「開発権」（Transferable Development Right: TDR）とは若干異なることには注意する必要がある．「開発権」は一定の容積率制限を前提に，余った容積率を開発権として近隣の開発者に売却できる権利であるが，この場合には結果的に，無関係の住民が負の外部性を被る可能性は否定できない．「開発許可権」は近隣住民が持つ住環境権を売買するものであり，むしろ環境問題の中で議論される「排出権」に近い[15]．

5. 考慮すべき追加の問題

5.1 移転費用と税

これまでの議論では，移転費用と税制は無視して説明してきた．しかし，実際の運用では，これらの問題はきわめて重要になるかもしれない[16]．移転費用が

---

14) この条件は総体条件であり，限界条件で議論した前節のモデルをそのまま適用することはできないかもしれない．しかし，負の外部性が大きくなると予想される場合に，所有者がオプションを手放すことはありえない．もちろん，オプション購入後に計画を変更できる場合には，開発業者が過大な投資を実施する可能性がある．そのため，オプション購入後の計画変更は，売却者の同意を必要とするなどの対応が必要であろう．
15) 山崎（1999，第10章）が提案している「日照権」売買は，日照に関する「開発許可権」売買の一種と見なせる．
16) いうまでもなく，移転費用の問題はコース的な交渉による解決が可能なケースや，その他のすべての規制等でも考慮しなければならないものである．したがって，この点は必ずしもここで考えられているプット・オプションに固有の問題ではない．また，土地譲渡所得税等の税制が住民の移転機会を制限しているという状況も，オプション固有の問題ではない．

十分に大きい場合を考えてみよう．不動産価格には移転費用は十分に反映されないから，この移転費用のために転居が抑制される結果，土地価格の低下は過小になる傾向がある．しかし，その場合でも移転費用＋地価の低下額は外部性の影響を十分に反映するであろう．

しかし，この場合には，開発者と住民のどちらに移転費用を負わせることがより望ましいかという問題が発生する．理論的には住宅価格が下がった場合には，住民が確実にプット・オプションを行使するインセンティブを持つように行使価格をデザインする必要がある．

この観点からいうと，移転費用を既存の居住者が負担すると，負の外部性による被害の金銭的な評価がこの移転費用を上回らない限りは，プット・オプションを行使しようとはしなくなる．そのため開発業者はその分だけ，過大なマンション建設投資を実施するという歪んだインセンティブを持つことになる．したがって，このような移転費用は開発業者に負わせることが望ましい[17]．

ただし，実際にはプット・オプションの行使価格と市場価格の差額の決済ですむ場合には，移転費用は発生しない．プット・オプションの履行義務によって，両者の間の権利関係が明確になり，コース的な交渉が促進される結果，実際にはほとんどの住民は移転しなくても済むようになるであろう．なぜなら，既存の住民が十分な満足を得られるように，開発業者が設計等を変更しようとするからである．

すなわち，風害や日照被害を十分に考慮すれば移転が防げるという意味で，最安価損害回避者[18]は一般にマンション建設業者であると思われる．したがって，この観点からもマンション開発業者に移転費用を負担させることが望ましい．

オプションに伴って生じる税金の支払いも，基本的には同じように考えることができる．ただし，この提案では，住民や開発業者は住宅を売却した上で買い戻したり，再度転売したりする場合が頻繁にありうる．譲渡所得税や取得税

---

17) もちろん，マンション建設業者に負わせると，その分だけの開発利益が得られない限り，開発自体を行おうとはしなくなる．
18) この考え方についてはは Calabresi (1970) を参照．

が通常の取引とは異なり同時に課税され，二重の負担が生じる恐れがある．したがって，このようなオプション取引とそれにともなう精算のための取引に対しては，税制上の配慮が必要になることはいうまでもない[19]．

5.2 複数の開発がある場合

複数の開発が連続して起こるような場合には，どの開発が住宅価格を低下させたのかを識別することが難しくなると考えるかもしれない．しかし，このような場合にも，重複して影響を受ける住民には，いかなる価格であっても当初設定されたオプションだけを行使できるようにしておけば良い[20]．

当初の開発業者には，買い取った住宅を，後で開発を手がける業者に売却する権利，すなわちプット・オプションが与えられる．同時に後発の事業者に同じく買い取り契約履行義務を負わせる．この時の権利行使価格は，当初の開発によって決定すると予想される市場価格に等しく決定しておく[21]．すると，その後の開発の影響によって，住宅価格が低下したのであれば，その下落分は，後に開発を手がける業者に住宅を売却することで回復することができる．この下落分は，後に開発する業者の影響を完全に反映するので，先に開発する業者の建設投資のインセンティブは影響されない．

5.3 プット・オプションの履行と保険会社

本章で提案したプット・オプションを利用した手続きの問題点は，岩田・八田（2003）が指摘しているように，開発事業者が買い取り義務を履行しない恐れがある点である．これについて，八田は買い取り義務を国が履行し，その上

---

19) この意味でも，譲渡所得税以外の土地取引税は撤廃すべきである．土地譲渡所得税は分配上重要な機能を発揮すると考えられるので，八田（1997）の提案するように，買換え特例を導入して，死亡時まで課税を延期する措置が必要であるように思われる．山崎（1999）を参照．この他，権利行使価格の決定については本章5.5項で議論する．
20) もし，住民が既に最初の開発者にオプション自体を売却している場合には，問題は後で開発する業者と当該住民との関係だけになる．権利行使価格の決定は，以下の本文の説明と同様である．
21) この行使価格の決定は，当初の開発計画が公表された後で，次の開発主体の開発計画が公表される前の価格を参考にすることができる．

で国が改めて開発業者に買い取りを請求することを提案している［岩田・八田 (2003) p. 164 参照］．

　これによって，開発業者の資金調達問題も緩和されることが期待できる．たとえば国が不動産を競売して差額だけを業者に請求したり，不動産の売却が成立するまで，履行を猶予したりすることが可能になる．

　ただし，さらに開発事業者が開発途中で破綻してしまう可能性もある．この問題には二つの対処が考えられる．第1の方法は，都市計画決定や建築確認の中で，事前に破綻懸念の高い事業者による開発は認可できないようにすることである．

　しかし，そのような基準によって一律に開発業者を排除することは，効率的な開発計画自体も少なからず排除してしまう可能性がある．将来の開発計画と開発事業者の過去の業績とは基本的に何らの関連もないからである．この点は指名競争入札制度と同様，必ずしも望ましい成果を生まない．より望ましいのは，次の方法である．

　第2の方法は，開発計画段階で企業が事前に保険会社と契約し，企業が破綻した場合には，保険会社が代わりにこれらのオプションを履行するようにしておくことが考えられる．保険会社は保険契約を結ぶ際に，開発事業者の財務状況だけでなく開発計画の実現可能性やそこからの利益まで考慮して，保険のリスクを計算する[22]．

　その結果，破綻の可能性の高い企業の保険料は高くなるが，効率的な開発計画を排除する可能性は低くなる．また保険料を低くするために，開発業者は他の開発事業者と共同で開発を進めるなどの信用補完を進める余地も生まれる．このように保険契約を義務づけることによって，プット・オプションの履行を担保することが望ましい．

5.4　プット・オプションの適用範囲

　実際上の問題としては，開発の周辺地域に対して地理的にどの範囲の地権者

---

[22]　この方法は，入札制度に市場原理を導入する際の完成保証履行制度（入札ボンド制）と基本的に同じである．

にまでオプションを与えるべきか，という点が重要である．もちろん理論的には，この開発によって，負の外部性が及ぶ範囲をすべて含めることが望ましい．しかし，事業者は負の外部性が生じる場合には，その地域を過小に見積もるであろう．したがって，建築確認や都市計画決定に際して，自治体は外部効果に十分注意して，この範囲を設定すべきである．この点にこそ，都市計画の意義があるといってもよい．

ただし，都市計画担当者などが，このような範囲設定をすることには限界があることも確かであろう．そのため，周辺地域の地権者自身にその可能性を表明させる必要があるかもしれない．たとえば，オプション価格の理論を前提に考えると，権利行使価格を，標準的な地価の変動分を除いた価格に設定するならば（次項参照），開発からの影響がないことを前提としたプット・オプションの理論的価値はかなり小さくなるだろう．

したがって，周辺住民にこの理論価格に基づいてオプションを購入させることが有効かもしれない．これによって，開発から損失を被る可能性が高い周辺住民だけがオプションを購入することになる．周辺住民は，開発自体からは何の損失も被る可能性がなければ，たとえ小さくても，そのような対価をわざわざ払ってまでオプションの割り当てを受けようとはしないであろう．

5.5 権利行使価格の決定

本章で提案している二つの手続きの両方で，プット・オプションの行使価格は，すでに説明したように，「開発計画の公表前の市場価格」，より正確には「開発計画の影響を全く受けていない市場価格」であることが望ましい．なお，このような権利行使価格は，インフレーション等による開発と直接関係のない価格変動分については調整する必要があるだろう．たとえば開発地域と関係のない地域の標準的な地価変動等のデータを基礎に，相関等を考慮して通常の価格変動分を取り除くことが考えられる．

しかし，そもそも不動産では，それぞれの土地はそれぞれ異なっており，完全に同一のものではないという意味で，その価格決定自体が重要な争点になってしまう可能性がある．また，この権利行使価格は土地を収用する場合の収用価格とも関連する．

現実的対応としては，規制当局が事前にヘドニック・アプローチなどを使った客観的価格推計法を定め，それを利用して権利行使価格を決める方法が考えられる．しかし，その推計法自体に対する不満等が残るかもしれない．

その意味で，理想的な価格決定方法を追求するならば，最終的に地権者自体に真の価値を表明させる必要がある．そのような真の価値を表明させるメカニズム案として，たとえば，計画段階で価格を表明させ，もし計画が頓挫した場合には，その表明価格に基づいた固定資産税や相続税を課すという方法が合理的かもしれない．表明価格が不当に高い場合には，計画は実施されない代わりに，その後はその高さに応じた負担が求められることになる．

これによって，不当に高い価格を表明することに対しては，チェックがかかるようになる．この点は，公平性の観点からも支持されるであろう．地価が周辺の公共的なサーヴィスの価値を反映して決まっている点に注意すると，そうした高い需要価格を表明する土地所有者には，高い税負担をしてもらうことが応益原則という公平性の基準に合致していると考えられる．

ただし，いま述べた価格決定の問題は，現在存在する手続きの下での収用価格の決定や，都市開発を巡って生じる補償や賠償，買い取り請求などの際にも同様に発生する問題であり，オプションを利用した規制や開発手続き固有の問題ではない．

そのため，本章で提案した市街地再開発手続きの既存手続きに対する優位性は何ら揺らぐものではない．むしろ問題が，「権利行使価格」というすべての人に明示される変数の決定に帰着するという点では，その手続きは現行手続きよりはるかに透明性の高いものとなるだろう．

6. 結 論

本章では，所有権者間の対立の問題として，第1に，マンション開発が紛争を生み出している原因として，現行の規制にどのような問題があるかについて議論した．現行の硬直的な規制は，効率的な土地利用を阻害するだけでなく，既存住民の住環境保護という観点からも実効的でないことを明らかにした．さらに「総合設計制度」のような特例的な規制緩和措置が，どのように問題を深

刻化させているかについても検討した.

　第2に,マンション開発がもたらす負の外部性の問題を解決する新しい手段として,プット・オプションの履行義務を開発業者に負わせる制度を提案した.このとき,従来の容積率や高さ制限などの規制は全廃される.こうした制度の下では,開発が効率的に実施されるようになる.

　本章の基本的な議論は,周辺住宅の市場価格の変化によって,負の外部性の影響を捉えることができ,その損失分を開発主体に負担させるようにすれば,開発主体が,それに伴う負の外部性を内部化することができ,効率的な結果を達成できるとするものである.

　現在,都市の問題を解決する方法として,日照権や景観権などの新しい現代的な権利が創出され,このような権利を補償させることで解決を図るケースが多くなってきている.また風害や騒音等の公害についても,生存権の考え方を用いながら,実質的にそれらの損害を補償する権利を創出することで,法的な対応が図られるようになってきている.

　これらの権利は,もともと法的には,裁判を起こす際の「訴えの利益」を明確化させるために作られてきたと思われる.「訴えの利益」が法的に存在しない限り,裁判所に訴えても審理さえしてもらえない.如何に損害を受けていると主張しても,法的な意味での「訴えの利益」が客観的に存在しない限り,司法制度では救済はおろか,その利用さえ制限される.その結果,少なくとも「訴えの利益」を明示する必要性が,新しい権利を創出する契機となったものと思われる[23].

　経済学的な観点からすると,こうした新しい権利には,単に訴訟の権利が明確化するという以上の意味がある.すなわち,新しい権利の創出によって,権利関係を明確にし,コースの定理が成立しやすい環境を整備するという重要な

---

23) 「訴えの利益」を法制度が重視するのは,これによって濫訴をコントロールし,裁判費用を節約しているという見解がある.しかし,訴えの利益を既存の権利侵害だけに認めると,それは単なる既得権益の保護に過ぎなくなる.濫訴をコントロールするためには,「訴えの利益」の適用範囲を必要以上に制限するのではなく,裁判の予見可能性を高めることで十分に対応できるはずである.そうすれば,通常の問題に対しては,わざわざ裁判費用をかけずに,その予想の下で私的な交渉を選択するようになる.

意義がある．しかし，こうした新しい権利は必ずしも理論的に十分に整備されておらず，それゆえ裁判所の対応もかなり限定的であったり，判断が揺らいだりしている．また，所有権自体との関係も不明確なままに利用されている印象は否めない．

　本章で提案したオプションとそれによって創出される「開発許可権」は，あくまで所有権という不動産における最も基本的な権利から派生する権利に過ぎない．その意味で，所有権との整合性も十分に図られている．

　また，不動産市場価格が日影などの負の外部性の影響を，かなりの程度反映することについては，経済学者だけでなく，多くの識者が認めている．この変数以上に負の外部性の効果を適切に捉えられる変数は，これまで知られていない．したがって，この変数を全く利用することなく，開発規制をデザインすることはあり得ない．現在の知識と能力の下で，負の外部性を的確に捉え，それを適切にコントロールするためには，いかなる形であれ，市場価格を利用した規制に頼らざるを得ない．

　プット・オプションを利用した規制は，その中でも簡単に導入でき，有効性の高い規制方法であるといえる．この意味でも，共有できる不動産の取引情報システムを整備することはきわめて重要である[24]．

---

24) 不動産価格の取引事例ごとの情報開示に関する議論としては，西村・清水（2002）などを参照．

第9章
市街地再開発の新手法
―― 所有権者間の対立(2)*

　第8章では,所有権者間の対立として,マンション開発業者と地域住民の対立の問題を考察した.本章では,都市の市街地再開発にあたって生じる所有権者間の権利調整の問題を考え,新しい開発手続きと規制のあり方を提案する.第1に,市街地再開発地域内へは「プット・オプション付き権利床転換手続き」によって,地権者間の権利調整が図られる.第2に,開発周辺地域の既存住民の不動産についても前章で提案したプット・オプションを交付し,開発事業者にプット・オプションの履行を義務づける.これによって,負の外部性(外部不経済)が内部化され,周辺の景観や住環境にも配慮した開発を誘導できることを明らかにする.その上で,これらの手続きの既存手続きに対する優位性を検討しよう.

1. はじめに

　最近,東京の六本木や汐留等で見られるように,大規模な再開発が都心で進行している.しかし,それらの事業計画を見てみると,都市計画決定から完成までに10年から20年という長い時間が経過している.
　都心部には再開発すべき多くの地域が存在する.地震によって甚大な被害が発生すると予想される地域も数多い.木造住宅密集地域や零細な土地所有によって,危険な地域が数多く存在する.そうした地域の土地を集約化して,再開発を進めることには,著しい規模の経済性が存在すると考えられる.地震や災害によって多くの人命が失われることを考慮すれば,再開発によって安全な街区を形成することによる経済的な効果,厚生上の効果はきわめて高いと判断される.

＊ 本章は山崎・瀬下 (2005) に加筆・修正したものである.

それにもかかわらず，現状の市街地再開発はさまざまな課題が存在するために，円滑には進んでいない．実際に，「六本木ヒルズ」の開発には17年の歳月を必要とした．このように，事業の完成までに長期間を要することが地権者に予想されると，計画実現までの不確実性が高まる結果，本来ならば事業に積極的に賛成した地権者たちでさえも，事業に消極的になる傾向にある．こうした交渉面での不確実性を軽減し，悪循環を解消するためには，地権者間に分配の不公平性を残さずに，利害調整を速やかに実施できるような権利変換の仕組みを導入する必要がある．

他方，市街地再開発は周辺地域にも無視できない影響を及ぼす．高層ビルの建設は周辺に強いビル風を発生させるし，眺望や日照の悪化をもたらすかもしれない．周辺商店の商業機会にも顕著な影響を及ぼす．そのため市街地再開発ではその対象地域内だけでなく，周辺地域の居住者や商店主などが保有する既存の権利との調整を促す仕組みも同時に導入する必要がある．

本章では，あまりにも長期に及ぶ市街地再開発の現状を改善する目的と，開発周辺地域の既存の権利を保護し，適正な開発を促進する目的のために，前章で提案した「プット・オプション履行義務付き開発許可制度」を応用してみよう．

2. 望ましい市街地再開発手続きのあり方

本章では，効率性の観点から，望ましい市街地再開発手続きのあり方を考える．ここでいう「効率的な手続き」には二つの意味がある．第1は，対象となる開発自体が「効率的な事業規模」を達成するという意味である．第2は，手続き自体の取引費用を小さくし，「事業を円滑化」するという意味である．

さらに，このような効率的な手続きは，以下で論じるように，「公正な分配」を追求する手続きとも矛盾しない．むしろ両者は補完的でさえある．

2.1 効率的な事業規模の達成

再開発事業に伴って，どのような問題が生じているかについて考えてみよう．いま述べたように，市街地再開発は，その開発対象地域のみならず，周辺地域

にもさまざまな影響を及ぼす．これまで何度も説明したように，これらの開発の影響は，市場を介さずに直接周辺地域に及ぶため，開発に伴う「外部性」と呼ばれる．利益をもたらす場合を正の外部性，損失をもたらす場合は負の外部性と呼ばれる．

市街地再開発は周辺地域に正の外部性をもたらすこともあるし，負の外部性をもたらすこともある．どちらの問題が発生するのか確定できないことも多い．たとえば，開発によって地域の景観は大きく変貌するが，そのような景観の変化が正の外部性をもたらすのか，負の外部性をもたらすのかは，居住者の嗜好によるところが大きい．

昔ながらの木造の低層住宅が立ち並ぶ光景に郷愁を感じる人もいれば，高層ビルの林立する夜景に都心居住の醍醐味を感じる人もいる．市街地再開発が周辺地域に及ぼす影響は，人それぞれ，場所それぞれに異なり，単純に想定することは容易ではない．

しかし，市街地再開発が周辺地域に無視できない影響を及ぼすことは明らかであり，これに十分に配慮した開発が実施されなければならない．特に再開発が周辺地域にもたらす負の外部性が，（周辺への正の外部性も含めた）開発利益全体よりも大きくなる場合には，そのような規模の市街地再開発は経済効率性の観点からも決して正当化されない．周辺地域の外部性に配慮して「効率的な事業規模」を達成する手続きが必要となる．

2.2 取引費用軽減手続きの必要性

市街地再開発の長期化をもたらす基本的な原因は，権利調整の困難さにある．事業計画が発表されてから完成に至るまでに，多数の地権者が交渉のテーブルに着くことになる．こうした交渉過程の参加者は，行政区域の担当者，開発業者，地権者さらに周辺地域の地権者を含んでいる．一般に利害関係者の数が多くなればなるほど，交渉は容易に進まなくなる．取引費用を軽減し，開発事業を円滑化する手続きのためには，まずこれらの交渉費用をできるだけ軽減し，「事業を円滑化」する手続きが要求される[1]．

---

1) この交渉の結果，事業が中止されることも「円滑化」に含まれる．

2.3 公平な分配

こうした交渉を速やかに進めるためには，プロジェクト全体の利益を事業者と各地権者になるべく公正に分配する必要がある．第1章で説明したように，一部の強硬な反対者のために，賛成者の利益や開発業者の利益が失われる問題は「ゴネ得」と呼ばれる．山崎 (1999) で明らかにされたように，ゴネ得を助長する制度の下では，有望なプロジェクトがそもそも計画さえされなくなってしまう．

また，当初から賛成していた人と，当初は反対していたが最終的に合意した人，あるいは最後まで反対した人との間に，分配上の不公平が発生してはならない．不公平な分配が予想されると，賛成者の数は減少してしまう．このことは，調整にかかる時間や費用を増大させる．したがって，手続きの取引費用を軽減するためにも，分配の公平性を確保することが求められる．

3. 市街地再開発周辺地域における対応

3.1 負の外部性とプット・オプション

市街地再開発計画の実施に伴う，さまざまな権利調整の手段として，前章で提案した「プット・オプション履行義務付き開発許可制度」を市街地再開発計画にも適用することができる．

まず，この手続きが「効率的な事業規模」を達成することから説明しよう．すでに述べたように，市街地再開発は開発地域内のみならず，その周辺にもさまざまな影響を及ぼす．これに対して開発業者は一般に，開発地域外の周辺部の損失をほとんど考慮せずに行動する．その結果，しばしば過大な規模の再開発を実施する傾向にある[2]．

---

2) もちろん，都市再開発の規模は，前章のマンション開発などに比較して十分大きいために周辺地域の住環境や景観の悪化は，その地域全体の評価を下げる可能性がある．そのような場合には，開発業者もその損失が自分に及ぶ限りにおいて，それを考慮して行動する．しかし，この点を考慮しても，以下の議論には何の影響も及ぼさない．

こうした問題を解決するうえで,「プット・オプション履行義務付き開発許可制度」は有効に機能する.前章で説明したように,移転費用がなく不動産取引に課税されない単純な状況を考えると,周辺住民に与えるプット・オプションの行使価格を,「(開発の影響が全く考慮されていない)市街地再開発計画の公表直前の価格」に等しく設定することで,過大な市街地再開発は実施されなくなる.

前章の繰り返しになるが,このメカニズムを明らかにしておこう.地価等の不動産価格は,その地域の住環境や景観の価値等を反映して決定される.そのため,開発事業者が過大な市街地再開発を実施すれば,周辺の住環境や商業利益等を著しく悪化させ,その分だけその地域の不動産価格を低下させる[3].こうした地価の低下から不利益を受けた周辺地域の不動産所有者は,プット・オプションを開発主体に対して行使し,価格下落前の不動産価値を受け取ることができる[4].

これに対して,プット・オプションを行使された開発業者は,それを開発後の市場価格で従前の保有者に買い戻してもらったり,不動産市場で売却したりする.そのため,価格下落分が開発事業者の負担となる.

このことは開発に伴って生じた周辺の住環境価値や商業利益の低下分が,すべて開発主体に帰属し,開発主体が負の外部性を完全に内部化することを意味する.そのため,開発業者は開発の社会的コストを正確に認識し,過大な市街

---

[3] このような不動産価格の下落に,個別商店の営業努力の成果は反映されない.たとえば,再開発地域に人気の高いコーヒー・ショップが出店して,周辺地域の喫茶店の顧客が奪われても,その喫茶店が入店している店舗価値には影響しない.その意味で,営業努力を怠ってきたことに対する賠償を,開発業者が求められることはない.

むしろ,市街地再開発が全体として顧客や地域サービスに対する需要を増やすなら,周辺地域の店舗価値は喫茶店の営業不振にもかかわらず高くなる.喫茶店の経営者が努力しても業績が改善しないならば,このことは,喫茶店の土地や建物を他の利潤機会の高い用途に変更すべき状態になったことを示している.喫茶店の店主にその転用能力がないならば,店舗を他の経営者に賃貸ないし売却すれば,十分な収入を得ることができる.

[4] もちろん,第8章で説明したように,この場合の負の外部性の評価は不動産価格に反映された評価という意味で,市場で評価されるものに過ぎない.その場合,その住民の損失をこの方法によって完全に補償することはできないかもしれない.しかし,開発前の不動産価格が補償されるので,オプションを行使して得た資金を用いて,開発前と同程度の景観や住環境を持つ不動産に買い換えることが可能になる.詳しくは第8章4.1項①参照

地再開発を実施しなくなる.

3.2 権利の市場化の意義

すでに前章で説明したように，ここで提案している規制の重要な特性は，このプット・オプションが開発許可権という形で，現行の法規定で不明確な住環境権や景観権などの新しい権利を具現化できる点にある．この点が「事業を円滑化」するとともに，「分配の公平性」も確保する上で有効に機能する理由である．

何度も説明しているように，プット・オプションの本源的な価値は，保有不動産の減価額の期待値と一致する．このプット・オプションの特性から，オプション自体の取引を認めた場合，その価格は自動的にその損失補償を反映する．すなわち，複雑で多額の費用がかかる訴訟手続きを，オプションの売買を通じて市場化することができる．すなわち，不動産保有者が持つ所有権の絶対性を制限するための補償額が，市場を通じて決定される．

このような権利の市場化は，開発主体が将来の不動産価格の変動リスクを回避するために，事前に周辺不動産保有者からプット・オプション自体を購入してしまうことも可能とする．その場合でも，開発によって予想される負の外部性に見合う価格でなければ，周辺住民はオプションを開発業者に売却しようとはしないだろう．その結果，周辺住民は開発後にオプションを行使しようとするかもしれない．

したがって，リスク・プレミアムがオプション価格に反映されるだけで，開発業者の意思決定は上の場合と同じになる[5]．すなわち，オプションをなるべく低い価格で購入するためには，被害ができるかぎり発生しないような再開発計画を作成し，それを住民に周知させるための努力を払おうとするインセンティブが働く．さらに，こうした民主的な手続きを通じて，周辺住民との対立が緩和される結果となる．

このように，プット・オプションを用いた手続きは，周辺地権者との利害調

---

5) 事前にオプションを購入しない場合には，リスク負担を開発業者が負っていることになるから，それが取引価格に顕在化するだけの違いである．

整において「事業を円滑化」する上で有効に機能する．また，地権者を平等かつ民主的に扱っている点で，補償にあたっての「分配の公平性」をも確保するものとなっている．

　もちろんこのような市場化は，権利価値が明確化されるために，コース的な交渉を通じて問題が解決される可能性をも高めることになる[6]．権利の市場化は交渉費用・取引費用も低下させ，開発に伴う周辺住民との軋轢を減らす．コース的交渉を円滑化することで，「事業を円滑化する」とともに，「効率的な事業規模」の達成にも寄与するものとなる．

4. 市街地再開発事業とプット・オプション

4.1 市街地再開発事業への適用方法

　これまで説明してきたプット・オプションを利用した開発許可制度は，主に負の外部性を内部化するための手法として提案されたものである．しかし，再開発自体を円滑に進めるためにも，この手法はきわめて有効である．

　プット・オプション型の制度を再開発事業に応用すると，以下のようになる．すなわち，「開発事業者は，従前の土地所有者に対して，従前の土地と交換に，再開発によって生み出される権利床とこの権利床についてのプット・オプションを供与する．このプット・オプションの権利行使価格は従前の土地の価格と等しく設定する」．この手続きを「プット・オプション付き権利床転換手続き」と呼ぼう．

　周辺地域における「プット・オプション履行義務付き開発許可制度」との唯一の違いは，対象となる不動産が開発後の権利床に転換される点だけである．これは，市街地再開発では，対象不動産の所有権が，開発後の高層ビル等の区分所有権等に転換されることを前提としている[7]．

---

6) 詳しくは第8章4.1項②参照．
7) 開発後に，個別の不動産の所有権が維持されるのであれば，これまで通りの対象不動産の所有権についてのプット・オプションでかまわない．

4.2 プット・オプションを用いる意義

① 資産価値の保全と居住の安定性

この「プット・オプション付き権利床転換手続き」の利点は，開発によって得られる権利床の価値が低下した場合には，地権者がプット・オプションを行使することによって，資産価値を保全できるという点にある．

一般に，地権者の資産価値が権利変換の前後で大きく増加することが予想されるならば，すなわち，新たに与えられる権利床の価値と現在の保有土地価格の差が，プロジェクトの成功によって大きく増加すると予想されるのであれば，事業を支持する人たちが増えるであろう．

しかし，現状では，計画から着工そして完成までに多大な時間を要する結果，この価格差に対する不確実性がきわめて大きなものとなる．各地権者の利益が著しく変動すると予想される結果，危険を回避しようとする多くの個人は事業に賛成しなくなるという問題が発生する．

このとき，プット・オプション制度を用いると，計画前に保有している土地価格を権利行使価格に設定することによって，もし，権利転換後に獲得できる床(区分所有)の価格がその権利行使価格を下回るような場合には，プット・オプションを行使することで，従前の資産価値を保全することが可能となる．

いま，この点を図を用いて説明しよう．図 9–1 は横軸に地権者に新たに譲渡される権利床の市場価格を，縦軸に地権者の資産価値を取ったものである．両者の関係は FGH 線で描くことができる．

オプションが与えられると，権利床の市場価格が権利行使価格(= 従来の土地価格)より低下しても，地権者の資産価値は保全される．権利変換で取得した権利床が権利行使価格を下回れば，プット・オプションの権利を行使すればよいからである．したがって，従前の土地価値(= 権利行使価格) P よりも権利床の市場価格が低下しても，地権者の資産は一定である．これは FG 線で示すことができる．

これに対して，権利床の価格が P よりも上昇すると，プット・オプションの権利は行使されず，権利床の価値が地権者のものになるので，その価値は GH 線のように，45 度線に沿って上昇していく．

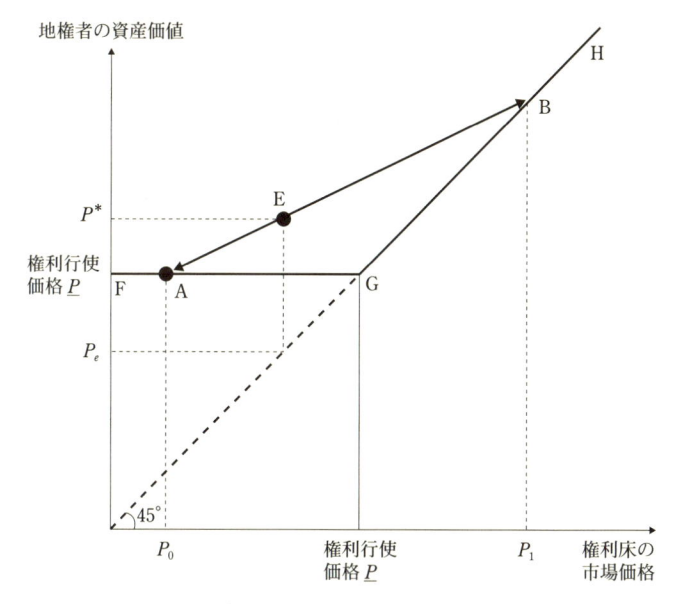

図 9–1 プット・オプションと権利床の総価値

例えば，現在 5,000 万円と評価された土地を手放して，権利転換後の権利床を受け取った場合に，この権利床の価格が何らかの理由によって 5,000 万円以下になったとしても，そのときプット・オプションを行使することによって，5,000 万円でこの権利床を事業者に売却することが可能となる．

したがって，仮に完成までの期間が長期化したとしても，事業前の評価額，すなわち従前に所有していた土地の評価額を完全に保全することが可能となる．同時に，この地権者には，市場価格で新たな権利床を買い取る権利を付与しておけば，居住権の確保も可能になる．

プット・オプションを行使しても，新たな土地に移転する必要はなく，この権利床上に住み続けることが可能となる．すなわち，権利床の市場価格と従前に保有していた土地の評価額との差が，結果的に開発業者によって補塡されるという仕組みになっている．

② 開発利益の内部化

さて，このときプット・オプションの価格はどのように決定されるのだろうか．単純化して，将来の権利床の価格が P_0 に低下する状態と P_1 に上昇する状態の二つしかない場合を想定すると，このオプションが供与された地権者の資産価値は，従前の土地価値 (=権利行使価格 $\underline{P}$) と P_1 の期待値に等しい．したがって，オプション自体の価値はこの資産価値から，権利床の期待価値 P_e を差し引いた値(の割引現在価値)に等しくなる[8]．

図9–1でいうと，A点とB点を両方のケースが出現するそれぞれの確率で内分した点，例えばE点の縦軸座標 P^* が権利床とプット・オプションの価値の合計である．

ここで，この権利床の市場価格と地権者への利得(資産価値)を表す図9–1が，通常のプット・オプション保有者が得る利得の特性と異なっていることに注意しよう．通常，プット・オプション(のみ)の保有者は資産の市場価格が低下するほど，高い利得を得ることができる．それに対して，ここで描かれている図では，土地の市場価格が上昇するほど，高い利得を得られる．

これは，むしろコール・オプションから得られる利得の特性である．コール・オプションとは，プット・オプションとは逆に，予め定められた一定の価格(権利行使価格)で資産を購入できる権利をいう．

市街地再開発からの利益を享受できる立場にいる地権者にとって，プット・オプションが与えられることは，再開発後の権利床とプット・オプションを組み合わせた合成資産を保有しているのと同じことになる．このような合成資産は，よく知られているように，権利行使価格(保有不動産の開発計画前の市場価値)に等しい安全資産とコール・オプションの両方を保有しているのと同じことになる[9]．

---

[8] 地権者が危険中立的な投資家であれば，
$$P_e = \beta P_0 + (1-\beta) P_1$$
となり，危険回避的ならば以下のようになる．
$$P_e < \beta P_0 + (1-\beta) P_1$$
ここで β は P_0 が実現する確率である．

[9] この関係は，プット・コール・パリティーと呼ばれている[たとえば Hull (2000) pp. 174–175等を参照]．なお，本章では説明を簡単にするために，割引率など時間的要因は無視して議論している．

これによって，地権者は開発に伴うリスクを負担することなく，権利床の価格上昇による利益だけを獲得することが許される．そのため反対する地権者は，その資産価値の低下を受けることなく，開発に伴って生じる利益を内部化できる．このことが，地権者に都市開発の利益を積極的に獲得するような行動を選択させる誘因となる．

③ 効率的な開発事業

プット・オプションを用いた手続きでは，開発業者はプット・オプションが行使される可能性を考慮する．変換後の権利床の価格が，従前の地価よりも下がるようなことがあれば，開発事業者はそれを補塡しなければならない．そのため，開発業者が地権者にリスクや損失を押しつけて非効率な再開発事業を追求する機会は排除され，効率的な再開発事業だけが実施されるようになる．

さらに，再開発事業で大きな問題になるのは，リスクの問題である．先に述べたように，プット・オプションは従前の地権者に一種の保険を提供することを意味する．ここでは値下がりのリスクは地権者から事業者に移転される．地権者が零細な土地所有者であればあるほど，リスク負担能力は小さいと考えると，こうしたリスクの移転は，資源配分上望ましいと考えられる．

また，インセンティブの観点からも，リスクを最終的に負担する者が，事業の責任を負うことは，効率的な資源配分に資すると考えられる．前章でも強調したように，開発業者は，プット・オプションの行使によって生じる不利益を十分に予想して，権利床の総価値を高めるようなプロジェクトを採用しなければならなくなる．

④ 事業の円滑化

保険としての機能を果たすプット・オプションは，開発地域内の交渉を円滑にすることにも寄与すると予想される．事業の遅れが生じる最大の原因は，交渉が円滑に進展しないことにある．事業の遅れは将来の権利床の価値を損なうことにもなる．こうした将来の不確実性を取り除くことによって，地権者の不安が取り除かれ，多くの地権者が事業計画に賛成することが期待される．これは事業を促進する結果，権利床の価値を高めることに貢献する．

この「プット・オプション付き権利床転換手続き」が「事業の円滑化」に寄与するもう一つの重要な理由は，地権者の協力をより早く取り付けることができる点にある．権利転換後の権利床にプット・オプションを組み合わせることによって，事業計画の進捗状況は，実質的に開発利益のコール・オプション価値に反映される．

　交渉が計画通りに円滑に進展すれば，権利床の期待価格や成功確率がともに上昇する結果，オプション付き権利床の価値も上昇していく．すなわち，反対者も含め，すべての地権者が開発利益を内部化することになる．

　これは事業には反対はしないが，そこに居住する意志のない人々にとって転出を促す結果となる．なるべくオプション（権利床）が高く売れた方が有利であるから，そうした人たちは，自らオプションを手放すことになる．ここで，このオプションを購入する人々は，開発事業者や投機家も含めて，事業に賛成する人々である．

　反対者の中にも，権利床が自分の好みに合わないという理由で，オプション付きの権利床を売却して転出する人が出現するであろう．従来の権利転換方式では，交渉期間中は，取引が生じないか，生じても取引価格が明らかにされないといった不透明性によって，不公平感ひいては事業の遅れが生じているように思われる．

　こうしたオプション付きの権利床の売買をつうじて，積極的に賛成する地権者の数が増加する結果，利害調整の問題が軽減され，それがオプション付きの権利床価値に反映される．したがって，賛成者は反対者にさまざまな機会に，積極的に働きかけることによって，事業計画の推進に貢献することになる．

　その結果，反対者が少なくなればなるほど，事業は円滑に進行し，それによって多くの人たちが利益を得ることになる．これは反対者にとってもいえることである．反対者にとっても，オプションは同じように与えられるので，反対者が賛成に転じることによって，利益を自分のものにできる．すなわち，反対者が計画に同意することによって，利害調整が円滑に進む結果，それが市場で評価されるようになる[10]．

---

10) 重要なことは，利害調整が進むにつれて，地権者たちは市場で評価されるオプション価格の上昇を直接目にすることができる点である．

すなわちプット・オプションは，反対する地権者を賛成する地権者に転化させるメカニズムを持つ．反対者はオプション付きの権利床を売って転出することによって，従来よりも利益を得ることができる．また，賛成者も利益を受けることができ，さらにこれがプロジェクトの進展につながるという好循環的なメカニズムを内包している．事業の成功確率が上昇していることをオプション付きの権利床価格の上昇によって日々確認できることも，地権者の協力へのインセンティブを高めることになるであろう．

これまでは，開発事業者だけが反対地権者に働きかけることによって，開発業者の負担が大きくなっていたのに対して，こうしたプット・オプション制度は，反対者への説得・交渉という事業者の負担を軽減し，同時に賛成者だけでなく反対者の利益をも増大させるという意味で，利害対立の可能性を低めることに役立ち，それが事業の円滑な推進に役立つことになる．

⑤ 分配の公平性：ゴネ得とオプションの価値

市街地再開発における従来の手続きの主要な問題点は，権利転換された権利床に，従前の資産価値が十分に反映されないという不満が生じやすい点にある．これによって，ゴネ得が助長される結果，交渉を複雑化・長期化させてしまう．

プット・オプションを使った手続きの利点は，従前の資産価値についての合意が成立すれば，転換後の権利床に関する評価の主観性を排除できるという点にある[11]．もし，転換後の権利床の資産価値が，現在の資産価値よりも低いと思う場合には，プット・オプションを行使して売却し，従来の資産価値を手に入れることができる．場合によっては，その売却価値を用いて，改めて資産価値に見合う開発後の保留床などを購入することもできる．

その際，自分の事業に，より有利なフロアーや店舗位置を選ぶことも可能になるだろう．従来の手続きでは，できるだけ有利な権利床を得るために，転換後の権利床の価値を過小評価することが，マッチングの問題を複雑化させている．

---

11) なお，この制度の下では，事業に反対するためだけにオプション付きの権利床を購入するという事態も避けられる．このオプションを購入して，事業に反対すると，事業が遅延する結果，オプション価値は低下してしまう．したがって，ただ事業に反対してゴネ得を得るためだけに，この土地を買う可能性は，かなりの程度排除することができる．

提案されている手続きでは，権利床の割り当てに不満があれば，権利者が従前の資産価値を維持しつつ，自由に開発後の権利床の特性を，売買を通じて変更することができる．したがって誰にも不満が生じない．すなわち，これまで交渉にゆだねられていた権利床の(特性も含めた)割り当てを，市場を通じて可能にする．

その結果，ゴネ得を排除し，開発事業者だけでなく，賛成する地権者，そしてさらには反対する地権者にも同様の利益が及ぶことが期待される．反対者にも賛成者と同じ権利，利益を保証するというのが，このオプションの高く評価される点である．その意味でこの仕組みは，「公平な分配」を可能にする手続きである[12]．

5. その他の利点と論点

5.1 開発事業者の負担

まず開発事業者の立場を考えよう．ここで，こうしたプット・オプションは，再開発事業者に多大な負担をかけると心配されるかもしれない．しかし，これまで開発事業者は，転出者に対しては，その所有する土地を市場価格よりもかなり高く購入するという方法を通じて，利益を再分配してきた．しかし，そうした交渉の経過は明らかにされないために，他の地権者との公平性がどの程度

---

[12] ここで，開発業者が事前に適切な権利床の割り当てを考えれば，プット・オプションを行使されることはないから，プット・オプションの行使についての最安価損害回避者は開発業者である．そのため，プット・オプションの行使に対して，その後，権利床を買い換える手続きが行われる場合には，不動産の売買手数料などの費用を開発業者が負担する制度を導入することが望ましい．逆に，権利床を市場で売却し，別の権利床に買い換える場合には，権利者は，開発からすでに開発利益を十分に得ていることになるから，地権者側が負担すべきだろう．

しかし，そもそも権利床の最初の割り当ての段階で，個別に権利床を割り当てる従来の手続きそのものを前提とする必要はないのかもしれない．開発業者は，従前の資産保有者に対して，資産価格に見合う権利床の転換権を与えるのであるから，資産保有者間で個別の権利床に価格をつけて入札させて，資産価格に見合う分までは権利床と相殺し，不足分については，購入した従前の資産保有者が支払う手続きを組み込むなどの補完的な制度を使う方がより有効かもしれない．

むしろ、このオプションは市場で評価が可能なので、客観性を担保できる。さらに、開発事業者が必ずしもこのオプションを購入する必要はない。市場で他の投資家がオプション付き権利床を購入することもできる。また、プット・オプションを行使されても、その権利床を別の主体に売却すれば、開発事業者の負担は、むしろ軽減される。

さらに、開発事業者にとっては対地権者との交渉の努力が、このプット・オプションによって、地権者間による交渉に代替される。その結果、開発事業者の交渉費用も軽減されることが予想される。賛成者が反対者を説得するという努力をこれまで以上に引き出すことによって、交渉面での負担を開発事業者から賛成者に負担させるという意味で、交渉をより円滑化、迅速化させる。

確かに、開発業者が負担する開発に伴う価格変動リスクは増加するかもしれない。なぜなら、従来、開発業者は既存の所有不動産と権利床の交換をしさえすればよかったが、この制度ではプット・オプションの履行という追加の負担を受けるからである。しかし、4.2項③で説明したように、そのリスク負担は本来、乱開発を抑制するために、事業者が負うべきものである。

したがって、問題となるのは、オプションが行使された場合に、事業者が権利床を転売できるまでの資金調達が必要となる点だけである。この点は、オプションの履行の問題にかかわるもので、すでに第8章5.3項で議論したように、買い取り義務を、まず国が履行して、その後に開発業者に国が買い取りを求める制度や、保険会社によるバックアップを義務づけるなどの対応が必要だろう［岩田・八田（2003）参照］。

5.2 高齢の地権者等のメリット

次に地権者の立場を考えよう。一般的に高齢者は居住の安定性を重視する結果、相続時点まで事業に反対する傾向がある。一部の高齢者は、現状では権利変換までの期間が長期化することを予想して、土地・建物を事業者に売却して転出してしまうことが多い。

このオプション制度の下では、こうした人たちは、従前の土地と交換に交付されたプット・オプションと権利床の売却価額を手にして転出することが可能

となる．また，事業の不確実性や2度の移転(事業完成までの借家住まい)に伴う煩雑さを嫌う人々も，プット・オプション付きの権利床を売却することによって，転出することができる．

その結果，4.2項で用いた数値例を用いれば，地権者には5,000万円以上の価値 P^* が保証される．もちろん，この価値は，権利転換後の床の予想市場価格 P_1 が高くなればなるほど，また事業の成功確率が高くなればなるほど，高く評価される．

なぜなら，すでに説明したように，地権者はこの手続きによって，5,000万円の安全資産と開発利益についてのコール・オプションを保有しているのと同じ立場にいるからである．そのため，コール・オプション部分の価値分だけ高い利得を手に入れることができる．

5.3 事業の認可基準の問題点

これまでにも，長い交渉の過程に疲れた転出者が，その土地を他の開発事業者に売却した結果，その土地が別の用途に開発されてしまい，本来の開発利益が一部失われるという事態が生じたことがある．たとえば，集合住宅が建設される予定地で，一部の地権者が土地を他の事業者に売って転出してしまうという場合を考えてみよう．他の開発事業者がその土地を取得して戸建て用地として開発すると，その一角の土地が利用できなくなってしまい，大規模開発の経済性を実現できなくなってしまう．

このプット・オプション制度は，こうした事態を回避することができる．他の開発業者は転出を予定している地権者から，プット・オプション付き権利床を購入したうえで，当初の開発業者との交渉に入ることができる．代替的な開発計画を有する事業者は，オプション価値以上の便益があると予想して，オプションを購入するはずである．こうすることによって，戸建てとして開発すべきか，大規模開発すべきかという問題に対して，市場による解決が準備されることになる．

問題となるのは，事業に賛成していた地権者が土地を事業者に売却することによって，賛成地権者の割合が減ってしまうという点である．事業認可には，組合設立・都市計画決定の各段階で地権者総数の3分の2の同意が必要であるに

もかかわらず，土地を売却することによって賛成者が転出してしまうと，地権者の数が減ると同時に賛成者の数も減ってしまうという点が，問題を複雑にしている．

この問題を解決するためには，地権者数の 3 分の 2 の合意という条件ではなく，面積要件だけに変更すべきである．すなわち，総土地面積の 3 分の 2 を所有する地権者の同意が必要という条件に緩和すべきである．実際に，ある地区では権利者 50 人のうち 33 人が準備組合設立に賛成して，この条件が一度は満たされたが，その後同意者 9 人が転出した結果，地権者は 41 人に減り，同意者も 24 人に減った．同意率は 58.5％ で，この条件はクリアできていない[13]．

さらに，ここで提案している手続きでは，このような多数決要件自体を廃止することも検討すべきである．これについては手続きの履行可能性とも関係するため，5.6 項で再度検討したい．

5.4 収用権の必要性

さて，このオプション制度は，ゴネ得といった独占的な交渉力を「完全に」排除することができるだろうか．すでに述べたように，第 1 に，このオプション制度は住民間の議論や交渉を促進するという意味で，従来の事業者対住民という対立図式を基本的に変化させることができる．さらに，こうした交渉を通じて，「より望ましい街区とは何か」という議論を深めることができるであろう．より望ましい街区はオプション価値を目に見える形で上昇させるからである．

第 2 に，このオプション制度の下では，転出してしまう住民や新たにオプションを購入して転入する住民間の利害を調整するという点で，より公平な分配状態を生み出すことが可能となる．その結果，不公平感が取り除かれることによって，反対者の不満を緩和することができる．

しかし，公平な分配状態についての各人の意見が異なるように，プロジェクトの実現に不満を抱く人々は完全にはなくならないであろう．現状維持にこだわる地権者は，そもそもオプション付き権利床への転換を拒否するかもしれない．

---

13) 都市再開発法の第 14 条には，「…施行地区となるべき区域内の宅地について所有権を有するすべての者及びその区域内の宅地について借地権を有するすべての者のそれぞれ 3 分の 2 以上の同意を得なければならない」とある．

こうした人々が存在するにもかかわらず，その他数多くの人々がプロジェクトに賛成する場合には，収用権を行使する必要がある．現状の開発プロジェクトの多くが，少数の反対者のために実現せずにいる点を考慮すると，こうした民間プロジェクトについても，自治体や政府に収用権の行使を認めることには重要な意義がある．

5.5 税制上の問題点

こうした再開発を遅延させる原因として，権利転換に伴って生じる税制上の問題がある．地権者には，従前の土地と交換に再開発事業で建設される権利床が与えられる．権利転換に応じた地権者には，特例によって，土地譲渡所得税（税率26%）や登録免許税は免除される．

しかし，権利転換以前に事業者に土地を売却して転出してしまった土地所有者には，この特例は認められない．したがって，取得価格が低い従前の土地の所有者が転出する際には，多額の譲渡所得税を支払うことになる．他の流動資産を十分に保有していない限り，この税支払いを負担するのは，実際に収入がないために大変困難である．この点は，高齢者等の転出を阻害する原因となる．

さらに，従前の土地と交換される権利床が，従前の土地と同一の施工区域と認定されなければならない．ある街区を先に再開発して，そこに隣接する地権者を移転させたうえで，移転元を開発する方法が合理的な手法とされているが，こうした開発方法では，多くの地権者が，土地譲渡所得税を負担しなければならない．

これを改善するためには，八田（2002）が提唱している買い換え特例を復活させるべきである．従前の土地の取得価格を新たな権利床の取得価格と認定して，譲渡所得税は相続時点に課税することにすれば，権利転換時点の課税が延期される結果，交渉が円滑に進行すると考えられる．

5.6 多数決要件の廃止

ここで，このようにプット・オプションの履行が担保されるなら（第8章5.3項参照），地権者の権利は十分に保護されているから，本章5.3項で説明した多数決要件も不要となるだろう．従来の開発事業の認可の手続きでは，開発計画

の決定等にあたって,地権者の3分の2の同意が必要とされている.

　人数による多数決が不合理である点はすでに指摘したが,ここで提案されている手続きでは,地権者の権利は開発手続きの中で完全に保護されているので,多数決の意義はほとんどない.多数決は権利が侵害される恐れがある場合に,それを拒否できるためのものだからである.そのため,「プット・オプション付き権利床転換手続き」を導入するにあたって,このような3分の2の同意という規制も同時に廃止することができる.

　本章で導入を提案している二つのプット・オプションを用いた手続きは,本章5.1項でも指摘したように,開発業者が不動産の価格変動リスクを負うことになる.そのため,従来の開発規制や手続きと比較する限りにおいて,(それが効率性に資するとしても)開発事業者の負担は従来よりも大きくなる可能性もある.

　しかし,この制度の下では,開発業者がリスクを負担することで,多数決要件の存在意義自体が失われるのであるから,これを撤廃することで,開発事業者の負担が加重になるという問題を回避することができるように思われる.

5.7　所有権者以外の権利者

　市街地再開発では,所有権者以外にもさまざまな権利者が関係している.その典型的なものは,再開発地域における賃借権者であろう.再開発によって賃貸住宅が取り壊されるならば,そこから転居する必要が生じる.

　しかし,賃借権等の所有権以外の権利の扱いは,所有権者と賃借権者の間で補償等を決める問題として扱うべきであり,この手続きの中に含めるべきではない.なぜなら,賃貸借契約には明示的な契約がないものや,さまざまな理由による割引賃料などが存在する.それらの事情を考慮して権利を評価することは困難であり,むしろ,濫用されかねない.

　所有資産の価格を決める際に,賃借権等の価値を控除することなく評価を決め,賃借権等の賠償に対しては,所有者と契約者の間の交渉にゆだねるべきであろう.ただ,その際の賠償方法として,金銭的な賠償のみならず,権利床自体による賠償や権利床を賃借する権利等も認めておくことは,交渉の円滑化に役立つだろう.

　なお,従来の賃借権保護を考えると,市街地再開発の実施にあたって,当該

不動産の所有権者がそれに参加する場合，市街地再開発の実施が承認されたことをもって，契約期間の終了した賃借権については，家主による更新拒否の正当事由とすることを，法的に認めておく必要があると考えられる[14]．

6. 結 論

本章では，市街地再開発にあたってプット・オプションを利用した手続きを導入することで，開発地域内の地権者間の権利調整を促すとともに，開発に伴う周辺地域への負の外部性の問題も解決できることを明らかにした．

市街地再開発地域内へは「プット・オプション付き権利床転換手続き」によって，権利者間で開発利益を追求するインセンティブを与えるとともに，「プット・オプション履行義務付き開発許可制度」を開発事業者に課し，周辺地域住民にはそのプット・オプションの行使権を与えることで，開発事業者に負の外部性を内部化させることができる．これらの結果，乱開発を抑制し効率的な市街地再開発事業が促進される．

---

[14] ただし，賃借権保護の問題は，ここで提案されている手続きに固有の問題ではなく，すべての市街地再開発の手続きにあたって，現行手続きでも対処しなければならない問題である．

第10章
区分所有権とマンション建て替え
―― 所有権者間の対立(3)

　第8章で説明した新規のマンション(不燃化共同住宅)開発問題だけでなく，既存マンションの建て替えも重要な問題となっている．この点は区分所有権という特殊な権利形態から由来する問題として捉えることができる．本章では区分所有権の問題点を整理し，建て替え問題の解決方法を提案しよう．

1. はじめに

　区分所有権とは，「各戸ごとに区切られた建物の一定部分(これを専有部分という)が独立して所有権の対象となる」場合，「このような専有部分についての所有権」のことをいう[1]．区分所有の専有部分については，第1章の所有権に関する議論の多くが適用できると考えられるが，マンションなどの共同住宅は，階段や廊下，屋上，庭園など「共有」部分を多く有し，さらに建物の骨組みなどのスケルトン部分も共有であるために，その居住部分(インフィル部分)の利用が，スケルトンに重大な影響を及ぼしうる場合がある．こうした共有部分があるために，専有部分を利用する際の意思決定は，通常の所有権に比較して大きく制限されている．

　マンションなどの集合住宅における共有部分に関する意思決定の問題は，所有権者間の権利調整のアナロジーとして捉えることができるだろう．そのため，本章では，区分所有権の特徴を説明するとともに，共有部分に関する意思決定やその問題が最も深刻な形で出現する老朽化マンションの建て替え問題について考えてみよう．

　以下の第2節では区分所有権の非合理性を集合住宅や共有の議論と比較しな

---

[1] 加藤 (2003) p. 280.

がら明らかにし，第3節では，特にマンションの建て替え問題においてこの問題が深刻化することを説明する．その上で，第9章で提案した「プット・オプション付き権利転換手続き」が，マンション建て替え問題を解決する上でも有効であると結論づける．

2. 集合住宅の合理性と区分所有権の非合理性

2.1 集合住宅とクラブ財

住宅サーヴィスの中には，多少のプライバシーを犠牲にすれば，他人と一定の設備を共用することによって，平均費用を下げることができるサーヴィスが存在する．プライベートな住空間だけでなく，住宅サーヴィスには様々な共有サーヴィスとパッケージで生産・消費する方が効率的な場合もある．広い意味では，景観や都市環境，あるいは上下水道や電力・ガスといった公共サーヴィスの一部も共用によってこうした機能を果たしていると考えられる．言い換えると，こうしたサーヴィスは住宅サーヴィスとパッケージで供給されることによって，全体の平均費用を低下させることができる[2]．

いくつかの住戸を集合的に建築し，特定のサーヴィスを共有することによって，こうしたサーヴィスの平均費用を低下させることが可能である．固定費用を必要とするサーヴィスについては，需要量が増加するにつれて平均費用は低下する．最近ではたいへん少なくなったが，古い賃貸住宅の中には，流しやトイレを共用するといった「木賃アパート」もある．こうしたサーヴィスを共用することによって，平均費用が低下する結果，家賃を低下させることが可能となる．高齢者向けの住宅の中には，介護を専門にするスタッフやそれに必要な医療設備が整っているものも存在する．

---

[2] いまや土地問題についての古典ともいえる小宮・村上（1972）の有名な100％キャピタル・ゲイン課税の提案は，市場では十分に供給できない公共サーヴィスとパッケージでしか，土地や住宅は供給できない点に基づいている．たしかに，この税制の下では，不動産の資産市場はその機能を停止する．しかし，賃貸借市場だけで，土地利用の効率性を実現するのは，困難である（第2章，第5章および第7章の議論を参照）．

現在広く見られる数十戸が1棟になった区分所有マンションや，賃貸アパートは，こうした平均費用を低減させる効果を持っていることはいうまでもない．特に都市部では地価が高いために，集合住宅を建設することによって，1戸あたりの費用は低下する．これが集合住宅の存在する理由である．

この他にも，クラブ財と呼ばれるサーヴィスは，固定費用が存在するために，各メンバーがそうした費用を会費として分担している．スイミングやゴルフ，テニスなどのスポーツクラブ，ジム等もこうしたクラブ財と呼ばれている．集合住宅はこのようなクラブと共通の性格を有している．アメリカのアパートには，こうしたプールやジムを備えたものも数多く存在する．

他方，こうした共用サーヴィスの利用についてはプライバシーを侵されることがあるので，これを嫌う人々は戸建ての住宅を選好することになる．したがって，プライバシーを重視する消費者は戸建て住宅を選択するのに対して，相対的に所得水準の低い人たち，あるいは地価の高い都心で暮らそうとする人たちにとっては，多少のプライバシーを犠牲にしても，集合住宅を利用することが合理的な選択となる．

2.2 区分所有建築物

こうした集合住宅は，大別して二つに分けることができる．一つは賃貸アパートであり，もう一つは区分所有建築物と呼ばれるものである．賃貸アパートについては，もはやそれほど多くを説明する必要はないだろう．所有者がアパートを管理して，それを借家人に貸し出すのが賃貸アパートである．

これに対して，区分所有建築物というのは，一般にその持分権を各住戸の住民が所有する形態をいう．区分所有建築物は，専有部分である住戸と，廊下やエレベータ敷地などの共有部分から構成されており，それぞれの住戸の所有者が共有部分についても共有持分権を所有している．こうした持分権を購入することによって，各専用住戸の利用が可能になる．つまり，持分権を取得することによって，住宅サーヴィスの利用権を購入するというのが区分所有建築物である[3]．

---

[3] この中には，こうした持分権者が区分所有権部分を賃貸するケースも含まれる．

この区分所有権には，いま述べたように，自らの住戸に対する専有部分の持分権と廊下やエレベータあるいは敷地についての共有持分権がパッケージになっている．もちろん，廊下やエレベータそして階段といった設備は，住戸の住民が共用することによって，平均費用が低下する性質を持っている．

注意を要するのは，住戸専用部分についての持分権と共有持分権がセットになっていて，それらをパッケージで売買しなければならないという点である．共有部分の持分権だけを専有部分のそれと切り離して売却することはできない．つまり，住戸を利用する人間は，当然廊下やエレベータの共有部分も利用するはずであるから，この利用権だけを売却することはできないというのが，分割不能なパッケージで供給することの根拠である[4]．

2.3 民法上の「共有」

さて，この問題を考えるうえで参考になると思われる民法上の「共有」について考えてみよう．いまマリンスポーツ好きの10人が集まって，小型のクルーザーを購入する場合を考えてみよう．1人1,000万円ずつ提供することによって，1億円のクルーザーを共有するとしよう．このとき，この10人はクルーザーの使用について同等の権利を有している．この共有をやめる場合には，時価で評価して自らの持分権である1/10の部分を他の人に売却することが可能である．また，持分権を売却したい人からメンバーがその持分権を購入することも可能である．

ここで，クルーザーの定員は5名であるとしよう．したがって，メンバー10人が同時に使用することはできないので，時間的な利用権という形でサーヴィスは分割されることになる．等しく権利を持った10人には，時間的に10分割された分だけ，このクルーザーを使用する権利が発生する．

さて，ここでエンジンの故障のために修理が必要となる場合を考えてみよう．修繕等については各持分者が単独で修繕することが可能で，またそれにかかった費用は，他の人たちにも等分に負担してもらうことが可能である．また，大

---

[4] これには，当然分配上の不公平が生じやすい．実際，1階の区分所有権者が，「なぜエレベータの管理費を負担しなければならないのか」と訴えるケースが増加している．

規模な部品の取り替え等についての決定は，持分価格の過半数での決議が必要とされる．さらに，共有するクルーザーを売却する場合には，全員の合意が必要とされる[5]．これが，民法上の「共有」という概念である．

こうした民法上の共有における修繕や取り替えについては，共有するメンバー数が少なければ，あまり深刻な問題は発生しないかもしれない．好きなときに自分の持分権を売却して，利用権を停止することが可能であるし，また他の人から持分権を全部購入することによって，占有することも可能である．

2.4 「共有」の経済モデル

それでは，問題は全く生じないだろうか．すでに第1章で議論したような「共有地の悲劇」問題は，ここでは発生しないのだろうか．いま，クルーザー全体の価値を高めるような維持・管理について，金銭では評価できない各個人の努力が必要な場合を考えてみよう．クルーザーの価値を必要以上に減じることのないように，ていねいに扱うことや，事故を起こさないように努力することを考えてみよう．

これを検討するには，第1章の「管理された固定的分配経済」のモデルが参考になる．この場合，クルーザーの所有者 i は，自分が得る持分権価値の増分から，自分が努力することに伴う不効用を差し引いた余剰を最大にしようとするだろう．したがって，各人 i が実際に発揮する努力水準 e_i^{civil} は以下のような水準となる．

$$e_i^{civil} \in \arg\max\left\{\frac{1}{N}V(\cdots, e_i, \cdots) - e_i\right\}$$

ここで V はクルーザーの価値で，N は共有するメンバーの数であり，e_i は修繕についての努力水準である．このことは，「共有」の下での努力水準 e_i^{civil} が次の一階条件を満たす水準となることを意味する．

$$\frac{1}{N}\frac{\partial V}{\partial e_i} - 1 = 0 \quad \text{for all } i$$

---

[5] 民法上は，クルーザーを売却する場合には全員合意を必要とするが，各個人が持分権を売却しても同じく 1/10 の価値が実現できるので，メンバーが少ない場合の全員合意はそれほど制約的ではないだろう．

第 1 章で説明したように,この努力水準 e_i^{civil} は,社会的に最適な経済主体の努力水準 e_i^* よりも一般には低くなることがわかる.なぜなら,$N>1$ に関して,自分が修繕したクルーザーの価値の増分が,N 人の共同所有者間で分配される結果,自分が受け取れるのはその $1/N$ 単位に過ぎないからである.特にメンバーの数が増えるにつれて,さまざまな問題が生じる.

特に情報の非対称性に伴う問題は深刻である.個々人が注意深くクルーザーを使用しない結果生じる設備の必要以上の減耗は,他のメンバーが十分に監視できないために生じるものである.

しかし,金銭的にこうした努力が評価されて,その費用を他のメンバーに請求することができるのであれば,この問題は解決されうることに注意しよう.仮に維持・管理や修繕によって生じるクルーザーの価値の増分のうち自分に帰着する部分が $1/10$ であっても,同様に発生した努力や費用を 10 人でシェアできるのであれば,自らが負担する費用も $1/10$ になる.このとき,各人の発揮する努力水準や費用負担は以下の e_i^{share} ような水準となる.

$$e_i^{share} \in \arg\max\left\{\frac{1}{N}V(\cdots, e_i, \cdots) - \frac{1}{N}e_i\right\}$$

この時,e_i^{share} が満たす一階条件は,以下のようになる.

$$\frac{\partial V}{\partial e_i} - 1 = 0 \quad \text{for all } i$$

このことは e_i^{share} が最適な努力水準 e_i^* と等しくなることを意味する[6].実際,民法の共有の費用負担ルールは,(少なくともその金銭的負担に関しては),このような持ち分に応じた負担ルールとなっている.もちろん,こうしたこともメンバーが少ないうちは可能であるが,メンバー数が多くなるにつれて次第に困難になる.なぜなら,メンバー数が増加するにつれて,各個人の努力や費用負担を評価するための情報量が圧倒的に増大するからである.

したがって,こうした問題を回避するために,共有のクルーザーや共有のリゾートマンションなどには,専任の管理者がおかれ,その管理者が費用負担等を共有者の持ち分等に応じて請求するといった管理システムで運営されている.

---

6) 正確にはこれは Nash 均衡として導かれる.

リゾートクラブなどがその代表的な例である．

しかし，そのような管理システムは当然，追加の費用負担を生じることになる．このため，このような管理費用と共有することによって節約できる費用（規模の経済性）とのトレード・オフが，共有か専有かを決める要因となる．

3. 集合住宅の建て替え問題——区分所有権と賃貸住宅

3.1 区分所有建築物の建て替え問題

さて，いま述べた民法上の「共有」という概念と対比しながら，区分所有建築物について考えてみよう．区分所有建築物の共有部分の持分権については，さきほども述べたように，それを専有部分と分離して売却することはできない．

区分所有法が民法上の「共有」と決定的に異なる点は，各持分権者の区分が設定されている点である．先のクルーザーの例でいえば，持分権者の所有権はクルーザーの 1/10 であって，エンジン部分は誰かの所有で，キャビンは誰かの所有というように区分は設定されていない．

これに対して，区分所有法では，専有部分が決定されており，その部分についての所有権がパッケージされている．そのため区分所有者は，その専有部分については個別の所有者として意思決定することができる．専有部分について独立に意思決定し，そこからの満足や利益を占有できる．しかし通常の所有権とも違い，共有部分を有している．そのため独立の専有部分の意思決定が，共有部分の意思決定を制限してしまう可能性が常に存在する[7]．

たとえば，区分所有建築物の共有部分についての修繕が必要となった場合に，

---

[7] もちろん，共有それ自体からの問題も存在する．これまでの区分所有法の下では，各住民は自らの専有部分についてはその維持管理に十分な注意を払うが，共有部分のメンテナンスには，注意を払ってこなかった．その結果，共有部分の損傷や老朽化の進行が早いにもかかわらず，何の手も入れられない区分所有建築物が増加し続けている．特に，規模の大きな，すなわち，区分所有者数が多い区分所有建築物ほど，こうした問題が生じやすいのは，すでに述べたような「共有地の悲劇の問題」と同種のものである．近年，こうしたことから生じるトラブルを回避するために，各住戸の持分権者が集まって組合を形成して，組合が修繕費を徴収し積み立て，共用部分の維持管理に努めている．

どのように対応することが望ましいのだろうか．当然のことながら，費用を含めた区分所有建築物全体の価値を最大にするような修繕のレベルが存在する．どの程度の修繕が必要となっているかは全く技術的な問題である．したがって，こうした区分所有建築物全体の価値を最大にするという観点から，各所有者の自発的な努力によって，それが実現できるかどうかについて検討してみよう．

区分所有建築物全体が共有であれば，問題は解決するかもしれない．なぜならすべての持分権者の対象となる資産は同一で，その資産を最大化したいという目的は一致するからであり，問題となるのはその費用負担のあり方だけである．持分が資産利用機会と比例しているならば，持分に応じた費用負担によって，先の共有で議論したように効率的な修繕が達成されるだろう．

これに対して，区分所有権では専有部分が独立しているために，対象となる資産がそれぞれ異なり，その目的関数も独立になってしまう．このため費用負担ルールが適切に設定されていたとしても，意思決定が対立し，結果として大規模な修繕や建て替えが達成されない可能性が生じてしまう．

区分所有法では，共有部分に関する意思決定は多数決によってなされる．区分所有法の第61条では，建物価格の減耗，焼失がその1/2以下のときには，各区分所有者がその復旧にあたることができるとされている．またこれに要した費用は各持分権に比例して負担するとされている．したがって，この点は民法上の「共有」と同じである．

しかし，その減失価格が1/2を上回ると，共有部分の復旧には議決権の3/4以上の多数の賛成が必要とされる．さらに，この議決成立後に反対した持分権者は，区分所有権の買い取り請求ができることになっている[8]．独立な目的関数を持つ区分所有権者の意思決定を集約すること自体が難しい上に，このような過重な多数決ルールを採用しているため，その意思決定の統一はきわめて困難になっている．

たとえば，大きな地震によって被害を受けた区分所有建築物を考えてみよう．自らの占有部分について何の被害も発生しなかった持分権者は，大きな被害を

---

8) この結果，老朽化の程度が著しいほど復旧の条件は制約的になっているため，老朽化したマンションほど更新や復旧は困難になる傾向にある．岩田（1997）参照．

受けた住宅の持分権者が提案する建て替え計画に，容易には賛成しようとはしないだろう．当然被害を受けなかった人たちにも費用負担が生じるからである．

建て替えが望ましいのか，あるいは小規模な修繕で十分なのかどうかは，マンションの価値の最大化の問題と密接に関係している．部分的な修繕で区分所有建築物の価値を維持できるならば，解決は容易かもしれないが，かなりの住戸が被害を受けたような場合には問題は深刻である．すべて取り壊して，完全に建て替えをした方が区分所有建築物の価値を高めるかもしれない．

こうした判断は，まさに効率性の観点から判断されるべきである．しかし，これには集合的な意思決定を伴っているために，意思の共有という問題が新たに発生する．法定建て替えでは，4/5の決議を必要としている．集合的な意思決定に伴う価値の共有という問題，意見の共有という問題が深刻な問題を引き起こしている．

3.2 賃貸アパートの建て替えとの比較

いま述べた区分所有住宅の問題点と対比するために，この点を賃貸マンションについて考えてみよう．最近，J-REIT（リート）と呼ばれる投資ファンドが大きな人気を集めており，多額の資金を集めている．こうしたファンドは，建物を1棟まるごと購入して，その建物をオフィスや住宅として賃貸して，その賃貸料収入をリートの所有者に分配する．ここでは，区分所有と違って，各投資家は資金は提供するが，その持分についての区分は確定されていない．つまり，建物のどの部分を所有しているかということは明記されていない．したがって，この点はさきほどのクルーザーの例と同じである．

しかし，クルーザーの例と異なるのは，利用権がパッケージになっていない点である．もちろん，資金提供者がその住戸に住みたければ，ファンドが所有している建物の一室に家賃を支払って住むことが可能である．その家賃はリートの所有者に等分に分配されることになるから，自らにその家賃の一部は支払われることになる．こうした賃貸アパートの場合には，事態はどのような結果になるのであろうか．

この際に，賃貸に伴って生じる非対称情報の問題が発生することはいうまでもない．すでに第2章で論じたように，賃貸借に伴って生じるモラル・ハザー

ドは，たしかに発生する．しかし，この点はすでに述べたように，情報の非対称性が存在するために生じる問題である．先のクルーザーの例でもこの問題は生じる．

したがって，この問題を無視すると，建物が老朽化した際に建て替えを選択するか，あるいは小規模な修繕を選択するかは，当然のことながら，持分権を所有している投資家の意思決定によることになる．

持分権者の評価が異なる点をとりあえず無視すれば，十分な情報が開示されれば，持分権者間の利害の対立はほとんど発生しない．区分所有と異なり，利用権は切り離されているので，利用から生じる立場の違いや被害の違いによって，負担の差は発生しない．老朽化によって生じる家賃の減少は，持分権者のすべてに等分に行き渡る．もちろん，その修繕，あるいは建て替えによって得られる利益も等分に行き渡るので，ここに利害対立の問題は発生しない．したがって，すべての投資家は，マンション価値を最大にする投資計画を採用することに容易に合意する．

区分所有建築物で生じる意見の対立は，利用権が所有権から分離されていないためである．損耗の激しかった住戸の利用権者とそうでない利用権者の間で深刻な利害対立が生じる．建て替えや大規模な修繕には，4/5 の特別決議という集合的な意思決定を必要とする結果，こうした建て替えは困難な事態に陥る．しかし，いま述べたように，利用権を所有権から分離することによって，この問題は解消する．すなわち，賃貸アパートでは建て替え問題は深刻な事態をもたらさない．

もちろん，建て替えか修繕かという賃貸アパートの投資価値の最大化についても，意見対立が生じる可能性がある．しかし，この点もいま述べた利用権価値と負担の格差から生じる分配面の不公平の問題とは異なっている．これは，持分権者間で建て替えによって発生する予想収益についての期待が異なることから生じる．しかし，持分権の売買によって，こうした意見の違いは解消されるだろう．もし大規模な修繕，ないし建て替えがより高い収益を生むと予想している持分権者が支配的ならば，その投資計画が採用されることになる．

逆に，それは望ましくないと反対する投資家にとっては，その投資計画の実施前に持分権を売却することによって，消極的ながら自らの意見を表明するこ

とが可能である．自分の予想が正しければ，市場から退出 (exit) することによって，不利益を免れることができる．あるいは，反対する持分権者を逆に買収することによって，大規模な修繕計画に反対することも可能である．結果的には，どちらが多数を制するかによって，効率的な結果が実現することになる．

もちろん，ここで投資家が誤りをおかさないとか，あるいはどちらが正しいかなどということはできない．しかし，そうした人たちは十分な調査をして，自分の利益を最大にするように行動しているはずである．こうした努力の誘因がより効率的な成果を生むのである．

4. 区分所有建築物の建て替え問題解決への新提案

岩田 (1997) は，「定期借家権と不動産の証券化の組み合わせ」が区分所有に代わりうる都心居住形態になることを示唆するとともに，この方式が，区分所有建築物建て替え問題の解決方法になると指摘している．建て替えの資金調達が容易になるとともに，旧借地借家法の適用を受けないために，将来さらに建て替えたり，大規模な修繕を行う際にも障害が生じにくいからである．

さらに第5章で説明したように，定期借家契約は利用者がその不動産に特有な投資や努力を投下することで，より高い満足や利得を得ることができる場合に，その投資利得を適切に保護でき，かつその不動産の転用を阻害しないという機能の点でも望ましい仕組みである．

4.1 「定期借家権と不動産の証券化の組み合わせ」が十分に機能していない理由

岩田 (1997) の提案は，確かに多くの場面で適用可能であり，かつ現行制度上でも比較的容易な仕組みであると考えられる．しかし，実際には老朽化した区分所有建築物の建て替えは必ずしも円滑には進んでいない．この理由としては，上で述べたような多数決要件が厳しいことがあげられるが，理論上は反対者の区分所有権をすべて買い取ってしまえば，多数決の問題は回避できるはずである．そのため，現状では区分所有建築物の建て替えを阻害する別の問題が存在すると理解されるべきだろう．

そのような問題として少なくとも三つの可能性がある．一つの問題は，既存

区分所有者が，反対していても区分所有権の買い取りに応じないという問題である．すでに前章でも見たように，買い取りを拒否し続けることで，賠償や買い取り価格を引き上げることによって，いわゆるゴネ得を得ることができる．そのような行動によって買い取り価格が高まってしまえば，結局，効率的な建て替えは進まなくなる．

第2は，税制上の問題と考えられる．区分所有では家賃は顕在化しないので，所得税の対象とはならない．しかし，定期借家権の下で支払われる家賃は課税対象となる結果，定期借家＋証券保有は従来の区分所有よりも税負担が大きくなる．これが定期借家＋証券化の普及を阻害していると考えられる[9]．

第3の可能性は，定期借家契約の限界である．第5章で述べたように，借家人による効率的な投資水準の下では，他の用途への転用が生じる可能性がない場合などには，定期借家契約ではなく，所有権の売買契約が望ましくなる．このような場合に，定期借家契約のオプションしかなければ，将来多額の賃料を要求されてしまう．もちろん，証券化後に証券を保有していればその配当も高まるから，そのような賃料の値上げは，増配によって相殺される可能性がある．しかし高齢者など証券を売却して賃料にあてなければならない人は，そのような権利転換に反対し，区分所有権の維持を要求するだろう．

そこで，以下では区分所有権の特性は維持したままで，建て替えを促進する手法を検討してみよう．

4.2　プット・オプションによる解決方法

区分所有権を，専有部分についての所有権とみて，共有部分を環境や景観などに読み替えてみれば，区分所有建築物建て替え問題は，都市再開発の「プット・オプション付き権利床転換手続き」の類型と見ることができる．

区分所有建築物建て替えの文脈で言い換えれば，この「プット・オプション

[9) これに対して，定期借家権を設定したうえで，オフィスを「居抜き」で自社ビルを証券化して売却する手法が活用されている．これは帰属家賃部分が企業の利益として計上される結果，法人税の対象にすでになっているので，借家にしてもこうした課税上の不利益は発生しない．むしろ資産をオフ・バランス化するメリットが活かされているようである．

付き権利床転換手続き」は次のようなものである．すなわち，「区分所有建築物の区分所有者に対して，区分所有建築物建て替え時点での区分所有価格を権利行使価格とするプット・オプションを与えるとともに，開発後の権利床(区分所有権)が与えられる」．この手続きは，前章の市街地再開発の説明で述べたのと全く同じメカニズムによって，効率的で円滑な建て替えを可能にし，また公平性の点でも優れた手続きとなる．

これに対して，現行の区分所有法でも買い取り請求権が存在するという主張がなされるだろう．しかし，この買い取り請求権は，開発後の区分所有建築物に対して実施され，その価格はその時点の区分所有価格に過ぎない．そのため反対者は区分所有権の価値が下落しても，そのリスクを結局自ら引き受けなければならない．たとえ，区分所有権の価格自体が上昇しても，負担した建て替えコストに見合うものでなければ，結局損をすることになる．

これに対して，ここで提案している「プット・オプション付き権利床転換手続き」はこのようなリスクを全く負担せず，コスト負担を上回る場合にのみ開発利益を享受することができる．過大なコスト負担を予想する区分所有者はその区分所有権を買い取ってもらい，転出することができる．

区分所有建物固有の問題として，誰がプット・オプションの買い取りに応じるのかという問題が残るだろう．管理組合などにその負担を負わせるには十分な資力は通常存在しない．また開発業者が代行することも建設代金の回収は完成後でなければ不可能なため，やはり躊躇することが考えられる．一つの方法は，第8章でも説明したように，地方自治体などが一時的に代行するなどの工夫が必要かもしれない[岩田・八田 (2003) 参照]．

以上の提案は，「証券化と定期借家契約」という岩田 (1997) の提案と代替的な関係にあるわけではなく，むしろ補完的であることに注意しよう．権利転換時に区分所有権ではなく，定期借家権と差額の現金を受け取ることとし，その区分所有権部分を証券化することも可能だからである．このような証券化を組み合わせれば，プット・オプションが行使されてもその代金を容易に捻出できる．

もちろん，1棟単位での集権的な意思決定は必ずしもできないが，大株主が企業経営の監視に注力するのと同様に，証券化の投資法人に委託された管理者が共有部分について，これまでの分散化した区分所有建物の場合よりも積極的な

対応を考えることが期待できる[10]．

5. 結　論

　本章では所有権者間の対立問題として，区分所有権者間の利害調整について議論した．区分所有権は民法上の「共有」部分を有する結果，いわゆる「共有地の悲劇」問題が生じる．維持・管理に資源が投入されないために，共有部分の老朽化や損傷著しい区分所有建物が無数に存在する．

　さらに，この問題を複雑にしているのが，専有部分の利用権が特定の居室に設定されている点である．この点が，「共有」とは異なっている．その結果，エレベータのような共有施設の利用頻度は各所有権者ごとに異なっている．ここに，費用負担をめぐる争いが生じる．決定的な点は，老朽化について区分所有権者間に生じる評価の差が，建て替えについての意見の対立をもたらす．

　震災後のマンション建て替えは，所有権者間の対立を先鋭化した．被害の差異が，建て替えか一部修繕かの意思決定に重要な影響を及ぼす．

　こうした紛争を回避し，効率的な建て替えを促進するという観点から，新しい方策を提案した．区分所有権に代わる方策として，「定期借家権＋証券化」に移行する際の手段として，「プット・オプション付き権利床転換手続き」を組み合わせることを提案した．

　この提案を実現するためには，法律上の制度を整備する必要があるとともに，税制を改正しなければならない．不動産の取引や証券化を阻害する取引税を撤廃するとともに，帰属家賃と家賃の課税上の非対称性を改善する必要がある．そのうえで，土地の高度利用を実現するために，建物の固定資産税を軽減する一方で，土地に対する固定資産税を強化しなければならない．これは税収に対して中立的であるとともに，高度利用によって地価を高めることができるので，土地所有者に対しても不利益を及ぼさない．

10）　米国で急増しているUPREIT（Umbrella Partnership REIT）は，投資家が土地や住宅という不動産を現物出資して，それの見返りに受益証券を受け取る仕組みである．これは多額の含み益を実現せずに済むために，課税されないことが魅力になっている．いま述べたプット・オプションにこうした仕組みを用いると，マンション建て替えは急速に進展すると考えられる．

第 III 部
債権者と債務者の関係を考える

第11章
優先権侵害と銀行行動：「追い貸し」と「貸し渋り」[*]

　第10章までは不動産権利間の調整問題について議論してきた．本章以下では，残された重要な論点である所有権者と抵当権者間の対立がもたらす諸問題について検討する．ただし，この問題は第3章や第6章の議論でもわかるように，不動産利用の問題とは別に，資金貸借取引の問題として捉えると興味深い論点が見だされる[1]．したがって，個別不動産の議論を離れて資金貸借市場における権利対立の問題を分析する．本章では，第6章の議論をさらに拡張し，法的に優先権が侵害される場合には，銀行など貸し手の融資行動を歪めてしまう点を明らかにする．

1. はじめに

　金融機関の「貸し渋り」と「追い貸し」という行動が，90年代以降の日本経済低迷の中で重要な問題として論じられてきた．この二つの問題は，一見すると相反する現象に見える．「貸し渋り」とは，銀行が効率的なプロジェクトに対して，本来貸し出しすべき資金量を抑制することをいう．これに対して「追い貸し」とは，自らの債権を保持するという目的のために，効率的でないプロジェクトに対して，銀行が追加的に融資することをいう．

　効率的なプロジェクトがあるにもかかわらず，銀行の「貸し渋り」行動によって，そこに資金が投入されず，他方，本来ならば貸すべきでない非効率な企業

---

[*] 本章は，瀬下・山崎（2004）の議論を平易に書き改めたものである．
[1] もちろん，不動産利用も重大な影響を受けることになる．

に対して,「追い貸し」として追加的な融資がなされる[2]. 金融機関のこうした相反する行動が, 日本の産業構造の転換を遅らせてきたともいわれている.

　本章の目的は, この二つの一見相反する現象を法と経済学の観点から分析することにある. 銀行融資に対する抵当権の侵害や優先権の侵害が起こり得るときに, このような二つの現象は矛盾なく説明することができる.

　結論からいえば, この二つの現象は本質的に同一の原因から生じている.「貸し渋り」は事前の現象であり,「追い貸し」は事後の現象であると解釈できる. 日本の法律制度の下では, 優先権や抵当権が十分に保護されてきたとはいいがたい.

　このような法制度の下では, 企業の収益が悪化し倒産という事態に瀕すると, 他の貸し手によって優先権が侵害される可能性を恐れて, 優先債権者は「追い貸し」という選択をせざるを得ない. これは事後的には, 優先債権者にとっては最善の選択となる. 本来, 社会的には倒産させることが効率的であるにもかかわらず, 倒産法制の不備のために倒産を回避しようとしてしまう.

　少なくとも最近までの法制度の下では, 倒産という事態に直面した際に, 経営者を含めた劣後債権者は優先権者から多額の利益を奪うことができた. この場合には, 倒産という社会的に望ましい選択が実現されず,「追い貸し」という延命(先送り措置)が図られる. これが「追い貸し」が事後的な問題であるという意味である.

　さて, 事前の問題として, このとき優先債権者はどのような行動を選択するであろうか. 企業が倒産という事態に瀕したときに, 優先権が侵害されたり,「追い貸し」をせざるを得ないとしたら, 優先債権者は資金を融資しなくなるであろう. これが「貸し渋り」である. このように「貸し渋り」と「追い貸し」は一見矛盾する行動のように見えるが, 両者とも, 優先権侵害という点に基本的な原因がある事前と事後の現象である.

　なお, 以下の章では, 劣後請求権者がその意思によって, 優先債権者からの所得移転をもたらすことが法的に認められている場合のみを「優先権侵害」と

---

　[2] 貸し渋りを実証的に検出したとする研究には吉川他 (1994), 山崎・竹田 (1997) がある. 他方追い貸しについては, 櫻川 (2002) や Peek and Rosengren (2003) がある.

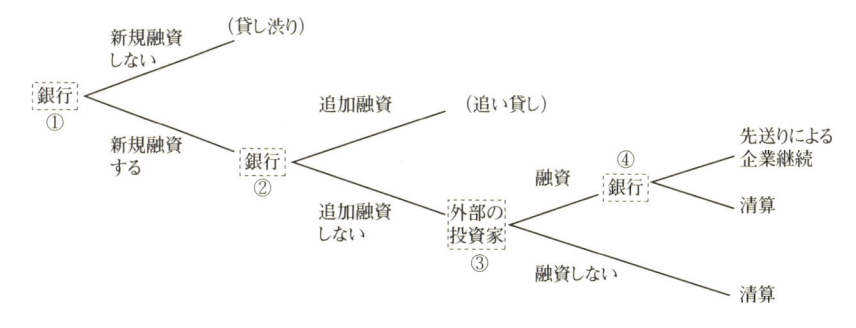

```
                        (貸し渋り)
         新規融資
         しない
    銀行
     ①              追加融資    (追い貸し)
         新規融資              融資          先送りによる
         する    銀行                         企業継続
                ②              外部の    銀行
                        追加融資 投資家    ④    清算
                        しない    ③
                                融資しない
                                            清算
```

図 11–1 取引の手順と結果

定義する．広義には，銀行による自主的な債権放棄も，結果的に株主等が弁済を受ける結果となった場合には，「優先権の侵害」と呼ばれる．

しかし，法的に優先権が維持された上で債権者が自主的な判断で優先権を放棄することは，少なくとも事後的には優先債権者を利するのに対し，法的に優先権侵害が許されている場合の所得移転は，明らかに優先債権者を害する．そのため本書全体を通じて両者は区別され，「優先権侵害」を狭義に解釈して用いる．

図 11–1 は，優先債権者を銀行として，本章で扱うモデルの取引手順と結果を示したものである．まず，図の ① で優先債権者が新規融資した後で，借り手に非効率な追加融資機会が存在する状況（図中 ②）を考える．通常なら，銀行は当然追加融資に応じない．

しかし，優先権侵害が可能な場合，優先債権から新規債権に企業資産の清算価値を移転させることができる．そのため ③ の状況で，非効率な投資であっても，外部の投資家が融資に応じる可能性がある．この時，優先債権者である銀行が ④ で企業を清算できる場合でも，清算せず先送りをするインセンティブを持つことがある．この原因は，先送りによって優先権侵害に伴う損失を減らすことができるからである．

このような状況が予想される場合，銀行は ② の時点で優先権侵害に伴う所得移転そのものを封じるために，自ら非効率な追加融資に応じてしまう．ここに非効率な「追い貸し」が生じる．そして，このような非効率な追加融資が不可避であると銀行が予想すると，最初の時点 ① では，当初の融資プロジェクトの

効率性が，予想される追い貸しのコストを上回らない限り，新規融資に応じなくなる．これが「貸し渋り」と呼ばれる現象である．

したがって，当初の融資の効率性が，予想される事後的な投資の非効率性を上回れば「追い貸し」を覚悟で融資が行われ，逆に下回れば，たとえ効率的でも融資が実施されない「貸し渋り」が生じる．

債務の優先権と投資の効率性に関する議論は，デット・オーバーハング（debt overhang）の問題との関係で，とりわけ既存債権と新規債権の優先・劣後関係に関連して議論されている［たとえば Berkovitch and Kim（1990）や Gertner and Scherfstein（1991）など］．そこでは，新規債権者に優先権を与えることが，デット・オーバーハングにともなう過小投資の問題を緩和できる一方，逆に非効率な過大投資を誘発する問題点が指摘されている．

しかし，債権の優先劣後関係に伴って生じる所得移転は，既存債権者と新規債権者が同一である場合には内部化されるため，意思決定を歪める要因とは成り得ない．したがって，既存債権者自身が追加融資する「追い貸し」や，さらには「貸し渋り」が同時に生じる現象を説明するのには，これらの議論だけでは十分ではない．

本章の議論は，ソフトな予算制約（Soft budget constraint）の議論［Dewatripont and Maskin（1995），Berglöf and Roland（1997）等］とも重要な関係がある．この議論では，貸し手の当初の融資は，企業継続を判断する事後の時点ではサンクされているために，その意思決定に直接影響を及ぼさない．したがって，事後的に継続することが効率的であるならば，すなわち継続価値が清算価値よりも大きければ，継続することが望ましくなる．借り手はこのことを予想するために，企業経営の努力を怠るなどの問題が発生し，逆に事前には貸し手が貸し出しを躊躇する問題が発生する．

しかし，この議論も日本の「追い貸し」や「貸し渋り」の議論には，そのまま適用することはできない．なぜならこの議論では，少なくとも事後的には追加融資が効率的であることを前提としている．しかし，日本における「追い貸し」は，非効率企業を継続していることに問題がある．

この章の議論は，上記の二つの議論を融合することで，日本で発生している「追い貸し」の問題と「貸し渋り」の問題を整合的に説明できることを示すもの

と解することができる．すなわち，優先権侵害によって非効率な追加投資に対して外部の融資機会が開かれる．ここにソフトな予算制約が成立する状況が発生する．この場合，優先債権者は，既存債権がサンクされているために，むしろ企業を継続し，優先権侵害者にリスク負担を負わせることが事後的に望ましくなってしまう「先送り」が生じる．

しかも，この場合において，優先債権者はむしろ自ら融資し，外部の追加融資によって生じる優先権侵害に伴う所得移転を排除することができる．これによって，優先債権者にとってより望ましい状況を達成できる．ここに非効率な「追い貸し」が発生する要因がある．したがって，たとえ当初の投資自体が効率的なものであっても，このようなソフトな予算制約が発生することを事前に予想する結果，貸し手は十分な投資収益が得られなくなり，融資を躊躇するようになる．

以下では，従来の議論，特に「デット・オーバーハングが貸し渋りをもたらす」とする議論を批判的に検討することから始めよう．

2. 従来の「貸し渋り」の経済分析

2.1 デット・オーバーハング

まず「貸し渋り」の問題から考えてみよう．なぜ効率的なプロジェクトに対して，「貸し渋り」が生じるのであろうか．このような問題が生じる理由とされる典型的な説明としては，デット・オーバーハングと呼ばれる議論がある[3]．いま企業がある効率的なプロジェクトを計画しているとする．しかし，この企業は過去に効率的でないプロジェクトに資本を投下したために，企業の収益率は著しく低下しているものとする．

このとき，銀行が新しいプロジェクトに資本を投下すると，過去の不良債権によって限界的な資金の収益率は低下してしまう．なぜなら，新規プロジェクトからの収益は，まず優先権のある既存債権から弁済されるので，新規プロジェ

---

[3] デット・オーバーハングの議論は Myers (1977) によって提示された．

クトによる収益の一部が既存債権の弁済にスピル・オーバーしてしまう結果，新規融資における限界的収益率は低下する．

例えば，次のような数値例を考えよう(以下「数値例 I」と呼ぶ)．企業を現時点で清算すると 10 億円の価値があり，負債が 20 億円であるとしよう．簡単化のため，その清算価値と現時点の担保権の価値は等しいとしよう．この時，この企業は，10 億円の追加投資を実施すると 15 億円の成果を生み出す投資プロジェクトを有しているとする．したがって，この追加投資プロジェクトを実施することが，効率性の観点から望ましい．しかし，このケースで企業は，追加投資の資金を新規の投資家から調達することは困難になる．なぜなら企業はこの追加投資の結果，25 億円の価値を持つことになるが，既存の優先債権者の弁済に 20 億円があてられ，新規の投資家の弁済に使える価値は 5 億円に過ぎなくなり，投資額の 10 億円を下回ることになるからである．

このように，限界的なプロジェクトが仮に効率的であっても，そのプロジェクトに融資することは，既存の債権者に対するトランスファーを意味しており，新しいプロジェクトの貸し手にとっては，何ら有利な選択ではない．その結果，このようなプロジェクトに資金は融資されなくなる．

言い換えると，新しいプロジェクトに対する融資によって，過去の投資の収益が増加するという外部効果が働いている．この外部効果のために，追加的な融資は効率的な水準よりも過小になってしまう．このような問題はデット・オーバーハングと呼ばれ，これが「貸し渋り」についての従来の一つの解釈である．

2.2 コースの定理とデット・オーバーハング

さて，それではこのようなデット・オーバーハングに対する有効な対策はないのであろうか．経済学のコースの定理[4]を応用すれば，この問題に対する簡単な解決方法が見つかる．この一つの解決方法としては，既存の債権者が債権放棄をすればよい．交渉費用が存在しないという前提の下では，新規に貸し出す債権者と既存の債権者の交渉によって，このような解決策が見い出されるであろう．すなわち，これは，外部性を発生する新規の債権者とその外部効果を受

---

4) コースの定理については第 1 章の補論を参照．

ける既存の債権者との交渉によって問題を解決する方法である．

　そのため，デット・オーバーハングの問題も，交渉費用がかからないとき，交渉によって解決することができるはずである（倒産法の目的は本来そのためにあるとされる）．もし交渉費用が無視できるほど小さいものであれば，新規の貸し手は既存の債権者との交渉によって債権放棄を認めさせることができる．新規の事業が効率的であるなら，新規債権者の貸し出しの機会費用を補って余りあるほどの収益が発生するはずである．したがって，その収益を既存の債権者にも分配することができれば，既存の債権者は喜んで債権放棄に応じるであろう．

　2.1項の数値例Ⅰでは，既存の優先権者は追加投資が実施されなければ，企業を清算しても10億円しか得られないのに対し，追加投資が実施されれば，より高い弁済を受けることができる．そのため，少なくとも新規の投資家がこの追加投資から十分な利益を得られる水準まで，自己の保有する債権を放棄することに応じるだろう．数値例Ⅰでいえば，優先債権者はその債権額の額面額をたとえば12億円まで下げることに同意する．なぜなら，この結果，新規の投資家は13億円の弁済を受けられるようになり，10億円の投資に応じるようになる．優先債権者は，この時清算する場合の10億円より高い12億円の弁済を受けられるようになる．

　これによって，新規の債権者も既存の債権者も両者にとって利益になる．どの程度の債権放棄が実現できるか，また新規債権者にどれだけのリターンが確保されるかは両者の交渉力に依存する．しかし，両者の交渉が達成される限りにおいては，効率的な水準に債権放棄の水準が決定され，新規のプロジェクトに資金が投入される[5]．

2.3　なぜ債権は放棄されないのか？

　しかし，現実には，債権を自ら進んで放棄するような債権者はなかなか見つからない．従来の説に従うと，この原因としては，このような交渉に伴ってさまざまな費用が発生することが考えられる．既存の債権者が数多く存在する場合には，コーディネーションの問題という深刻な事態が発生する．

5）　本章第5節で，デット・オーバーハングの問題を再度モデルで検討する．

コーディネーションの問題とは，誰かが先に債権を放棄すれば，自らは債権放棄をしなくて済むという楽観的な予想に基づいて発生する問題である．一種のただ乗りである[6]．「自分は債権放棄をしなくても他の債権者が債権放棄をすれば問題は解決してしまう」という認識が債権者に共有されているときに，進んで債権を放棄する人はいなくなってしまう．

交渉費用が高いときには，この問題はさらに複雑になってくる．お互いに疑心暗鬼になるなど，債権放棄の割合をめぐって複雑な利害の衝突が発生する．このような場合には強制力を持った第三者がコミットしない限り，債権放棄には至らないであろう[7]．これが既存の債権者たちが進んで債権放棄をしない原因であり，問題を先送りさせている原因となっていると考えられている．

既存の債権者たちが債権放棄をしないことには，それぞれ一定の合理的な基礎がある．交渉費用が存在したり，コーディネーションに著しい費用が発生したりする時には，既存の債権者が自発的に債権を放棄すると考えるわけにはいかない[8]．

ところで，既存の債権者が1人で，新規の債権者と同一人物であるならば，このような問題は発生しない．なぜなら，新規融資の価値が既存の優先債権に移転する外部効果を完全に内部化することができるからである[9]．この場合に銀行は，交渉費用も発生しないことから，限界的な事業が効率的かどうかだけを審査して融資するかどうかを決定する．2.1項の数値例Iでは，優先債権者は，この追加投資に応じることで，10億円しか弁済を受けられなかった状態から，10億円の追加コストで25億円の弁済を受けられるようになるので，このような追加融資に応じるだろう．

したがって厳密には，デット・オーバーハングが「貸し渋り」をもたらすというよりも，むしろ，デット・オーバーハングによる「貸し渋り」が起きるの

---

6) この問題はしばしばHold-out問題と呼ばれる．Hart (1995)等を参照．
7) こうした債権放棄によって企業を再生しようとする試みは「私的整理」と呼ばれている．この過程でメインバンクが重要な役割を果たしたともいわれる．
8) 破産法制における多数決ルールは，本来このようなHold-out問題を緩和する役割もある．しかし，以下で説明するように抵当権の侵害等別の問題があるために，破産法制を利用することが難しい場合が多い．
9) 第1章の補論で，川の上流の企業と下流の企業が同じ企業である場合に該当する．

は，既存の債権者が複数存在するために，交渉が困難になっている場合であると言い換える必要がある．

2.4　従来の議論の問題点

しかし，そうであるとすると「貸し渋り」は，債権者間の調整が比較的容易な中小企業よりも，社債など多数の小口の債権者を持つ大企業でより顕著で深刻な問題になるはずである．そして，この議論が正しいとすると，「追い貸し」と呼ばれる問題は，調整が困難な大企業で「貸し渋り」を回避するためのものと評価される．

なぜなら，既存の貸し手が資金を提供する限りにおいて，デット・オーバーハングの問題は生じないからである．したがって，これは問題を先送りしているのではなく，効率的な選択をしている結果に過ぎないということになる．この場合，メインバンクは通常の機能を効率的に果たしているのであって，日本の銀行は何ら機能不全にも陥っていないことになる．

しかし，以上の結論は，「追い貸し」と「貸し渋り」に対する標準的な現状認識とは明らかに正反対の結論である．したがって，デット・オーバーハングの問題として，現在の日本の「貸し渋り」の問題と「追い貸し」の問題を理解することには，相当な無理があるように思われる．

以下では，デット・オーバーハングの議論とは全く異なる説明によって，非効率な「追い貸し」と非効率な「貸し渋り」が同時に生じることを明らかにしよう．そこでは，抵当権侵害や優先権侵害によって，「追い貸し」が合理的な選択となり，さらに，それを前提とすると，事前の合理的な選択として「貸し渋り」が生じることが明らかになる．

3.　数値モデル

以下では，数値モデルを用いて優先権侵害が銀行の貸し出し行動に及ぼす影響を考察しよう[10]．以下では，この数値例を「数値例II」と呼ぶ．

---

[10]　瀬下・山崎 (2004) では，一般的な数式モデルで分析しているが，以下では数式を用いずに数値例を用いてなるべく平易に説明したい．

3.1 新規投資

いま,ある企業は時点0で新規プロジェクトに30億円投資すると,時点1で確率4/5で40億円のキャッシュフローを生み出し,確率1/5で10億円のキャッシュフローを生み出すとする.この新規投資プロジェクトをプロジェクトAと呼ぶと,プロジェクトAの期待値E_Aは,以下のように書ける.

$$E_A = \frac{4}{5} \times 40 \text{億円} + \frac{1}{5} \times 10 \text{億円} = 34 \text{億円} \quad (11\text{--}1)$$

したがって,この投資プロジェクトAは,投資コスト30億円を上回る効率的な投資である.

3.2 担保と優先債権

これとは別に,企業はすでに固定資産を有しており,その価値は時点1で21億円の価値があるとする.投資プロジェクトAは,時点1にならないと成果をもたらさないから,以下では,銀行と企業の間で結ばれる負債契約の満期は時点1であるとして議論しよう.また,銀行はこの企業の固定資産21億円に担保権を設定し,30億円の元本に対して1億円の利息を付けた負債契約によって融資するものとする.本章では,この負債を優先債権と呼び,その保有者を優先債権者と呼ぶ.

仮にプロジェクトAが失敗しても,負債は元利合計で31億円であるのに対し,10億円しかプロジェクトからの利益は得られないが,担保権の設定された固定資産を売却すれば21億円の価値があるので,銀行の債権は完全に弁済される.したがって担保権の優先弁済権が満たされている場合には,銀行はこの取引から何のリスクも被らない.

ところで,この新規投資の成果は時点1にならないと実現しないが,その直前に成果が確実にわかるとしよう.時点1の直前にプロジェクトAが失敗することがわかったとしよう.その場合でも,企業に他の選択の余地がなければ,時点1の成果が10億円になるから,銀行は31億円の債務の弁済がなされないという債務不履行を理由に,企業を清算して資金貸借取引が終わることになる.

銀行は,この取引では全くリスクを負うことなく1億円の利益を得ることが

できるから，優先弁済権が維持されている限り，時点 0 でこのようなプロジェクト A の融資に必ず応じることになる．

3.3 非効率な追加投資機会

ここで，優先権侵害の問題を扱うために，企業はプロジェクト A の成果が明らかになった直後に，追加投資プロジェクトの機会を持つとしよう．この追加投資をプロジェクト B と呼ぶ．追加投資プロジェクト B は，時点 1 の直前に 20 億円の投資を実施すると 21 億円の固定資産と合計で，時点 2 において確率 1/2 で 64 億円の成果をもたらすが，残りの確率 1/2 で 0 の成果しかもたらさないとしよう．ただし，簡単化のため，この投資プロジェクトは時点 1 では，何の成果も生み出さないものとする．

この設定は，こうした追加投資が非効率であるだけでなく，そのような継続が，企業資産そのものを劣化させる可能性をも考慮したものである．したがって，このような追加投資の成果の期待値 E_B は

$$E_B = \frac{1}{2} \times 64 \text{ 億円} = 32 \text{ 億円} \qquad (11\text{--}2)$$

であり，固定資産を含めて 41 億円の投資コストに対して，32 億の成果しかなく，非効率な投資である．プロジェクト B 以外に効率的な代替的投資機会が存在しないとすると，企業を清算する方が効率的である．

このような投資プロジェクト A と B の投資と成果についての時間的な関係は，図 11–2 に示されている．

3.4 優先弁済権と外部の投資家

ここで，一見すると，この非効率な追加投資のプロジェクト B に対して，外部の投資家が融資する可能性があるように見える．なぜなら，追加投資に必要な資金は 20 億円であり，この追加投資の成果 32 億円がこの資金額を上回るからである．

ただし債務者企業は，プロジェクト A が成功するかぎり，このような非効率な投資プロジェクト B を決して実施しようとはしない．なぜなら，いま述べたように投資のコスト 41 億円は期待収益 32 億円を上回るからである．非効率な

```
時点0                時点1                時点2
```

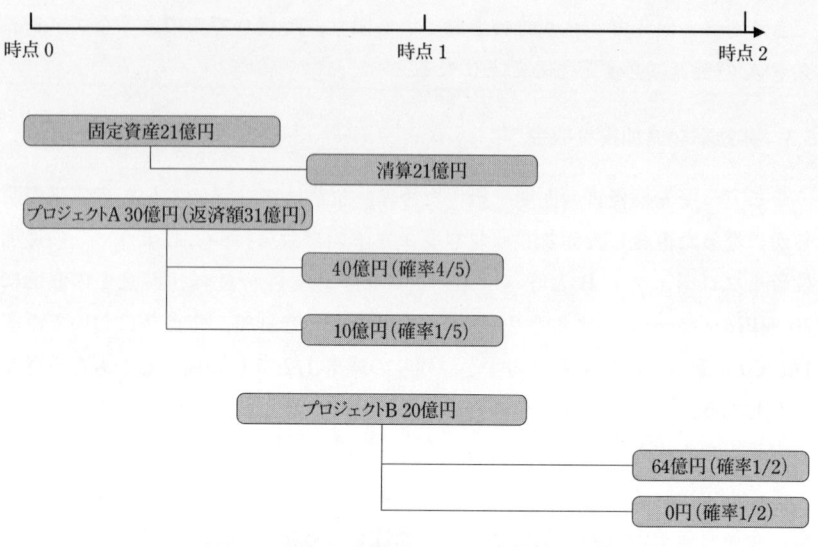

```
固定資産21億円 ──┐
              └─ 清算21億円
プロジェクトA 30億円(返済額31億円)
              ├─ 40億円(確率4/5)
              └─ 10億円(確率1/5)

              プロジェクトB 20億円
                    ├─ 64億円(確率1/2)
                    └─ 0円(確率1/2)
```

図11–2 投資と成果のスケジュール（数値例II）

投資のコストは債務者企業自らが被ることになる．これによってプロジェクトAの成功の成果を失うことになる．

そこで，以下ではプロジェクトAが失敗したことを前提に議論を進めよう．この場合には，債務者企業は時点1に何の成果も得ることができない．このような状況になると，有限責任制の下では，それ以上のコストは債務者企業（の経営者や株主）の負担とはならなくなる．そのため，非効率な投資プロジェクトを実施しようとするインセンティブが新たに生じる．

ここで，プロジェクトAが失敗したとき，優先債権31億円に対して，失敗時のキャッシュフロー10億円を弁済しても，まだ21億円の債権が残ることになる．もちろんこの優先残債権を，追加投資Bの成功時に弁済しても，まだ43億円（＝64億円−21億円）の成果が残るので，期待値で20億円を超え，この非効率なプロジェクトBの投資コストをまかなえるように見える．

しかし，この21億円の優先残債権に対して優先弁済権が認められているとすると，この追加投資に応じる新たな融資者は現れない．なぜなら，追加投資がされたとしても，優先債権者は時点1で債務不履行を理由に，企業を清算する

ことができるからである．このような企業の清算を回避するためには，債務者企業は，少なくとも優先債権者が企業を清算した場合に得られる弁済額の 21 億円を上回る期待弁済額を時点 2 において支払う必要がある．すなわち，$1/2 \times D \geq 21$ 億円を満たす債権額 D に変更しなければならなくなり，その額面額は 42 億円以上にならなければならない．

この結果，新規の融資者に約束できる弁済額は成功時でも，たかだか 22 億円（64 億円 − 42 億円）に過ぎなくなり，20 億の追加投資のコストを上回る期待収益を融資者に与えることはできなくなる．この結果，誰も追加投資プロジェクト B に対して資金を融資しようとはしないだろう．

これまでの結果をまとめよう．

優先権が維持されるとき，非効率な事業継続を許す「追い貸し」や外部からの資金提供もされない．この場合，効率的な投資機会に対しては「貸し渋り」も生じない．

先に述べたように，「追い貸し」とは限界的なプロジェクトが効率性の基準を満たさなくても，自らの債権価値を維持しようとするために，企業に向かって追加的な融資をすることをいう．それでは，このような「追い貸し」はどうして発生するのであろうか．次節では，この点について考えることから始めよう．

4. 「追い貸し」の経済分析

4.1 優先権の侵害と「追い貸し」

第 3 章で明らかにしたように，現状では法的な不備のために抵当権の侵害や優先権の侵害が頻繁に発生している．廃止された短期賃貸借権だけでなく，会社更生法[11]や民事再生法の下でも，劣後債権者による追加的な貸し出しが優先債

---

11) 会社更生法における抵当権や優先権に対する侵害については高木（1995）が詳しい．

権者の利益を侵害する可能性がある[12]．このような抵当権侵害や優先権侵害を前提とすると，これへの対抗手段として，優先権者による「追い貸し」が行われる可能性が高い．この点をもう少し詳しく説明してみよう．

ここで次のような企業が存在するとしよう．いま企業は総体条件を満たしておらず，企業継続の価値はマイナスになっていると考えよう．すなわち，この企業はもはや存続すべきではなく，倒産することが社会にとって効率的である．倒産することがファースト・ベストであるにもかかわらず，優先債権者による「追い貸し」が発生する結果，企業は倒産しないという非効率な結果となることを明らかにしよう．

企業継続がすでに非効率になっているにもかかわらず，経営者は企業の存続を望んでいるとしよう．経営者は有限責任であるから，このような企業が存続することによって一定の利益がある．このとき，ある企業で短期の債務や運転資金の調達が困難になると考えてみよう．企業の経営者は既存の債権者からではなく，より劣後する債権者から資金を調達しようと考えるであろう．経営者は高利貸しや短期金融によって，この緊急事態を乗り切ろうと考える．

もし抵当権や優先権が侵害できるならば，こうした追加的な融資によって短期の債権者すなわち新規の短期金融業者は多額の利益を得ることができる．他方，それによって既存の債権者は多大な不利益を受ける．つまりここでも外部性が発生する．現状のように優先権侵害を防ぐ法律的な手立てが十分に存在しないときには，このような法的な不備を悪用して優先権侵害，抵当権侵害を積極的に仕掛ける金融業者が存在する．すなわち劣後する債権者から企業へ資金を融資することによって，既存の債権者は外部性による不利益を受けるのである．

このような外部性の発生については，先の例と同じようにコースの定理を応用して分析することができる．第1の解決方法は，既存の優先債権者が，劣後債権者に補償金を提供して貸し出しを思いとどまらせるという方法である．つ

---

[12] 民事再生法の問題については第12章で議論する．さらには，1990年代の住専(住宅金融専門会社)処理の際に見られたように，政府が銀行債権に劣後する農協系金融機関の債権の弁済をメインバンクに求めるなど，優先権を侵害する政治的な介入も日本ではしばしば見られる．

まり，既存の債権者は新規融資によって不利益を受けないように，劣後債権者に資金供給を思いとどまらせるために十分なだけの資金を提供するという方法である．このとき，短期の資金調達は不可能になり，この企業は実質的に倒産する．しかし，この方法はすべての潜在的な貸し手を相手にしなければならないために，交渉は実現不可能である．

第2の方法は，企業が劣後債権者からの借り入れを禁止することである．このためには，経営者が窮地に陥ったときに，短期金融業者や高利貸しといった業者から短期資金を借り入れることを禁止するという契約を，当初の契約に記載しておく必要がある．これは，理論的には可能である．しかし，こうした契約は競争政策上問題がある．このような契約は，既存の業者との融資を優先し，競争的な立場にある他の金融機関からの融資を禁止するという意味で，排他的な契約取引になっている．排他的な契約は独占禁止法上きわめて問題であるとして，排除される可能性が高い．

第3の方法は，経営者に資金を提供して破産宣告をさせるという方法である．しかし，これも，実務上のコストが高い．交渉の結果，経営者がこのような条件を受け入れると考えるのは現実的ではない．経営者にとっては，このような条件は自らの評判を傷つけることになるであろう．

また清算手続きの中で，このような資金提供を実際にコミットできるかどうかは疑わしい．通常の法的な手続きを考えると，資金提供直後に企業を倒産させ，清算手続きに入った場合に，このような経営者が得た多額の資金が免責の対象となるとは考えられない．

このような資金提供は，破綻に瀕する他の企業の経営者たちによる破産宣告の先延ばしを誘発することにもなる．破綻に瀕する企業経営者は，自ら破産宣告をしてもほとんど利益を得られないが，銀行などの債権者の説得で破産宣告を受け入れる場合には，多くの所得移転が得られると期待するようになるからである[13]．

---

13) 第3章で議論したように，債務者（ここでは経営者）は残余請求権者の立場にあるからこそ，高い経営努力を引き出すことができる [Innes (1990) も参照]．もし，このような経営者への資金提供を実施するようになると，企業の経営者たちは，企業経営に失敗しても一定の利得が得られると予想して行動するようになり，経営努力を低下させるという意味でモラルハザードを引き起こすことにもなるだろう．

こうしたいくつかの可能性を考えると，優先権が侵害される場合，コースの定理を用いた交渉による解決は理論的には可能でも，いずれも現実的ではない．それでは，このときにとるべき次善の方法はどのようなものがあるだろうか．このとき優先債権者による「追い貸し」が行われる可能性が高い．

もし優先債権者による「追い貸し」が行われなければ，企業の経営者はより高利な短期金融業者あるいは抵当権侵害をもくろむ劣後債権者から資金を調達することになるであろう．これは優先債権者にとって最悪の結果である．したがって，ファースト・ベストが実現できない以上，「追い貸し」によって自らの債権を守る他に方法はないのである．ここに問題先送りの構造が潜んでいる．

4.2 問題先送りの構造

以上の議論を，3.4項で用いた数値例 II のモデルを用いて分析しよう．いま検討するモデルでは，優先債権者と外部の投資家のどちらにも追加融資する機会がある．したがって，非効率な「追い貸し」が生じるか，非効率な「先送り」になるだけで，いずれが追加融資しても主要な議論に影響はない．

そこで，非効率な「追い貸し」の発生を示すため，基本的には以下の図 11–3 に示すような手順で経営者が資金調達する場合を分析する(これは図 11–1 の ② 以下と同じ融資の取引手順である)．

まず，経営者は優先債権者に追加融資を依頼する．このとき優先債権者が資金提供に応じれば，追い貸しによって企業は継続される．もし，優先債権者が資金提供に応じないならば，外部の投資家に資金提供を依頼する．この時，外部の投資家も資金提供に応じなければ，企業は清算される．その一方，外部の投資家が資金提供に応じても，企業は継続されるとは限らない．

さらに，このような経営者や株主への資金提供はそれ自体優先権侵害でもある．このような株主や経営者の優先権侵害は，本章の議論の直接的な対象ではないが，Bebchuck (2002) が指摘しているように，当初の金利を高めてしまう結果，経営者のモラル・ハザードそのものを誘発するなどの事前の非効率性を生み出す要因ともなる．

情報の非対称性がある場合には，逆選択の問題を深刻化させ，貸し渋りをもたらすなどの問題点がある[第 6 章の議論や Longhofer (1997) 参照]．また，柳川 (2006) 第 5 章では，優先権侵害によって，経営者の交代が困難になる結果，企業が十分な資金を調達できなくなる可能性が論じられている．

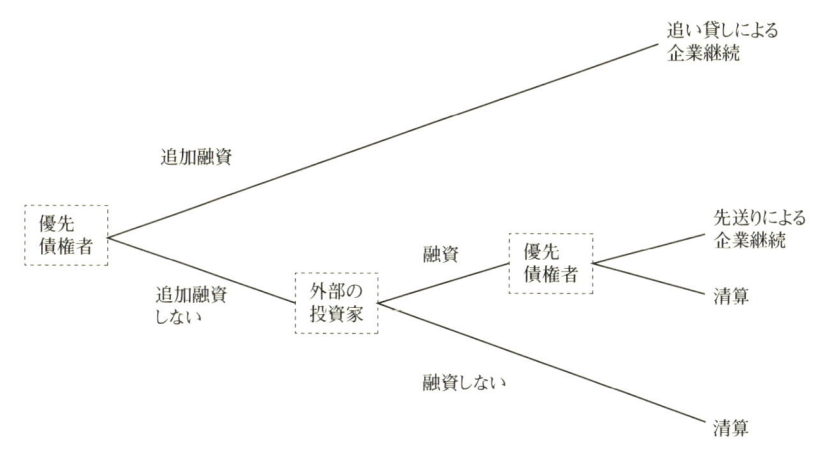

図11–3 追加融資に関する手順と結果

　なぜなら，時点 1 で優先債権者は経営者の債務不履行を理由に企業を清算することができるからである．しかし，優先債権者が清算するよりも追加融資からの成果の分配を受ける方が利得が高くなれば，「先送り」を選択する．その場合，この企業は継続される．

　優先権の侵害が可能な場合には，このように追加投資が非効率であっても，そのための資金調達が可能になる．この点を 3.4 項同様に数値例 II を用いて説明しよう．いま，投資プロジェクト B に対する追加融資がなされたとしよう．以下では，この追加融資に対する債権を劣後債権と呼び，その保有者を劣後債権者と呼ぶ．

　この追加融資後に，企業が時点 1 で清算されるとすると，プロジェクト B はまだ何の成果も生み出さないから，固定資産の売却価値 21 億円のうち，優先権侵害によって，劣後する貸し手に 11 億円の弁済が支払われるものとしよう．このとき，優先債権者が企業を清算した場合に弁済される金額は 10 億円になる．当初の債権額は 21 億円であるから，これが担保権の優先弁済権を侵害するものであることはいうまでもない．

　債務者企業が外部から資金調達ができた場合には，優先債権者はこの企業の継続に応じてしまう．なぜなら，企業を清算した場合の弁済額が 10 億円であるのに対して，企業を継続した場合の弁済の期待値は，

$$\frac{1}{2} \times 21 \text{億円} = 10.5 \text{億円} \tag{11-3}$$

になるからである．1/2 の確率で当初の債権額 21 億円が戻ってくる．

優先債権者は時点 0 で貸した債権に対する不履行を理由に，企業を清算できる権利を有している．しかし，このような非効率な追加投資に基づく企業継続を許す，いわゆる「先送り」が発生してしまう．これは，いま清算すると，企業資産から劣後する債権者へ分配がなされ，優先権侵害に伴う所得移転が確定してしまうのに対し，先送りをすると企業継続のリスクを劣後債権者に一部移転することができるからである．

実際，このように，優先債権者が現在の負債額のままで企業継続を許すことを予想すると，新規の融資者へ約束できる成功時の弁済額は最高で 43 億円(64 億円 − 21 億円)となる．

その融資債権の元利金額の額面を 40 億円以上(たとえば 41 億円)に設定すれば，その返済額の期待値は，

$$\frac{1}{2} \times 41 \text{億円} = 20.5 \text{億円} \tag{11-4}$$

となり，融資額の 20 億円より大きくなるからである．このとき，企業経営者(株主)への分配額の期待値も $\frac{1}{2} \times$ (64 億円 − 21 億円 − 41 億円) = 1 億円となり，追加投資せずに時点 1 で企業を清算した場合の期待利得 0 円を上回る[14]．

さて，継続によって劣後債権者への所得移転額はどのように変化するであろうか．もし，優先権の侵害がなければ劣後債権者が追加融資で得る期待収益は，10 億円に過ぎない．優先債権者が 21 億円の債券を確率 1/2 のギャンブルに再投資するためには，最低でも 42 億円を保証しなければならない．したがって，$\frac{1}{2}(64-42) = 11$ 億円が劣後債権者と経営者の手に残る．いま述べたように，このうち 1 億円を経営者に渡すと，優先権侵害がない場合に劣後債権者に残るのは 10 億円である．したがって，20.5 億円 − 10 億円 = 10.5 億円が，企業が継続

---

14) このような所得移転の問題は Schwartz (1989) 参照．

された場合の優先権侵害に伴う所得移転額である．なお，この金額は企業の精算時に劣後債権者が得る金額11億円よりも小さくなっている．すなわち，優先権に対する侵害があるときには，企業の清算を先送りすることによって，新規の債権者に継続時のリスクを移転させる効果(これを以下では「リスク移転効果」と呼ぶ)を通じて，実質的な移転価値を減らすことができる．

したがって，優先権の侵害が十分に大きいとき，優先債権者は外部から非効率な追加投資のための資金調達がなされると，時点1で債務不履行が生じても破綻処理をせず，時点2まで債権を放置すること(「先送り」)を選択することがわかる[15]．

優先権侵害が「先送り」を引き起こすメカニズムには二つの効果が働いている．一つは所得移転効果であり，本来優先債権に帰属すべき価値を劣後する債権者に移転させる効果であり，この効果は経営者に非効率な企業継続のための資金調達を可能にさせる．もう一つはリスク負担効果であり，継続時のリスク負担を侵害者に移転させることで，優先権侵害の損失を優先債権者が減らすことができるため企業継続を受け入れる効果である．

優先債権者である銀行は，融資企業の非効率な投資が，ひとたび外部の投資家から優先権侵害を利用してファイナンスされると，その侵害者にリスクを逆に転嫁して継続することが，その時点で最適な選択となってしまう．この構造こそが，日本の「先送り」問題の根本的な要因である．

なお，この先送りの議論には必ずしも地価の上昇神話は存在しない．むしろ，地価の上昇がなくても，継続時のリスク負担を他の債権者に押しつけることで企業業績の回復の可能性に賭けようとすることが，問題の先送りを引き起こす．

4.3　「追い貸し」と清算

さて，こうした企業が外部資金を調達する前に，優先債権者が自ら「追い貸し」に応じる可能性は存在しないだろうか．ここで，外部からの資金調達を禁

---

[15]　なお，この結果は，あくまで外部から資金調達がなされた場合を前提としている．したがって，外部から資金調達がなされる余地がなければ，先送り自体生じない．

止することができず，優先債権者である銀行がそれに先んじて融資する機会を持つとして議論を進めよう．

先の数値例IIでは，追い貸しによって得られる利得は，追加融資の額面を40億円以上(たとえば41億円)とすれば，優先債権者の期待利得は，

$$\frac{1}{2} \times (41\text{億円} + 21\text{億円}) - 20\text{億円} = 11\text{億円} \qquad (11\text{--}5)$$

となり，追加融資が外部の投資家によってなされたのを受けて，先送りする場合の10.5億円よりも高くなる．

この条件は，実は外部の投資家が融資に応じる条件と一致する(4.2項の劣後債権の額面額と一致していることに注意)．すなわち，外部の投資家が融資に応じる場合には，優先債権者自身にも「追い貸し」に応じるインセンティブがある．すでに説明したように，優先権侵害に伴う所得移転はリスク移転の効果より常に大きい．そのため優先債権者は自らの追い貸しで所得移転を防止しようとする．

すなわち，優先権が侵害され，外部の投資家から資金が調達できるとき，優先債権者は残債権の債務の返済繰り延べを認めた上で，自ら非効率な追加融資を実施する[16]．ここに非効率な「追い貸し」が発生する．

企業の倒産というハード・ランディングを選択することは，倒産法制が整備されていれば，自らにとってまた社会にとって最も効率的になるにもかかわらず，法制度の不備のために，そのような選択は実際には不可能である．既存の債権者が追加的な融資の申し出を断れば，経営者は劣後債権者からの借り入れを選択する．これは最悪な結果をもたらす．

したがって，経営者はこの機会を交渉上の実効的な威嚇手段として用いることで，既存債権者から新規融資を引き出すことができる．なぜなら，既存債権

---

16) 優先債権者は，追い貸しを実行した上で，なお時点1で企業を清算する可能性が残る．この場合には，リスク移転効果が発生しない．しかし，その場合には，経営者に優先債権者からの追い貸しを受けるインセンティブがなくなり，外部の投資家から資金調達を受けることを選択する．ここでは議論が複雑にならないように，優先債権者が追い貸しをすると同時に，既存債権については返済の繰り延べを認めることで清算しないことをコミットするとし，この可能性を排除する．

者はたとえその新規融資が非効率であるとしても，その非効率の程度が，優先権の侵害によって被る損失よりも小さい限り，この新規融資に応じざるを得ない．その結果，自らの「追い貸し」によって問題を先送りしていくことが優先債権者にとってやむを得ない選択となってしまう．

　もちろん，これは法律的な不備の問題によって発生している．したがって，優先権侵害あるいは抵当権侵害といった法的不備の問題を解決することができれば，このようなセカンド・ベストを優先債権者は取らずに，効率的なハード・ランディングを選択することができる．特に，日本の破産法制は絶対優先の原則を採用していない．それはしばしば相対的優先の原則と呼ばれることがあるが，その内実は抵当権に対する著しい侵害を含んでいる．日本の「追い貸し」の問題は，破産法制を絶対優先の原則のもとで整備し直さなければならないことを端的に示している[17]．

　もちろん，このような非効率な「追い貸し」が行われることを，事前に優先債権者である銀行が予想するようになると，銀行の当初の貸出インセンティブも変化させてしまう．これが「貸し渋り」と呼ばれる現象である．

　ところで，以上の数値例を利用すると，追い貸しが生じるキャッシュ・フローの実現値の領域には下限が存在する可能性があることも示すことができる．たとえば，プロジェクトAの失敗時のキャッシュ・フローが，これまで仮定したように10億円ではなくて，1億円であるとしよう．このとき，優先債権は30億円が残債権として，時点2まで残り続けることになる．この場合，プロジェクトBの成功時の成果のうち劣後債権者に移転できる金額は64億円−30億円＝34億円となり，期待値で17億円に過ぎなくなり，追加投資コスト20億円を下回ってしまう．

　そのため，「追い貸し」も生じず，企業は清算される．これは優先権侵害から，外部の投資家が十分な所得移転効果を得られない状況が発生するからである．すなわち，外部の投資家は，優先債権者から負わされるリスク負担と投資の非効率性を被るが，優先権侵害による所得移転が，この負担額よりも小さくなってしまう状況を示している．

---

[17] 倒産法制における優先権付与のあり方については本章第5節を参照．

また，この結果から以下のことがわかる．すなわち，かなりの程度の優先権侵害がある状況では，大きな企業資産があり，債務超過に至らない場合や至っても比較的軽微な場合には，企業継続の非効率性が大きくても清算されずに，「追い貸し」によって非効率な事業継続がなされる．この結論は，この日本の資金貸借市場の現状を驚くほど的確に説明している．

　日本では会社更生法や民事再生法などの破綻処理の申し立て時期が，アメリカに比べてきわめて遅く，申請された段階では多くの企業がもはや再生不可能な状況に至っていることが，実務家の間からしばしば指摘されてきた．

　日本の破綻処理法制では，優先権侵害が頻繁に見られるために経営者のみならず，既存債権者らによる申し立てが遅れ，むしろ「追い貸し」による延命が次善策としてとられ，再生機会そのものを失うほど多額の負債残高を抱えた段階や，きわめて低いキャッシュ・フローになった段階で，公的な破綻処理が申請され，清算される．したがって，本項の議論は，日本の破綻処理の現場の疑問に明確な解答を与え得る．

　また，多くの固定資産を持つ斜陽産業の大企業が破綻処理されず，「追い貸し」が行われる一方で，固定資産の少ない中小企業やベンチャー企業に対する破綻処理が進められてきた．このことも通常の銀行行動から見ると，矛盾した行動にも見える．企業資産が小さい企業は通常継続価値が清算価値を上回りやすく，逆に企業資産が大きい企業では，継続価値が清算価値を下回りやすい．そうであるならば，斜陽産業で多くの固定資産を保有する企業ほど早期に清算され，逆に成長性は高いが固定資産の少ない企業を継続する方が，望ましいはずである．

　しかし，日本で観察されてきた銀行行動，特に「メインバンクによる救済」と呼ばれる現象は，一般に言われる限り，これとは全く逆のものである．十分な資産価値を持つ重厚長大産業や，比較的多くのキャッシュ・フローを得られる流通業において「追い貸し」が問題化している．

　これに対し，キャッシュ・フローの小さな製造業やベンチャー企業では，資金回収を急ぐケースが見られる．「日本の銀行は担保がある場合にしか追加融資しない」のではなく，むしろ担保資産がある場合に，優先権侵害に伴う所得移転が可能になり，非効率な企業継続（「先送り」）や「追い貸し」を許さざるを得

ない結果となっていたというべきかもしれない[18]．

また，比較静学分析から，優先権の侵害の程度が高まると，「追い貸し」等の非効率な事業継続機会を増やす結果となることも簡単に示せる[19]．1990年代において，短期賃借権の濫用やそれを助長した判例など優先権や抵当権に対する侵害が一層進んだ．また住専処理における政府の介入では，優先する債権を持つメインバンクに劣後する農協系金融機関の債務保証が求められた．

さらに，現在の破綻法制の下で，企業再生の現場からは再生手続きを早めることが優先され，破綻処理にあたって，劣後債権者よりも優先債権者である銀行に多くの負担を求めることが正当化される傾向がある．1990年代から現在に至るこれらの動きは，むしろ銀行等の優先債権者に「追い貸し」を一層誘因づけ，問題を深刻化させる結果となった．

4.4 「貸し渋り」をもたらす「追い貸し」や優先権侵害

最後に，優先権が侵害され，「追い貸し」が行われる状況の下で同時に「貸し渋り」が生じることを説明しよう[20]．

先の数値例 II では，優先債権者はプロジェクト A が失敗した場合に，非効率な追い貸しを実施しても 11 億円にしかならないと予想している．この債権者は，プロジェクト成功時に弁済される元利合計額 D が以下の式を満たさない限り，プロジェクト A にも融資しようとはしなくなるだろう．

$$\frac{4}{5} \times D + \frac{1}{5} \times (10 億円 + 11 億円) > 30 億円 \qquad (11\text{--}6)$$

したがって，

$$D > 32\frac{1}{4} 億円 \qquad (11\text{--}7)$$

[18) もちろん，追い貸し自体は中小企業にも起こっていると思われる．ただ，中小企業は固定資産がもともと小さく，キャッシュ・フローも大きくない．そのため，比較的短期間で清算に至るため，問題が顕在化しにくく，逆に大企業では，なかなか清算に至らず，問題が長期化していると思われる．実際，大村他 (2002) は，中小企業に対して，銀行が「追い貸し」を広範に実施している現象を検出している．

19) 瀬下・山崎 (2004) の命題 6 参照．

20) 第 6 章では異なるモデルで，短期賃借権による抵当権侵害が貸し渋りをもたらすことを示している．

となる．この金額は，40億円の成功時の利得を考えれば，十分に借り入れられるように思うかもしれない．しかし，このとき債務者が得られる利得の期待値は $1\frac{3}{4} = (40 \times \frac{4}{5} + 10 \times \frac{1}{5} - 32\frac{1}{4})$ 億円に過ぎない．

プロジェクトAが失敗し，持っている企業の固定資産を失う期待値は $21 \times (1/5) = 4.2$ 億円であり，追い貸し後にプロジェクトが成功した場合に得られる期待利得の分1億円を考慮しても，この固定資産を失うコストはあまりに大きい．したがって，効率的な投資機会を有していても，債務者は資金調達を断念せざるを得なくなる．これは，いわゆる貸し渋りの状況である．

したがって，非効率な「追い貸し」による期待損失が当初投資の純利得を上回ると，債務者企業が利益を上げつつ，融資者（銀行）の参加制約を満たせる契約は作れなくなる．その結果，効率的な新規投資機会が存在しても新規の融資は実行されない．この場合には，当初の投資が効率的であっても，借り手が十分な資金を調達できないという深刻な問題が生じる．

他方，当初の投資プロジェクトが期待値で見て効率性が十分に大きいときには，そのプロジェクトが失敗した場合に，その後に生じる非効率な「追い貸し」を覚悟で貸し出す可能性も存在する．この結果は，「追い貸し」と「貸し渋り」という相反する非効率な現象が同時に発生する可能性を示唆するものである．

借り手が，将来の非効率な追加投資や企業継続を実施しないことを債権者にコミットできないならば，潜在的な貸し手はその可能性を考慮して融資の意思決定をしなければならない．その結果，たとえ，現在の新規投資そのものは効率的であったとしても，資金調達が難しくなる．

優先権侵害は，単に所得分配の問題ではなく，それによって借り手の上記のようなコミットメント手段を排除してしまい，「貸し渋り」を生じさせる．そして，その侵害の程度が大きくなるほど，「貸し渋り」の問題は深刻化する結果となる．

すでに説明したように，現在の不良債権処理や企業再生が叫ばれる中で，再生手続きを早めるために，優先債権者に多くの犠牲を求める傾向がある．しかし，このことは現在の効率的な融資機会に対して，銀行がこれまでより慎重な姿勢をとらざるを得なくなることを意味する．次節では，この問題と関連して

DIP (Debtor in Possession) ファイナンスのあり方を検討しよう．

5. DIP ファイナンスと優先権

5.1 法的な優先権侵害と自主的債権放棄

　最近，日本の破綻処理法制の改正に関連して，DIP ファイナンスの必要性が強調される．特に，デット・オーバーハングによる「貸し渋り」を強調する立場から，優先債権よりもさらに高い超優先権（super-priority）を新規融資に与える制度の導入が主張される．この節では，このような DIP ファイナンスにおける優先権の付与について，検討しよう．

　企業継続が非効率であるかぎり，このような DIP ファイナンスを議論する意味がないので，以下では，時点 1 において企業が効率的な追加投資機会も持つ可能性も考慮した図 11–4 に基づいて，優先権付与のあり方について考えよう．特に，デット・オーバーハングが生じる可能性も考えるため，優先債権の残債権の額面額 20 億円に対し，時点 1 における固定資産の清算価値を 15 億円とする．この固定資産には優先債権に対する担保権が設定されているとする．

　また，時点 0 の初期投資の成果の実現値が明らかになった直後に追加投資機会に直面するが，この追加投資機会には，以下のような 2 種類の可能性があるとしよう．二つの投資プロジェクトは，いずれも 20 億円の投資コストがかかるが，そのうち一方は，効率的な追加投資プロジェクトで，もう一つは非効率な追加投資プロジェクトである．以下では，効率的な追加投資プロジェクトをプロジェクト X と呼び，非効率な追加投資プロジェクトをプロジェクト Y と呼ぶ．

　効率的な追加投資プロジェクト X は 15 億円の固定資産に 20 億円の追加投資を実施すると固定資産も含めて，確率 2/3 で総額 48 億円の成果をもたらすが，確率 1/3 で 15 億円の成果しかもたらさないとする．したがって，プロジェクト X のもたらすキャッシュフローの期待値は，

$$\frac{2}{3} \times 48 \text{億円} + \frac{1}{3} \times 15 \text{億円} = 37 \text{億円} \qquad (11\text{–}8)$$

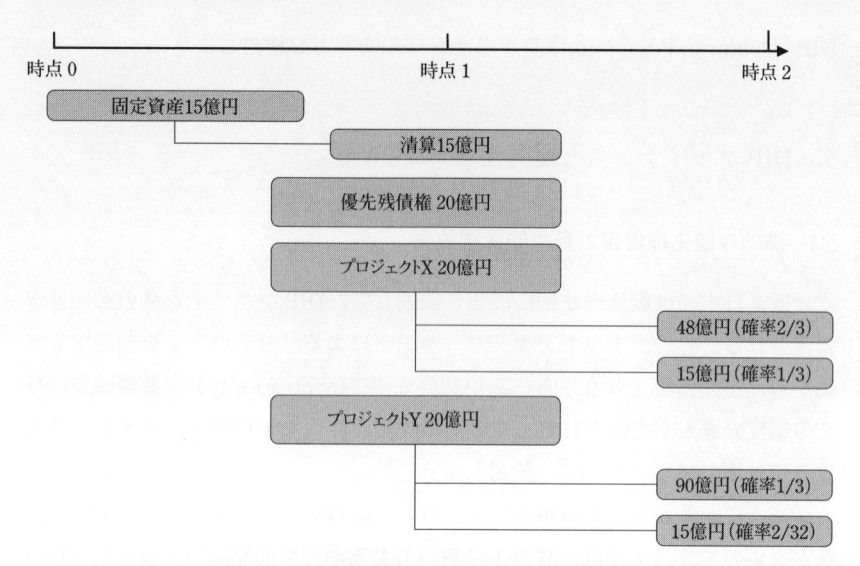

```
時点0                    時点1                    時点2
├───────────────────────┼───────────────────────┤
  固定資産15億円
              清算15億円
              優先残債権 20億円
              プロジェクトX 20億円
                                          48億円(確率2/3)
                                          15億円(確率1/3)
              プロジェクトY 20億円
                                          90億円(確率1/3)
                                          15億円(確率2/32)
```

図 11–4　投資と成果のスケジュール（数値例 III）

であり，固定資産を含めた投資コスト 35 億円よりも大きく効率的な投資である．

　これに対して，非効率な投資プロジェクト Y は，15 億円の固定資産に 20 億円の追加投資を実施すると固定資産も含めて，確率 1/3 で総額 90 億円の成果をもたらすが，確率 2/3 で 0 円の結果となる．したがってプロジェクト Y のもたらすキャッシュフローの期待値は，

$$\frac{1}{3} \times 90 \text{ 億円} = 30 \text{ 億円} \quad (11\text{--}9)$$

であり，固定資産を含めた投資コスト 35 億円よりも低い成果しかもたらさない．

　企業は，この 2 種類の追加投資プロジェクトのいずれか一方のみに直面することになるとしよう．したがって，法的な優先権付与のあり方は，効率的な投資プロジェクト X の実施を制限することなく，非効率な投資プロジェクト Y を排除するようなものとならなければならない．なお以下では，この数値例を数値例 III と呼ぶ．

① デット・オーバーハング

以上の設定の下で,絶対優先の原則が維持されるとすると,効率的なプロジェクト X も非効率なプロジェクト Y のどちらも外部の投資家による融資は実施されない.まず,この点を確認しよう.

効率的な追加投資プロジェクト X については,時点 1 で優先債権者が企業を清算しないとしても,時点 2 の成功時には 20 億円の優先残債権が弁済されることになり,失敗時には 15 億円の成果はすべて優先債権者に弁済されてしまうから,時点 1 の直前に追加融資に応じた場合の劣後債権者の期待する弁済の期待値は,

$$\frac{2}{3} \times (48 - 20) \text{億円} + \frac{1}{3} \times 0 \text{円} = 18\frac{2}{3} \text{億円} \qquad (11\text{--}10)$$

となり,追加融資額 20 億円を下回る弁済しか期待値で得ることができない.

これに対して,非効率的な投資の場合には 20 億円の優先残債権が時点 2 の成功時に弁済されるので,追加融資に応じた場合の劣後債権者の期待する弁済の期待値は,

$$\frac{1}{3} \times (90 - 20) \text{億円} = 23\frac{1}{3} \text{億円} \qquad (11\text{--}11)$$

となり,追加融資額 20 億円を上回る.他方,優先債権者の受け取る残債権の期待値は,

$$\frac{1}{3} \times 20 \text{億円} = 6\frac{2}{3} \text{億円} \qquad (11\text{--}12)$$

となり,時点 1 で企業を清算した場合の受取額(担保の固定資産価値)15 億円を下回る.したがって,追加融資がなされても優先債権者が時点 1 に企業を清算して 15 億円の債権を回収してしまうことになる.このとき,追加融資者は資金を全く回収することができなくなるから,このような追加融資には誰も応じない.

そのため絶対優先の原則を維持することは,非効率な追加投資が実施されるのを防ぐ機能があるが,効率的な追加投資機会の実施も排除してしまう.これは追加投資の価値の一部が優先債権者に移転する結果として生じるもので,典型的なデット・オーバーハングの問題である.

② 法律による強制的な優先権移転のケース

さて，ここでデット・オーバーハングを回避するために，追加投資において，優先権の少なくとも一部を外部の投資家に与えることが正当化されるだろうか．時点 2 まで継続された場合の優先残債権の価値を時点 1 で清算した場合の資産価値(数値例 III では 15 億円)と等しくするように，DIP ファイナンスにおける優先権付与の制度をデザインすれば，優先債権者に移転する価値はなくなるように思われる．しかし，法的な優先権を強制的に変更すると，所得移転効果だけでなく，リスク負担の関係も変えてしまう．

特に，優先残債権の価値を清算時の資産価値(数値例 III では 15 億円)と等しくするように，優先権侵害を認めることは，優先債権者に常に継続の意思決定しか認めないことと同じである．なぜなら，このような所得移転を法的に強制するような優先権の変更は，劣後債権者にリスクを移転させる分だけ，必ず優先債権の継続時の価値を高めることができる．

上の数値例 III において，劣後債権者に 10 億円の優先弁済を認めるとしよう．このとき，プロジェクト X において優先残債権の時点 2 までの継続時の価値は

$$\frac{2}{3} \times 20\text{ 億円} + \frac{1}{3} \times (15\text{ 億円} - 10\text{ 億円}) = 15\text{ 億円} \qquad (11\text{--}13)$$

となり，優先残債権の時点 2 までの継続時の価値は，時点 1 で清算したときの清算価値に等しくなる．

このとき，確かに追加投資の価値が優先債権に移転しないから効率的な追加投資プロジェクト X は実施されることがわかる．なぜなら，このとき，追加融資に伴う劣後債権の額面額を 25 億円以上(たとえば 26 億円)に設定すれば，その時点 2 における弁済の期待値は，

$$\frac{2}{3} \times 26\text{ 億円} + \frac{1}{3} \times 10\text{ 億円} = 20\frac{2}{3}\text{ 億円} \qquad (11\text{--}14)$$

となり，融資額 20 億円を上回ることになるからである．

ところが，このような優先権の付与は，優先債権者に継続の意思決定しか許さない．なぜなら，このとき企業を清算すれば，10 億円分が追加融資者の債権の弁済に当てられてしまうため 5 億円の弁済しか得られないのに対し，企業を継続すれば非効率な投資プロジェクト Y の場合でも $(1/3) \times 20$ 億円 $= 20/3$ 億

円の期待弁済額が得られるからである.

③ 自主的な債権放棄のケース

他方,すでに述べたようにデット・オーバーハングの問題は,交渉費用がかからない限り自主的な債権放棄などによって解決することができる.すなわち,数値例 III では,削減後の優先債権の額面額を 20 億円から 16 億円に削減すれば,プロジェクト X において追加融資者に時点 2 の成功時に最大 32 億円(48 億円 − 16 億円)までの成果を帰属させることができるので,その時点 2 の期待弁済額は $\frac{2}{3} \times 32$ 億 $= 21\frac{1}{3}$ 億円となり,追加融資額 20 億円を上回る成果を期待値で約束することができるようになる.

いうまでもなく,この議論はコースの定理の応用に他ならない[21].もちろん,交渉費用の存在が,企業の破綻処理手続きの中で重要ではないということを主張するものではない.この命題が主張することは,第 2 節で述べたように,交渉費用が無視できるほど十分に小さければ,デット・オーバーハングによる「貸し渋り」は生じないということである[22].

ここで重要な点は,法的に優先権侵害を認めることと,債権の自主的な放棄は全く異なる効果を持つことである.法的な優先権侵害は,すべての企業に対して清算時の分配に影響を与えてしまう.これに対して,優先債権者による自主的な債務の削減は,継続が決まった段階でのみ有効となる.すなわち,自主的な債務の削減は,企業継続に関する判断と同時に選択されるのに対し,法的な優先権侵害は両者を当初から切り離してしまう点に問題がある.

---

21) 池尾・瀬下(1998)は追加の資金調達が必要でない場合に同じ結果を導いている.追加の資金調達が必要でない場合に,複数の債権者がいて,もともとの結果が優先権を侵害する状況にあったとしても,その継続の意思決定に関する結果はコースの定理から,その時点では最適になる.しかし,資金調達の機会が存在する場合には,すでに説明したように優先権を維持しないと大きな問題が発生する.
22) また効率的な追加投資であれば,既存の債権者自身が自ら融資するインセンティブがあることを,簡単に示すことができる.もちろん,複数の債権者が存在する場合には,協調の問題が生じるので,事態は容易に解決できなくなる恐れはある.ただし,この問題は交渉費用の問題と本質的に同じ問題である.

5.2 プロジェクト・ファイナンスへの優先権付与と「適切な保護」

確かに交渉費用が大きくなる場合には，自主的な債権放棄が有効に機能すると期待はできない．そこで，ここでは，超優先権（super-priority）を伴う DIP ファイナンスを考えよう．ただし，既存の債権者には適切な保護が与えられるとする．

アメリカの連邦倒産法 Chapter11 では，DIP ファイナンスに当たり，「既存の担保権者に異議がある場合には，債務者は既存担保権者に対する適切な保護（adequate protection）がなされていることを立証しなければならない」[高木新二郎（2000）19 ページ]ため，既存の担保権者（本章では優先債権者）の地位は十分に保護される．ここで「適切な保護」とは，既存の担保権者等に，その権利に実質的に等しい価値を保証することを再生債務者に義務づけるものと解釈できる．

数値例 III に従えば，そのような「適切な保護」は，DIP ファイナンスに完全な超優先権を与えられるとすると，それに劣後することになる優先債権の価値が，時点 1 の清算価値（15 億円）を維持できるような，追加の担保 C を差し入れることと同値である．すなわち，追加投資プロジェクト X に直面する企業の場合には，追加融資の額面額が例えば 27 億円で，20 億円が成功時に弁済されるとすると，次式を満たすような C を考えてみよう．

$$\frac{2}{3} \times 20 \text{億円} + \frac{1}{3} \times (0+C) = 15 \text{億円} \qquad (11\text{–}15)$$

このような追加担保 C は 5 億円となる．なお，この追加担保は外部の投資家から調達されるものとしよう[23]．

他方，非効率な追加投資プロジェクト Y に直面する企業では，

$$\frac{1}{3} \times 20 \text{億円} + \frac{2}{3} \times (0+C) = 15 \text{億円} \qquad (11\text{–}16)$$

---

23) このとき，追加融資に伴う債権の期待弁済額は，$\frac{2}{3} \times 27$ 億円 $+ \frac{1}{3} \times 15$ 億円 $= 23$ 億円となり，追加融資額 20 億円と以下で導出される追加担保を失う期待費用 $(1/3) \times 5$ 億円 $= 5/3$ 億円の合計額を上回る．

を満たす C として与えられ，そのような追加担保は 12.5 億円になる．しかし，この 12.5 億円を追加担保に差し入れなければならないとすると，プロジェクト Y に追加融資した場合にその融資者に弁済可能な最大額は，

$$\frac{1}{3} \times (90 - 20) \text{億円} = 23\frac{1}{3} \text{億円} \qquad (11\text{–}17)$$

であるから，投資費用 20 億円と，追加担保を失う期待損失 $(2/3) \times 12.5$ 億円 $= 25/3$ 億円の合計額より小さくなってしまう．そのため，上で定義したような「適切な保護」の下では，効率的な追加投資プロジェクト X は実施されるが，非効率な追加投資プロジェクト Y は実施されない．

「適切な保護」は，既存債権の価値を新規の債権者に移転させることを排除するとともに，超優先権は，逆に，新規債権の価値が既存債権に移転することを防ぐ．このことは，たとえ，既存の投資と新規の投資の成果を分離することができなくても，既存債権者には既存の企業資産からの価値を与え，追加投資の貢献は新規融資者にのみ帰属させることを意味する．

それゆえ，上で定義したような「適切な保護」が既存債権者に与えられるならば，超優先権を与える DIP ファイナンスによって，効率的な投資の意思決定が達成される[24]．

---

[24] より正確な議論は瀬下・山崎（2004）命題 9 を参照．Berkovitch and Kim (1990) は，デット・オーバーハングの問題を緩和するために「既存の資産に対しては優先権を与えず，新規投資の成果に対してのみ優先権を与えるプロジェクト・ファイナンス」を提案した．そこでは，情報の非対称性がない限り，このようなプロジェクト・ファイナンスは，優先権侵害に伴う過大投資の問題をもたらすことなく，過小投資の問題を緩和できることを示している．

Berkovitch and Kim のモデルでは，追加投資からの成果と既存資産からの成果は分離可能となっている．また，状態（state）は二つしかなく離散的（discrete）である．このような状況では，彼らが提案したプロジェクト・ファイナンスでは，新規の債権者から既存の債権者に所得移転は生じない．

これに対して，瀬下・山崎（2004）のモデルでは，追加投資からの成果と既存資産からの成果は，時点 2 において必ずしも分離可能ではない．そのため，Berkovitch and Kim のモデルでは生じない既存の債権から新規の債権への価値移転が起こる．したがって過大投資の問題が生じうる．それにもかかわらず，「適切な保護」によって，そのような状況を排除することができる．この意味で瀬下・山崎（2004）の結論は Berkovitch and Kim の議論の一般化ということもできる．

さらに「適切な保護」の下でのこのDIPファイナンスによって，ファースト・ベストの資源配分を常に達成できる[25]．このような結果が生じるのは，本章のモデルに優先債権者に企業を清算する権利行使機会が存在するからである．このとき，Aghion and Bolton（1992）が指摘した状態依存的な決定権移動という負債契約の重要な機能が働く[26]．すなわち，企業が債務不履行に陥った場合，決定権が債務者企業から既存の債権者に移転する．

その際に，既存の債権者は残余請求権者になっているため，その意思決定は企業価値の最大化と整合的になる．既存の債権者は企業価値が高まらない限り，その経営者の継続を認めず，企業を清算しようとする．このため，非効率な投資プロジェクトの投資資金を提供する外部の投資家は存在しない．

他方，効率的な投資機会に対しては，適切な保護の資金を含めて外部からの資金調達が可能であり，既存の債権者もその保護によってそれ以上の損失を被らないから，企業の継続を認めるだろう．そのため経営者が決定権を維持して効率的な投資を実施することができる．したがってデット・オーバーハングによる過小投資の問題も生じない．

ここで提案したDIPファイナンスでは，既存の債権者の継続についての意思決定を歪めるリスク移転効果が伴わない．そのため負債契約に内在する状態依存的な決定権移動の機能が働く．

アメリカの連邦倒産法では，すでに述べたように，超優先権を伴うDIPファイナンスが実施される場合，担保権者等に対して「適切な保護」の提供が義務づけられている[27]．これらの議論とは逆に，現在の日本では担保権者等に対する

---

25) この結果は，Berkovitch and Kim（1990）の示唆した結果よりも強い．そこでの提案は，単に過大投資の問題を悪化させずに，デット・オーバーハングを緩和できると述べているに過ぎない．本章のモデルでは，優先債権者に企業を清算する権利行使機会が存在している．これに対して，Berkovitch and Kim のモデルでこうした機会は考えられていない．
26) 第3章の議論を参照．
27) もっとも，アメリカの連邦倒産法の下で，このような適切な保護が十分に機能しているかについては，必ずしも明確ではない．アメリカ倒産法の下での議論についてはEberhart et al.（1990）やEberhart and Weiss（1998）を参照．また高木新二郎（2000）は，実務上は「適切な保護」の立証が難しいため，既存担保権者がDIP融資者になる傾向があるとしている．

著しい優先権の侵害が生じており，本章で説明したように，これが非効率な追い貸しを生じさせていると思われる．この場合，「デット・オーバーハング」を強調する立場とは全く逆に，既存の債権者の優先権を尊重することが，非効率な追い貸しを排除するだけでなく，貸し渋りを緩和する上でも有効である．

　もちろん時点1における企業資産の担保権価値を正確に評価することは難しい．これまでの説明では，担保権価値を清算価値と等しいとして説明してきたが，厳密には両者は必ずしも一致しない．なぜなら，この「担保権価値」は必ずしも「担保資産の市場価格（清算価値）」を意味しないからである．特に，その企業資産が企業継続にのみ不可欠なものであれば市場では評価できないかもしれない．さらに，既存の債権者はしばしば市場価格よりも高く資産を評価をする主体を知っているかもしれない．既存の債権者は取引企業などを通じて，競売よりも高い価格で担保資産を処分できる可能性がある．さらには，担保権者は，多くの法律家が指摘するように，担保資産を処分するタイミングを選択できる[28]．取引価格にはこのような選択権に対する価値評価が含まれなければならない．

　そのため正しく担保権価値を評価するシステムが必要になる．この問題に対しては Bebchuk and Fried（2001）によって提案されている手続きが有効かもしれない．そこでは，担保付き債権をノンリコース債権と担保が付かない一般債権部分に分け，ノンリコース債権を競売にかけて担保権の価値を評価することを提案している．

　いずれにせよ，非効率な企業継続が許されてきたこれまでの日本経済の状況は，デット・オーバーハングの議論とは全く逆の現象である．DIP ファイナンスを，安易な優先権侵害手段として拡充することは，「貸し渋り」の解決ではなく，それを悪化させる要因にしかならない．DIP ファイナンスを安易な優先権侵害手段にしないためには，「絶対優先の原則」や「適切な保護（adequate protection）」と同様の規定を同時に取り入れる必要があると考えられる．

---

[28] たとえば，道垣内他（2003）p. 84,「滌除の問題点」などの議論を参照.

6. 結論

　民法には，優先順位確定の原則がある．権利設定の時間的な順序にしたがって，利害関係者(ステーク・ホルダー)の分配を確定するという大前提がある．しかし，現実には事前に決められた優先権を覆すような判決や法律が存在し，必ずしもこの原則は厳格に守られていない．

　例えば，第3章や第6章で説明した短期賃借権を濫用した占有者による抵当権侵害は，優先権侵害の一種である．また，住宅ローン専門会社(住専)の破綻処理の際に見られたように，政府が銀行債権に劣後する農協系金融機関の債権の弁済をメインバンクに求めるなど，優先権を侵害する政治的な介入も見られる．この他にも，民事再生法に定められた担保権消滅請求制度や，破綻処理の際に経営者に支払われる報酬等は優先権を侵害している可能性が高い．

　本章では，こうした優先権侵害があるときに，経営者と貸し手(優先債権者)の行動に焦点を当てて，企業金融の理論を用いて，事前と事後でいかなる事態が生じるかについて分析した．こうした観点からすると，「貸し渋り」や「追い貸し」といった一見矛盾する行動も合理的に説明することができる．

　優先権侵害が可能性として存在するところでは，企業が債務超過状態になっても，本来の優先債権者が主導権を発揮して倒産手続きをとることができず，問題が先送りされるという事態が発生する．さらに，優先債権者による「追い貸し」が合理的な行動として説明できる．

　このときに重要なのは侵害額の大きさである．破綻処理に入ると侵害額が確定する．しかし，優先債権者にとっては，破綻処理を先送りすれば，企業が顕著な立ち直りを見せたときに，侵害額の期待値を低下させることができる．これが先送りの基本的な原因である．さらに，優先権侵害を防ぐことができないときには，効率的でない投資であっても，優先債権者はみずから追加融資に応じる可能性が高い．これは，優先権を侵害されるよりは自ら危険を冒したほうが合理的であることを示している．

　次に，こうした事態を合理的に予想する限り，事前的には，「貸し渋り」が合理的選択の結果として生じることを明らかにした．事後的に優先権侵害にさらされたり，追加融資という非効率な結果が予想されるときには，当初から貸し

出しを抑制するほうが望ましい．これが銀行の「貸し渋り」と言われる事態である．

これに対して，優先権が尊重されるときには，こうした事態はいずれも生じない点を理論的に確認した．したがって，優先権をできる限り維持，尊重することが，企業の効率的な資金調達および効率的な経営にとって不可欠である．

本章では，このほかに理論的な観点から，企業の債務超過に直面した債権者がなぜ債権放棄に同意しないのかといった問題や，デット・オーバーハングによる貸し渋りの議論が十分な説明力を持ち得ない点を明らかにした．さらに，デット・オーバーハングの問題を解決する手段として，既存の企業資産に対する優先弁済権を変更するのではなく，適切な保護を伴うDIPファイナンスの有効性を示した．第13章では，理論的に明らかになった優先権侵害の効果が，どの程度企業の資金調達や企業の評価に影響を及ぼすかについてデータを用いて検証する．

第12章
民事再生法の経済分析
——破綻処理法制における抵当権の処遇*

　第11章では，優先権侵害が可能な場合に，「貸し渋り」や「追い貸し」といった非効率な貸し出し行動が，次善の選択の結果として実施される可能性を指摘した．本章では日本の破綻処理法制を，優先権侵害の観点から具体的に検討する．その中で，抵当権制度に代表される日本の担保制度の法的な問題点を明らかにしたい．

1. はじめに

　2000年の4月から，企業の再生手続きとして，従来の和議法に代わり民事再生法が施行された．この民事再生法には，少なくとも三つの重要な特徴がある[1]．第1の特徴は手続きの迅速化である．経営不振に陥った企業が直面する問題は，その企業が仮に長期的には再生可能であっても，債権者間の利害対立によって，将来の経営に欠かすことのできない資産が社外に流出して，再建が果たせなくなってしまう点にある．民事再生法ではこの問題を回避するために，明確な破産原因がなくても財産を保全し，再建手続きを速やかに行えるようになった．

　民事再生法の第2の重要な特徴は，担保権消滅請求制度が新設された点である．従来の抵当権についての考え方のもとでは，抵当権を設定するための原因となった債権が，完全に債務者から債権者に返済されない限りは，抵当権を消

---

　* 本章は，瀬下・山崎（2002）および山崎・瀬下（2002）の内容を統合したものを基礎にしている．
　1) 民事再生法については，山本他（2001）や田作（2000）がわかりやすい．また中西（1999），小林（1999），山野目（1999），伊藤（2000）なども参照．

滅させることはできないとされていた．しかし，担保権消滅請求制度によって債務が完済されなくても，抵当資産の市場価格に見合う弁済をすることで，抵当権等の担保権を消滅させることができるようになった．

第3の特徴は，債務者である経営者が自ら再生手続きを申請でき，かつ申請後にもその地位にとどまり続けることができる点にある．このような手続きは再生債務者（DIP: Debtor in Possession）手続きと呼ばれる．

本章では，上記のような特徴を持つ民事再生法が，再生企業の意思決定や債権者の意思決定にどのような影響を及ぼすか検討する．このような検討を経たうえで，さらに民事再生法の持つ問題点を明らかにし，望ましい倒産法制度のあり方を検討する．

2. 民事再生手続きの特徴と意義

2.1 再生手続きの迅速化

民事再生法の第1の特徴は，その手続きの迅速化にある．従来の和議法のもとでは，経営不振に陥った企業が支払不能や債務超過といった破産原因を十分に証明できない限り，資産保全のための措置がとれなかった．また，資産保全処分の対象に担保付き債権は含まれておらず，担保権の行使を妨げることができなかった．その結果，仮に企業が再生可能であっても，その再生手続きに時間や費用がかかる結果，その間の債権者による権利行使や取り付けによって，企業の保有する資産が流出してしまい，再生が不可能になるという事態が発生する．

このような事態を防ぐために，各債権者の行動をいち早く察知することによって，債務者がさまざまな権利行使から強制される弁済をいったん禁止する必要がある．債権者が，債務者の財産を処分できないようにすることが再生にとって不可欠である．こうして効率的な再生を進められれば，結果として各債権者全体の利得を高めることも可能になる．

民事再生法の下では債務者財産を保全するために，債務者に破産の生じる恐れがあるとき，または債務を弁済すると事業の継続に著しい支障をきたすとき

には，支払不能や債務超過などの明確な破産原因がなくても，民事再生手続きの開始を申し立てることができるようになった．さらに，手続きが開始されるまでは債権者による法的権利行使を包括的に禁止する命令ができる．その上で手続きが開始されると，強制執行等の法的権利行使は禁止される．これによって債権者の権利行使を禁止することができ，かつ債務者の弁済も禁止される[2]．

2.2 抵当権と民事再生法

民事再生法の第2の特徴は，抵当権の消滅請求が認められたことである[3]．抵当権は，企業が債務不履行に陥った際に，企業の保有する特定の資産から得られる売却代金や賃料等に対する優先的な請求権である．この意味で，抵当権は企業の債務不履行という条件付きの権利（contingent claim）でもある．

他方，一般に倒産などの企業破綻とは，企業が過大な債務を保有する結果，経営活動を続けられなくなってしまう状況をいう．そのため，企業破綻を単に債務不履行として解釈すると，抵当権実行を容易にする結果，将来の再生の可能性を奪ってしまうかもしれない．逆に企業破綻という事態を債務不履行よりも広く解釈すると，抵当権の実行が困難になり，抵当権者の利益が著しく侵害されるという事態が予想される[4]．

民事再生法の下では，抵当資産の市場価格に見合う弁済をすることで，迅速に抵当権を消滅させることが可能になった．従来の考え方の下では，抵当権を消滅させるためには，その原因となった債権をすべて弁済しなければ，抵当権を消滅させることはできないとされていた．このような抵当権とその対象となった債務の関係は不可分性と呼ばれる．

---

[2] ただし，民事再生法の下でも抵当権等の担保権の行使は別除権として認められている．しかし，後で説明するような担保権の消滅請求が法的に認められるようになった結果，問題は大幅に軽減されることが期待されている．

[3] 民事再生法では，抵当権だけでなく，質権や商事留置権など他の担保権に対しても消滅請求権が認められた．そのため本章では，この権利を担保権消滅請求制度と呼ぶ．ただし，他の担保権についても同様の議論が成り立つと思われるが，本章の議論では，抵当権の消滅請求権だけを対象とする．

[4] この意味で，滌除制度や短期賃借権は，抵当権執行妨害として抵当権者の利益を阻害していた．短期賃借権が資源配分に及ぼす影響については，第6章を参照．滌除制度については第3章参照．

民事再生法において抵当権は，別除権として再生手続きによらずに執行することが可能である．そのため弁済が十分に行われないと，抵当権の設定された財産が競売にかけられ，再生が不可能になるという事態が発生する．このような事態を回避するために，抵当権を消滅させることが必要である．とりわけ，抵当権価値が土地不動産価格の下落によって貸出金の額よりも下がっているときに，この問題は一層深刻になる．

　たとえば1億円の貸出金に対して，同額の担保が設定された場合を考えてみよう．財産価値の低下によって，抵当権価値が1億円から7,000万円に低下してしまった場合には，従来ならば1億円をすべて返済しない限りは抵当権を解除することはできなかった．しかし，抵当権消滅制度の下では，実際の抵当権価値7,000万円を抵当権者に支払うことによって，抵当権を解除することができる．

　したがって，この制度によって，抵当権を消滅させるためのコストを1億円から7,000万円に低下させることができるようになった．もちろん，残りの3,000万円は依然として債務として残る．従来は抵当権と負債額は不可分の性格を有していたが，担保権消滅請求制度の下では，負債額と抵当権を分離して，抵当権を抵当資産の市場価格――「抵当権」の市場価格ではない――で再評価することになる．

　たしかに，企業の継続価値が，その時点で企業資産を売却処分して得られる清算価値より高い場合でも，企業が清算されてしまう可能性がある[5]．他方，清算価値の方が継続価値よりも高くなる場合に，企業が継続されてしまう可能性もある．こうした可能性を考えるとき，担保権消滅請求制度の意義は単に経営資産の保全という機能にとどまらない．特にこの制度は，民事再生法の下で，債務者が申請後も再生債務者として経営権を維持できることと重要な関係がある．そこで，次項で，再生債務者の問題を議論したうえで，改めて担保権消滅請求制度の意義を検討しよう．

---

5) 以下では，誤解の恐れがない限り，単に継続価値という場合は，企業を継続する際に得られる将来収益の割引現在価値を指す．これに対して，清算価値とは，企業の保有する全資産を時価評価した値（スクラップ・ヴァリュー）をいう．

2.3 最安価損害回避者と債務者によるモラルハザード

民事再生法のもう一つの特徴は,債務者自身が再生手続きを申し立てることができる上に,その債務者が,申し立て後も再生債務者としてその地位にとどまり続けることができる点にある.このような手続きは,しばしば再生債務者 (DIP: Debtor in Possession) 手続きと呼ばれる.このように既存の債務者が申し立て後にもその地位を認められることには,メリットとデメリットがある.

通常,経営者は債権者よりも多くの情報を有しているという意味で,会社の危機的な状況をより良く認識して対処できると考えられる.この意味で最安価損害回避者 (Cheapest Cost Avoider) は経営者である[6].しかし,もし経営者が最安価に企業破綻を回避できるのであれば,経営者に破綻に関する責任を負わせることが効率的に破綻を回避するうえで望ましいはずである.

それにもかかわらず,民事再生法で経営者の破綻責任を免責するのには合理的な理由があると思われる.この場合,経営者にその地位を認め続けることは,会社の現状をより早期に債権者等に知らせ,改善の方法を探るためのインセンティブを経営者に与えることになる.したがって,この点は,効率性の観点から望ましいことである[7].

もし申し立て後に経営者がその地位から追放されるならば,経営者は申し立ての時期をできるだけ遅らせようとするインセンティブを持つ.その結果,経営資産の劣化が急速に進むかもしれない.特に破綻の危機に瀕した企業の経営者は,いままでの失敗を取り返そうとする結果,より危険なプロジェクトを採用したり,企業経営をより危険な方向に誘導したりする可能性が高い.これは有限責任制の下では,失敗しても損失は限定されるので,成功時の成果にのみ経営者の関心が向けられることに,その原因がある.

従来の手続きの下では,再建手続きが成功する確率は非常に低くなっていた.こうした結果になったのは,経営者がその地位を失うことを恐れ,完全に再建

---

[6] 予想される損害を最も安い費用で回避できる主体を最安価損害回避者と呼び,通常,そのような主体に損害回避を義務づける方が資源配分は効率的になる.この議論については Calabresi (1970) および浜田 (1977) を参照.

[7] このような議論は Povel (1999) 等参照.

が不可能な状況に至るまで，ほとんどその状況を開示しようとしなかったからである[8]．

ところで，法的な破綻処理手続きの中で，意思決定権を経営者に与えても債権者に与えても，コースの定理から明らかなように，その権利関係が明確な場合には，効率的な意思決定が常に達成可能なはずである．すなわち経営者と債権者の交渉によって，継続すべきか否かの意思決定は効率的になる．しかし，そのような権利配分がもたらす所得移転を予想すると，第6章や第11章で議論したように資金貸借市場にさまざまな歪みを生じさせてしまう．

このことを理解するために，しばらくの間，企業価値に関する情報の非対称性は存在しないとして議論しよう[9]．まず経営権の決定を優先債権者に委ねる場合を考えよう．優先債権者は，抵当資産を売却処理した場合に受け取る清算価値を交渉の出発点（threat point）として交渉し，企業の継続価値がその時点の清算価値よりも高い場合には，優先債権者は一部の債権を株式に転換するなどの手続きを通じて，継続に伴う価値の増加を実現でき，それゆえ，継続へのインセンティブを持つことができる[10]．

このことは，債権者自らが合理的な選択の下で優先権を放棄することを意味するが，このこと自体は非効率性をもたらす原因とはならない[11]．なぜなら，その所得移転は，破綻時の企業価値からではなく，継続時の増加利得分から経営者に向けられるものだからである．すでに第11章で説明したように，このような自主的な債権放棄は，狭義の意味で優先権の侵害とはいえず，資金貸借取引を歪めることにはならない．

いま述べたような優先債権者への権限付与は，優先債権者が1人，もしくは比較的少数で，十分な協調が達成される場合には，効率的な意思決定を達成できる．しかし，複数の企業資産が存在し，さらに，それぞれに複数の抵当権者

---

[8] 第11章で見たように，この問題を深刻化させるのが，優先権侵害を利用した資金調達である．

[9] 情報の非対称性がある場合には，コースの定理は通常成立し得ない．ここでは情報の非対称性がなくても，優先権侵害という深刻な事態が発生することを明らかにしたい．

[10] この議論については，第11章の議論の他，池尾・瀬下（1998）参照．

[11] 特にデット・オーバーハングのような状況にある場合には，このような早期の情報開示と再建計画の策定は極めて有効になる．

がいるような場合には，こうした協調行動は困難になる結果，取り付けのような状況を引き起こし，企業は存続できなくなる恐れがある[12]．

逆に，破綻処理の手続きの中で，経営者に経営権を認め続ける場合にも問題は残る．第3章でも説明したように，経営者は有限責任制の下で，非効率な投資行動をとっても，その損失をすべて被ることにはならない．言いかえると，そのコストを既存の債権者に移転させることができるため，非効率な投資を実施し，企業を継続させようとする．特に経営者は企業を解散してしまうと，その地位に伴うさまざまな利得を失うことになる．

したがって，継続価値が清算価値より低い非効率な場合にも，経営者は企業を継続させようとするインセンティブが働く．その結果，経営者が策定する再建計画は，常に継続する方向に傾く．この状況の下で，すなわち継続価値が清算価値より低い場合に，経営者に，企業の清算や解散を前提とした計画案を策定させるためには，債権者から経営者や株主等に，企業を継続した場合に彼らが得る利得以上の所得を，企業の清算価値から移転する必要がある．この場合，狭義の意味でも債権者の優先権は侵害される．

したがって，再生手続きにおいて，経営者と債権者の間に企業価値に関する情報の非対称性がない場合でさえ，経営権を債権者に与えることと債務者に与えることは，企業の再生とモラルハザードを抑制するという目的を実現する上で，互いに二律背反（トレード・オフ）の関係にある．

経営権を債務者に与え続けておけば再生手続きは迅速化するが，非効率な企業の継続が生じたり，それを回避するために優先権が侵害される可能性がある．これに対して，再生手続きにおいて経営権を債権者に委譲すると，優先権が侵害されることなく非効率な継続を回避することができるが，逆に協調の失敗に

---

[12] 企業を全体として競売にかけることを認めれば，全体で継続価値があるものは，それだけ高い価格で購入されるから，再生手続き自体必要ないという議論もある．[たとえばBaird (1986)]．その場合でも，事業単位で競売にかける方が，企業単体で売却するよりも高い売却価値になる可能性がある．また，事業をどのように分割するか，またいつの時点で売却し，それまでの企業価値の毀損を誰がどのように防ぐかなど，企業や事業の維持管理に伴う重要な意思決定が依然として残っている．そのため，事業継続を想定した企業破綻法制の意義を検討しておく必要性は高いだろう．

よって企業が再生できなくなる恐れがある[13]．

　経営者と債権者の間で企業価値に関する情報の非対称性がある場合には，これらの問題は，いずれの場合にもより深刻化する．たとえば，非対称情報の下では，債権者間で合意を形成するのが困難になるため，それだけ協調の失敗は生じやすくなる．また，債権者が債務者の再建計画を鵜呑みにする結果，非効率な企業が継続する可能性も高くなるだろう．

3. 担保権消滅請求制度の意義と限界

3.1 担保権消滅請求制度の意義

　さて，再生手続きを迅速化させるという目的を維持しながら，優先権を侵害せずに非効率企業を淘汰する方法はないのだろうか．こうした観点から，この問題を解決するための一つの工夫として，担保権消滅請求制度を評価することができる．抵当権は民事再生法でも別除権として扱われ，権利変更を受けないものとされる．民事再生法の下では，経営者にその地位を認めさせ続ける一方で，債務者および債権者が再建計画を作成することになっている．

　提案された再建計画は多数決によって決定される．ここで，抵当権者はこの議決権を有していない．抵当権は別除権として扱われているために，抵当権解除時に支払われる抵当権価値以上の債権を保有している場合にだけ，その残余について議決権が発生する．ただし本章 2.2 項で説明したように，抵当権を消滅する際に必要とされる抵当権価値は抵当資産の市場価格によって評価される．

---

[13] Povel (1999) は，プロジェクトの質に関する情報と経営者の努力水準に関して情報の非対称性があるケースを考え，それぞれがもたらす問題の相対的な大きさに依存して，Soft な破綻手続きと Tough な破綻手続きが，事前に選択される可能性があると指摘した．ここで Soft な破綻手続きは，経営者に一定の分配を保証するような手続きをいい，Tough な手続きとは，何の分配も与えないような手続きをいう．

　しかし，そのモデルは，経営者がプロジェクトのリスクを後で知り，そのリスクを変更できないことを前提としている．第 6 章や第 11 章で議論したように，経営者がプロジェクトを変更できるようなケースや，あるいは予め経営者がリスクを知っている場合には，この単純な議論は成立しない．

別除権の下で，抵当権を有する優先債権者はその地位を実質的に保護される．そのため継続価値が清算価値よりも低い場合には，抵当資産が企業の継続に重要な資産であっても，経営者は抵当資産の抵当権を解除しようとするインセンティブを持たない．この場合，抵当権が行使され，結果として債権者の地位が維持されるとともに，最適な意思決定が達成される．

もちろん再生法の申請前には，企業の経営状態について経営者と債権者間に発生する情報の非対称性の問題は依然として残っている．その結果，先に述べたように，経営者は継続価値が清算価値より低いにもかかわらず，再生法の申請を遅らせて，自らの利益を守ろうとする行動に出るかもしれない．しかしこの問題は，第11章の議論からわかるように，優先権侵害と密接に関係している．

他方，継続価値が抵当資産の清算価値より高い場合には，経営者は抵当権を解除して経営を継続し，同時にその地位も維持される．したがって，抵当権に別除権を与えつつ，それを解除する権利を経営者に与えることによって，最適な意思決定が達成できる．

ここでは，ひとたび再生法が申請された後では，企業の継続価値に関する情報の非対称性は問題とならないことに注意しよう．なぜなら，企業の継続価値が清算価値よりも高いか低いかの判断をしているのは，経営者に他ならないからである．その意味で，担保権消滅請求の基準を担保資産の市場価格とすること自体には一応の合理性がある．

これまでの議論は，Bebchuk (1988) や Agihon et al. (1992, 1995) などが提案した再建企業の株式オプションを利用した破綻処理手続きに似ている．この手続きの下で劣後する請求権者には，その債権額に応じて優先債権者に与えられた再建企業の株式 100％ を，優先債権者の債権総額に等しい金額（権利行使価格）で購入できる権利（コール・オプション）が与えられる．

例えば，優先債権者が 1 億円の債権を持ち，劣後債権者が 5,000 万円の債権を有する状況で，企業が提案された手続きを利用した場合を考えよう．まず，優先債権者，劣後債権者及び株主は，自分の債権や破綻企業の株式をすべて放棄する．その代わりに優先債権者には再生企業の新規株式がすべて与えられる．また劣後債権者は，権利行使価格 1 億円でこの新規株式をすべて買い取る権利（コール・オプション）が与えられる．さらに旧株主には 1 億 5,000 万円で，こ

の再生企業の新規株式を劣後債権者からすべて買い取る権利(コール・オプション)が与えられる[14]．

　企業継続価値と清算価値のいずれもが優先債権額よりも低ければ，誰もオプションを行使しないので，優先債権者が株主となって意思決定することになる．このとき優先債権者は，企業継続価値よりも清算価値が高ければ企業を清算し，逆に低ければ企業を継続して，その企業価値のすべてを獲得することができる．したがって，より高い価値を得られる選択をするので最適な意思決定が達成される．

　企業の継続価値が1億円以上で優先債権額よりも高ければ，劣後債権者もしくは株主がコール・オプションを行使することになる．なぜなら，それだけの価値がなければ，オプションを行使しても利益を得られないからである．企業の継続価値もしくは清算価値が1億円から1億5,000万円の範囲であれば，劣後債権者がコール・オプションを行使するにとどまり，1億5,000万円を越えるようになると旧株主が最終的な株主になり，意思決定権を行使することになる．ここでそれぞれ最終的に株主になった者は，継続価値が清算価値よりも高ければ継続し，そうでなければ清算することを選択する．したがって，この場合も最適な意思決定が達成される．

　すなわち，企業の最大価値に応じて実質的な意思決定権者を変えるという意味で，この破綻処理手続き案は担保権消滅請求制度の議論と似ている．逆に担保権消滅請求制度は一見，Bebchuk (1988) や Agihon et al. (1992, 1995) の提案したスキームの応用簡略版のように見える[15]．しかし，両者には決定的に異なる点がある．それは，これらの提案が各債権者の優先順位を維持するように設計されている点である[16]．たとえば，劣後債権者が株式を取得して意思決定権を

---

14) 同じ優先順位の複数の債権者や複数の株主がいる場合には，それぞれのクラスで，債権額に応じた比率で，これらの権利が配分される．
15) これらの提案で，権利の移転がコール・オプションの行使によってなされるように設計されている点も，もちろん別除権を前提とした担保権消滅請求制度とは大きく異なる．このようなオプションは市場取引を許すことで，その市場価格を通じて企業価値に関する情報制約の問題が緩和できる．また，細分化して取り引きすることが可能なため，流動性制約の問題も回避しやすいと考えられる．
16) なお Agihon et al. (1995) は，優先債権を別扱いする提案をしている．この提案では，優先債権がもし担保価値よりも小さければ当該債権はそのまま存続させ，それに劣後する債権の中で，最も優先順位の高い債権を株式に転換し，それ以降の劣位の請求権者にはコー

得るには，劣後債権者は優先債権者にその債権総額と等しい金額(上の例では1億円)を支払う必要がある．

これに対して担保権消滅制度では，優先債権者の優先弁済権は十分に維持されない．この制度では，意思決定権を行使するために経営者(再生債務者)から債権者に支払われる金額は「担保資産」の市場価値に過ぎず[17]，消滅後に残余債権がある場合には，この部分について劣後債権と同等に扱われるからである．したがって，この制度は優先権を侵害することになる．この問題点については，以下の3.2項で詳しく説明する．

なお，担保権消滅請求制度の下で，経営者の情報開示が迅速になされるのは，企業の継続価値が清算価値よりも高い場合に限られる．継続価値が低い場合には，経営者はその地位を維持しようとして情報開示を遅らせる可能性を，この制度で排除することはできない．

ただし旧和議法と比較すると，経営者だけでなく債権者による手続きの申請が認められた点で，少なくとも和議法よりは民事再生法の下で迅速な対応が可能になると考えられる．通常優先債権者は銀行であり，その債権の満期は社債などと比べると相対的に短期に設定されている．これらの点を考慮すると，企業の債務不履行などを企業継続価値のシグナルとして，優先債権者等が民事再生手続きを申請することが考えられる[18]．

ル・オプションが与えられる．一方，優先債権が担保価値よりも大きい場合には，担保価値までを存続させ，残りを最も優先権の高い債権として株式に転換する．もちろん，一定期間優先債権は抵当権の行使を禁止されるが，その後再び債務不履行を起こすなどの問題が生じた場合には担保権を行使できる．したがって，この手続きの下でも優先権は維持されている．

17) 市場価値といっても，実際には売買が行われるわけではなく，再生債務者や裁判所が決めるに過ぎない．この点でも評価が正しく担保資産価値を反映しているかどうか疑わしい．また，以下で説明するように，「担保権の価値」は「担保資産の価値」と同義ではない．

18) 企業の破綻という状況は，実質的に企業の意思決定権が債務者から債権者に移転する状況を意味する．このような状態依存的な決定権の移転が正当化できるのは，第3章でも説明したように，少なくともその状況下で経営者より債権者の意思決定の方が適切になされることが期待できるからである．このような状態依存的なコントロール権の移転が望ましいとする議論はAghion and Bolton (1992)及びDewatripont and Tirol (1994)等参照．

また Park (2000)は，経営者がリスクの高いプロジェクトを選択するなどのモラルハザードを起こすことが問題となる場合，優先債権者の情報生産のインセンティブはむしろ高まることを指摘した．企業を清算した場合に得られる利得は経営者の行動と無関係に一定だ

また，少なくとも担保資産の市場価値(清算価値)までは優先弁済が認められる点では，改正前の会社更生法における更生担保権の評価よりは，担保権者にとって改善している．改正前の会社更生法では，企業の継続価値が清算価値より低い場合には企業が清算されるのではなく，その低い継続企業価値に基づいた担保権価値が，被担保債権に割り当てられるという実態があったからである[19]．

しかし，現行の担保権消滅請求制度の下でも，なお優先弁済権が脅かされる余地が残っている．次項ではこの問題を説明しよう．

3.2 現行制度の問題点

いま述べたように，現在の民事再生手続きの中で問題となるのは，抵当権価値の下落によって，抵当権として保護されるべき優先的な権利が毀損されてしまうという点である．抵当権の本来の考え方からすれば，債務不履行に陥った場合にも抵当権の価値は保全されるべきである．これによって債権者(抵当権者)の利益が保護される．しかし，現行の担保権消滅請求制度では，抵当権者の利益は保護されていない．以下では，この点について詳しく検討しよう．

① 優先権の侵害

担保権消滅請求制度が持つ大きな問題点は，不可分性を軽視する結果，担保付き債権の優先権が容易に侵害されることにある[20]．すなわち，担保権消滅請求制度では，その市場価格で弁済が終われば，債権者の優先弁済権は保護されな

が，企業の継続によってモラルハザードが引き起される結果，むしろ企業価値は低下する恐れがある．したがって，情報生産の利益を内部化しやすくなる．

19) これについては高木(1995)参照．
20) 法律家の間では，担保権消滅請求制度の可否を議論する点で，抵当権の滌除制度との関連が大いに議論された．特に，滌除制度では，滌除の請求価格の評価に関連して濫用されることが大きな問題となっているため，同じことは民事再生法に導入された担保権消滅請求制度についても起こる可能性は否定できない．

ただし，この問題は運用上の問題であって，制度そのものの問題ではないと思われる．なお滌除制度は，実際には民事再生法とは異なる制度だが，改正されて「抵当権消滅請求制度」と呼ばれることになった[この民法の抵当権消滅請求制度については，第3章及び本章補論を参照．滌除制度の問題点についても，山崎・瀬下(2002)付論及び本章の補論を参照]．

くなる．例えば，1 億円の債権のために設定された担保権が，担保資産の市場価格 7,000 万円の支払いによって解除されると，残りの債権は一般債権として他の債権者と同じ地位まで低下してしまう．

そのため，このような担保資産の価値が市場価値として適正に評価された場合でさえ，この制度を濫用する機会が生まれる．たとえば，いまの例でこの借り手の債務返済能力が，このまま経営を続ける限り，抵当資産の価値を除いて 3,000 万円に過ぎないとする．このまま企業経営を続ける限り，銀行は 3,000 万円の返済を受けて，残りは担保権を行使することで 7,000 万円回収することができるから，抵当権の優先弁済権の下で 1 億円の債権は実質的に保護される．

ここで，企業はさらに劣後する負債 1 億円を別の金融業者から負っているとする．もちろん優先弁済権が維持されている限り，劣後債権者はこの企業から何の弁済も得ることはできない．

これに対して，債務者が民事再生法を申請し，この劣後する金融業者から 7,000 万円の追加融資を受けて，優先債権者の抵当権を消滅させるとしよう．このとき，銀行は 7,000 万円の弁済を受ける一方で，その残りの債権は劣後債権と同じ弁済順位となり，その保有比率は 3/20（3,000 万円 /（銀行債権 3,000 万円 + 金融業者 1 億 7,000 万円））に低下する．

企業は，抵当資産も含めて全体で 1 億円の価値を持つから，銀行に弁済される金額は総額で 8,500 万円（担保権の買い戻し額 7,000 万円 + 残余債権の弁済 1 億円 × 3/20）となり，担保権消滅請求制度が利用されることで小さくなる．他方，劣後していた貸し手は何の弁済も得られなかったはずだが，7,000 万円の追加融資をすることによって，総額 8,500 万円（1 億 × 17/20）弁済されることになる．このことは，劣後債権者にこのような濫用的融資のインセンティブを与えることを意味している[21]．

さらに，この追加融資の債権について，抵当権を消滅させた抵当資産に改めて抵当権を設定することが認められるならば，完全に優先権が覆り，劣後していた貸し手は，7,000 万円の優先債権と 1 億円の劣後債権を持つことになるため，さらに多くの返済を受けることが可能になる．この原因は，担保権消滅請

---

[21] この数値例は，前章で明らかにした「追い貸し」のメカニズムと全く同一である．

求制度を利用して事後的に優先権を覆すことができ，抵当権の権利価値を劣後債権者に移転させることができるからである．

この問題は，いま想定したように，劣後債権者が総額で1億7,000万円を実際に貸す場合にも生じるが，悪質な事例では，おそらくこの債権額そのものを偽る可能性も高い．実際には借りていなくても，経営者は有限責任の下で平気で嘘の金額を借りたと偽り，劣後債権者の取り分を高めることで，有利な取り計らいを求めようとする．

いまの例で，もともと金融業者が劣後的な債権を持っていない場合，抵当権の消滅請求にあたって単に7,000万円を融資しても，金融業者の純利得はせいぜいゼロであるが，もともとそれに先だって1億貸していたことにすれば，1,500万円の追加の利益を得られる．したがって，経営者と劣後債権者が結託して，借用証書に嘘の記載をするなどの詐欺的な濫用を導く可能性が極めて高い[22),23)]．

② 不可分性の意義と担保権消滅請求制度

これに対して，「たとえ1億円の債権があっても，抵当資産の価値が1万円であれば，抵当権を実行した場合に抵当権者はそれで我慢しなければならないのであるから，それで十分ではないか」という反論が予想される[24)]．事後的な関係だけを見ると，この主張は一見正しく見える．

---

22) 一応，民事再生法では監督委員が債権額を確認するとともに，債権者相互に異議を述べてチェックするという仕組みが用意されている[この点は山本和彦教授（一橋大学）にご指摘頂いた]．ただ，短期賃借権で多額の架空の保証金等が登記された事例を見ると，劣後債権者にそのような濫用の機会が開かれていること自体が，債権額を客観的に確定する際に障害をもたらす結果となる．これは再生手続きを長引かせ，問題を深刻化させることになるように思われる．

23) 森田（2000）は，事業譲渡の際にも担保権消滅請求制度を利用できるとした場合，現行の担保権消滅請求制度では，賃借権等の用益権を消去できないことが，濫用の温床になり得ると指摘している（p.96）．この点も，第6章の短期賃借権の議論の中で指摘した問題と同様，優先権を侵害するものと理解することができる．

24) 同じような内容だが，そもそも抵当権は「価値権」であるから，その抵当資産の価額分しか回収できないのであって，それで十分であるという反論があるかもしれない．しかし，このような批判は抵当権の機能を誤解したものである．第3章で説明したように，効率性の観点から見た場合，抵当権は本来もっと重要な意義と機能を持った権利として評価されるべきである．

しかしこのような批判は，なぜ1万円の価値しかない資産を担保に，貸し手が資金を貸したのかという点を完全に無視している．あるいは，抵当権を実行したときに得られる抵当資産の価値と抵当権行使が可能な資産（オプション付き債権）の価値の違いを無視した議論と言い換えることもできる．抵当権者は，1万円の価値しかない資産でも，借り手の能力や追加の投資等によって，その潜在的な価値が引き出されることを期待したはずだからである．

たとえば，次のような例を考えてみよう．現在は原野で1万円の価値の土地でも，多額の投資をして地下を掘れば，数億の収益が得られる温泉の源泉を掘り当てられると期待されているとしよう．ある投資家が，1億円をこの土地の保有者である温泉開発業者に融資して開発したが，不運にして投資資金を使い切っても源泉は見つからなかった．

ただし，この債権者はこの間の調査や掘削作業を参考に，源泉の存在とその位置をほぼ確信し，あとわずかの追加融資で源泉が掘り当てられると思っていたとしよう．しかし，温泉開発業者と意見が合わず，民事再生法が申請されて抵当権も消滅させられたとする．この時点での土地の価値は，通常の原野としての価値1万円に等しく，抵当権は1万円の弁済で消滅させられたとしよう．

その後，開発業者は，この土地に新たに抵当権を設定して別の投資家から元利合計で資金2億円を借り，いろいろな場所を掘り続けたとする．この結果，最終的には2億の価値の源泉を掘り当てたが，それは当初の融資者が期待していた場所と一致していたとする．

この場合でも，新規の融資者には元利金全額が弁済されるのに対し，当初の融資者は一般債権者として劣後して扱われるので，1万円以外の何らの弁済も受けられなくなってしまう．もし，当初の融資者が自らの意思で，1万円で資産を売却したのなら問題はない．それがその土地の潜在的な価値を十分に反映していると融資者が判断した結果だからである．

しかし，担保権消滅請求制度の下で，この決定権を行使したのは債務者である．この事例では投資資金を使い切ったとき，当初の債権者は抵当権を実行せず，抵当権実行を交渉の主発点として開発業者を説得するか，新しい経営者を採用した上で自ら追加融資に応じた可能性が高い．なぜなら，この融資者はこの土地の潜在的な価値を十分に理解し，源泉の位置までほぼ確信していたから

である．この時，果たして当初の債権者の弁済は本当に1万円で十分といえるだろうか．この例が，その設定原因となる債権の全額の弁済がなされない限り解除できないという抵当権における不可分性の意義を明確に示している．

いまの例は，不可分性が権利行使時期の保護を目的としていることを示すものである．他方，不可分性には別の機能も内在していることがわかる．いま述べた事例で問題が生じるのは，権利行使停止時期と同時に，残余債権分が自動的に劣後させられているからである．不可分性は，その債権額全体に対して優先的請求権を認めることによって，抵当資産の利用権を持たない立場にある債権者の権利を保護している．不可分性による保護の解除が認められるのは，債権者が抵当権実行で当該資産の利用権を実質的に手に入れたときだけである．

すでに述べたように，担保権の消滅請求を市場価値で実現することには，一応の合理性がある．したがって，いま述べた点は，不可分性の基準の下で担保価値を債権額に等しく保証すべきという主張とは確かに矛盾する．この点を権利行使時期の保護の観点から見ると，消滅請求制度で払い込まれる金額は，いわば抵当権者の権利行使を停止するための担保あるいは保証金であると解釈すべきものである．この保証金額を市場価格に等しく設定すれば，企業を継続すべきか否かに関する意思決定は適切に行われる．

しかし，この金額はあくまで一部債権の保証であって，それでは補償されない部分が発生する．この金額だけで不可分性による保護を完全に消滅させることは許されない．なぜなら，これによって既存資産が生み出す成果に対する優先弁済権が侵害される結果となるからである．抵当権には，その実行時期を選ぶオプションとしての価値や，抵当権者の利用決定権を制限することに対する補償額が含まれなければならない．

現行の担保権消滅請求制度のように，単に抵当資産の市場価値によって抵当権を消滅させることを認めると，既存の企業資産からの成果を新規債権者に移転させるといった優先権侵害の余地を残してしまう．第6章や第11章で説明したように，単に分配上の問題にとどまらず，債務者が事後的な所得移転を利用することで，追加の資金が容易に調達できるようになる結果，非効率なプロジェクトを実施しようとするなど，モラルハザードを起こす要因となる．このことが，「追い貸し」や「貸し渋り」などの非効率な貸し出し行動をもたらす．

4. 民事再生法改正の提案

4.1 担保権消滅請求制度の修正

さて,いま述べたような問題を回避するためには,どのような制度を設計すべきであろうか.問題が発生するのは優先順位が覆されるからである.したがって,担保権消滅請求制度によって抵当権などの担保権が消滅しても,担保権者の優先権が維持できるようにしておけばよい.担保権が消滅した後でも,担保権者には当初の担保権を設定した資産とそこからの収益に対して,他の債権者よりも優先的な弁済権を与え,企業の再生にコミットできるようにしておくことが望ましい.

そのためには,将来同じような債務不履行が再び発生したときに,担保権者の利益を維持できるように,他の債権者よりも当初の担保権設定資産に対する優先的な権利を担保権者に与えておく必要がある.再建後にも,担保権と同様の優先弁済権をかつての担保権者に認めるべきである[25].

第11章でも説明したように,アメリカの連邦倒産法では,Chapter 11 の申請によって,原則としてすべての債権者の権利行使は自動的に停止され,それゆえ担保権行使も禁止されるが,再生債務者や管財人は,担保権者等にその権利に実質的に等しい価値を提供する,いわゆる「適切な保護(adequate protection)」が義務づけられている[26].

ここでの保護は,現行の担保権消滅請求制度のように,単に担保資産の清算価値によって担保権を完全に消滅させるのではなく,前節で説明したような「担保権」の価値に相当する「適切な保護」を担保権者に与えるものである.その

---

25) 森田(2000)は,十分な継続価値がある場合に清算価値で担保権を消滅させると,準優先債権者の権利が優先債権者をスポンサーとする消滅請求制度によって侵害される可能性を指摘している[p. 100 脚注(43)].この問題も,スポンサー融資の内,優先権部分と相殺されない残債権(実質的な新規融資部分)については,準優先債権者の残債権よりも劣後させることによって,すなわち優先権を尊重することで回避できると思われる.

26) この節のアメリカの連邦倒産法に関する記述は,基本的に脚注も含めすべて高木(1996)の解説に依拠している.もちろん,解釈に誤りがあれば,それはすべて筆者たちに帰することはいうまでもない.

上で，デット・オーバーハングの問題を回避するためには，新規融資者に対して超優先権（super-priority）を付与できるようにすることが望ましい．

もちろん，「担保権」の価値は単に「担保資産」の価値ではなく，その実行時期を選択できるオプション価値を含むものでなければならず，その評価は簡単ではない．これについては第11章の5.2項でも説明したように，Bebchuck and Fried（2001）が提案している手続きなどを使うことが有効かもしれない．

なお，アメリカの連邦倒産法では，担保の価値が被担保債権よりも低くなると，たとえノンリコース特約が付いていても，その不足分についてはリコース債権と同様に，無担保債権者として権利行使することができる（1111条(b)項(1)号）．ここでノンリコース特約とは，債務不履行にともなう担保権の実効によって不足が発生しても，その不足部分について債権者は請求権を放棄する特約であり，アメリカではかなり一般的に用いられる特約である．これはいわば，債権と担保権の不可分性をあらかじめ放棄しておく契約と考えることができる．

アメリカの連邦倒産法では，債権者をいくつかのグループに分けて別個に再生計画を承認させるが，この担保不足分の債権者のグループは，その際，単独のグループとして扱われる．そのため，このクラスの債権者だけで再生計画の承認を否決することもできる．

一つのグループでも再建案を否決した場合には，経営者等はクラム・ダウン条項[27]を発動して，再生計画の承認を裁判所に求めることになるが，その際，再建案が承認されるには，経営者は絶対優先の原則の適用を受けることになっている．そのため担保権者は，これを前提に再生債務者と交渉することが可能になる．

さらにもう一つの方法として，Chapter 11 の申請後，ノンリコース特約を付している場合でも，担保権者は担保不足額を含めて，その保有する債権全額を再生計画の中で担保債権として取り扱うことができるとされている（1111条(b)項(2)号）．すなわち，完全な優先弁済権を回復することが可能である．

---

27) アメリカの連邦倒産法では，計画案について異なる請求権者のクラスごとに，個別に承認の投票を行う．その際，すべてのクラスで承認された場合には，計画案が承認されるのが原則である．しかし，すべてのクラスが承認しなくても，少なくとも一つのクラスが承認し，かつ所定の要件を満たせば，裁判所はその計画案を承認することができる．これをクラム・ダウン（cram down）という．

この場合，再建計画では，少なくとも債権全額(延べ払いの場合には利息を付して)の返済を約束し，かつ計画発行日における担保価値相当分の債権については，現在価値で同額の現金による弁済が要求される[28]．この現金支払い部分は，民事再生法の消滅請求に伴う支払い額と同じであると考えることができるから，残りの債権については，担保による優先的な弁済が認められている．

本来，ノンリコース特約は，債権者が債権と担保権の不可分性を事前に放棄するような契約でありながら，アメリカの倒産手続きは，再建手続きの中でこの不可分性を完全に回復できる権利を明確に規定している．これらの 1111 条(b) 項の担保権者に与えられた二つの選択可能な権利は，一時的な担保価値の変動から優先債権者を保護するだけでなく，同時に，再建手続きの中で優先権の侵害を防止する上でも有効に機能していると考えられる．

民事再生法は，アメリカの Chapter 11 を模して作られたといわれるが，残念ながら，このような優先債権者の保護や，再生債務者に対する対抗手段は考慮されていない．民事再生法でも，抵当権などの担保権を消滅させた後，不足分については，抵当権者の優先弁済権が維持できるように「適切な保護」を講じる必要がある．

ここで優先弁済権を重視すると，デット・オーバーハングなどの問題が生じると指摘されるかもしれない．しかし，すでに第 11 章で説明したように，情報の非対称性が小さく，交渉費用や協調の失敗が生じない限り，このことは問題となり得ない．なぜなら，新規融資によって継続企業価値がさらに高まるならば，優先債権者は債務の額面額を減らしたり，債務の一部を株式に変更したりして，保有債権の実質価値を高めることができる．これは，コースの定理が教えるとおりである．

したがって，優先債権者はそのような新規融資が可能になるように，自分の債権の権利変更に進んで応じるはずである．本章で主張しているのは，あくまで法的な優先権侵害を排除することであり，自主的な優先権放棄は，効率性の観点からも当然に認められるべきものである．

ただし，この点で現行の民事再生法はもともと担保権を別除権として扱って

---

[28] 高木 (1996) pp. 331–334 を参照．

いるため，担保権者が再生計画等に協力するための交渉機会はほとんど考慮されていない．その結果，民事再生法において絶対優先の原則を重視するとともに，このような交渉機会を十分に尊重することが必要とされるだろう．こうした交渉は，企業の継続価値に関する情報の非対称性の問題を緩和するうえでも，きわめて重要であると思われる．

仮に，将来の経営見通しについて，経営者と債権者間に顕著な情報の非対称性が存在する場合には，情報の非対称性を容易に取り除けるような制度設計をすることが必要である．もちろん，このことと優先権を維持することとは別の問題である．

なぜなら，経営に失敗した経営者が，十分な継続価値の存在を説明することなく経営を続けることは，経営者の情報開示を促し，当事者間で効率的な解決策を探るという破綻処理法制の本来の目的とは明らかに相容れないからである．もし，そのようなことを認めるのが効率的ならば，当初から全額株式で資金調達させるなど，破綻の生じない資本構成が選択されるはずである．

もちろん，優先弁済権が強すぎることによる弊害もありうる．この原因は，交渉を長引かせることでゴネ得を得ようとし，協調の失敗が生じる可能性や交渉費用を高める可能性がある．しかし，仮にこの問題が深刻だとしても，第11章で説明したように，既存債権者に対して「担保権価値」に見合う「適切な保護」を与えた上で，新規の融資者に超優先権を付与するようなDIPファイナンスによって，問題は解決することができる．

これに対して，既存債権の優先弁済権を制限することを目的とするDIPファイナンスは，効率的な企業の存続という本来の「目的」とそのための「手段」が入れ替わっており，優先権侵害だけを導くものになってしまう[29]．

4.2　経営者情報の開示のための否認権強化

抵当権の優先権を維持させるように担保権消滅請求制度を改正しても，すで

---

[29]　第11章でも説明したように，アメリカ連邦倒産法（Chapter 11）における超優先権（super-priority）の規定でも，「適切な保護」が施される必要がある．そのため，実際にはその立証が難しいため，既存の債権者による融資が実施される場合が多いという．［高木新二郎（2000）参照］．

に説明したように，企業の継続価値が清算価値よりも小さい場合には，経営者は情報を早期に開示するインセンティブは持たないだけでなく，むしろ遅らせるインセンティブを持つ．他方，改正によって，民事再生の手続きを申請しても優先弁済権が侵害される可能性は低くなるから，3.1項の最後に説明したように，債権者による監視機能が正常化し，債権者が民事再生手続きを申請するインセンティブは強まる．

したがって，経営者の情報開示の遅れを防止する方法の一つとして，債権者と経営者の情報格差を，できるだけ小さくするような制度設計をすることが重要である．例えば，会計手続きにおける資産や負債の時価評価の他，経営者による恣意的な操作をできるだけ排除し，企業間での財務データの比較を可能するような会計原則を適用するなどの方法なども有効であろう．また監査制度を厳格化し，財務データの公表と監査を4半期ごとに短期化したり，企業の将来業績に重大な影響を及ぼすと予想される事象について，適宜開示を義務づけたりするなどの改正も有効であると思われる．

そして，これらの情報を恣意的に操作したり，隠蔽するような行為を行った場合には，破綻手続きの中で損害賠償や刑事罰の対象とするなどのペナルティーを負わせることも有効であろう[30]．

重要なのは，ペナルティーを経営者に科す際に，それを経営の失敗という事実に基づくのではなく，情報開示を遅らせたり，隠蔽したりする行動に原因を求めるべきである[31]．このようなペナルティーが大きくなれば，経営者はその地位にとどまり続けることから得る利得よりも，自分にとって都合の悪い情報で

---

[30] もちろん，経営責任と情報の隠蔽の責任を明確に区別したり，開示できる情報を選別することには困難な問題があると思われる．ただし，このような情報開示の厳格化と経営者への責任のあり方は，本書の分析対象をはるかに越える．そのため，この点についてはこれ以上議論しない．

[31] 経営者が経営の努力を怠るなどのモラルハザードの余地がある場合に，負債契約によって債務不履行時に経営者の地位を剥奪するペナルティーを科すことができ，経営者のインセンティブ付けになるという議論と，この議論が対立するように思うかもしれない．しかし，両者の議論は決して対立するものではない．なぜなら，本章の議論はあくまで法的な破綻処理のあり方を論じているに過ぎないからである．法的なペナルティーはあくまで情報開示を早めさせることに重点を置くべきであり，経営責任を問うことは，その手続きの中で私的なペナルティーとして行使すれば良いからである．

も早期に開示する結果得られる利益が大きくなる．

　また債権の優先弁済権を厳格に遵守することは，必ずしも，企業情報の開示自体を遅らせることにはならない．それは，経営者自身が情報開示を遅らせても，この状況で劣後してまで資金を提供し，企業継続を許すような債権者は現れないからである．第11章で説明したように，優先弁済権を侵害できる場合には，それを濫用することで，経営者は非効率なプロジェクトのための資金を調達することができるようになる．

　しかし，優先弁済権が侵害できなくなると，非効率な継続を許す資金調達に応じる主体はいなくなる[32]．第11章の議論に従えば，このとき，非効率な「追い貸し」や「先送り」は生じない．このことは，経営者の債務不履行の表明を早め，結果として企業の経営状態についての情報が早期に開示されることにつながる．

　このような経営者による非効率な継続のための資金調達や，その結果としての企業資産の散逸や毀損を回避する手段に関する論点として，民事再生法との関係で，もう一つの重要なのが否認権である．債務者は，危機的な状況下で，特定の債権者のみを優遇する取引（偏頗行為）や，不当に低い価格で資産を売却するなどの詐害的行為をする可能性がある．そのため，そのような状況でなされた取引等を破綻処理手続きの中で取り消すことができる．この権利を否認権という[33]．

　このような否認権を有効に利用すると，経営者のモラルハザードや情報開示の遅れを大幅に緩和できる．なぜなら，それ自体が経営者への利益移転を制限するとともに，それによって，非効率な継続のための資金調達を制限できるからである．もし偏頗行為や詐害的行為が認められるとすると，優先権を侵害す

---

[32] この効果は，情報の非対称性があると，継続価値が高い企業にとっても資金調達機会を制限することになると思われるかもしれない．しかし，濫用機会がなくなる結果，第6章で説明したような逆選択の問題が緩和されるため，必ずしも継続価値が高い企業に不利になるとは限らない．また仮にそうだとしても，すでに説明したように，その場合こそが民事再生手続きやそれを前提とした私的な再建手段を有効に活用できるケースであると考えられる．

[33] 民事再生法では，この否認権の行使は管財人もしくは裁判所に認められた監督委員（民事再生法56条）が行う（民事再生法135条）．

るのと同じ効果を持ち，それを利用して非効率な継続のための資金調達等が可能になってしまう．

したがって，否認権が認められると，潜在的な資金提供者は資金調達には応じなくなる．さらに，このような事後的な取り消しの可能性は，事前的な意味で，取引相手に健全な企業のみと取り引きさせるインセンティブを与える．そして，取引相手による監視メカニズムを働かせることができ，非効率な取引の継続を排除する効果も期待できる．

民事再生法では，和議法で認められていなかったこのような否認権が認められることとなった．しかし，現行の民事再生法の否認権の規定（第127条以下）は，これまで述べてきた理由から，あまりにもその実効性が低いように思われる．

なぜなら現行民事再生法は，否認できる行為の要件として，その行為によって利益を得たものが，再生債権者を害することを「知っていた場合」という限定条件を課しているからである．しかし，こうした限定条件は，多くの場合ほとんど立証不可能か，仮に可能であってもきわめて困難で立証のためには多大な時間を必要とする．

また，このような「知らなかったこと」に対する無条件の保護，すなわち「加害者」としての責任を放置する点は，取引相手による監視メカニズムを機能させるうえでの障害になるという意味でも望ましくない．

これに対して，アメリカの連邦倒産法では，否認できる行為の要件はかなり客観的で，立証可能な条件に限られている．例えば，偏頗行為の否認要件は，「(1) 債務者の財産上の権利の移転であること，(2) その移転が債権者に対して，また債権者の利益のためになされたこと，(3) 債務者が負担していた既存の債務について移転がなされたこと，(4) その移転が申立提出日の前90日以内になされたか，または，その移転がなされた当時，債権者が内部者（insider）であった場合には，申立提出日前1年以内になされたこと，(5) その移転を受けた債権者が，係争中の事件が第7章事件[34]だったとして，本法の規定により，その債権者が受領するであろうものよりも多くを受領したこと」[高木(1996) pp. 142–

---

34) 第7章事件とは，アメリカ連邦倒産法のChapter 7による破綻処理を申請した場合を意味する．ここでChapter 7は，清算を目的とした破綻処理手続きを規定するものである．

3. ただし脚注は引用者]の5点をすべて満たすことである．

　明らかに，どの要件も比較的検証可能な事実のみに基づいており，「知っていた」というようなほとんど立証できない不明確な要件ではない．また，詐欺的な譲渡についても，同様に客観的な要件でよいとされている．

　日本の民事再生法においても，少なくともアメリカと同程度に，要件を検証可能な範囲に限定し，否認権を実効性のあるものとして強化する必要がある．このことは，否認権の目的として通常指摘されているような債権者間の公平性を維持することになるだけでなく，経営者の非効率な継続のための資金調達を不可能にし，早期の情報開示を実現するという観点からも重要である．

5. 結　論

　本章では，民事再生法が経営者や債権者の意思決定にどのような影響を及ぼすかについて分析した上で，それが企業の効率的な再生に貢献するか否かを検討した．従来の再生手続きの下では，第1に債権者間の協調の失敗から企業の継続価値が清算価値よりも高いにもかかわらず，抵当権が行使される結果，再生にとって不可欠な資産が社外に流出してしまい，再生手続きが破綻してしまう．これを防止するには，債権者の権利行使を禁止する必要がある．この点は民事再生法によって可能になった．

　第2に，従来の再生手続きでは，経営者の地位が保全されないために，情報開示が遅れ，再生手続きが遅きに失するという事態の生じる可能性が高い．これを防止するためには，再生手続きの申請後にも経営者の地位を保全する必要がある．この点を考慮して民事再生法の下では，旧経営者は再生手続き申し立て後にも，再生債務者としてその地位を認められることになった．しかし，この措置は，経営者の責任を不問にするという意味で，モラルハザードをもたらす可能性が高い．

　第3に，経営者の方が債権者よりも，企業経営についての多くの情報を有しており，再生手続きにおいても旧経営者は無視できない貢献をすると考えるのであれば，再生手続きにおいて旧経営者は最安価損害回避者である．この意味で，民事再生法において，担保権消滅請求制度を導入した点は評価できる．

債権者と経営者の間で企業の清算価値や継続価値についての予想や意見の対立が生じる場合に，債権者が実際よりも清算価値を過大に評価したり，継続価値を過小に評価する事態が生じる．このとき，本来ならば再生・継続すべき企業が抵当権の行使によって清算されてしまうかもしれない．これは協調の失敗とは別の理由から生じる再生の破綻である．これを回避するためには，経営者が担保権消滅請求制度を用いて，抵当権を解除することが望ましい．

　最後に民事再生法の問題点を指摘しておこう．いま述べたように，民事再生法の下では再生手続きが迅速化し，継続価値が清算価値よりも高い企業の再生が成功する可能性が高くなる．

　しかし，債権者に比較して，経営者の権限を強化したために，第1に経営者のモラルハザードはより深刻になるかもしれない．債権者と経営者の間の情報の非対称性を解消するのは容易ではないが，企業破産という事態に直面しても，旧経営陣が責任を問われずに，その地位が保全されるのは，より危険な投資行動やずさんな経営を招来してしまうかもしれない．

　第2に，現行の担保権消滅請求制度の下では，なお抵当権侵害が起こる可能性がある．抵当権者はこれを事前に予想する結果，企業に対する貸出は抑制される．したがって，抵当権侵害が生じないように，抵当権者に対して「適切な保護」を講じる必要がある．否認権の強化も含めて，優先債権者の権利を保護することは，いま述べた第1の問題点を緩和する目的のためにもきわめて重要であると考えられる．

〈第12章補論〉　競売市場の意義とその整備の重要性

不良債権と塩漬け不動産

　1990年以降の日本の不良債権問題において，「塩漬け不動産」と呼ばれる問題がたびたび指摘された．これは，破綻債務者の不動産を通常の不動産市場や競売市場等で処分しようとしても，適正な価格で売却できないという問題である．特に最低売却価格制度等によって，競売市場の機能は著しく損なわれてきた．競売市場の機能低下は同時に，任意売却という通常の不動産市場を介した抵当権付き不動産の処分にも多大な悪影響を及ぼす．

この補論では，こうした競売市場の意義とその整備の重要性について考えてみよう．

任意売却と競売市場の不備

当時の不動産価格の大幅な下落と企業業績の低迷によって，担保資産の価値に比較して過大な抵当権付き債権が生じていた．とりわけ，実質的に抵当権を実行しても分配される余地が残っていないような資産にまで，しばしば濫用的に後順位の抵当権が設定されて融資がされてきた．これは，以下で説明するような濫用的な手段を用いると，抵当権設定によって利益が得られる構造になっていたからである．

競売市場が有効に機能していない状況では，任意売却によって不良債権処理を進めなければならず，その際には，前もって後順位抵当権者の同意によって抵当権を解除しておく必要がある．抵当権を解除しておかないと，抵当資産が売却されても，弁済を受けられなかった後順位の抵当権がそのまま残る．このとき，購入者自らが，債務者の代わりにその設定原因となった債権を弁済しなければ，後順位の抵当権行使によって，購入資産が売却されてしまう．これを予想すれば，誰もそのような資産を購入しようとはしないだろう．

これを回避するためには，任意売却に先だって，抵当権を解除しておく必要がある．このとき，弁済が受けられる可能性のない後順位の抵当権者を含めて，解除の旨の同意をすべての抵当権者から得ておかなければならない．したがって，そのための補償——いわゆる判子代——を抵当権者に支払う必要がある[35]．裁判所による競売が有効に機能しない現状で，最初からこのような判子代を目当てに配当の可能性がない資産にも後順位の貸し手が抵当権を設定したといわれている（このような配当の可能性のない抵当権は「無剰余の抵当権」と呼ばれる）．

注意しなければならない点は，この議論が，しばしば，第11章で説明したようなデット・オーバーハングの議論と混同されて論じられてきた点である．何度も説明しているように，デット・オーバーハングとは，既存債権が現在の企業資産の価値より大きい場合に，新規融資の成果が優先弁済のある既存債権の弁済に充てられることによって生じる問題である．抵当権が優先弁済権を伴う権利のために，こうした誤解が生じていると思われる．

しかし，いま述べたような後順位抵当権者が抵当権を濫用するという問題は，むしろ後順位の貸し手が，優先弁済権を持つ抵当権者に帰属すべき価値を収奪することを意味している．すなわち，日本ではデット・オーバーハングとは逆に，優先権侵害の問題が深刻に生じている．

---

35) たとえば森田（2000）参照．

担保権消滅請求制度

　担保権消滅請求制度の目的には，このような無剰余の抵当権者に対抗することも含まれていた．特に民法の抵当権消滅請求制度は，この目的のために導入されたといっても過言ではない．他方，民事再生法等の担保権消滅請求制度には，企業資産の散逸を図るという別の意義が見いだせる．これに対して，民法の抵当権消滅請求制度はそもそも，第3章でも説明したように，濫用されてきた滌除制度を改正したものである．

　滌除制度とは，抵当権が設定されている不動産を購入した取得者（第三取得者）が，一定の金額を抵当権者に支払うことによって，抵当権を解除することができる制度である．2004年に施行された担保執行制度の改正では，増価競売や抵当権者の増価買い受け義務などを廃止し，同時に名称を抵当権消滅請求制度と改めた[36]．民事再生法や会社更生法の担保権消滅請求制度との違いは，請求権者が購入者（第三取得者）となっている点である．

　旧来の滌除制度については，抵当権が設定されている不動産を購入した第三取得者を保護する目的があるとされてきた．しかし，山崎・瀬下（2002）が付論で論じたように，抵当権が設定されている不動産の価格は，当然抵当権が行使されて所有権が失われる可能性を反映して低くなっている．もし多額の無剰余の抵当権が設定されているならば，本来価格はゼロのはずである．

　購入者は，このリスクを考慮してなお自分にとって利益があると予想される場合にのみ，取引に参加するのであり，滌除のような制度を準備して保護する必要はない．むしろ滌除のような濫用可能な制度が存在するために，本来価格がつかない不動産に価格が付き売却される．したがって滌除という制度は，滌除という権利つき不動産を購入する人を保護するために，滌除制度を準備するという奇々怪々な法制度なのである．

　これに対して，改正されて改名された民法の抵当権消滅請求制度の法律的な論拠は，破産法と同様に，無剰余の抵当権者が抵抗することによって，任意売却が円滑にすすまない点を解決する方法として位置付けられている．無剰余の抵当権を消滅させ，「塩漬け不動産」の流通促進を図ることに大きな目的があったとされている．しかし，本当にその目的を重視するならば，購入後に第三取得者に抵当権消滅の手続き負担を負わせるのではなく，民事再生法のように売却前に消滅させる手続きを準備すべきであろう．

　さらに重要なことは，これまでの説明の前提としても述べているように，抵当資産の競売市場が十分に機能していれば，無剰余の抵当権の問題はそもそも存在しない．裁判所による競売を通じて資産が売却された場合には，このような抵当権はすべて消滅させることができるからである．そして，競売によって抵当権が有無をいわせず，消滅させられることがわかっていれば，わざわざコストをかけてまで後順位の抵当権を設定することは意味

---

36)　民法の抵当権消滅請求制度については，道垣内他（2003）p. 82以下の解説を参照．

がない.したがって,無剰余の抵当権者が抵当権を濫用できるはずがない[37].

「塩漬け不動産」にとって最も有効かつ正当な解決方法は,抵当権消滅請求制度のような奇策ではなく,効率的な競売市場を整備することである.

競売市場の問題点

日本の競売制度の問題点としてしばしば挙げられる問題点は,まず最低売却価格制度である.これは,その価格以上の入札がなければ競売を不成立にするという制度である.競売の売却代金を用いても完済できない場合には,その債務は債務者の負担として残ることになる.したがって,債務者保護の立場から不当に低い価格で競落されることのないように,日本の競売制度では,最低売却価格制度を採用してきた.現在では,最低売却価格制度とは呼ばず売却基準価格制度と呼ばれ,従来よりも多少柔軟な運用がなされているともいわれているが,いまだ本質的な変更とはいえないだろう[38].

最低売却価格のような制度があると,競売を妨害するような行為が容易になる.典型的な行為としては,競売対象の不動産に暴力団などの事務所を入居させたりすれば,その立ち退き交渉などの費用が必要になると考えられるために,その分大幅に割り引かれた低い価格が設定される.第6章で説明した短期賃借権の問題は,賃借人がいるだけで買い手を躊躇させるのに十分であり,最低売却価格制度と結びつくことで抵当権行使を著しく妨害することができた[39].第3章で説明したような,利用には介入できないとする抵当権に対する旧来の法解釈は,競売市場の機能不全の大きな要因にもなっていたといえる.

そもそも,日本の競売取引において,なぜ債務者保護が重視されるのかについて考える必要がある.この理由は,日本では欧米で主流のノンリコース契約ではなく,リコース型の契約が主流であることによるものと思われる.ノンリコース型の契約では,破綻した債

---

37) 競売市場が有効に機能していれば,実は民事再生法等における担保権消滅請求制度の必要性も小さくなる.抵当資産が企業や事業にとって欠くことのできない資産であるならば,企業自らが競売時にそれを買い戻せば良いからである.もちろん,それに先だって,任意売却時の交渉と同様のことが債権者と再生債務者(あるいは管財人)との間で行われる可能性が高い.その際の弁済額は,競売で落札されると予想される価格が前提となる.抵当権者が過剰な要求をすれば,競売が実施されることになるから,その際の弁済額の期待値よりも1円でも高くなるならば,交渉結果を受け入れる方が得策になるだろう.もちろん,無剰余の抵当権者がいれば,それに判子代等を払わなければならないという点は同じである.しかし,競売市場が有効に機能していれば,そこで受け取れる判子代はきわめてわずかなものとなるだろう.

したがって,競売市場が有効に機能しているとき,担保権消滅請求制度の意義は,せいぜい,このような交渉を円滑化するための代替的な手続きを準備することになると考えられる.

38) 両者の違いや最近の運用状況について詳しくは小谷(2007)等を参照.
39) 競売市場の問題点と改革の提案については福井(2003)参照.

務者は抵当不動産を明け渡せばそれ以上の負担を免除される．その後その不動産が債務額を下回る価格で売却されても，債務者がその残債務の請求を受けることはない．

これに対してリコース型の契約では，もし債務が完済できなければ，残りは一般債務として債権者に請求され続けることになる．しかし，日本でリコース型が主として利用される理由は，日本の抵当権や競売市場が有効に機能してこなかったことに主因があるように思われてならない．

抵当権（競売市場）が有効に機能していれば，破綻した債務者からの弁済を強制するようなリコース型の契約にする必要はなく，貸し手が破綻時のリスクを積極的に負担することで，事前に高い金利が設定可能なノンリコース契約を選択する余地もある．抵当権行使が妨害され，将来抵当資産からの弁済が事実上困難になると思えば，そのようなノンリコース契約では，貸し手のリスクが大きくなりすぎて，貸付金利も大幅に上昇してしまう．このとき，第6章で説明したような逆選択の問題も深刻化しかねない．その結果，破綻時に抵当資産だけから弁済を受ける契約を作ることは困難になってしまう．

この点で，最低売却価格によって債務者を保護しようとする法律は，ノンリコース契約という市場によって提供されるはずの債務者保護の機会をかえって排除しまうという点で，むしろ有害な制度といえる[40]．

法制度によって作られる権利には，一般に価値が生じ，その価値が事前に市場価格に織り込まれてしまう．その結果，当初の立法の目的に反して，全く逆の効果をもたらしてしまうことが多い．立法にあたって，経済学的な分析が果たす役割が重要なのはこのためである．

---

[40] もちろん，市場の動向によっては不当に低い価格で競売が成立してしまう可能性はある．それを防ぐ手だてが不要であると主張するつもりはない．たとえば，抵当権者が競売価格に不満があれば，裁判所に競売のやり直しを求めたり，債務者や債権者に買い戻し権を認めたりするなどの方法も検討に値するであろう．この点でアメリカ民間競売などの事例研究はとても参考になる．この点については，たとえば吉田（2007）や久米（2007）を参照．この意味で，民間競売市場も積極的に導入されるべきであろう．

第13章
優先権侵害と銀行貸出の実証分析*

1. はじめに

　これまで，優先権侵害が資金の貸借取引にもたらす非効率性の問題を議論してきた[1]．本章では，優先権侵害の影響について実証的に検討してみよう[2]．まず優先権侵害が銀行の貸し出し行動に及ぼす影響を，第11章で説明した「貸し渋り」と「追い貸し」についての仮説に基づいて検証しよう．そのうえで，企業の負債構成やメインバンクの存在が，企業価値や投資の効率性（トービンのq）に及ぼした影響を実証することで，優先権侵害が借り手企業の投資決定にどのような影響を及ぼしたかについて検証してみたい．

　これまで「貸し渋り」についての多くの議論は，デット・オーバーハングと呼ばれる議論を基礎にしている．デット・オーバーハングとは，第11章で説明したように既存の負債に対する優先権が存在するために，新規のプロジェクトが仮に効率的であっても，その収益の一部が残債務に優先的に返済される結果，新規のプロジェクトに対する収益率が低下するために貸し渋りが生じる現象をいう．

　もし，こうした原因によって貸し渋りが発生するのであれば，流動性の多寡

---

*　本章は，太田他（2006）および山崎他（2006）を基礎にしている．太田智之（みずほ総合研究所）・杉原茂（内閣府）両氏には本書への掲載をご快諾頂いた．ここに記して感謝したい．

1)　アメリカの優先権侵害についての実証としては Eberhart et al. (1990) などを参照．また，このような優先権侵害を正当化する議論としては Eberhart and Weiss (1998) などを参照．ただしこれらの議論は，債権者による自主的な債権放棄も優先権侵害に含まれており，本章が考えている司法や政治的な介入による優先権侵害の問題とは異なる．

2)　近年の日本の銀行行動については，Peek and Rosengren (2003) 等を参照．

によって，こうした行動は影響を受けるはずである．本章では，キャッシュ・フローの増加によって，貸し出しがどのような影響を受けるかに焦点を当て，主として二つの仮説を比較検討する．

第11章で展開した仮説が正しいとすれば，キャッシュ・フローの多寡によって貸し出しが受ける影響は，デット・オーバーハング仮説にしたがって生じる影響とは異なることが予想される．

その結果，貸し渋りや追い貸しは優先権侵害による可能性が高いこと，またデット・オーバーハングによる貸し渋り等の仮説は十分な説得力を持ち得ないことが実証的にも明らかになる．

しかし，こうした実証分析や過去の実証研究は，銀行の貸し出し行動に焦点を当てており，負債構成や資本構成上の優先劣後関係が，企業の投資行動や企業価値にどのような影響を及ぼしているかは分析されていない．また，優先権に影響を及ぼす法律の施行が，将来倒産する企業を含めて，企業の株価にどのような影響を及ぼしたかについては，必ずしも明らかではない．

第2の実証研究では，債権者間の優先権侵害が投資決定にどのような影響を及ぼしたかについて，統計的に検証する．財務データを用いて，企業の負債構成やメインバンクの存在が，企業価値や投資の効率性（トービンのq）にどのような影響を及ぼしているかを検証する．優先権侵害がいま述べたような深刻な事態を招いているとすると，非効率な企業において，負債の増加は侵害の可能性を高める結果，企業の価値を低下させるはずである．

これに対する仮説としても，デット・オーバーハングの議論が考えられる．この仮説の下では，効率的な投資のための資金が負債によって調達できないために，企業価値は低下することになる．したがって，効率的な企業において，負債が低い企業の価値は低くなる．また，これとは別に，企業の救済や再建に関して，メインバンクは重要な貢献をしたとする議論がある．そこで，メインバンクの存在が企業価値にどのような影響を及ぼしたかについても同時に検証したい．

この第2の実証結果でも，1980年から2000年かけて，デット・オーバーハングを支持する証拠や，メインバンクが企業価値に重要な影響を及ぼしているとする根拠は得られなかった．むしろ，負債の増加が企業価値を低下させると

いう優先権侵害と整合的な結果が得られた．

以下第2節では，簡単に第11章で展開された優先権侵害のモデルを説明することによって，流動性の多寡によって，貸出関数がどのような影響を受けるかを明らかにする．第3節では，これに基づいて貸出関数を検証することによって，優先権侵害が貸出関数に影響を及ぼしているか否かを間接的に検証することにしたい．

第4節では，いま述べた企業価値と負債の関係について検証する．最後に第5節で結論が要約される．

2. 銀行の貸出行動

2.1 理論的含意

まず，優先権侵害がある場合の銀行の貸出行動について，第11章の議論を基礎に，その実証上のインプリケーションについて考えてみよう．いま，実現したキャッシュ・フローの水準の下では，既存債権をすべて返済できないような資金不足下にある企業を考えてみよう．

このとき，企業を継続することが非効率な企業に対して，追い貸しが生じるのは，第11章の数値例 II で説明したように，次の二つの条件が同時に成り立つときである．第1の条件は，非効率な企業に外部の投資家(以下，「劣後債権者」と呼ぶ)から融資がなされたとき，優先債権者が企業を清算しないという条件である．もし，この条件が成り立たず，企業が清算されてしまえば，劣後債権者は融資に見合う弁済を受けられないからである．

たとえば第11章の数値例 II では，優先権侵害がある場合に優先債権が21億円残っている状況で劣後債権者から20億円の追加融資がなされる状況を考えた．企業を清算すると，優先権侵害によって11億円の弁済を劣後債権者に与えなければならない．そのとき，企業を清算して21億円の固定資産を売却した場合に，優先債権者が受け取る弁済額は10億円(21億円 − 11億円(劣後債権者への弁済額))であった．

これに対して，(11–3)式で計算したように，企業を継続した場合の優先債権

の価値は10.5億円になり，この状況で優先債権者は，非効率な企業継続を許す結果となった．

この数値例をもう少し一般的に式によって表すと以下のようになる．

$$A - w \leq V_{B-\theta}(w) \tag{13-1}$$

ここで，A は企業資産の清算価値であり，w は，清算時に優先権を侵害することによって優先債権から劣後債権へ移転する価値額である．数値例IIでは A は固定資産の20億円であり，w は清算時に劣後債権者が優先権侵害によって受け取る弁済額11億円を意味している．したがって，$A-w$ は優先権侵害の下で企業清算時に優先債権者が受け取れる弁済額(数値例IIでは10億円)を表している．

また，θ は当初の投資に基づいて生じたプロジェクト成果のキャッシュ・フローであり，$B-\theta$ は当初の融資に伴う優先債権額 B のうち，このキャッシュ・フローによって返済された残りの優先債権額を表している(数値例IIでは，優先債権の残りの額面額21億円にあたる)．$V_{B-\theta}(w)$ はこの優先残債権の企業継続時の価値を表している．この価値が数値例IIでは (11-3) 式で計算された10.5億円にあたる．

この (13-1) 式は，優先権侵害の下で清算時に受け取る優先債権者への分配額 $A-w$ が，企業を継続した時の優先残債権の価値 $V_{B-\theta}(w)$ よりも小さいことを示している．企業を清算する場合に優先権侵害に伴って移転する価値 w が確実なものであるのに対し，継続時には，劣後債権者が侵害によって獲得できる価値部分についても，継続時のリスク負担が生じる．このリスク負担が十分に大きいとき，優先債権者は企業を継続することに同意する[3]．これは，企業を継続することによって，優先権侵害額を低下させることができるからである．

非効率な企業継続のための追い貸しが生じる第2の条件は，企業継続時のリスク移転を考慮しても，優先権侵害によって，企業継続に伴う損失を穴埋めするに十分な所得移転を優先債権から引き出すことができるという条件である．

---

[3] (13-1) 式と後掲の (13-2) 式の条件が成立するとき，経営者(株主)の利益を損なうことなく劣後債権者が資金提供に応じる契約を作ることができる．

第11章の数値例IIでは，優先権が侵害されなければ清算時に21億円の弁済がなされたのに対して，侵害されると企業継続によって回収できる優先債権の価値は10.5億円であるから，優先権侵害によって優先債権者が被る所得移転額は21億円 − 10.5億円 = 10.5億円となる．この所得移転が企業継続によって生じる損失9億円[プロジェクトBの成果の期待値32億円 − プロジェクトに必要な資産(投資金額20億円 + 固定資産21億円)]を上回っている．

この2番目の条件を，一般的な式の形で書くと以下のように書ける[4]．

$$k \leq \min\{(B-\theta) - V_{B-\theta}(w), A - V_{B-\theta}(w)\} \quad (13\text{–}2)$$

ここで k は非効率な企業継続によって生じる損失額(非効率性)の大きさを表しており，右辺は，優先権侵害によって優先債権者から引き出すことができる(企業継続時のリスク負担を考慮した)価値移転額を表している．

企業を清算すれば，債務が完済される条件 $A \geq B - \theta$ が成立するとき，企業が継続されることによって，優先債権者が失う価値移転額は $(B-\theta) - V_{B-\theta}(w)$ であり，完済できない場合，すなわち $A < B - \theta$ の場合には，優先債権者が清算価値 A をすべて得られるから，$A - V_{B-\theta}(w)$ である．第11章の数値例IIのケースは，$A = B - \theta = 21$ 億円の特殊なケースであり，この移転額は21億円 − 10.5億円 = 10.5億円であった．

したがって，たとえ企業の追加投資が非効率であっても，それを上回る価値を優先権侵害に伴って，優先債権者から劣後債権者に移転させることができるならば，劣後債権者の参加条件を満たす契約を，経営者や株主の損失を伴うことなく作ることができる．

ここで企業を継続した時の優先債権の価値(残債権の継続価値) $V_{B-\theta}(w)$ について，$\partial V_{B-\theta}(w) / \partial \theta \in (-1, 0]$ が成立する．当初の融資の成果としてのキャッシュ・フローが大きくなれば，その分だけ優先債権を弁済することができるので，企業の優先債権の残額 $B - \theta$ が減少する．この効果はキャッシュ・フローが限界的に1単位増加したとき，1単位の減少となる．

これによって $V_{B-\theta}(w)$ も減少するが，継続時に劣後債権者にリスク移転で

---

4) 第11章の数値例IIでは，$k = \left| \frac{1}{2} \times 64 - 41 \right| = 9$ 億円である．

きる効果が，$V_{B-\theta}(w)$ の定義の中では控除されている．そのため残債権額が減ると，新規融資者へのリスク移転が減少することになるので，その分は継続時の価値 $V_{B-\theta}(w)$ を高め，残債権額減少の効果を一部相殺する．その結果，当初の融資の成果としてのキャッシュ・フローの増加が，優先債権の継続時の価値を減少させる効果は 1 より小さくなる．

上の二つの条件式 [(13–1) 及び (13–2) 式] と $\partial V_{B-\theta}(w)/\partial\theta \in (-1, 0]$ に注意すると，企業のキャッシュ・フローが増加したとき，追い貸しが生じる可能性が低下することがわかる．この理由は，キャッシュ・フロー θ が増加すると，そのキャッシュ・フローはまず優先債権者の債権の返済に充てられる．これによって優先債権の残高が減少するため，その継続時の価値も低下する．これは (13–1) 式の条件が成立しにくくなることを意味する．そのため企業の継続を認めずに，債務不履行を理由に企業を清算し，債権回収を図ろうとするからである．

また，$A \geq B - \theta$ のとき，同じ理由によって優先債権の残高が減少することに伴って，移転する残債権の所得移転が減るから，(13–2) 式の条件も成立しにくくなる．

これに対して，$A < B - \theta$ のときには $A - V_{B-\theta}(w)$ の値は大きくなるが，(13–1) と (13–2) の条件から

$$w \geq A - V_{B-\theta}(w) \geq k \qquad (13\text{–}3)$$

となっている．このため，キャッシュ・フロー θ の増加に伴う $V_{B-\theta}(w)$ の低下は限界的には (13–2) 式の条件の成否に影響を与えず，(13–1) 式の成否にのみ影響をあたえる[5]．したがって，追い貸しの可能性は減ると考えられる．

仮説 1–1〔優先権侵害に伴う追い貸し仮説〕：既存債権をすべて返済できないような資金不足下にある企業を考える．このとき，非効率な投資プロジェクトを有する企業に対して，優先権侵害に基づいて追い貸しが生じているという仮

---

[5] θ が減少した場合にも (13–2) 式が成立しなくなり，追い貸しがなくなると考えられるが，その場合には，企業自体が清算されることになるので，実証分析の対象として排除できる．

説が正しければ，キャッシュ・フローが増加すると追い貸しは減少する．

これに対して，デット・オーバーハングの状態が存在しなければ，企業が効率的な投資機会に直面している場合には，そもそもキャッシュ・フローは貸出に全く影響を及ぼさない．

他方，資金制約下の企業で貸し渋りがデット・オーバーハングによって生じているとすると，キャッシュ・フローが高まれば企業の負債残高が減少するはずであるから，新規融資の価値が既存債権に移転するデット・オーバーハング問題は小さくなる．このことは貸し渋りが緩和されることを意味する．したがって，企業のキャッシュ・フローが増えると貸し出しは増加するはずである．

仮説 1–2〔デット・オーバーハングに伴う貸し渋り仮説〕：既存債権をすべて返済できないような資金不足下にある企業を考える．デット・オーバーハングによって貸し渋りが生じているとする仮説が正しければ，効率的な投資プロジェクトを有する企業に対しては，そのキャッシュ・フローが増加すると貸し出しが増加する．

ところで，第11章の議論に従えば，貸し渋りが生じるのは，優先権侵害に伴って生じる事後的なコスト負担を回避するためである．このことは，効率的な投資プロジェクトを持つ企業でも，借り入れのためのコストが高まることを意味する．事前の投資プロジェクトが，その事後に債権者に生じるコストの期待値をも考慮して，十分に債権者に利益をもたらすものでなければ，貸し出しは実施されない．

こうした事後的な経営者のモラルハザードは，エージェンシー・コストの増加を意味する．ここでのコストは事後的な投資プロジェクトの効率性を立証できないという情報の不完全性に基づくものと言い換えることができる[6]．

---

6) 第11章のモデルでは，借り手と貸し手の間に情報の非対称性はないが，プロジェクトの効率性等については裁判所等の第三者には立証できない想定になっているため，直接経営者をコントロールする契約を書くことができない．このような第三者への情報の非対称性もエージェンシー・コストを生み出す要因になる．

エージェンシー・コストが存在するとき，キャッシュ・フローと外部からの借り入れの関係については，よく知られているように，ペッキングオーダー仮説［Mayers and Majulf（1984）］がある．この仮説では，外部資金に対しては借り手のモラルハザードの可能性などを反映したエージェンシー・コストが付加されるから，借り手はエージェンシー・コストの低い資金から投資資金を調達しようとする．この仮説に従えば，効率的な企業で資金が不足している企業では，キャッシュ・フローが増加すると借り入れが減少する．このような需要サイドの要因を反映して，銀行の貸し出しが減少している可能性がある．

したがって，キャッシュ・フローが増加しているときに貸し出しが減少する場合，デット・オーバーハングによる貸し渋りではなく，優先権侵害など何らかの借り手のモラルハザードが貸し渋りをもたらしていることになる[7]．

仮説 1-3〔エージェンシー・コストに伴う貸し渋り仮説〕：効率的な企業においてキャッシュ・フローが増加したときに，銀行貸出が減少していれば，優先権侵害などに伴うエージェンシー・コストの増大が貸し渋りの要因である．

2.2　実証分析の戦略

いま述べたインプリケーションに基づいて実証分析の方法を整理しよう．実証分析では企業の投資機会の効率性の指標として，総資産収益率（ROA）を用いる．ROA が高い企業と低い企業でサンプルを分割し，貸出行動が効率的企業と非効率的企業で異なるかどうかを検証する．

貸出関数の基本的な説明変数として，本章ではトービンの q を用いる．トービンの q はよく知られているように，企業投資の効率性についての十分統計量であるから，貸出市場に何の歪みも生じていなければ，他の変数は企業への貸出額に何の影響も及ぼさない．そのため，q を説明変数に含めて推計するとき，企業のキャッシュ・フローの水準は，銀行の企業への貸出額には何の影響も及

---

[7] 大瀧（2000）は，銀行による監視能力がないため，代わりに負債による経営者の規律付けを担保するために貸し渋りが生じているとしている．この仮説 1-3 は大瀧（2000）の仮説についても間接的な証拠となる．なお，Bebchuk（2002）は，優先権侵害が借り手のモラルハザードを助長させると指摘している．

ぼさないはずである．

　しかし，これまで説明したように，貸出市場に情報の非対称性などの非効率性が存在する場合には，キャッシュ・フローなどが銀行行動に影響を及ぼす．そのため基本となる計測式では，トービンの q とキャッシュ・フローを説明変数として，銀行の企業貸出額への影響を検証する．このとき，キャッシュ・フローの係数が有意であれば，その係数に関係なく貸出市場に何らかの非効率性が存在する理由となる[8]．

　ここでいま提示した 3 つの仮説のいずれが成立しているかを検証するためには，企業がおかれている状況に応じて，仮説が支持している係数の符号条件が有意に満たされているか否かを検定する必要がある．

　上の仮説で考慮すべき状況は，仮説 1–1 の優先権侵害に伴う追い貸し仮説については，「資金不足の状態にあり，追い貸しが行われている企業では，キャッシュ・フローの係数が負」となるか否かを検証する．仮説 1–2 のデット・オーバーハングによる貸し渋り仮説については，「資金不足の状態にあり，貸し渋りが生じている企業では，キャッシュ・フローの係数が正」となるか否かを検証する．仮説 1–3 では，「貸し渋りが生じている企業では，キャッシュ・フローの係数が負」となる必要がある．

　なお第 6 章で説明したように，1990 年前後には，日本の担保法制を揺るがせる大きな二つの判決が言い渡された．一つは，1989 年（平成元年）6 月 5 日に，それまで実務上用いられてきた併用賃借権が最高裁判決によって否定されたことであり，もう一つは，1991 年（平成 3 年）3 月 22 日の抵当権者による占有排除を否定した判決である[9]．この二つの判例の結果，担保権者は，詐害的な短期賃借権を設定して資金を貸し付ける劣後債権者等への対抗手段を実質的に失い，短期賃借権の濫用とそれに伴う優先権侵害を助長させた．そのため，推計ではこのような法的な影響も考慮し，サンプル期間を 1980 年代と 90 年代に分けて推計する．

---

[8]　十分統計量のトービンの q にキャッシュ・フローなどの他の変数を加えて金融市場の不完全性を分析したものとしては，Fazzari et al. (1988) や Hoshi et al. (1991), Gilchrist and Himmelberg (1995) など，数多くある．

[9]　短期賃借権に関する判例については，内田 (1996) などを参照．

3. 貸出関数の推定と優先権侵害の検証——キャッシュ・フローに注目して

前節の仮説 1–1〜1–3 を実証的に検証するため，サンプルを分割して，銀行の貸出関数を推定する．貸出関数は，第 i 企業に対する t 期の貸出額（$Loan_{it}$）を被説明変数とし，説明変数は，トービンの q（q_{it}），流動性資産（LA_{it}），キャッシュ・フロー（CF_{it}），短期借入（SL_{it}），1 期前の貸出額（$Loan_{i,t-1}$）及び定数項とする．すべての変数は，対資本ストック比率に変換した．各観測値に固有の観測されない異質性（η_i）は，時間とともに変化しないと仮定する．また，明示的に示していないが，年ダミーを説明変数に加えてある．

$$Loan_{it} = \alpha + \beta \cdot q_{it} + \gamma \cdot LA_{it} + \kappa \cdot CF_{it} + \phi \cdot SL_{it} + \lambda \cdot Loan_{i,t-1} + \eta_i + v_{it}$$

仮説検定の焦点は，以下のようにサンプルを分割した場合に，キャッシュ・フローの係数 κ の符号がどうなるかである．トービンの q は標準的な貸し出しの決定要因であり，流動性資産や短期借入の多寡は，銀行の貸出態度に影響を与えるものである．η_i は，各観測値に固有の観測されない異質性である．

すでに述べたように，仮説 1–1 が妥当するかどうかは，資金不足下にある非効率な企業に対する貸し出しが，キャッシュ・フローと負の相関を持つかどうかによって判断することができる．また，仮説 1–2 及び仮説 1–3 が妥当するかどうかは，資金不足下にある効率的な企業に対する貸し出しが，キャッシュ・フローと正の相関を持つか負の相関を持つかによって判断することができる．

したがって，貸出関数を推定するためのサンプルとして，まず，資金不足の状態にある企業を取り出し，それを効率的企業と非効率的企業に分割して推定する．資金不足下にあるかどうかは，$\frac{\text{営業利益}+\text{営業外収益}+\text{当座資産}}{\text{流動負債}}$ で定義される流動性指標を作成し，この値が法人企業統計年報から得られる同業種（大分類）の値を下回る企業について，資金不足の状況にあると判断する．

効率的企業かどうかは，基本的に，ROA が産業平均よりも高いかどうかを基準とした．具体的には，まず企業をサンプル期間中存続した企業と倒産した企業に分けて，存続した企業について ROA を基準に効率的企業と非効率的企業に二分割している．倒産企業については，非効率的企業の代表例として別途推定を行った．

なお，先に説明したように，1990年代初頭に優先権についての重要な判例が現れた．それによって，80年代と90年代で仮説の妥当性が異なったものとなっているかもしれない．こうした可能性を考慮するために，推定期間を80年代と90年代に分割した．

① 対象サンプル

推計に際しては，政策投資銀行・日本経済研究所編「企業財務データバンク2001」を用いた．同データベースは，東証および地方証券取引所の1部・2部上場企業2,599社(上場廃止企業も含む)の決算データを1956年から2000年まで収録したものである．このうち推計では，① 1977年から2000年まで決算データが揃っている企業で，かつ② 決算期変更や③ 企業の買収・合併を実施していない企業396社(製造業264社，非製造業132社)を対象とした．

1977年以降としたのは，当該年度より資産タイプ別の有形固定資産額のデータが入手可能となったことによる．また，恒久棚卸法を用いて実質固定資産ストックを計算する場合，ベンチマークとなる初期値を統一することが恣意性を排除するという点で望ましい．

そこで，推計にあたっては①の基準でサンプルを選んだ(もちろんこのような制約を課すことで80年代，90年代に設立された比較的若い企業がサンプルから漏れてしまうおそれもある)．決算期を変更した企業についても，年度値を補完する際に恣意性が入ってしまうとの理由から，排除している．③については，データの連続性が担保されないことに加え，合併・買収の前後で企業行動が変化する可能性があるため，サンプルから除いている．

② 作成データ

推計には，上記データベースの数値を利用しているが，以下の3系列については，細野・渡辺(2002)の作成方法に準拠して計算した．

【A：実質(名目)固定資産ストック】
・ 建物・構築物・機械・輸送用機械・工具器具備品・賃借用固定資産・その他償却資産の7つの各資産について，前期末からの増減額に当期償却額を加えて当期の名目投資額を求める(建設仮勘定については，当期の増

減額を建物・構築物の比率に基づき割り振り).
- 各資産の名目投資額をそれぞれ対応するデフレーターで実質化し，1976年度末値の簿価をベンチマークとした恒久棚卸法で実質固定資産ストックを作成した．なお，各資産の償却率 δ は，建物 4.7%，構築物 5.64%，機械 9.489%，輸送用機械 14.7%，工具器具備品 8.838%，賃借用固定資産・その他償却資産 7.72% と仮定した．
- 実質固定資産ストックを各資産のデフレーターで除したものが，名目固定資産ストック(再取得価額)である．

$$\sum_{i=1}^{7} 実質固定資産ストック_i(t)$$
$$= \sum_{i=1}^{7} \{(1-\delta_i) \times 実質純固定資産ストック_i(t-1)\}$$
$$+ 実質投資額_i(t)$$

$$\sum_{i=1}^{7} 実質固定資産ストック_i(1976)$$
$$= \sum_{i=1}^{7} \frac{有形固定資産額_i(1976)}{デフレーター_i(1976)} \cdots\cdots 初期値$$

【B：実質土地ストック】
- 1970年をベンチマークとして恒久棚卸法で作成した．1970年の時価は，小川・北坂(1998)の全産業時価簿価比率 5.37 をもとに計算した．

$$実質土地ストック(t) = 実質土地ストック(t-1) + \frac{土地資産(t)-土地資産(t-1)}{市街地価格指数(t-1)}$$
$$実質土地ストック(70) = 簿価実質土地ストック(70) \times 5.37$$

【C：トービンのq】
- トービンの q は以下のように定義される．経済的償却率は，小川・北坂(1998)で全産業平均として使用されている 0.0772 を用いた．また，株価は期中最高値と最安値の平均値を用いた．

$$q = \frac{(時価総額+負債総額-流動資産-無形固定資産-投資その他資産-繰延資産)-実質土地ストック}{(1-経済的償却率) \times (名目固定資産ストック)}$$

③ **推定式について**

推定式は，被説明変数の1期ラグが説明変数となっているので，Blundell and Bond (1998) のシステム推定を行った．ソフトウエアは，DPD (Dynamic Panel Data) プログラムを利用した [Doornik et al. (2002)]．

推定方法の基本的な考え方は，次のようなものである．まず一階の階差をとることにより，観測されない異質性 η_i を除去する．次に，一階の階差をとると被説明変数 $Loan_{i,t-1} - Loan_{i,t-2}$ と誤差項 $v_{it} - v_{i,t-1}$ の間に相関が生じるので，被説明変数の2期以上のラグを操作変数として一般化モーメント法 (GMM) により推定を行う．

さらに，被説明変数の一階の階差 $Loan_{it} - Loan_{i,t-1}$ は，観測されない異質性 η_i と相関を持たないので，階差をとらない推定式の操作変数として用いることができる．これにより追加的なモーメント条件が得られ，有効な推定量を得ることができる．

以上のように，階差を用いた推定式に被説明変数のラグを操作変数としたものと，階差を用いない推定式に被説明変数の階差を求めた操作変数を組み合わせるのが，システム推定と呼ばれる方法である．

GMM 推定は2段階で行うが，小標本では第2段階の推定における標準誤差の推定量にバイアスがあるため，小標本バイアスの修正が施されている．過剰識別制約の検定は Sargan test により行う．

また，被説明変数の2期以上のラグが操作変数として適切なものであるためには，v_{it} が系列相関を持ってはならない．もし v_{it} が系列相関を持たないなら，階差をとった $v_{it} - v_{i,t-1}$ は1次の系列相関を持つが，2次の系列相関は持たないはずである．この系列相関は，自己共分散の推定量が標準正規分布に従うという性質を使って検定できる．

なお，トービンの q は貸出額と同時に決定される内生変数であることから，操作変数を使って内生性をコントロールする．操作変数としては，企業が属する産業の売上高増加率を使用した．

④ **推定結果について**

表13–1 に，流動性と ROA 指標を用いてサンプリングした資金不足下にあ

表 13–1　貸出関数の推定結果

(1) 効率的企業（高収益企業）	1980 年代			1990 年代		
	係数	標準誤差	p-value	係数	標準誤差	p-value
q	0.005	0.016	0.778	−0.263	0.144	0.069
流動資産比率	0.045	0.027	0.104	0.159	0.061	0.009
キャッシュフロー比率	−0.536	0.455	0.239	−0.847	0.455	0.064
短期借入比率	0.848	0.045	0.000	0.322	0.258	0.213
被説明変数の1期ラグ	0.096	0.047	0.042	0.480	0.142	0.001
定数項	0.358	0.091	0.000	0.378	0.323	0.241
推定期間	1983–1989			1991–2000		
サンプル数	358			331		
企業数	60			49		
Sargan 統計量	44.46 [1.000]			30.02 [1.000]		
AR(1) 統計量	−1.044 [0.296]			−1.003 [0.316]		
AR(2) 統計量	−0.08187 [0.935]			0.3707 [0.711]		
(2) 非効率的企業（低収益企業）	1980 年代			1990 年代		
	係数	標準誤差	p-value	係数	標準誤差	p-value
q	0.042	0.072	0.559	−0.070	0.029	0.015
流動資産比率	−0.055	0.028	0.050	0.044	0.023	0.049
キャッシュフロー比率	1.300	1.148	0.257	−0.276	0.105	0.009
短期借入比率	0.507	0.136	0.000	0.723	0.038	0.000
被説明変数の1期ラグ	0.937	0.054	0.000	0.310	0.025	0.000
定数項	−0.396	0.235	0.091	0.280	0.071	0.000
推定期間	1983–1989			1991–2000		
サンプル数	1151			1693		
企業数	181			204		
Sargan 統計量	171.1 [0.959]			190.3 [1.000]		
AR(1) 統計量	−1.821 [0.069]			−2.405 [0.016]		
AR(2) 統計量	−1.580 [0.114]			−1.144 [0.252]		
(3) 倒産企業	1980 年代			1990 年代		
	係数	標準誤差	p-value	係数	標準誤差	p-value
q	−0.495	0.403	0.220	−0.509	0.290	0.080
流動資産比率	0.052	0.058	0.367	0.189	0.029	0.000
キャッシュフロー比率	−1.668	0.828	0.045	−0.449	0.231	0.052
短期借入比率	1.059	0.061	0.000	0.787	0.090	0.000
被説明変数の1期ラグ	−0.004	0.000	0.000	0.147	0.083	0.078
定数項	0.828	0.304	0.007	0.599	0.555	0.281
推定期間	1983–1989			1991–2000		
サンプル数	336			464		
企業数	54			68		
Sargan 統計量	48.38 [1.000]			57.36 [1.000]		
AR(1) 統計量	−1.091 [0.275]			−1.148 [0.251]		
AR(2) 統計量	0.5638 [0.573]			1.060 [0.289]		

る効率的企業（高収益企業），非効率的企業（低収益企業）及び倒産企業に関する貸出関数の推定結果を示した．左の欄が1980年代についての結果，右の欄が90年代についての結果である．すべてのケースにおいて，過剰識別制約は棄却されず，また，誤差項の階差には二次の系列相関はない．ただし，効率的企業及び倒産企業においては，誤差項に一次の系列相関はなかった．全体として，モデルとしては妥当なものといえるであろう．

キャッシュ・フローの係数をみると，(1) 効率的企業の1980年代では有意でないが，90年代ではマイナスで有意である．したがって，仮説1–2のデット・オーバーハングに伴う「貸し渋り」は否定され，仮説1–3のエージェンシー・コストに伴う「貸し渋り」が支持される．

他方，(2) 非効率的企業のキャッシュ・フローの係数は，80年代では有意でないが，90年代ではマイナスで有意である．さらに，倒産企業については，80年代，90年代ともにマイナスで有意である．したがって，仮説1–1にあるように，優先権侵害に伴う「追い貸し」が行われていたことになる．

効率的企業において90年代にエージェンシー・コストによる「貸し渋り」が観察されるようになった理由としては，90年代には優先権侵害を見越したエージェンシー・コストの上昇が生じたという可能性がある．これは，非効率的企業において90年代に優先権侵害による「追い貸し」が深刻化したことと整合的である．

なお，山崎他（2006）では，資金不足下にある存続企業をさらに2つの基準で4分割したサンプルによる貸出関数についても推定している．その場合にも，以上の検証結果とほぼ同様の結果が得られている．

4. 優先権侵害と企業価値の検証

次に，企業の財務データを用いて，優先権侵害が企業の資金調達や経営の効率性にどのような影響を及ぼしたかについて統計的に検証しよう．

4.1 企業経営の効率性と検定仮説

優先権侵害が可能な場合には，本来市場で資金調達できないような非効率な

企業が，これを利用して資金を調達することが可能になる．このことは，そもそも収益性の低い企業において，負債の水準が高い企業ほど，債権者間の優先権侵害の可能性が高くなる結果，その効率性が低下することを意味する．このことは，もともと収益性が低い企業で業績が悪化している企業については，負債水準と企業価値の間に負の相関があることを意味している〔仮説 2–1：優先権侵害に伴う非効率な追い貸し仮説〕．

このような仮説 2–1 に対して，Modigliani and Miller（1958, 1963）が示したように，完全競争的な資本市場においては，資金調達方法は，負債の法人税節税効果以外には，企業価値や経営の効率性には影響を及ぼさないという仮説がある（MM 命題）．このことは，法人税の節税効果をコントロールすれば，負債水準が高いこと自体は，企業価値を低下させる効果を持たないことを意味する〔仮説 2–2：中立性仮説〕．

こうした MM 命題に対しては，負債水準が高いほど倒産確率が上昇する結果，企業価値を低下させる効果が考慮されていないという批判もあり得るだろう．そのため，このような倒産コストの可能性もコントロールしたうえで，企業経営の効率性と負債水準の関係を検証する必要がある．

このほか，企業の効率性と負債水準の関係を検証する仮説としては，デット・オーバーハングを支持する立場からの説明がある．さきに述べたように，デット・オーバーハングとは，新規融資の成果が既存債務の弁済へ充てられるために，企業が効率的な投資機会を持っていても，借り入れができないという議論である．

もしこの議論が正しいならば，収益性の高い企業にもかかわらず，その負債水準が低い企業はデット・オーバーハングに直面しており，潜在的に効率的な投資機会を利用できていないことになる．その結果，高い企業価値を実現できないことになる．言い換えると，もともと収益性の高い企業だが，業績が悪化している企業では，負債水準が低い企業ほど，効率性や企業価値は低い水準にあることになる．すなわち，負債水準と企業価値の間に正の相関が見られることとなる〔仮説 2–3：デット・オーバーハング仮説〕．

これに対して，非効率な追い貸しを事前に回避するために，貸し渋りが生じているのであれば，収益性が低い企業で，業績が改善している企業は，負債水

表 13–2　検定仮説とその対象企業の分類

	収益悪化	収益改善
低収益企業	仮説 2–1（優先権侵害に伴う非効率な追い貸し仮説）と仮説 2–7（非効率なメイン寄せ仮説）	仮説 2–4（優先権侵害に伴う貸し渋り仮説）と仮説 2–6（メインバンク効率性仮説）
高収益企業	仮説 2–3（デット・オーバーハング仮説）	
倒産企業	仮説 2–1 と仮説 2–7	

注）　仮説 2–2（MM 命題）と仮説 2–5（MM 命題）はすべての企業を対象とする．

準が低いほど企業価値が高まる．このことは，負債水準と企業価値の間に負の相関が見られることを意味する〔仮説 2–4：優先権侵害に伴う貸し渋り仮説〕．

ここでデット・オーバーハングが生じている場合には，よく知られているように，（正しいかどうかは大いに議論があるが）メインバンクが問題を解決するうえで有効かもしれない[10]．メインバンクは優先債権者でもあり，デット・オーバーハングの問題を内部化することが可能だからである．

そこで，メインバンクからの借り入れ比率が，企業経営の効率性にどのような影響を及ぼしているかを検証してみたい．もちろん，MM 命題が成立している場合には，資金調達方法は，企業価値や企業の投資決定に影響を及ぼさないから，メインバンクからの借り入れ比率が上昇しても，企業の効率性には影響しない〔仮説 2–5：メインバンク中立性仮説〕．

これに対して，メインバンク理論が妥当する場合には，メインバンクによる効率的な情報生産に伴う資金提供がなされたり，暗黙の契約による効率的な救済等が実現したりする．このことは，収益性の低い企業で業績が改善している企業でメインバンクからの借り入れ比率が高いほど，企業経営の効率性は高くなることを意味する〔仮説 2–6：メインバンク効率性仮説〕．

メインバンクからの借り入れ比率と経営の効率性の関係を検証することは，優先権侵害の仮説を検証するうえでも重要である．すなわち，優先権侵害に陥る事態を回避するために，優先債権者であるメインバンク自身が非効率な追い貸

---

[10]　Hoshi et al.（1990）などを参照．

しを実施することを通じて,「メインバンク寄せ(メイン寄せ)」と呼ばれる現象が生じているならば,メインバンクによる借り入れ比率の上昇は,企業経営の効率性や企業価値を低下させる結果になるだろう〔仮説 2–7：非効率なメイン寄せ仮説〕．すなわち収益性が低い企業で業績が悪化している企業では,メインバンク比率と企業の効率性は負の相関を持つ[11]．

これまで説明した仮説とそのサンプル企業は表 13–2 にまとめておいた．

4.2 推定式と推定方法

前項の仮説 2–1～2–7 を実証的に検討するため,企業価値関数を推定する．企業価値はトービンの q で表されると想定する．ただし,仮説 2–2 における負債の法人税節約効果を考慮するため,法人税の節税効果分を調整した q を用いる．第 i 企業の第 t 期の企業価値 (q_{it}) を決定する要因は,仮説 2–1～2–4 に関連する負債総資産比率 (D_{it}),仮説 2–2 に関連する 1 期前に予測された倒産確率 (DF_{it}),仮説 2–5～2–7 に関連するメインバンクからの借り入れが総借り入れに占める比率 (MB_{it}) を基本とし,その他の決定要因として,売上高総資産比率 (SA_{it}) 及び従業員の平均年齢 (Age_{it}) を説明変数とする．

なお,企業価値には粘着性があることを考慮して,1 期前の被説明変数 ($q_{i,t-1}$) も説明変数に加える．各観測値に固有の観測されない異質性 (η_i) は,時間とともに変化しないと仮定する．また,明示的に示していないが,年ダミーを説明変数に加えてある．

$$q_{it} = \alpha + \beta \cdot D_{it} + \gamma \cdot DF_{it} + \theta \cdot MB_{it} + \phi \cdot SA_{it} + \varphi \cdot Age_{it} + \kappa \cdot q_{i,t-1} + \eta_i + \nu_{it}$$

法人税節税効果は,法人税率に負債総額を掛けたものを q の分子から差し引くことによって調整した．倒産確率は,大村他 (2002) がロジット・モデルを用いて推計した倒産確率の関数において,有意な変数(使用総資本売上高比率,売上高短期借入金比率,使用資本純運転資本比率)を採用して推計した．

企業価値関数を推定するためのサンプルとして,まず,現時点で存続してい

[11) ただし,これらの仮説を識別するためには,債権放棄がなされていないことが前提となる．実証結果の解釈の際に説明するように,債権放棄がなされると,これらの効果を識別することがしばしば困難になる．

る企業とすでに倒産した企業の2つに分割した．さらに，存続した企業は，仮説2–1および2–3，2–4を検証するために，総資産収益率（ROA）が産業平均よりも高いか低いかという基準と，ROAが推定期間の期末に期初よりも改善しているか悪化しているかという基準の2つの基準を組み合わせることにより，4つのカテゴリーに分割した．

すなわち，ROAが産業平均より高くかつ改善している企業（便宜的に，高収益・改善企業と呼ぶ．以下，同じ），産業平均より高いが悪化している企業（高収益・悪化企業），産業平均より低いが改善している企業（低収益・改善企業），産業平均より低くかつ悪化している企業（低収益・悪化企業）の4つである．

〔仮説2–1：非効率な追い貸し仮説〕は（低収益・悪化企業）のグループ企業を対象とし，〔仮説2–3：デット・オーバーハング仮説〕は（高収益・悪化企業）のグループ，〔仮説2–4：優先権侵害による貸し渋り仮説〕は，（低収益・改善企業）のグループをそれぞれ対象とすることで検証することができる．

また，〔仮説2–6：メインバンク効率性仮説〕は，（低収益・改善企業）のグループで，〔仮説2–7：非効率なメイン寄せ仮説〕は（低収益・悪化企業）を対象に検証することができる．もちろん〔仮説2–2：中立性仮説〕と〔仮説2–5：メインバンク中立性仮説〕は，すべてのグループが対象となる．

第1節で明らかにしたように，1990年代初頭に優先権についての重要な判例が現れた．それによって，80年代と90年代で仮説の妥当性が異なったものとなっているかもしれない．こうした可能性を考慮するために，ここでも，推定期間を80年代と90年代に分割した．実際の推定期間は，以下で見るように，推定方法が変数の階差をとったり操作変数にラグを持たせたりしているため，データの存在する期間より短くなり，80年代は1983年から89年，90年代は91年から2000年が推計期間となっている．

負債水準は企業価値と同時に決定される内生変数であることから，操作変数を使って内生性をコントロールする．操作変数としては，借り入れに影響するが企業価値に影響しないものとして，キャッシュ・フロー総資産比率，短期資産比率，広告宣伝費を使用した．

なお推計方法は，被説明変数の1期ラグが説明変数に含まれているので，前節の実証と同様にBlundell and Bond（1998）のシステム推定を行い，ソフト

ウエアは，DPD (Dynamic Panel Data) プログラムを利用した [Doornik et al. (2002)]．また，対象サンプルや作成データはすべて，前節の実証分析と同じものを用いている．

4.3 推定結果

推定結果が表 13–3A, B の (1) から (5) に示されている．年ダミーについての結果は省略した．

まず，モデルの特定化について，その妥当性の検定結果をみてみよう．Sargan 統計量及び AR (2) 統計量の下のかっこ内の数字は，検定統計量の p-value である．これによると，過剰識別条件はすべてのケースで棄却されず，また誤差項の階差についても，その二次の系列相関がゼロであるという仮説はほとんどのケースで棄却されない．したがって，モデルの特定化は適切であるといえる．

次に，仮説検定の焦点である負債総資産比率，倒産確率，メインバンク比率に係る係数の推定結果を企業カテゴリーごとに横断的に見ていこう．

負債総資産比率は，80 年代の高収益・改善企業および低収益・悪化企業では負で有意であり，90 年代においても高収益・悪化企業と低収益・改善企業は負で有意となっており，少なくともこれらの期間については，負債の節税効果を考慮しても，仮説 2–2 の中立性仮説(MM 命題)は棄却される．

高収益・悪化企業を見ると，負債総資産比率が 90 年代に有意に負となっていることは，90 年代の「貸し渋り」として，仮説 2–3 のデット・オーバーハング仮説が棄却されることを意味している．これに対して，低収益・改善企業を見ると 90 年代に負で有意である．この結果は，仮説 2–4 の優先権侵害による貸し渋りが，90 年代に生じていたことを支持する結果である．

また，低収益・悪化企業では 80 年代はマイナスで有意であり，80 年代に非効率な追い貸しが生じていたことが検証された．ただし，90 年代には有意でなくなっている．しかし，この結果を直ちに，仮説 2–2 の中立性仮説を支持し，仮説 2–1 を棄却する結果とみることは難しい．なぜなら，この結果は，このカテゴリーの企業を対象に 90 年代に債権放棄が行われたことと関連していると考えられるからである．すなわち，債権放棄は企業価値が毀損している企業に対して行われるので，負債の減少が企業価値に及ぼす影響が観察されにくくなっ

表 13–3A　企業価値関数の推定結果

(1) 高収益・改善企業

	1980 年代			1990 年代		
	係数	標準誤差	p-value	係数	標準誤差	p-value
負債総資産比率	−17.797	7.571	0.019	−2.761	2.290	0.229
倒産確率	−28.872	24.090	0.231	10.424	10.460	0.319
メインバンク比率	0.330	5.739	0.954	−0.033	1.549	0.983
売上高総資産比率	−0.945	2.433	0.698	1.339	1.328	0.314
従業員平均年齢	−0.283	0.232	0.224	0.104	0.122	0.396
被説明変数の1期ラグ	0.532	0.180	0.003	0.399	0.104	0.000
定数項	30.646	15.700	0.052	−6.541	6.594	0.322
サンプル数	501			437		
企業数	64			48		
Sargan 統計量	38.940 [1.000]			13.670		
AR(2) 統計量	−0.892 [0.372]			−0.532		

(2) 高収益・悪化企業

	1980 年代			1990 年代		
	係数	標準誤差	p-value	係数	標準誤差	p-value
負債総資産比率	1.440	1.250	0.250	−2.580	1.245	0.039
倒産確率	1.653	4.790	0.730	15.957	8.573	0.063
メインバンク比率	0.166	0.983	0.866	0.663	0.994	0.505
売上高総資産比率	−0.249	0.507	0.623	1.377	1.039	0.185
従業員平均年齢	0.078	0.101	0.436	−0.031	0.111	0.780
被説明変数の1期ラグ	0.922	0.075	0.000	0.546	0.084	0.000
定数項	−4.082	5.144	0.428	−4.097	5.064	0.419
サンプル数	698			597		
企業数	89			66		
Sargan 統計量	18.270 [1.000]			11.170 [1.000]		
AR(2) 統計量	−1.806 [0.071]			−0.481 [0.631]		

(3) 低収益・改善企業

	1980 年代			1990 年代		
	係数	標準誤差	p-value	係数	標準誤差	p-value
負債総資産比率	0.910	0.929	0.327	−1.470	0.347	0.000
倒産確率	2.516	3.064	0.412	4.509	1.459	0.002
メインバンク比率	1.095	0.756	0.147	−0.739	0.667	0.268
売上高総資産比率	0.618	0.518	0.233	0.970	0.329	0.003
従業員平均年齢	−0.027	0.033	0.420	0.008	0.017	0.628
被説明変数の1期ラグ	0.736	0.074	0.000	0.695	0.062	0.000
定数項	−1.227	2.194	0.576	−1.605	0.855	0.061
サンプル数	885			971		
企業数	112			107		
Sargan 統計量	24.800 [1.000]			39.480 [1.000]		
AR(2) 統計量	−2.181 [0.029]			−1.047 [0.295]		

表 13–3B　企業価値関数の推定結果

(4)低収益・悪化企業	1980年代			1990年代		
	係数	標準誤差	p-value	係数	標準誤差	p-value
負債総資産比率	−1.678	0.742	0.024	−0.044	0.372	0.906
倒産確率	10.607	3.013	0.000	5.017	1.130	0.000
メインバンク比率	0.098	0.969	0.920	0.509	0.278	0.067
売上高総資産比率	1.628	0.569	0.004	0.325	0.100	0.001
従業員平均年齢	0.101	0.052	0.053	−0.008	0.012	0.494
被説明変数の1期ラグ	0.838	0.054	0.000	0.558	−0.045	0.000
定数項	−8.025	2.227	0.000	−1.325	0.807	0.101
サンプル数		923			1484	
企業数		118			159	
Sargan 統計量		23.570 [1.000]			49.290 [1.000]	
AR(2) 統計量		−2.130 [0.033]			−0.627 [0.531]	
(5)倒産企業	1980年代			1990年代		
	係数	標準誤差	p-value	係数	標準誤差	p-value
負債総資産比率	−1.542	3.413	0.652	1.369	1.091	0.210
倒産確率	−4.847	10.090	0.631	−2.521	6.668	0.705
メインバンク比率	−5.871	2.642	0.027	0.173	0.997	0.862
売上高総資産比率	1.415	1.471	0.337	−0.009	1.032	0.993
従業員平均年齢	−0.212	0.194	0.276	−0.012	0.031	0.693
被説明変数の1期ラグ	0.018	0.024	0.452	0.430	0.183	0.019
定数項	8.549	5.865	0.146	1.309	2.535	0.606
サンプル数		510			713	
企業数		69			86	

たものと解釈できる．

　本推定にあたっては，企業の効率性が借り入れ条件等に影響を及ぼす点を考慮して，負債水準の内生性の問題は操作変数を使うことで一応回避されている．しかし，債権放棄は債権者間の合意が成立するか否かという点で，モデルから見るとむしろ外生的な特殊要因である．そのため，債権放棄という特殊な状況下では，優先権侵害の効果をうまく捉えられなかったと考えられる．

　倒産企業では，80年代も90年代も負債総資産比率は有意とはならなかったが，これは，倒産企業においては企業価値の毀損が著しく進展し，優先権侵害の余地もなくなっているためと解釈できる．

　またメインバンク比率は，高収益・改善企業，高収益・悪化企業，低収益・改

善企業において，80年代及び90年代とも有意でない．他方，低収益・悪化企業においては，80年代は有意でないものの，90年代にはプラスで有意となった．これは，一見，仮説2–7の優先権侵害回避のためのメイン寄せを棄却する結果のように見える．

しかし，負債総資産比率のところで指摘したように，90年代には低収益・悪化企業を対象に債権放棄が行われた．この際，メインバンクが他の債権者より多くの負担を負ったために，企業の非効率性が高まる中で，企業のメインバンク比率が低下したことを検出したと解釈することもできる．

これと関連して興味深いのは，メインバンクが有効に機能していたとされる80年代に，倒産企業については，メインバンク比率が有意にマイナスとなっている．この企業グループは低収益・悪化企業の極端なケースと見ることもできる．そのため，メインバンクがまだ有効に機能していたとされる80年代においてさえ，非効率企業には優先権侵害を回避する目的での非効率な追加融資が実施されていた可能性がある．

これまでの主要な結果は表13–4と表13–5に要約される．倒産確率については，高収益・改善企業では，80年代，90年代ともに有意でなかったが，高収益・悪化企業及び低収益・改善企業では90年代にプラスで有意，低収益・悪化企業では80年代，90年代ともにプラスで有意となった．非効率性が大きい企業ほど倒産確率が企業価値にプラスに寄与する傾向にある．

これには，二つの解釈があり得る．第1は，倒産を回避するためにリストラを進めるという効果である．第2は，資産代替あるいはリスク代替と呼ばれる現象で，倒産の可能性が高まると企業はリスクの高いプロジェクトを選択するため，株式のオプション価値を高める効果である[12]．現実にどちらの効果が生じているのかは，本分析からは識別できない[13]．

---

12) リスク代替が生じれば，負債の市場価値は低下するから，本来は企業価値も低下する．しかし，負債の市場価値の低下は適切に捉えきれないため，一時的に株価の変化だけを反映してしまう可能性がある．

13) 第11章の理論的な分析は，後者の効果が存在した可能性を示唆している．

表 13-4　企業の分類と負債総資産比率の係数（80年代）

	収益悪化	収益改善
低収益企業	負　優先権侵害に伴う非効率な追い貸し	?　優先権侵害に伴う貸し渋りならば負
高収益企業	?　デット・オーバーハングならば正	負
倒産企業	?　（負）	

注）　有意な係数の符号だけ記入した．?は有意でないことを示している．
　　（　）内はメインバンク比率の係数の符号である．

表 13-5　企業の分類と負債総資産比率の係数（90年代）

	収益悪化	収益改善
低収益企業	?	負　優先権侵害による貸し渋り
高収益企業	負　デット・オーバーハングならば正	?
倒産企業	?	

注）　有意な係数の符号だけ記入した．?は有意でないことを示している．

5. 結　論

　本章では，まず優先権侵害が貸出関数に対して有意な影響を及ぼすかどうかに焦点をあてて，貸し渋りや追い貸しが生じているかどうかを検証した．次に，優先権侵害が企業の投資決定に影響を及ぼす結果，企業価値にどのような影響を及ぼすかについて実証的な観点から検討した．

　貸出関数の推計では，第1に，資金不足下にある非効率な企業への貸出がキャッシュ・フローと負の相関を持つかどうかによって，追い貸しが優先権侵害によるものか否かについて検証した．また，第2に，同じく資金不足下にある効率的な企業を対象にして，企業に対する貸し出しがキャッシュ・フローとどのように相関しているかを調べることによって，貸し渋りが優先権侵害によるかデット・オーバーハングによるものかについて検証した．

　ここで最初の実証結果を要約しておこう．第1に，80年代，90年代を通じて優先権侵害による追い貸しが生じたとする仮説と整合的な結果が得られた．第

2 に，デット・オーバーハングによる貸し渋りは，いずれの年代でも観察されなかった．むしろ，優先権侵害を含むエージェンシー・コストの増大が，貸し渋りを招いたとする仮説と整合する結果が得られた．

次の企業価値の推計では，企業のサンプルを 5 つのカテゴリーに分割して推定した．これは 7 つの代替的な仮説を検証するためである．90 年代の初めに，優先権侵害を助長するような判例が下された点を考慮して，データを 80 年代と 90 年代に分割して推定した．第 1 の仮説は，非効率な経営状態（低収益）にある企業において，負債の水準が高い企業ほど，債権者間の優先権侵害の可能性が高くなる結果，その効率性が低下する（収益悪化）という追い貸しの非効率仮説（仮説 2–1）である．第 2 は，伝統的な MM 命題である．この仮説の下では，法人税の節税効果をコントロールすれば，負債水準が高いこと自体は，企業価値を低下させる効果を持たない（仮説 2–2）．

80 年代の実証結果は，第 1 の仮説を支持した．このことは，素朴な MM 命題は成立せず，少なくとも 80 年代には，優先権侵害によって追い貸しが生じていた可能性が高いことを示している．

第 3 と第 4 は，貸し渋りについての仮説である．デット・オーバーハング仮説によれば，効率性の高い企業（高収益）にもかかわらず，その負債水準が低い企業はデット・オーバーハングに直面しており，潜在的に効率的な投資機会を利用できない結果，高い企業価値を実現できない（収益悪化）（仮説 2–3）．しかし，こうした企業をサンプルに選んで検証しても，80 年代，90 年代を通じて，デット・オーバーハング仮説を支持する結果は得られなかった．

他方，優先権侵害によって貸し渋りが生じているという第 4 の仮説（仮説 2–4）については，貸し渋りによって，非効率な追い貸しを回避することができる結果，その後良好な成果を収めている企業（低収益・改善企業）を対象にする必要がある．その上で，負債が低い企業ほど良好な成果をもたらすといえる．90 年代の実証結果はこの仮説を支持している．

負債構成が企業価値にどのような影響を及ぼしたかについての実証結果を要約すると，債権者間の優先権侵害によって，80 年代には追い貸しが，そして 90 年代には貸し渋りが生じているという仮説を支持する証拠が得られた．こうした結果は，予想した通り，優先権侵害が金融市場に重大な影響を及ぼしている

ことを示している．

　第5, 6, 7の仮説はメインバンクに関するものである．ここでも，MM命題が成立するならば，メインバンク比率は企業価値に何らの影響も及ぼさない（仮説2–5）．これに対して，メインバンク理論が妥当するならば，メインバンクからの借り入れ比率が高いほど，企業経営の効率性は高くなる（仮説2–6）．これとは逆に，優先債権者であるメインバンク自身が非効率な追い貸しを実施することを通じて，「メインバンク寄せ」と呼ばれる現象が生じているのであれば，メインバンクによる借り入れ比率の上昇は，企業経営の効率性や企業価値を低下させる結果になるだろう（仮説2–7）．

　しかし，仮説2–5と仮説2–6のいずれかの仮説も支持する結果は得られなかった．メインバンクは企業の救済や再建において，重要な機能を果たしているという結果も得られなかったが，優先権侵害を回避するための行動もとっていないといえるのかもしれない．

　最後に注意したいのは，いずれの実証研究でも，デット・オーバーハング仮説が棄却された点である．新しいプロジェクトからの収益が既存の残債務へ流出する結果，貸し渋りを招くとするデット・オーバーハングの議論は，あまりにもナイーブに思われる．この議論は，新規の債権者から既存の債権者に対して，収益のスピルオーバーが発生していることを意味している．

　こうしたスピルオーバーは外部性そのものであるから，外部性を内部化することによって，問題の解決を図ることは理論的に難しい問題ではない．なぜならば，この場合には既存の債権者が新しいプロジェクトに対して，自ら追い貸しを行うことによって，外部効果を内部化することが可能だからである．

　しかしそうだからといって，日本の企業に対する追い貸しが，すべて効率的な結果であったということを，ここでの実証結果は示していない．むしろ優先権侵害によって非効率な追い貸しや貸し渋りが発生していたことが，80年代，90年代を通じて観察されるのである．このことは，優先権侵害が貸出市場に深刻な影響を及ぼしている可能性が高いことを意味している．

参考文献

Aghion, P. and P. Bolton (1992) "An Incomplete Contracts Approach to Financial Contracting," *Review of Economic Studies*, 59, 473–494.

Aghion, P., Hart, O. and J. Moore (1992) "The Economics of Bankruptcy Reform," *Journal of Law, Economics, and Organization*, 8, 523–546.

Aghion, P., Hart, O. and J. Moore (1995) "Insolvency Reform in the UK: A Revised Proposal," *Insolvency Law and Practice*, 11(3), 4–11.

Aghion, P. and B. Hermalin (1990) "Legal Restrictions on Private Contracts Can Enhance Efficiency," *Journal of Law Economics and Organization*, 6, 381–409.

Akerlof, G. (1970) "The Market for Lemons; Qualitative Uncertainty and the Market Mechanism," *Quarterly Journal of Economics*, 84, 488–500.

Anderlini, L. and L. Felli (2001) "Costly Bargaining and Renegotiation," *Econometrica* 69(2), 377–411.

Arnott, R. (1995) "Time for Revisionism on Rent Control?," *The Journal of Economic Perspectives*, 9, No. 1.

Arnott, R. and M.Igarashi (2000) "Rent Control, Mismatch Costs, and Search Efficiency," *Reagional Science and Urban Economics*, 30, 249–288.

Baird, D. (1986) "The Uneasy Case for Corporate Reorganizations," *Journal of Legal Studies*, 15, 127–187.

Bebchuk, A. L. (1988) "A New Approach to Corporate Reorganizations," *Harvard Law Review*, 101, 775–804.

Bebchuk, A. L. (2002) "Ex Ante Costs of Violating Absolute Priority in Bankruptcy," *Journal of Finance*, 57, 445–460.

Bebchuk, A. L. and Fried, M. J. (1996) "The Uneasy Case for the Priority of Secured Claims in Bankruptcy," *Yale Law Journal*, 105, 857–934.

Bebchuk, A. L. and Fried, M. J. (1998) "The Uneasy Case for the Priority of Secured Claims in Bankruptcy: Further Thoughts and a Reply to Critics," *NBER working paper*, 6472.

Bebchuk, A. L. and Fried, M. J. (2001) "A New Approach to Valuing Secured Claims in Bankruptcy," *Harvard Law Review*, 114, 2386–2436.

Berglöf, E. and G. Roland (1997) "Soft Budget Constraints and Credit Crunches in

Financial Transition," *European Economic Review*, 41, 807–817.

Berkovitch, E. and H. Kim (1990) "Financial Contracting and Leverage Induced Over- and Under-Investment Incentives," *Journal of Finance*, 45, 765–794.

Bernanke, B. S. and M. Gertler (1989) "Agency Costs, Net Worth and Business Fluctuations," *American Economic Review*, 79, 14–31.

Bernheim, B. D. and M. D. Whinston (1998) "Incomplete Contracts and Strategic Ambiguity," *American Economic Review*, 88, 902–932.

Bester, H. (1985) "Screening vs. Rationing in Credit Markets with Imperfect Information," *American Economic Review*, 75, September, 850–855.

Blundell, R. and S. Bond (1998) "Initial Conditions and Moment Restrictions in Dynamic Panel Data Models," *Journal of Econometrics*, 87, 115–143.

Börsh-Supan, A.(1986) "On the West German tenant protection legislation," *Journal of Institutional and Theoretical Economics*, 142, 380–404.

Bouckaert, B. (1999) "Original Assignment of Private Property," Bouckaert B. and Gerrit De Geest ed., *Encyclopedia of Law & Economics*, Edward Elgar and the University of Ghent (http://encyclo.findlaw.com/).

Bowers, J. (1999) "Security Interests, Creditors' Priorities and Bankruptcy," Bouckaert B. and Gerrit De Geest ed., *Encyclopedia of Law & Economics*, Edward Elgar and the University of Ghent (http://encyclo.findlaw.com/).

Calabresi, G. (1970) *The Costs of Accidents: A Legal and Economic Analysis*, Yale University Press (小林秀文訳『事故の費用』信山社，1993年).

Che, Y.-K. and D. Hausch (1999) "Cooperative Investments and the Value of Contracting," *American Economic Review*, 89, 125–147.

Chung, T.-Y. (1992) "On the Social Optimality of Liquidated Damages Clauses: An Economic Analysis," *Journal of Law, Economics, and Organization*, 8, 280–305.

Coase, R. H. (1937) "The Nature of the Firm," *Economica. n.s.*, 4, Nov., 386–405.

Coase, R. H. (1960) "The Problem of Social Cost," *Journal of Law and Economics*, 3, 1–44.

Coase, R. H. (1988) *The Firm, The Market, and The Law*, The University of Chicago Press (宮澤健一・後藤晃・藤垣芳文訳『企業・市場・法』東洋経済新報社，1992年).

De Meza, D. and J. R. Gould (1992) "The Social Efficiency of Private Decisions to Enforce Property Rights," *Journal of Political Economy*, 100, 561–580.

De Meza, D. and D. C. Webb (1987) "Too Much Investment: A Problem of Asymmetric Information," *Quarterly Journal of Economics*, 102, 281–292.

Demsetz, H. (1964) "The Exchange and Enforcement of Property Rights," *Journal of Law and Economics*, 7, 11–26.

Demsetz, H. (1967) "Toward a Theory of Property Rights," *American Economic Review*, Paper and Proceeding, 57, 347–359.

Demski, J. S. and D. E. M. Sappington (1991) "Resolving Double Moral Hazard Problems with Buyout Agreements," *RAND Journal of Economics*, 22, 232–240.

Dewatripont, M. and E. Maskin (1995) "Credit and Efficiency in Centralized and Decentralized Economies," *Review of Economic Studies*, 62, 541–556.

Dewatripont, M. and J. Tirole (1994) "A Theory of Debt and Equity: Diversity of Securities and Manager-Shareholder Congruence," *Quarterly Journal of Economics*, 109, 1027–1054.

Doornik, J., M. Arellano and S. Bond (2002) *Panel Data Estimation Using DPD for Ox* (Available at http://www.doornik.com/download/dpd.pdf.).

Eberhart, A. C., W. T. Moore and R. L. Roenfeldt (1990) "Security Pricing and Deviations from the Absolute Priority Rule in Bankruptcy Proceedings," *The Journal of Finance*, 45(5), 1457–1469.

Eberhart, A. C. and L. A. Weiss (1998) "The Importance of Deviations from the Absolute Priority Rule in Chapter 11 Bankruptcy Proceedings," *Financial Management*, Winter, 27, 106–110.

Edlin, S. A. and S. Reichelstein (1996) "Holdups, Standard Breach Remedies, and Optimal Investment," *American Economic Review*, 86, 478–501.

Fazzari, S., Hubbard G. and B. C. Petersen (1988) "Financing Constraints and Corporate Investment," *Brookings Papers on Economic Activity*, 1, 141–205.

Flath, D. (1980) "The Economics of Short-Term Leasing," *Economic Inquiry*, 18, 247–259.

Fraja, G. D. (1999) "After You Sir. Hold-up, Direct Externalities, and Sequential Investment," *Games and Economic Behavior*, 26, 22–39.

Gertner, R. and D. Scharfstein (1991) "A Theory of Workouts and the Effects of Reorganization Law," *Journal of Finance*, 46, 1189–1222.

Gilchrist S. and C. P. Himmelberg (1995) "Evidence on the Role of Cash Flow for Instatement," *Journal of Monetary Economics*, 36, 541–572.

Grossman, S. and O. Hart (1986) "The Costs and Benefits of Ownership: A Theory of Vertical and Lateral Integration," *Journal of Political Economy*, 94, 691–719.

Hanazaki, M. and A. Horiuchi (2004) "Can the Financial Restraint Theory Explain the

Postwar Experience of Japan's Financial System?," J. Fan, M. Hanazaki and J. Teranishi eds., *Designing Financial Systems in East Asia and Japan*, Ch.1., Routledge Curzon.

Hardin, G. (1968) "The Tragedy of the Commons," *Science*, 162, 1243–1248.

Hart, O. (1995) *Firms, Contract, And Financial Structure*, Oxford University Press, Oxford.

Hart, O. and J. Moore (1988) "Incomplete Contracts and Renegotiation," *Econometrica*, 56, 755–785.

Hart, O. and J. Moore (1990) "Property Rights and the Nature of the Firm," *Journal of Political Economy*, 98, 1119–58.

Henderson, J. V. (1985), *Economic Theory and the Cities* (2nd Edition), Academic Press, New York.

Hicks, R. J. (1969) *A Theory of Economic History*, Oxford University Press (新保博・渡辺文夫訳『経済史の理論』講談社学術文庫, 1995年).

Hoshi, T., A. Kashyap and D. Scharfstein (1990) "The Role of Banks in Reducing the Costs of Financial Distress in Japan," *Journal of Financial Economics*, 27, 67–88.

Hoshi, T., A. Kashyap and D. Scharfstein, (1991) "Corporate Structure, Liquidity, and Investment: Evidence from Japanese Investment Groups," *Quarterly Journal of Economics*, 106, 33–60.

Hubert, F. (1995) "Contracting with Costly Tenants," *Regional Science and Urban Economics*, 25, 631–654.

Hull, J. C. (2000) *Options Futures, & Other Derivatives* (Fourth Edition), Prentice-Hall Inc., Upper Saddle River, New Jersey.

Innes, D. R. (1990) "Limited Liabilty and Incentive Contracting with Ex-ante Action Choices," *Journal of Economic Theory*, 52, 45–67.

Iwata. S. (2002) "The Japanese Tenant Protection Law and Asymmetric Information on Tenure Length," *Journal of Housing Economics*, 11(2), 125–151.

Jensen, M. (1986) "Agency Costs of Free Cash Flow, Corporate Finance, and Takeovers," *American Economic Review*, 76, 323–329.

Jensen, M. and W. Meckling (1976) "Theory of the Firm: Managerial Behavior, Agency Costs and Ownership Structure," *Journal of Financial Economics*, 3, 305–360.

Kanemoto, Y. (1990) "Contract Types in the Property Market," *Regional Science and Urban Economics*, 20, 5–22.

Kanemoto, Y. and K. Kiyono (1995) "Regulation of Commuter Railways and Spatial Development," *Regional Science and Urban Economics*, 25, 377–394.

Klein, B., R. Crawford and A. Alchian (1978) "Vertical Integration, Appropriable Rents, and the Competitive Contracting Process," *Journal of Law and Economics*, 21, 297–326.

Klibanoff, P. and J. Morduch (1995) "Decentralization, Externality, and Efficiency," *Review of Economic Studies*, 62, 223–247.

Kreps, M. D. (1990) *A Course in Microeconomic Theory*, Harvester Wheatsheaf, New York, London.

Lueck, D. (1995) "The Rule of First Possession and the Design of the Law," *Journal of Law and Economics*, 38, 393–436.

Longhofer, S. (1997) "Absolute Priority Rule Violations, Credit Rationing, and Efficiency," *Journal of Financial Intermediation*, 6, 249–267.

Maskin, E. and Tirole J. (1992) "The Principal-Agent Relationship with an Informed Principal, II: Common Values," *Econometrica*, 60(1), 1–42.

Matthews, S. (2001) "Renegotiating Moral Hazard Contracts under Limited Liability and Monotonicity," *Journal of Economic Theory*, 97, 1–29.

Miceli, T. (1989) "Housing Rental Contracts and Adverse Selection with an Application to the Rent-Own Decision," *Journal of American Real Estate & Urban Economic Association*, 17, 403–421.

Miceli T. (1997) *Economics of the Law: Tort, Contracts, Property, Litigation*, Oxford University Press, New York, Oxford.

Modigliani, F. and M. Miller (1958) "The Cost of Capital, Corporation Finance and the Theory of Investment," *American Economic Review*, 48(3), 261–97.

Modigliani, F. and M. Miller (1963) "Corporate Income Taxes and the Cost of Capital: A Correction," *American Economic Review*, 53(3), 433–443.

Muthoo, A. (1999) *Bargaining Theory With Applications*, Cambridge University Press, Cambridge.

Myers, S. (1977) "Determinants of Corporate Borrowing", *Journal of Financial Economics*, 5, 147–175.

Myers, S. and Majluf, N. (1984) "Corporate Financing and Investment Decisions when Firms Have Information that Investors Do Not Have," *Journal of Financial Economics*, 13, 187–221.

Myerson, R. (1979) "Incentive Compatibility and the Bargaining Problem," *Econometrica*, 47, 61–73.

Park, C. (2000) "Monitoring and Structure of Debt Contracts," *Journal of Finance*,

55(5), 2157–2195.

Peek, J. and E. S. Rosengren (2003) "Unnatural Selection: Perverse Incentives and The Misallocation of Credit in Japan," *NBER working paper series*, 9643.

Pigou, A. C. (1920) *The Economics of Welfare*, Macmillan.

Posner, R. (1998) *Economic Analysis of Law* (fifth edition), A Division of Aspen Publishers, Inc., New York.

Povel, P. (1999) "Optimal "Soft" or "Tough" Bankruptcy Procedures," *The Journal of Law, Economics & Organization*, 15(3), 659–684.

Riley, J. (1979) "Informational Equilibrium," *Econometrica*, 47, 331–359.

Rogerson, W. (1984) "Efficient Reliance and Damage Mesures for Breach of Contract," *RAND Journal of Economics*, 15, 39–53.

Rothschild, M. and J. Stiglitz (1976) "Equilibrium in Competitive Insurance Markets: An Essay on the Economics of Imperfect Information," *Quarterly Journal of Economics*, 90, 629–649.

Sargent, T. J. (1987) *Dynamic Macroeconomic Theory*, Harvard University Press, Cambridge, Massachusetts and London, England.

Schwartz, A. (1984) "The Continuing Puzzle of Secured Debt," *Vanderbilt Law Review*, 37, 1051–69.

Schwartz, A. (1989) "A Theory of Loan Priorities," *Journal of Legal Studies*, 18, 209–261.

Scott, J., Jr (1977) "Bankruptcy, Secured Debt and Optimal Capital Structure," *Journal of Finance*, 32, 1–19.

Seshimo, H. (2003) "Optimal Tenant Protection," *Regional Science and Urban Economics*, 33(1), 59–92.

Shavell, S. (1980) "Damage Measures for Breach of Contract," *Bell Journal of Economics*, 11, 466–490.

Shavell, S. (2004) *Foundations of Economic Analysis of Law*, The Belknap Press of Harvard University Press, Cambridge Massachusetts, London, England.

Spier, K. and M. Whinston (1995) "On the Efficiency of Privately Stipulated Damages for Breach of Contract: Entry Barriers, Reliance, and Renegotiation," *RAND Journal of Economics*, 26, 180–202.

Stake, J. (1999) "Decompositon of Property Rights," Boudewijn Bouckaert and Gerrit De Geest eds., *Encyclopedia of Law & Economics*, Edward Elgar and the University of Ghent (http://encyclo.findlaw.com/).

Stiglitz, J. and A. Weiss (1981) "Credit Rationing in Market with Imperfect Information," *American Economic Review*, 71, 393–410.

Stokey, N. and R. Lucas, Jr. with E. Prescott (1989) *Recursive Methods in Economic Dynamics*, Harvard University Press, Cambridge, Massachusetts and London, England.

Stulz, R. (1990) "Managerial Discretion and Optimal Financing Policies," *Journal of Financial Economics*, 26, 3–27.

Stulz, R. and H. Johnson (1985) "An Analysis of Secured Debt," *Journal of Financial Economics*, 14, 501–521.

Tirole, J. (2006) *The Theory of Corporate Finance*, Princeton, University Press, Princeton and Oxford.

Townsend, R. (1979) "Optimal Contracts and Competitive Markets with Costly State Verification," *Journal of Economic Theory*, 21(2), 265–293.

Wette, H. C. (1983) "Collateral in Credit Rationing in Markets with Imperfect Information: Note," *American Economic Review*, 73, 442–445.

Williamson, O. (1985) *The Economic Institutions of Capitalism*, New York: The Free Press.

Wilson, C. (1977) "A Model of Insurance Markets with Incomplete Information," *Journal of Economic Theory*, 16, 167–207.

我妻榮 (1953)『近代法における債権の優越的地位』有斐閣.

我妻榮 (1967a)『民法研究 IV　担保物権』有斐閣.

我妻榮 (1967b)『民法研究 IV-2　担保物権』有斐閣.

我妻榮 (1968)『新訂　担保物権法』岩波書店.

浅田義久・西村清彦・山崎福寿 (2002)「税制変化の影響: 地価を不安定化した相続税と譲渡所得税」西村清彦編『不動産市場の経済分析』日本経済新聞社　第 4 章, 99–128.

阿部泰隆・上原由紀夫 (1999)「短期賃貸借保護に関する判例・民法学説の破綻」『NBL』6 月 15 日号, No. 667, 商事法務.

生熊長幸 (2002)「短期賃貸借保護の制度改正の視点(上)——担保・執行法制改正に寄せて」『ジュリスト』No. 1216, 有斐閣および「同(下)」『ジュリスト』No. 1217, 有斐閣.

池尾和人・瀬下博之 (1998)「日本における企業破綻処理の制度的枠組み」三輪芳朗・神田秀樹・柳川範之編『会社法の経済学』第 8 章, 東京大学出版会, 253–277.

井出多加子・田口輝幸 (2006)「不動産競売市場の規制改革——最低売却額の検証と価額変更ルールの提言」『日本経済研究』No. 53, 98–124.

伊藤眞 (2000)『破産法 (全訂第 3 版)』有斐閣.

伊藤眞・松下淳一・山本和彦編 (2005)『ジュリスト　新会社更生法の基本構造と平成 16 年改正』有斐閣.

岩田規久男 (1976)「借地借家法の経済学的分析」『季刊現代経済』No. 24, 122–138.

岩田規久男 (1997)「マンションの法と経済分析」岩田規久男・八田達夫編『住宅の経済学』第 2 章, 日本経済新聞社, 53–81.

岩田規久男・八田達夫 (2003)『日本再生に「痛み」はいらない』東洋経済新報社.

内田貴 (1983)『抵当権と利用権』有斐閣.

内田貴 (1996)『民法 III　債権総論・担保物権 (初版)』東京大学出版会.

内田貴 (1997)『民法 II　債権各論』東京大学出版会.

内田貴 (2000)『契約の時代』第 6 章, 岩波書店.

内田貴 (2005)『民法 III　債権総論・担保物権 (第 3 版)』東京大学出版会.

内田勝一 (1997)『現代借地借家法学の課題』成文堂.

太田智之・杉原茂・瀬下博之・山崎福寿 (2006)「日本の破綻法制が企業の価値とその効率性に及ぼす影響についての理論と実証」『日本経済研究』No. 53, 72–97.

大瀧雅之 (2000)「銀行に監視能力は存在したか？——過剰債務問題の視点から」宇沢弘文・花崎正晴編『金融システムの経済学——社会的共通資本の視点から』東京大学出版会, 113–127.

大村敬一・楠美将彦・水上慎士・塩貝久美子 (2002)「倒産企業の財務特性と金融機関の貸出行動」景気判断・政策分析ディスカッション・ペーパー, DP/02-5, 内閣府.

大村敦志 (2001)『民法総論』岩波テキストブック, 岩波書店.

小川一夫 (2003)『大不況の経済分析』日本経済新聞社.

小川一夫・北坂真一 (1998)『資産市場と景気変動』日本経済新聞社.

小谷清 (1997)「借地借家法の中立性」『ジュリスト』No. 1124, 60–65.

甲斐道太郎 (1986)『不動産法の現代的展開』法律文化社.

甲斐道太郎・稲本洋之助・戒能通厚・田山輝明 (1979)『所有権思想の歴史』有斐閣新書.

加藤雅信 (2001)『「所有権」の誕生』三省堂書店.

加藤雅信 (2003)『新民法体系 II　物権法』有斐閣.

金本良嗣 (1992)「新借地借家法の経済学的分析」『ジュリスト』No. 1006, 28–34.

金本良嗣 (1994)「日本・ドイツ・アメリカの住宅政策 I——借家権の保護」『住宅土地経済』No. 11, 16–23.

金本良嗣 (1997)『都市経済学』東洋経済新報社.

川井健 (2005)『民法概論 2　物権　第 2 版』有斐閣.

川島武宜 (1987)『新版　所有権法の理論』岩波書店.

久米良昭（2007）「非司法競売の経済分析——米国での利用実態と日本での制度導入の提案」『日本不動産学会誌』No. 78, 日本不動産学会.

小谷芳正（2007）「執行制度の改正と不動産鑑定」『日本不動産学会誌』No. 78, 日本不動産学会.

小林秀之（1999）「担保権消滅請求制度の評価と問題点」『銀行法務21』No. 563, 14–15.

小宮隆太郎・村上泰亮（1972）「地価対策の基本問題」佐伯尚美・小宮隆太郎編『日本の土地問題』東京大学出版会.

櫻川昌哉（2002）『金融危機の経済分析』東京大学出版会.

鈴木録彌（1979）『物権法講義　二訂版』創文社.

鈴木禄彌（1981）『居住権論（新版）』有斐閣.

鈴木禄彌・福井秀夫・山本和彦・久米良昭編（2001）『競売の法と経済学』信山社.

瀬下博之（1996）「借地借家法とその改正が土地の転用や供給に及ぼす影響」『都市住宅学』都市住宅学会, No. 16, 115–126.

瀬下博之（2000）「借家法と逆選択」『土地住宅経済』No. 35, 28–35.

瀬下博之（2003a）「マンション開発と住環境問題：プット・オプション履行義務付き開発許可制度の提案」『都市住宅学』38 号, 58–64.

瀬下博之（2003b）『定期借地・借家権の経済学的評価・分析——抵当権行使との整合性を考える』第一住宅建設協会調査研究報告書.

瀬下博之（2004）「担保執行制度の改正の経済分析」『月刊金融ジャーナル』金融ジャーナル社, 76–80.

瀬下博之・山崎福寿（2002）「民事再生法の経済分析」『日本経済研究』No. 44, 日本経済研究センター, 188–210.

瀬下博之・山崎福寿（2004）「「追い貸し」と「貸し渋り」——優先権侵害の経済学」CIRJE Discussion Paper, CIRJE-J-103.

外舘光則（1997）「期限付き借家契約と契約更新権のオプションバリュー」『日本経済研究』No. 35, 45–68.

高木新二郎（1995）「更生担保権の処遇についての再検討——更生担保権額確定にあたっての評価基準と更生計画案による権利変更の程度」『金融法務事情』No. 1408.

高木新二郎（1996）『アメリカ連邦倒産法』商事法務研究会.

高木新二郎（2000）「企業再建実務の変化と会社更正法改正の問題点についての再検討」『NBL』10 月 1 日号, No. 698.

高木任之（2000）『改正建築基準法』学芸出版社.

田作朋雄（2000）『図解　民事再生法』東洋経済新報社.

道垣内弘人（2005）『担保物権法 第 2 版』有斐閣.

道垣内弘人・山本和彦・古賀政治・小林昭彦（2003）『新しい担保・執行制度』有斐閣．
中西正（1999）「民事再生手続きの概要と問題点」『法学教室』No. 230, 4–8.
西村清彦・清水千弘（2002）「地価情報の歪み: 取引事例と鑑定価格の誤差」西村清彦編『不動産市場の経済分析』日本経済新聞社，19–66．
八田達夫（1997）「住宅市場と公共政策」岩田規久男・八田達夫編『住宅の経済学』第1章，日本経済新聞社，1–52．
八田達夫（2002）「都市再生と税制」『フィナンシャル・レビュー』第65号．
八田達夫・赤井伸郎（1995）「借地借家法と家賃: 計量経済分析」『都市経済学』11号，153–155．
浜田宏一（1977）『損害賠償の経済分析』東京大学出版会．
符衛民（2006）「中国の土地所有制度」千葉大学『社会文化科学研究』第12号，99–108．
福井秀夫（2001）「権利の配分・裁量の統制とコースの定理」小早川光郎・宇賀克也編『行政法の発展と変革: 上巻』有斐閣．
福井秀夫（2003）「担保執行法制改革の法と経済分析（上）」および「同（下）」『税務経理』時事通信社．
福井秀夫・久米良昭（1999）「担保占有者排除へ立法を」日本経済新聞1999年4月2日付朝刊．
細野薫・渡辺努（2002）「企業バランスシートと金融政策」『経済研究』53巻2号，117–133．
水本浩（1966）『借地借家法の基礎理論』一粒社．
森田修（1997）「定期借家権と交渉」『ジュリスト』No. 1124, 66–73.
森田修（2000）「倒産手続と担保権の変容——優先弁済権の範囲と任意売却」『倒産手続きと民事実体法』別冊NBL60号，73–101．
森田修・瀬下博之（2002）「抵当権の経済分析——「決定権移動」の観点から」東京大学社会科学研究所ディスカッション・ペーパー・シリーズ，J-113．
柳川範之（2006）『法と企業行動の経済分析』日本経済新聞社．
山崎福寿（1983）「開発利益の還元とMarginal Cost Pricing」『季刊理論経済学』第34巻第3号，280–282．
山崎福寿（1997）「借地借家法の経済分析」岩田規久男・八田達夫編『住宅の経済学』日本経済新聞社，117–144．
山崎福寿（1999）『土地と住宅市場の経済分析』東京大学出版会．
山崎福寿・浅田義久編（2003）『都市再生の経済分析』東洋経済新報社．
山崎福寿・井上綾子（2006）「特許法35条と職務発明制度の理論と実証」『法と経済学研究』第3巻1号，9–56. http://www.jlea.jp/ronbun3-1.pdf

山崎福寿・瀬下博之(2000)「抵当権と短期賃借権」『社会科学研究』東京大学社会科学研究所,第51巻3号,59–83.

山崎福寿・瀬下博之(2002)「担保権消滅請求制度の経済分析」『ジュリスト』No. 1216, 107–118.

山崎福寿・瀬下博之(2005)「市街地再開発の新手法 プット・オプションの導入」『応用地域学研究』9(2), 1–13.

山崎福寿・瀬下博之・太田智之・杉原茂(2006)「優先権侵害が追い貸しと貸し渋りに及ぼす影響についての実証研究」未定稿.

山崎福寿・竹田陽介(1997)「土地の担保価値と銀行の貸し出し行動」浅子和美・大瀧雅之編『現代マクロ経済動学』第10章,東京大学出版会,351–375.

山本和彦(1998)『民事執行法 改訂第二版』林屋礼二編,第3章1節,青林書院.

山本和彦・長谷川宅司・岡正晶・小林信明(2001)『民事再生法』有斐閣.

山野目章夫(1999)「担保権の処遇の民法的視点からの検討」『法学教室』No. 230, 9–13.

吉川洋・江藤勝・池俊廣(1994)「中小企業に対する銀行による『貸し渋り』について」『経済分析〈政策研究の視点シリーズ 1〉』経済企画庁経済研究所.

吉田修平(2007)「民間競売の可能性」『日本不動産学会誌』No. 78, 日本不動産学会.

渡辺洋三(1960)『土地・建物の法律制度(上)』東京大学出版会.

索引

アルファベット

backward induction 146
capitalize 27, 28
Chapter 11 325–328
Chapter 7 331
Cheapest Cost Avoider（最安価損害回避者） 50, 250, 313, 332
Common Law 172
contingent claim 311
contingent control right（状態依存的決定権移動） 93
DIP（Debtor in Possession: 再生債務者） 310, 313
DIP ファイナンス 297, 300–305, 328
DPD（Dynamic Panel Data） 351, 358
going concern value 28
Hold-out 問題 280
J-REIT（リート） 265
live-or-die 契約 84
mean preserving spreads 177
MM 命題 68, 354, 355
Nash 均衡 135
Nash 交渉解 159
Sargan test 351
Sargan 統計量 358
Soft な破綻手続 316
super-priority（超優先権） 297, 302, 326
tenure choice 52, 55, 155, 198
Tough な破綻手続 316
Transferable Development Right（TDR） 229
UPREIT（Umbrella Partnership REIT） 269
Wilson 均衡 130

あ 行

アウトサイド・オプション 106
アウトサイド・オプション付き（の）Nash 交渉解 103, 146
悪質な占有者 94
明け渡し猶予期間 195
アメリカ（の）連邦倒産法 325, 326, 328
暗黙の契約 355
異時点間の外部性 25
一階の確率優位性 82, 84
一括競売 199, 209
一般化モーメント法（GMM） 351
一般債権者 323
一般債権部分 80
移転費用 223, 229, 230
陰関数定理 179, 180, 205
インフィル部分 257
訴えの利益 235
エージェンシー・コスト 345, 346

エージェンシー・コストに伴う貸し渋り　346, 353
エージェンシー問題　19
エンフォース(履行担保)　15
追い貸し　273, 291–295, 324
横断性条件(transversality condition)　45–47
オークション　9

■■■■■■■■■■　か　行　■■■■■■■■■■

買い換え特例　254
会社更生法　285
改正後の借地借家法　99
買い取り義務　231, 232
買い取り請求権　269
開発許可権　228, 229, 236, 242
開発権 → TDR
家計の住宅選択　52
貸し渋り　273, 295–296, 324
過剰識別　351, 360
過小投資　275
価値関数　45, 47,
価値権　60–65, 93, 322
株式のオプション価値　361
借り戻し契約　78
関係特殊的(な)投資　140, 141, 143, 160, 161, 164
関係特殊的な投資機会　159, 160, 211
完成保証履行制度　232
完全競争市場　65
監督委員　322, 330
管理された固定的分配経済　12, 261
機会主義的な行動　170
企業価値　68, 314, 354

企業組織　28
議決権　316
規制の失敗　219
帰属賃料　79
帰属地代　75
規模の経済性　11, 21–23, 27, 52, 54, 120
規模の不経済　11
逆選択　98, 114–119, 136, 181, 182, 185, 190, 337
旧借地借家法　97, 99, 267
強行規程　138
競合性　28
強制管理　61, 65
強制執行　311
競争均衡の存在　124
協調の失敗　315
共有地(コモンズ)の悲劇　11, 16, 261, 270
共有持分権　259
共用サーヴィス　259
居住権　36–37, 57
居住権の確保　245
居住権保護　189
近代的土地所有権論　5, 36, 57
区分所有権　257, 259, 264, 269, 270
区分所有建築物の建て替え問題　263
区分所有権の買い取り請求　264
区分所有法　263, 264
区分所有マンション　259
組合設立　252
クラブ財　259
クラム・ダウン(cram down)　326
グレシャムの法則　189
計画経済　188
景観権　227, 235, 242

景観被害　26
継続価値　312, 314, 317–320, 332
継続的な契約関係　140
競売　209, 210
競売市場　206, 334
競売市場の機能　333, 336
契約期間　142
契約の(における)外部性　198, 205–207
契約の経済学　140
契約の継続性　140
契約の自由　156
契約履行　141
決定権移動手段　88
決定権移動　93
現先取引　38
顕示原理（revelation principle）　133
建築確認　232
建築規制　218
権利行使価格　221
権利行使期間　221
権利床　243–246, 248–251, 253, 268
権利の市場化　242
権利転換方式　248
交換価値　5
交換価値のなし崩し的実現　62
公共サーヴィス　258
公共財　28, 29
公示制度　78
後順位(の)抵当権　186, 334
交渉費用　280
交渉力　104–106, 146, 153–155, 158, 201
合成資産　246
公正な分配　238, 250
高利貸し　287

コース的な交渉　230
コースの定理　18, 31–34, 113, 127, 147, 156, 158, 170, 177, 183, 184, 211, 218, 230, 235, 278, 286, 301, 314, 327
コーディネーション　279, 280
コーディネートする組織　28
コール・オプション　25, 225, 246, 248, 252, 317, 318
国有化　24, 25
固定資産税　234
固定(的な)費用　52, 54, 55, 120
ゴネ得　29, 240, 249, 250, 253
コミットメント　186, 187
コミットメント手段　296

■■■■■■　さ　行　■■■■■■

サーチ費用　55
最安価損害回避者 → Cheapest Cost Avoider
債権　36, 43
債権回収　344
債権放棄　279, 280, 300–301, 339, 360
再建計画　316
再交渉(機会)　57, 85, 155, 199,
財産権　36
再生債務者 → DIP
裁定条件　75, 76
裁定取引　74
最低売却価格制度　333, 336
最適な定期借地契約　150
最適な定期借家契約　165
裁判費用　146
債務契約　59
債務者保護　336, 337

債務超過　81, 90, 91, 92, 208
債務不履行　92
債務不履行後の果実　62
詐害的行為　330, 331
詐害的(な)短期貸借権　172, 174, 347, 347
先送り　275, 288–291
先送り問題　291
先取特権　61, 80
差し押さえ　61
サブリース　154
サンク　149
残余請求権(者)(residual claimant)　42, 81, 82, 204, 205, 214, 304
塩漬け不動産　333, 335, 336
市街地再開発　237–241, 243, 255
事業譲渡　322
資金制約　27
資金調達手段　27
自己責任　88
自己選択のメカニズム　136
資産代替問題　70
自主的な債権放棄　314
自主的な優先権放棄　167, 219, 328
市場の失敗　166, 167, 219
システム推定　350, 351, 357
質権　59, 311
執行妨害　169, 196, 311
私的所有権制度　15–18, 20, 23
司法の失敗　166, 167
借地契約　145
借地権取引　207
借地借家法　37
借地法及び借家法　36, 97
借家契約　145

借家権価格　127
借家権保護　98
収益権　3, 4, 35
収穫逓減の法則　16
住環境　224, 225
住環境権　217, 227, 229, 242
住環境保護　219, 234
集合住宅　259
私有財産制度　5, 25
修繕　263–266
住専(住宅専門金融会社)　286
住宅金融公庫　131
住宅投資の中立性　211
住宅ローン市場の整備　56
収用　49
収用権　253, 254
順位確定の原則　63, 171, 175, 186, 187, 214
準公共財　29
証券化　269
条件付きの権利　311
焼失　264
商事留置権　311
状態依存的(な)決定権移動 → contingent control right
状態変数　40, 41
譲渡所得税　231
譲渡担保　78
情報開示　329
情報の非対称性　114
将来世代の利益　49
所得移転(効果)　291, 342
所得制約　56, 212
処分権(売却権)　3, 4, 20, 21, 49

所有権移転　155
所有権取引　35, 207, 208
所有権の観念性　5
所有権の恒久性　3
所有権の絶対性　3, 37, 227, 242
信用割当　177, 183
信頼関係法理　140
スクラップ・ヴァリュー　312
スクリーニング　98, 119, 124, 127, 128, 130
スケルトン　257
ストック　30
ストックの所有権　14
スピル・オーバー　277, 364
清算　275
清算価値　312, 314, 317–320, 332, 342
正当事由　36, 97, 99, 256
正当事由制度　174
正当事由要件　106, 107, 114
絶対優先の原則　293
絶対優先の原則の修正　68
ゼロ利潤曲線　121, 125, 127, 129
潜在的な民事上の請求権者　68
先順位抵当権者　186
占有　59, 170
占有排除　64
専有部分　263, 264, 270
増価買い受け義務　335
増価競売　63, 335
総合設計制度　219, 220, 234
相続税　234
ソフトな予算制約（Soft budget constraint）276
損害賠償　141

損害賠償等の法的救済（Breach Remedy）140

■■■■■■ た 行 ■■■■■■

第7章事件　331
第三取得者　335
対称均衡　135
高さ規制　219, 220, 224
多数決（要件）　253, 255, 264
短期金融業者　287
短期金融市場　38
短期（の）契約　119, 127, 137, 138
短期契約者　129
短期賃借権　64, 169–177, 187, 190, 195, 196, 215, 311, 336
短期賃借権の単純廃止（論）　207, 209, 211
短期賃借権の保護　64
担保権価値　304, 320
担保権者　59
担保権消滅請求制度　309–312, 316–320, 325, 333, 335, 336
担保権設定者　59, 170
担保権の価値　319, 326
担保資産の価値　319, 320
担保執行制度の改正　64, 94, 169, 206, 213
担保割れ　202, 204, 205, 207, 209, 214
中古住宅市場　49
中古住宅市場の整備　56, 212
中途解約（権）　137, 138, 141, 142
中立性命題　110, 113, 114, 136, 177
長期（の）契約　119, 127, 137, 138
長期契約者　129
超優先権 → super-priority

382　索引

直接顕示メカニズム　133
賃借権　35
賃借権の権利価値　98–99, 110
賃借権の物権化　36, 109
賃借権の物権的価値　97, 113, 169, 172, 195, 255
賃借権保護　36–37
賃料債権　61
賃料への物上代位　62, 79
追求効　80, 81
定期借地・借家契約　98, 269
定期借地・借家権　99, 141, 131
定期借地権　97
定期借家権　97, 106, 107, 267, 268, 270
定常状態　46
抵当権　59, 60, 78, 169, 170
抵当権＝価値権　59, 64, 65
抵当権価値　171, 172, 316
抵当権行使　63, 195, 197, 199, 200–202, 209, 211, 213–215
抵当権行使が可能な資産（オプション付き債権）の価値　323
抵当権実行　62, 198
抵当権者同意型（の）賃貸借契約　198, 212–215
抵当権者同意型の賃借権保護　169, 187, 190
抵当権者の強制管理　62, 79
抵当権消滅請求制度　63, 320, 336
抵当権侵害　189
抵当権設定　171
抵当権に劣後する賃借権　195, 209
抵当権に劣後する借地権　207
抵当権の効力　61, 62

抵当権の本質　61, 80
抵当資産の価値　323
滌除制度　63, 311, 335
適切な保護（adequate protection）　301–305, 325, 327, 328, 333
デット・オーバーハング（仮説）　277–281, 299–301, 314, 334, 339, 340, 354, 357, 360
デット・オーバーハングに伴う貸し渋り（仮説）　345, 353
転売　57, 212
転用阻害効果　150
動学的整合性　186
投機　23
投機的行動　49
倒産確率　356, 361
投資の補完性　166
トービンの q　339, 340, 346, 347
独占的な利益　15–17
都市計画　218
都市計画決定　232, 237, 252
土地譲渡所得　229
土地譲渡所得税　229–230, 254
土地そのものに対する所有権　8
土地の私的所有権　14
土地の私有制度　23
土地の所有権　30
土地リース（ground lease）　154
取り付け　310
取引費用　27
努力の代替性　17
努力の補完性　19
トレード・オフ　263, 315

索引　383

な行

日照権　224, 235
日照権売買　229
入札ボンド制　232
任意売却　333–335
農協系金融機関　286
ノンリコース　80, 305, 326, 327, 336, 337

は行

ハード・ランディング　292, 293
売却　24
売却価値のなし崩し的実現　79
売却基準価格制度　336
売却権　81
排除性　28
排他的な利用　15–18
売買契約　155, 215
破産原因　310
破産宣告　287
破産による免責　203
破綻処理　306, 317
早い者勝ち(の)ルール　9, 11, 14
判子代　334, 336
ピグー税　228
非効率な追い貸し(仮説)　353, 357, 360
非効率なメイン寄せ仮説　357
非占有担保権　27, 59, 60, 88, 170
否認権　330–333
否認要件　331
費用負担　262
プーリング均衡　130
不可分性　311, 324
負債契約　66, 81–88
負債の節税効果　360

負担契約　178, 179
物権的請求権　8
物上代位　61, 81
プット・オプション　221, 223, 225–230
プット・オプション付き権利床転換手続き　237, 244, 247, 268, 269, 270
プット・オプション履行義務付き(の)開発許可制度　220, 240, 241, 243
プット・コール・パリティー　246
不動産譲渡担保　78
不動産税制　212
フリーライダー問題　12
不良債権処理　169, 195, 334
フロー　30
フローの所有権　14
分業　19
分配の公平性　240, 242, 243, 249
分離均衡　124, 128, 129
併用貸借権　186, 347
ペッキングオーダー仮説　346
別除権　316, 317
ヘドニック・アプローチ　234
ベルマン方程式　45
偏頗行為　330, 331
包括的に禁止する命令　311
法人企業統計年報　348
法人税の節税効果　354, 356
法定果実　61, 62
法定建て替え　265
法定地上権　209
法的救済効果　141, 151, 152, 200
法的救済問題　140–142
包絡線定理　8, 165
ホールド・アップ効果　141, 151, 152, 200

著者紹介

瀬下博之(せしも・ひろゆき)
1967 年生まれ．90 年上智大学経済学部卒業．97 年慶応義塾大学大学院経済学研究科博士後期課程単位取得．現在，専修大学商学部教授．
主要論文:「マンション開発と住環境問題——プット・オプション履行義務付き開発許可制度の提案」『都市住宅学』No. 38, 2002 年．"Optimal Tenant Protection," *Regional Science and Urban Economics*, 33, 59–92, 2003.

山崎福寿(やまざき・ふくじゅ)
1954 年生まれ．76 年上智大学経済学部卒業．83 年東京大学大学院経済学研究科博士課程単位取得．現在，上智大学経済学部教授．
主要著書・論文:『土地と住宅市場の経済分析』東京大学出版会, 99 年(日経・経済図書文化賞受賞)．『都市再生の経済分析』東洋経済新報社, 2003 年(共編著)．"The Lock-In Effect of Capital Gains Taxation on Land Use," *Journal of Urban Economics*, 39, 216–228, 1996.

権利対立の法と経済学

2007 年 6 月 15 日　初　版

［検印廃止］

著　者　瀬下博之・山崎福寿
　　　　(せしもひろゆき) (やまざきふくじゅ)

発行所　財団法人　東京大学出版会

代表者　岡本和夫
113–8654 東京都文京区本郷 7–3–1 東大構内
http://www.utp.or.jp/
電話 03–3811–8814　Fax 03–3812–6958
振替 00160–6–59964

印刷所　研究社印刷株式会社
製本所　牧製本印刷株式会社

©2007　H. Seshimo & F. Yamazaki
ISBN 978-4-13-046094-1　Printed in Japan

Ⓡ〈日本複写権センター委託出版物〉
本書の全部または一部を無断で複写複製(コピー)することは，著作権法上での例外を除き，禁じられています．本書からの複写を希望される場合は，日本複写権センター(03–3401–2382)にご連絡ください．